PRAXISBUCH

INFO
GRAFIK

STEFAN FICHTEL

PRAXISBUCH

INFO GRAFIK

- Informationen visualisieren
- Daten präzise darstellen
- Gängige Fehler vermeiden

mitp

Bibliografische Information der Deutschen Nationalbibliothek
Die Deutsche Nationalbibliothek verzeichnet diese Publikation in der Deutschen Nationalbibliografie; detaillierte bibliografische Daten sind im Internet über http://dnb.d-nb.de abrufbar.

ISBN 978-3-7475-0443-7

www.mitp.de
E-Mail: mitp-verlag@sigloch.de
Telefon: +49 7953 / 7189 - 079
Telefax: +49 7953 / 7189 - 082

Lektorat: Sabine Schulz
Sprachkorrektorat: Christine Hoffmeister, Nicole Winkel
Covergestaltung: Stefan Fichtel
Grafik und Layout: Stefan Fichtel
Workshops zum Buch: ixtract GmbH, www.ixtract.de
Satz: Stefan Fichtel
Druck: ADverts in Riga, Lettland

Klimaneutral
Druckprodukt
ClimatePartner.com/18246-2311-1008

»Um dich begreiflich zu machen, musst du zum Auge sprechen.«
Johann Gottfried von Herder

VIELEN DANK

Mirjam Fichtel
Inka Fichtel
Winfried Gimmnich
Vassili Ntrachas
Dr. Raimar Heber
Reinhard Schulz-Schaeffer
Klaas Neumann
Ingmar Harry
Johannes Deltl
William Neff
Jan Schwochow und Studenten
Michael Stoll und Studenten

WISSEN *TEIL 1*

Vorgehen

1 | 24

Die wichtigsten Schritte beim Erstellen von Infografiken. Beschrieben werden 15 Grundaspekte, die bei der Umsetzung infografischer Projekte als Checkliste dienlich sind. Dies ist ein Wegweiser von der Klärung der wichtigsten Formatvorgaben vor Beginn über die Entwicklung der ersten Idee bis zur Übergabe der Infografik.

Design-Elemente

2 | 58

Grafische Elemente, die für die Umsetzung von Infografiken eingesetzt werden können. Schwer zu glauben, wie oft einzelne Gestaltungsmittel auch nach jahrelanger Praxis immer wieder in Vergessenheit geraten. Dieses Kapitel soll helfen, Inhalte grafisch besser strukturieren, hierarchisch gliedern und auszeichnen zu können.

Infografik-Typen

3 | 78

Grundtypen von Infografiken, die es generell gibt, ohne Anspruch auf Vollständigkeit. Dieses Kapitel soll ein Basiswissen vermitteln, um die gebräuchlichsten Infografik-Typen abzudecken, die häufig Verwendung finden. In einem Ausblick wird verdeutlicht, dass es noch sehr viele weitere spezialisierte Diagrammformen gibt.

TEIL 2

EINSATZ

Inhaltliche Kriterien

Unterschiedliche Fehlerquellen, die sich aus der Interpretation der Daten selbst ergeben können. Hier wird gezeigt, wie sich Daten richtig einschätzen lassen, bevor sie visualisiert werden. Häufig weisen die Daten in sich Eigenschaften auf, die starken Einfluss darauf nehmen, wie sie visualisiert werden können oder müssen.

4 | 114

Formale Kriterien

Aspekte zur formalen Anlage der Diagramme bei der grafischen Umsetzung. Ist die Datenintegrität sichergestellt, ergeben sich oft Fehler bei der Darstellung der Daten. Dieses Kapitel soll helfen, Elemente richtig auszuweisen, die Auswahl von Farben zu erklären und Fehler zu vermeiden, die mit (info-)grafischen Konventionen brechen.

5 | 142

Darstellungsfehler

Hinweise zur richtigen Anwendung der Diagramme. Wurde formal alles richtig angelegt, dann können sich noch Probleme in der gewählten Visualisierung ergeben, denn die ursprünglich geprüften Daten werden oft unpräzise wiedergegeben und versehentlich durch die grafische Umsetzung verzerrt und verfälscht.

6 | 204

Kontext

Über den Autor ... 15

Über das Buch ... 15

Vorgehen

1 TEIL 1 WISSEN

1.1 **Fragen zu Beginn** ... 26

1.2 **Recherche** ... 28

1.3 **Dateibenennung und Ordnerstruktur** ... 30

1.4 **Formate klären** ... 32

1.5 **In 4 Schritten zur Grafik** ... 34

1.6 **Aller Anfang ist eine Idee** ... 36

1.7 **Sehen, worum es geht** ... 38

1.8 **In Visualisierungen denken** ... 40

1.9 **Scribbeln** ... 42

1.10 **Daten richtig umgesetzt?** ... 44

1.11 **Klare formale Struktur** ... 46

1.12 **Großes groß, Kleines klein** ... 48

1.13 **Informationshierarchie** ... 50

1.14 **Zuordnung der Elemente** ... 52

1.15 **Farbcode (Gesamtgrafik)** ... 54

1.16 **Vollständige Beschriftung** ... 56

Design-Elemente

2 TEIL 1 WISSEN

2.1 **Typografie** ... 60

2.2 **Spalten und Zeilen** ... 62

2.3 **Farben und Kontraste** ... 64

2.4 **Verbindungs- und Trennlinien** ... 66

2.5 **Flächen** ... 68

2.6 **Zahlen und Nummern** ... 70

2.7 **Pfeile** ... 72

2.8 **Piktogramme** ... 74

2.9 **Illustrationen und Fotos** ... 76

INHALT

Infografik-Typen

3 TEIL 1 WISSEN

3.1 **Torten und Donuts** 80

3.2 **Balken und Säulen** 82

3.3 **Liniendiagramme** 84

3.4 **Streudiagramme** 86

3.5 **Tabellen** 88

3.6 **Organigramme** 90

3.7 **Zeitreihen** 92

3.8 **Anleitungen** 94

3.9 **Mengendiagramme** 96

3.10 **Flächengrößenvergleiche** 98

3.11 **Pläne und Schemanetzwerke** ... 100

3.12 **Karten** 102

3.13 **Konkrete Vergleiche** 104

3.14 **Prinzipmodelle** 106

3.15 **Prozessgrafiken** 108

3.16 **Themengrafiken** 110

3.17 **Viele weitere Grafiktypen** 112

Inhaltliche Kriterien

4 TEIL 2 EINSATZ

4.1 **Daten richtig interpretieren** 116

4.2 **Prävalenzfehler** 118

4.3 **Relativ und absolut** 120

4.4 **Richtiges Diagramm wählen** 122

4.5 **Abhängige und unabhängige Quantitäten** 124

4.6 **Inkonsistente Serienwerte** 126

4.7 **Datenfokus** 128

4.8 **Durchschnitt oder Median** 130

4.9 **Relation und Bezug Falsch** 132

4.10 **Entwicklungen indexieren** 134

4.11 **Vergleich absoluter Zahlen** 136

4.12 **Repräsentative Auswahl** 138

4.13 **Statistische Werte in geografischen Karten** 140

Formale Kriterien

5 *TEIL 2 EINSATZ*

5.1 **Kurz: Die Gestaltgesetze** **144**

5.2 **Leserichtung ohne Nummern** ... **146**

5.3 **Leserichtung mit Nummern** **148**

5.4 **Visuelle Ebenen** **150**

5.5 **Zeitstrahl** **152**

5.6 **Fehlende Visualisierung** **154**

5.7 **Angeschnittene Wertachsen** **156**

5.8 **Logarithmische Skalen** **158**

5.9 **Säulen oder Balken** **160**

5.10 **Säulen mit Zusatzelementen** **162**

5.11 **Unterschiedliche Skalierung** **164**

5.12 **Unterschiedliche Darstellungen**. **166**

5.13 **Beschriftungen zuordnen** **168**

5.14 **Zahlenformate** **170**

5.15 **Piktogrammsprache** **172**

5.16 **Piktogramme und Klischees** **174**

5.17 **Informationsträger** **176**

5.18 **(Zu große) Symbole auf Karten** **178**

5.19 **Irritierende Nummerierungen** ... **180**

5.20 **Positionsanzeiger (Locator) richtig einsetzen** **182**

5.21 **Statistische Daten in Karten** **184**

5.22 **Diagramme und Karten** **186**

5.23 **Flächenvergleiche auf Karten** ... **188**

5.24 **Bestimmte und unbestimmte Pins auf Karten** **190**

5.25 **Dichten und Routen in Karten** ... **192**

5.26 **Choropleth-Farbverläufe** **194**

5.27 **Choropleth-Farbabstände** **196**

5.28 **Farbsemantik (Empfinden)** **198**

5.29 **Farbcodes in Tabellen** **200**

5.30 **Farbbezug** **202**

INHALT

Darstellungsfehler

6 *TEIL 2 EINSATZ*

6.1 **Frei erfundene Diagramme** **206**
6.2 **Tortenausrichtung** **208**
6.3 **Gestapelte Werte** **210**
6.4 **Diagrammverfremdung** **212**
6.5 **Gebrochene Balken** **214**
6.6 **Meinungsbilder & Umfragen** **216**
6.7 **Verteilungsvergleiche** **218**
6.8 **Radialdiagramme** **220**
6.9 **Falsche Flächendiagramme** **222**
6.10 **Voronoi- und Treemaps** **224**
6.11 **Dreiecksbalken** **226**
6.12 **Flächenüberschneidungen in Diagrammen** **228**
6.13 **3D-Effekte in Diagrammen** **230**
6.14 **Diagramme in 3D-Perspektive** .. **232**
6.15 **3D-Würfel** **234**
6.16 **Zusatzelemente** **236**
6.17 **Tabellen** **238**
6.18 **Tag oder Word Clouds** **240**
6.19 **Einzelteile benötigen zuerst einen Kontext** **242**

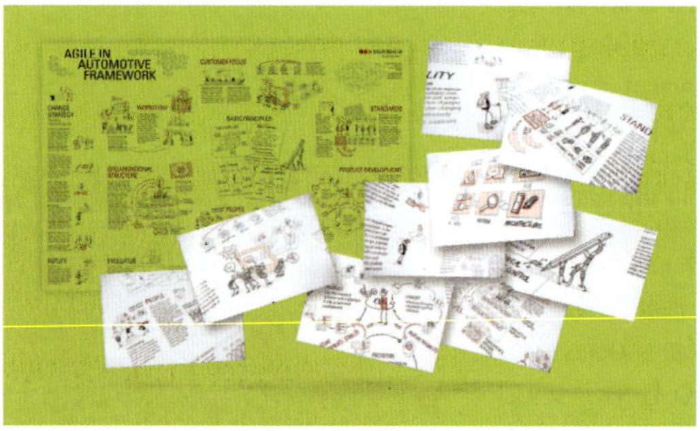

Strategie-Visualisierung 246

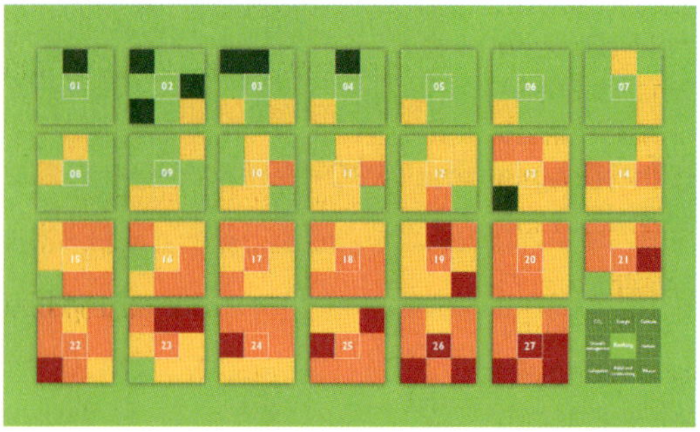

Heatmap-Ranking 249

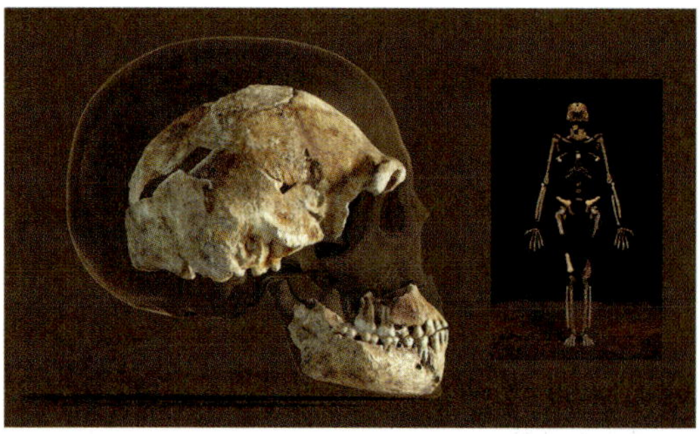

Veranschaulichung 251

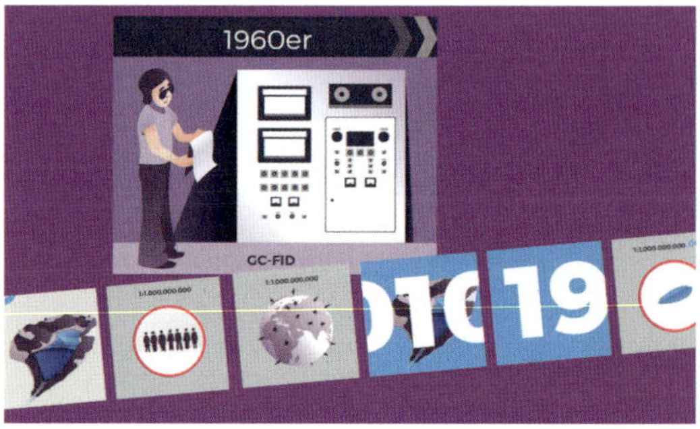

Erklärfilm 253

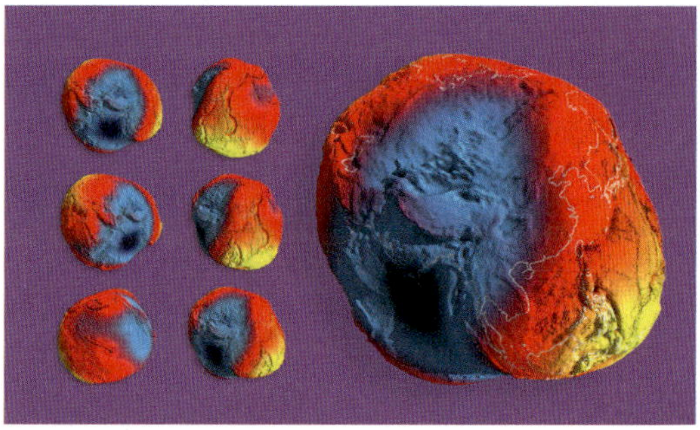

Illustration (GEOID) 255

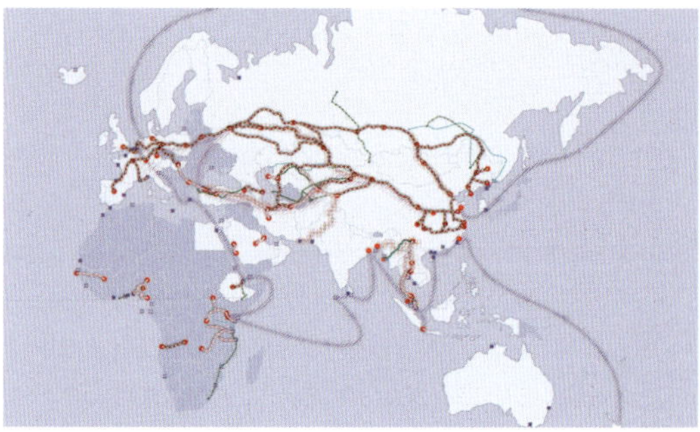

Logistik-Karte 256

TEIL 3 # PRAXIS

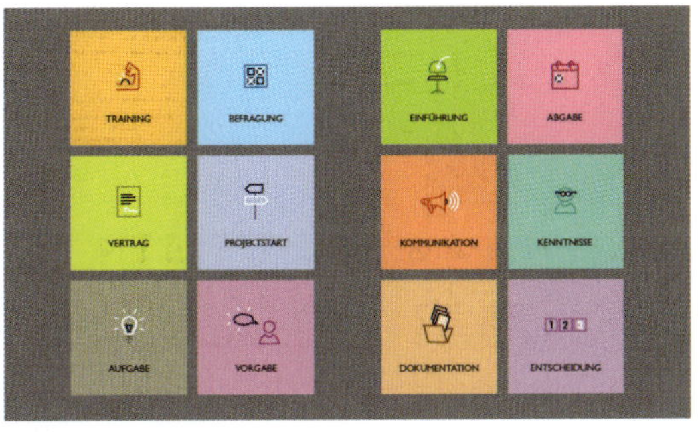

Piktogramme 259

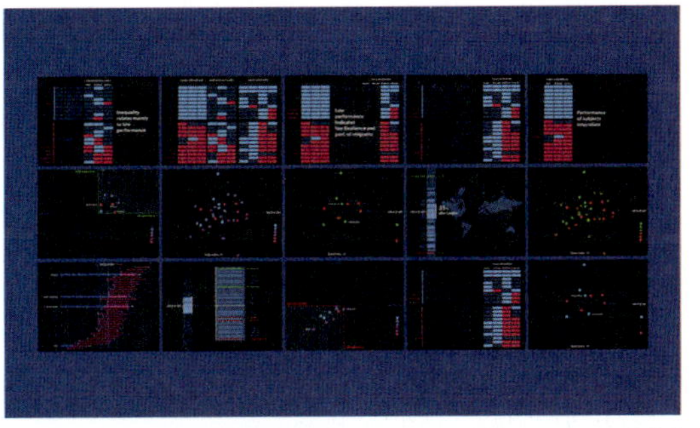

Datenvisualisierung 264

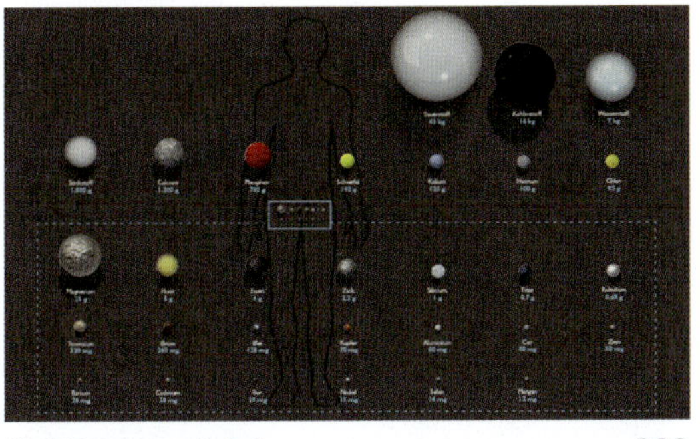

Größenvergleich 260

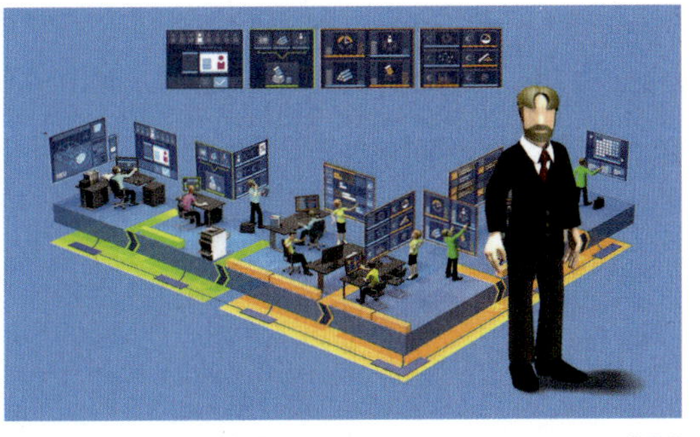

Projekt-Visualisierung.......................... 266

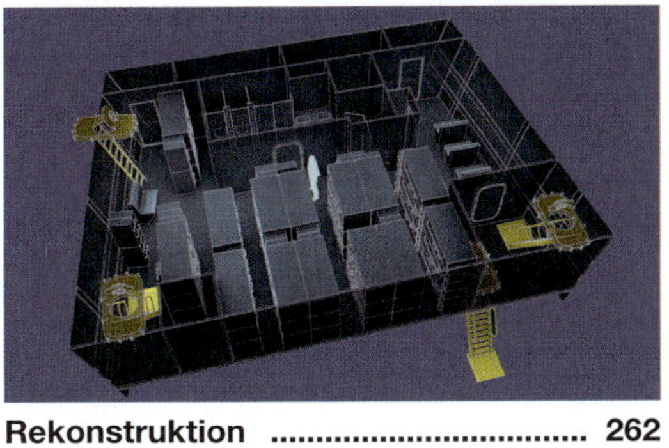

Rekonstruktion 262

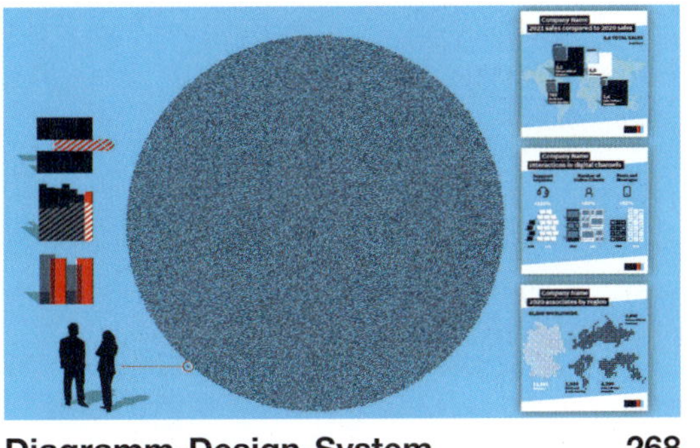

Diagramm-Design-System 268

Index 270

URL-Linkverzeichnis 275

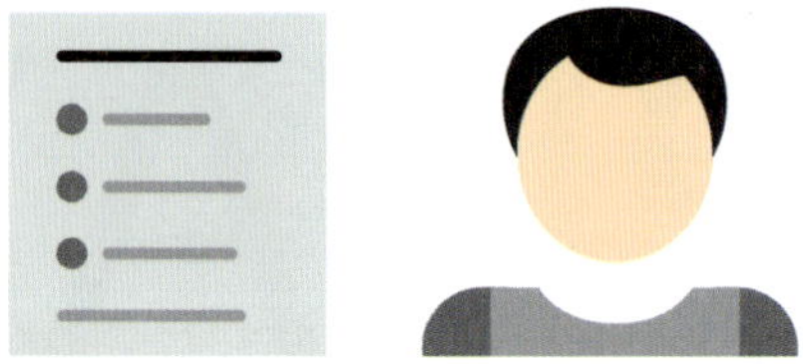

KONTEXT

Über den Autor

Stefan Fichtel ist Gründer und Kreativdirektor von ixtract. Die Agentur hat sich auf visuelle Wissensvermittlung spezialisiert und übersetzt sowohl komplexe Strategien und Dienstleistungen wie auch wissenschaftliche und politische Themen in intelligente und ›erzählende‹ Bilder. Durch hochwertige Infografiken werden abstrakte Inhalte greifbar und komplexe Abläufe verständlich und können effizient und einfach kommuniziert werden. Über die Jahre konnte ixtract einige internationale Auszeichnungen für verschiedenste Visualisierungen gewinnen. Darunter finden sich auch Goldmedaillen von der Society for News Design (SND) für die Mitwirkung an besonderen journalistischen Arbeiten für Institutionen wie dem US-amerikanische National Geographic Magazine oder dem Investigativportal Pro Publica.

Stefan hat ursprünglich als Stipendiat der Studienstiftung des Deutschen Volkes Illustration in Hamburg studiert und in der Vergangenheit viele deutsche Verlage im Bereich Infografik-Design beraten. Er war in den letzten Jahren für mehrere bekannte und große Marken bei der Umsetzung komplexer Infografikprojekte tätig.

Seit Jahren vermittelt der Autor sein Wissen auch durch Lehrtätigkeiten und Workshops. **Dies ist sein zweites Buch zum Thema Infografiken**.

Über das Buch

Seit ich vor fast zwanzig Jahren – entgegen meinen Erwartungen – angefangen habe, Infografiken zu gestalten, war ich auf der Suche nach einer Art Grundwissen. Ich suchte ein griffbereites Nachschlagewerk, um typische Fehler, die andere schon vor mir gemacht hatten, beim Gestalten vermeiden zu können.

Das Rad muss ja nicht jeden Tag immer wieder neu erfunden werden, dachte ich.

Zu meiner Überraschung stellte sich heraus, dass es eigentlich nur ein einziges Standardwerk gab. Es war groß, schwer und mühsam zu lesen und für das tägliche Arbeiten eher ungeeignet. Es war eher wissenschaftlich und theoretisch motiviert.

Praktisch war es schwierig anzuwenden. Und dieses ›Standardwerk‹ von Edward Tufte stammte noch aus einer Zeit, als Bill Gates der Meinung war: »Niemand braucht mehr als 640 Kilobyte Arbeitsspeicher in seinem PC«.

Seit dieser Zeit hat sich gestalterisch und technisch einiges getan, z.B. werden Bilder heute nicht mehr mit einem Skalpell ausgeschnitten, um sie an einem Durchlichttisch ins Layout einzukleben, wie man das in Verlagen vor vierzig Jahren noch gemacht hat.

Obwohl sich durch die technischen Fortschritte immer mehr Grafiker:innen mit Infografiken beschäftigen, gibt es in Deutschland und international nur sehr begrenzte Möglichkeiten, das Fachgebiet Informationsvisualisierung studieren zu können. Während moderne ›Datenvisualisierungen‹ jeden Tag überall – fast inflationär – eingesetzt werden, gibt es kaum Experten:innen, die ihr Wissen außerhalb des Selbststudiums gesammelt haben. Und je mehr Grafiker:innen sich somit befähigt sehen, Daten visualisieren zu können, desto mehr fehlt es an einem klar definierten Regelwerk für die visuelle Informationsaufbereitung. Irgendwie machen alle was sie wollen. Irgendwo findet sich immer irgendein Tool oder eine App, die weiterhilft. Irgendjemand wird schon geprüft haben, was Programmierer:innen darin genau umgesetzt haben.

Und so wird selbst im bei Infografiker:innen beliebtesten Grafikprogramm heute noch ein Diagrammwerkzeug beworben, das die Ausgangsdaten komplett verzerrt und falsch darstellt, was manuell nachträglich korrigiert werden muss *(Seite 222)*.

Je einfacher es für Gestalter:innen geworden ist, Daten zu verarbeiten und Infografiken zu erstellen, desto mehr Fragen hinsichtlich der Umsetzung ergeben sich. Gerade wer anfängt, sich mit Infografiken zu beschäftigen, oder wer Infografiken beauftragt und begleitet, dem stellen sich folgende Fragen plötzlich sehr drängend:

- › Wo liegt der Unterschied zwischen einer Illustration und einer Infografik?
- › Wie ist das Prozedere, um Informationen zu visualisieren?
- › Wie werden meine Informationen auch richtig visualisiert?
- › Gibt es Regeln, die eingehalten werden müssen, sollen oder können?
- › Nach welchen Aspekten lassen sich Infografiken analysieren?
- › Gibt es eindeutig falsche Darstellungen für neutrale Daten?
- › Welche Diagramme oder Vergleiche eignen sich für welche Daten?

Und viele andere Fragen, die meist dann bei konkreten Grafiken aufkommen.

Es gibt in der Sprachwissenschaft den passiven und den aktiven Wortschatz. Den aktiven Wortschatz nutzen wir jeden Tag, wobei jeder Mensch entsprechend seiner Vorbildung einen individuell anders ausgeprägten aktiven Wortschatz besitzt. Der größere passive Wortschatz lässt sich zwar verstehen, aber in der Regel nicht anwenden.

Genauso verhält es sich mit der infografischen Sprache. Anstelle von Wörtern gibt es einen aktiven visuellen Bildschatz, der individuell geprägt ist, und einen passiven, den wir verstehen können. Aber wie sieht dieser visuelle Bildschatz aus? Zu dieser Sprache und deren Rezeption ist wissenschaftlich bisher wenig bekannt.

Wahrscheinlich gerade, weil wir alle jeden Tag mit zahllosen Infografiken interagieren, häufig versteckt als User Interface verschiedenster elektronischer Devices, denken wir auch, dass wir grafische Interpretationen von Daten selbstverständlich verstehen können. Genauso, als wäre uns dieses Verständnis einfach angeboren.

Aber selbst bei der Beobachtung vieler Infografikwettbewerbe, bei denen oft Infografiker:innen andere Infografiker:innen für ihre Arbeiten auszeichnen, zeigen sich unter den ›Spezialisten:innen‹ erstaunliche Wissenslücken in Bezug auf die Einordnung von Infografiken. Eindeutig falsche Visualisierungen werden immer wieder als Meisterwerke ausgezeichnet und dienen so als falsche Vorbilder *(Seite 44)*. Oft geht es jedoch nur darum, ein visuell ansprechendes Design wertzuschätzen. Dabei ist es für das Verständnis nicht relevant, wie schön die grafischen Worte gestaltet sind. Entscheidender ist, ob die veranschaulichten Informationen verständlich dargestellt sind und wie leicht es fällt, sich dieses Wissen visuell anzueignen. Egal ob der Einsatz der Grafiken unterhaltend oder informierend sein soll: Infografiken müssen Informationen grafisch eindeutig darstellen. Das ist der einzige Grund, warum es ›Info-Grafiken‹ gibt.

Manche Infografiker:innen gehen scheinbar intuitiv davon aus, dass die infografische Bildsprache keinen regulierenden Konventionen unterliegt und es nicht notwendig ist, genau zu kontrollieren, wie jene rezipiert wird.

Immer wieder überrascht es mich aufs Neue, wenn bei meinen Analysen von falschen Infografiken in Vorträgen und Workshops auf viele Erklärungen und Darstellungen spontan und unmittelbar die Antwort eingeworfen wird: Ja, das weiß man ja eigentlich. Verwunderlich ist nur: Warum wurde es dann nicht genau so gemacht?

Ich denke, ein entscheidender Punkt ist, dass logisch nachvollziehbare Erklärungen unser Verständnis hervorrufen. Wir stimmen mit unserem passiven Wissen dieser Erkenntnis zu. Das Problem ist, dass es den meisten Menschen eben sehr schwer bis fast unmöglich fällt, ihr passives Wissen selbst aktiv anzuwenden. Wenn z.B. Schulungsteilnehmer:innen eindeutig falsche Grafiken erkennen sollen, übersehen sie in der Regel ca. 60 % der gravierendsten Fehler, die sie zuvor ausführlich besprochen hatten— während sie der Meinung waren, diese Fehler wirklich verinnerlicht zu haben.

Ich habe lange gerätselt, warum das so ist. Warum denken wir, unser passives Visualisierungsverständnis sei ausreichend? Warum können wir selbst unser aktives, visuelles Wissen schlecht anwenden? Warum meinen wir, eine Infografik richtig verstanden zu haben, die sich bereits bei einer schnellen Analyse als grob falsch herausstellt?

Zum einen fehlt uns für gewöhnlich die Übung. Wir sprechen eben zu wenig ›Infografik‹ im Alltag. Dazu erfinden viele Infografiker:innen immer wieder eigene ›visuelle Dialekte‹, ohne zu prüfen, ob diese individuelle visuelle Grammatik überhaupt verstanden wird. Die Kultur in den meisten Redaktionen setzt zwar auf Journalisten:innen, aber kaum auf Infografiker:innen, um Informationen ebenso professionell zu visualisieren.

Gleichzeitig erliegt unsere Wahrnehmungsverarbeitung als Antwort auf eine Informationsflut, die ständig kognitive Dissonanzen in uns auslöst, einem ihr inhärenten Selbstbetrug. Wenn wir Informationen wahrnehmen, die gegensätzliche Aussagen transportieren, können wir mit diesen kognitiven Widersprüchen nicht gut umgehen und sie verursachen ein großes Unbehagen in uns. Sofort versucht unser Gehirn, dieses Unbehagen mit so wenig Arbeit und so schnell wie möglich wieder aufzulösen.

Visualisierung › 38 **Wahrnehmung › 19**

Damit wir uns besser fühlen können, startet unser Verstand unbewusst ein Reparaturprogramm, das passend macht, was eigentlich nicht zusammenpasst. Das geschieht durch haltlose Annahmen, durch Ausblenden fehlerhafter Informationen oder durch bloßes Umdeuten der anders ausgewiesenen Fakten.

Uns fällt dabei überhaupt nicht auf, wie sehr wir fehlende Angaben, falsche Darstellungen oder unverständliche Grafiken einfach mit unserer eigenen Erwartungshaltung ›glätten‹ und manipulieren, während sich das Gefühl einstellt, wir hätten die Angaben klar verstanden. Dieses Vorgehen ist so perfekt, dass wir uns aktiv dagegen wehren müssen, um die Fehler bei der Informationsvermittlung finden zu können. Und so fällt es uns schwer, aktiv anzuwenden, was wir passiv längst zu wissen glauben.

Seit Edward Tufte sind einige tolle Bücher im Zusammenhang mit Infografiken verlegt worden. Die meisten bieten dabei jedoch keinen schnellen Zugang zu Antworten auf einzelne, konkrete Fragen zur infografischen ›Grammatik‹. Und nach wie vor gibt es keinen infografischen Duden, der erklären oder helfen kann, wenn Grafiker:innen, Journalisten:innen oder Lehrer:innen vor infografischen Problemen stehen und genau in diesem Moment einen Tipp benötigen. Insgesamt ist das bisher veröffentlichte Wissen über Infografiken zudem weit gestreut, zerfasert und es passiert nicht selten, dass sich verschiedene Autoren widersprüchlich und sogar falsch äußern.

Es mangelt auch an praxisnahen und wissenschaftlichen Untersuchungen zur Rezeption von Infografiken. Einige Versuche, mit Eyetracking und anderen Methoden festzustellen, wie Menschen Infografiken betrachten, lesen und verstehen, sind meist an zu komplexen Fragestellungen gescheitert. Den Theorien fehlt so oft noch ein fundierter Beweis und so ist es schwer, sich ein allgemeingültiges Basiswissen anzueignen.

Durch die intensive Auseinandersetzung mit Infografiken und zahlreiche Schulungen motiviert, hatte ich vor einigen Jahren angefangen, das fehlende Grundwissen im Umgang mit Infografiken für mich zu konsolidieren und zusammenzutragen. Die Beobachtung begeisterter Grafiker:innen, die sich immer wieder fasziniert in diese Disziplin stürzen, und die Debatten über die Manipulation von Fakten durch Medien, ausgelöst durch die »Fake News«-Diskussionen, haben dann zu diesem Buch geführt.

Gerade die Fake-News-Diskussionen basieren oft auf der Unterstellung einer mutwilligen, bewussten Fälschung von Informationen. Wenige Diskussionen drehen sich um die Tatsache, dass Fehler bei komplexeren Gestaltungen einfach unbewusst passieren oder unter falschen Annahmen verkehrt umgesetzt werden. Aber für Betrachter:innen einer Infografik ist eigentlich egal, ob ein Fehler absichtlich oder unbewusst entstanden ist. Der Fehler kennt keine Motivation, er kennt nur die fatale Rezeption.

An diesem Problem setzt dieses Buch an. Es trägt bekannte Rezeptionsmuster und Erkenntnisse in der Wirkungsweise von Infografiken zusammen. Sehgewohnheiten und -konventionen, die unsere visuelle Infografik-Sprache bestimmen oder prägen, werden anhand anschaulicher Beispiele erklärt. Damit unser vorhandenes passives Wissen Eingang in ein aktives Gestalten finden kann.

Das Ziel ist, ein einheitlichtes Regelwerk anzubieten, an dem sich Gestalter:innen beim Erstellen von Infografiken orientieren können und das Fehlinterpretationen minimiert.

Manipulation › 44 Rezeption › 22

BUCHKONZEPT

Der Übersetzungsprozess von Daten in Visualisierungen unterliegt vielen begrenzenden Faktoren. Diese können beispielsweise darin liegen, wie unsere Wahrnehmung durch grafische Entscheidungen eingeschränkt wird oder wie Sehgewohnheiten und kulturelle Konventionen unsere visuelle Interpretation beeinflussen. Das vorliegende Buch basiert auf vielen Dos und Don'ts, die sich über die Jahre entweder in meinen Schulungen oder im Gestaltungsalltag herauskristallisiert haben. Es lässt sich wie ein gewöhnliches Buch lesen, es geht aber auch anders.

Denn jede Doppelseite im Buch steht für sich und kann über den Quick-Index am Ende der Seite je nach Aufgabenstellung mit anderen Doppelseiten verknüpft gelesen werden. So wird ein schneller Einblick in eine individuelle Problematik möglich. Die Darstellungen auf den rechten Seiten im Buch sind mit einer Symbolsprache versehen, die überwiegend visuell Aspekte und Inhalte vermitteln soll. Wie die verschiedenen Piktogramme und Symbole zu verstehen sind, wird zusammenfassend auf der übernächsten Seite beschrieben.

Auf den rechten Seiten sind im ersten Bild meist zwei Spalten zu finden. In der ersten Spalte wird zunächst aufgezeigt, um welchen grafischen Kommunikationsfehler es sich handelt. Die Beispiele basieren immer auf realen Grundlagen und stellen keine Fantasiedatensätze dar. Zu allen anonymisierten und verfremdeten Beispielen gibt es mindestens ein konkretes, immer aber auch weitere ähnliche und reale Vorbilder.

Manchmal wurden die echten Daten etwas zugespitzt, sodass der Fehler für das verwendete Beispiel im Buch deutlicher hervortritt. Daher gibt es auch keine Quellen zu den Grafiken. Diese sind für die Besprechung der Probleme unwichtig. Würden die Infografiken anderweitig veröffentlicht, müsste man strengere Maßstäbe ansetzen. Daneben geht es im Buch nie um die Erhebung der Daten selbst. Der Fokus liegt auf der prägnanten Herausarbeitung möglicher Fehlerquellen bei der Visualisierung.

In der zweiten Spalte werden alternative Lösungsmöglichkeiten angeboten. Diese Beispiele sind nicht als absolute Vorgaben zu verstehen. Vielmehr soll Grafiker:innen ein erster Ausweg aus einer infografischen Sackgasse angeboten und ihre Wahrnehmung geschult werden. Für einzelne Diagramme oder Fehler kann es daneben also auch noch andere Lösungen geben. Das Buch erhebt hier keinerlei Anspruch auf Abgeschlossenheit.

Im zweiten Bild auf derselben Seite, meist im unteren Teil zu finden, folgt dann eine Begründung, um die Hypothese im oberen Bild auch nachvollziehen zu können. Zudem hilft es, besser zu verstehen, wie Visualisierungen interpretiert werden (können) und wie grafische Prinzipien (z.B. die Gestalttheorie) oft mit der Umsetzung in Konflikt geraten. Das bedeutet, die Urheber:innen wollten zwar besten Gewissens grafisch eine bestimmte Aussage betonen, dabei kann es aber möglicherweise unbewusst zum Bruch mit allgemeingültigen Gestaltungs- und Wahrnehmungsregeln kommen und die Daten werden daraus resultierend visuell irreführend dargestellt.

Gut gemeint kann im infografischen Schaffen leider oft das Gegenteil von gut sein.

17 ‹ **Wahrnehmung** › 22

Die Texte auf der linken Seite schildern etwas ausführlicher die Hintergründe zu den Darstellungen. Auf diesen Seiten ist links unten ein Wertungsbereich zu sehen, der weiter unten auf dieser Seite kurz erläutert wird.

ZIELGRUPPE

Dieses Buch richtet sich an alle Menschen, die in ihrem Alltag mit Infografiken interagieren und besser verstehen wollen, wie sie funktionieren. An erster Stelle sind das natürlich Grafiker:innen oder Studierende aus dem Bereich Kommunikationsdesign oder der Illustration, die gerne Infografiken anfertigen wollen, bisher jedoch wenig über Infografiken wissen und unsicher sind, wie sie an ihr Projekt herangehen sollen.

Daneben wende ich mich an Journalisten:innen und Redakteure:innen, die häufig Infografiken einsetzen oder in Auftrag geben, aber keinerlei oder nur eine geringe gestalterische Ausbildung haben. Ihnen soll das Buch helfen, eine begründete Argumentationsbasis bei der Entwicklung und Korrektur von Infografiken aufbauen zu können.

Neben diesen Gruppen, die aktiv Infografiken erstellen, gibt es aber noch andere Branchen, die ich im Folgenden gezielt ansprechen will: Lehrer:innen oder Dozenten:innen können Schüler:innen und Student:innen die Grundlagen der Darstellung von Statistik deutlich besser anhand der Beispiele in diesem Buch vermitteln. Oft helfen die zur Verfügung stehenden Lernmittel nur sehr begrenzt, wenn jemand verstehen will, wie die Visualisierung von Daten funktioniert, welche Fallstricke es zu vermeiden gilt und wie Fehlinterpretationen der Betrachter:innen verhindert werden können.

Der Inhalt richtet sich auch an alle Leser:innen, die sich generell für Infografiken begeistern. Denn wie lautet ein Zitat von Marie von Ebner-Eschenbach:

»Wer nichts weiß, muss alles glauben.« (Zeit, das zu ändern!)

BEWERTUNGSSYSTEM ZUR PROBLEMSTELLUNG

Fake-News-Faktor: Zeigt an, wie irreführend sich ein Fehler auswirken kann und wie verfälscht die Daten wiedergegeben werden können.

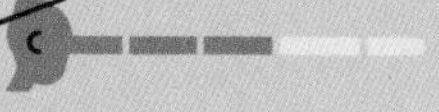

Kenntnisfaktor: Wie viel Vorwissen ist notwendig, um den Fehler erkennen zu können und im Alltag zu vermeiden?

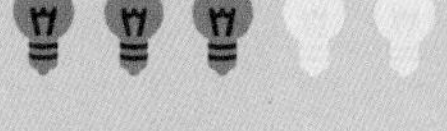

Grafikfaktor: Welche grafischen Fähigkeiten benötigt man, um die Daten gestalterisch richtig umsetzen zu können?

Bedeutung	Darstellung
thematisch zusammenhängende Hinweise	•*KATEGORIE* •*THEMATIK* •*GRUPPE*
Beschriftung, direkte Erklärung	*REDAKTIONELLE BESCHREIBUNG*
hervorgehobene Erklärung	Ø *ARITHMETISCHES MITTEL* 2/3 *des Bildschirms*
richtig, falsch	✓ ✕
Alternative	OR
ist nicht	≠ ≠
größer oder kleiner	> <
größer und kleiner nicht zu erkennen	≶
ist gleich	=
entspricht	≙
plus, minus	+ −
Aufmerksamkeit hierauf richten	↓ ↓ →
Verweise, Schritte	( ) { }
Trennung zweier Sachverhalte	- - - - - - - - - - -
ähnliches Thema	25 ‹ Quickindex › 34

Bedeutung
kurz überprüfen, so eigentlich nicht
mögliche Alternative
rein visuelle Information
kognitive Verarbeitung
hier liegt der Fehler begründet, Vorsicht!
widersprüchliche oder fehlende Informationen
Text oder inhaltliche Aussage prüfen
zeitlicher Verzug auffällig
zeitliche Bezüge

Der Mediziner und Zeichner Santiago Ramón y Cajal schaffte es mit Infografiken bis zum Nobelpreis.

cutt.ly/nobelpreis

Infografiken als Mittel zur Beweisführung und Tatrekonstruktion, z.B. von Forensic Architecture

forensic-architecture.org

WARUM EINE INFOGRAFIK?

Gerade bei der Lektüre des hinteren Teils dieses Buchs mag einen das Gefühl beschleichen, dass es aufgrund der vielen Fallstricke und möglichen Missverständnisse, die bei der Umsetzung und Interpretation von Infografiken auftreten können, womöglich besser wäre, einfach ganz darauf zu verzichten.

Zunächst unterscheidet sich die Infografik in diesem Punkt weder von der gesprochenen noch der geschriebenen Sprache. Diese kann auch höchst missverständlich, fehlerhaft und ungenau sein (und ist es oft), dennoch verwenden wir sie jeden Tag. Ganz einfach deshalb, weil wir nichts besseres haben!

Wenn wir uns anderen Menschen bewusst mitteilen wollen, dann benötigen wir ein Medium, mit dessen Hilfe wir uns verständigen können. Das gängigste und am weitesten Entwickelte, was wir hervorgebracht haben, ist die sprachliche Kommunikation. Auch wenn die vielen Tausend Sprachen weltweit in ihrer Effizienz mitunter sehr mangelhaft sein können, ermöglichen sie uns immerhin, mit anderen in Kontakt zu treten, um mal mehr, mal weniger lebenswichtige Informationen gezielt austauschen zu können.

Das bildliche Interpretationsvermögen ist evolutionsgeschichtlich wesentlich älter als unser Sprachzentrum. Die Anfänge der ältesten Schriften basieren ja auch auf bildhaften Zeichensprachen. Zudem läuft die visuelle Wahrnehmungsverarbeitung im Gehirn wesentlich schneller ab als die kognitive Schrift- und Sprachverarbeitung, die wir mühsam erlernen müssen.

Es wäre also sinnvoll, sich eines bildhaften Kommunikationsmediums zu bedienen, um komplexe Informationen auszutauschen. Die zielgerichtete Bildsprache erfordert jedoch eine hohe Kunstfertigkeit, um sie erfolgreich einsetzen zu können. Wem es aber gelingt, Informationen zu visualisieren, der erlangt einen entscheidenden Vorteil in der Kommunikation mit anderen.

Es ist vergleichbar mit einem Feldweg und einer dreispurigen Autobahn: Wer mit der Wortsprache auf dem Feldweg laufen will, kann das jederzeit tun. Wer aber die Autobahn der Bildsprache nutzen möchte, braucht ein Fahrzeug und mindestens einen passenden Führerschein, um schneller ans Ziel zu gelangen.

Dieses Buch will die Grundlage schaffen, Informationen möglichst unfallfrei, effektiv und schnell austauschen zu können. Es ist wie ein Führerschein für Infografiken. Und auch wenn viele Beispiele aus dem Printbereich stammen, ist das für das Verständnis der Funktionsprinzipien unerheblich. Online und animiert gelten dieselben allgemeinen Wahrnehmungsleitfäden.

18 ‹ Rezeption › 104 19 ‹ Wahrnehmung › 36

FLUCHTWEG ALS TEXT

Verlassen Sie diesen Raum. Gehen Sie **5 Meter nach rechts** den Gang entlang. Am **Konferenzraum** biegen Sie **links** ab und **nach weiteren 6 Metern** erreichen Sie das Ende des Gangs. Links ist ein Feuermelder an der Wand neben dem Aufzug. Gehen Sie nicht zum Aufzug. **Wenden Sie sich nach rechts** und bewegen Sie sich zum **Treppenhaus**. Gehen Sie die **Treppen nach unten** und **verlassen Sie das Gebäude** durch den **Haupteingang**.

FLUCHTWEG ALS BILD

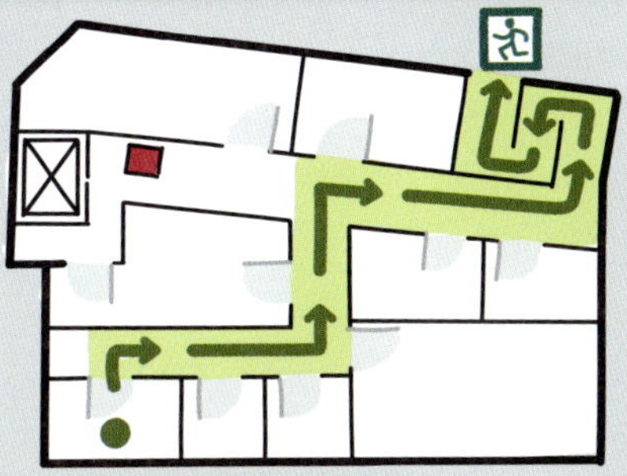

Idee: Marcia Riefer Johnston

WAHLTREND ALS TEXT

Die Umfrage sieht die **AfD** bei **6%**. Die **FDP** kann sich auf **4 Prozentpunkte** verbessern. Die **Unionsparteien** kommen bei den Befragten auf **42%**. Die **SPD** bleibt bei **22%, Die Linke** bei **10%**. **Die Grünen** rutschen auf **10%** ab, auf die **sonstigen Parteien** entfallen **6%**. Bei der nächsten Erhebung verlieren **CDU und CSU 2 Prozentpunkte** und stehen bei **40 %**. Die **AfD** erstarkt und erreicht **8%**. **3%** gewinnt die **SPD** dazu und rangiert bei **25%**. Dagegen fällt **Die Linke** auf **7%**. **Die Grünen** behaupten ihren Wert von **10%**. **Die FDP** bleibt bei **4%** und die **sonstigen Parteien** bei **6%**.

WAHLTREND ALS DIAGRAMM

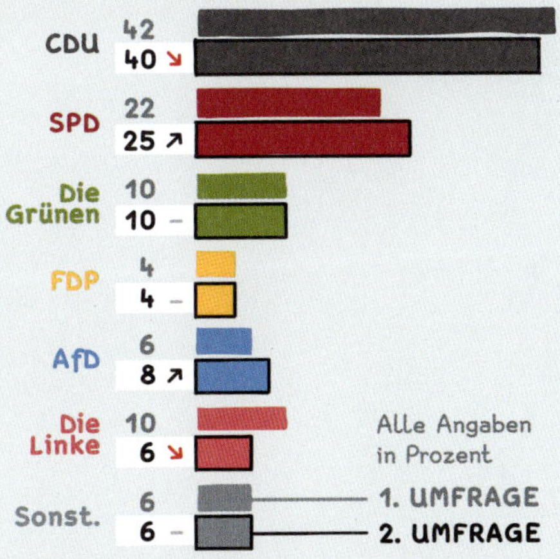

FUNKTIONSWEISE MRT ALS FOTO

MAGNETRESONANZTOMOGRAPHIE (MRT)

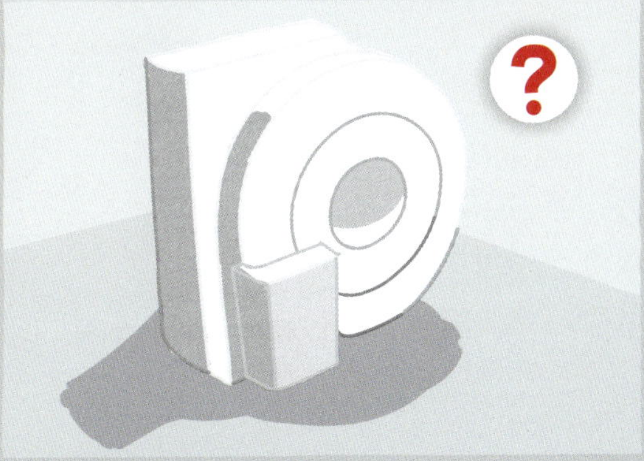

FUNKTIONSWEISE MRT ALS INFOGRAFIK

MAGNETRESONANZTOMOGRAPHIE (MRT)

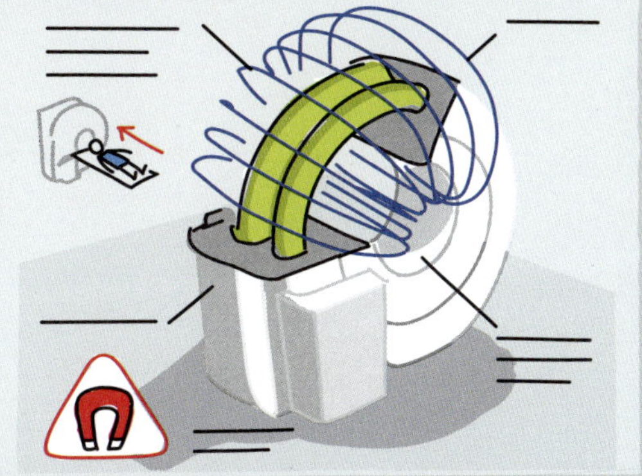

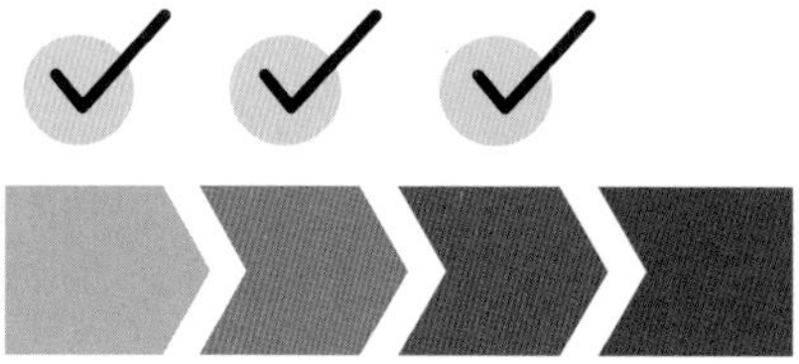

KAPITEL 1

Vorgehen

1.1 **Fragen zu Beginn** **26**

1.2 **Recherche** **28**

1.3 **Dateibenennung und Ordnerstruktur** **30**

1.4 **Formate klären** **32**

1.5 **In 4 Schritten zur Grafik** **34**

1.6 **Aller Anfang ist eine Idee** **36**

1.7 **Sehen, worum es geht** **38**

1.8 **In Visualisierungen denken** **40**

1.9 **Scribbeln** **42**

1.10 **Daten richtig umgesetzt?** **44**

1.11 **Klare formale Struktur** **46**

1.12 **Großes groß, Kleines klein** **48**

1.13 **Informationshierarchie** **50**

1.14 **Zuordnung der Elemente** **52**

1.15 **Farbcode (Gesamtgrafik)** **54**

1.16 **Vollständige Beschriftung** **56**

1.1 FRAGEN ZU BEGINN

Vor der Umsetzung einer Infografik ist es sinnvoll, kurz innezuhalten und zu fragen, welche Zielsetzung die Infografik hat: Was wird versucht, mit der Grafik zu transportieren, was bisher so noch nicht kommuniziert wurde und welchen Vorteil haben Betrachter:innen davon? Wichtig ist, die Infografik nicht absenderorientiert zu konzipieren, d.h., es ist unwichtig, was man selbst erzählen will. Eine Infografik ist kein Psychiater. Entscheidend ist, warum würden sich Adressat:innen die Infografik unbedingt anschauen wollen? Wie kann eine Grafik konnkret weiterhelfen?

Information geht auch ohne Inhalt, sieht aber ›schön‹ aus.

cutt.ly/banner_ohne_inhalt

Das geht auch animiert.

cutt.ly/circle_wave

Wenn dieses Ziel definiert ist und die Daten noch nicht vorliegen, fängt die Recherche an. Manchmal kann die Suche völlig unbedarft mit dem Thema selbst anfangen. Je nachdem, was es dazu zu finden gibt, liefert es eventuell einen Ansatz, welcher Aspekt genauer untersucht werden könnte. Häufig ist der Beweggrund einer Infografik ein Ereignis, das ansteht oder stattgefunden hat. Um nicht orientierungslos im Sand stochern zu müssen, sollen *Abb. 1.1 und 1.2* ein paar Anregungen liefern, mit welchen inhaltlichen Fragen sich herausfiltern lässt, was mit einer Infografik erklärt werden könnte.

Die Fragen schaffen einen guten Überblick und sind vielleicht schon ausreichend, um die Grafik anzugehen oder das Thema gezielt noch tiefer und strukturierter zu erforschen. Sich diese Fragen zu stellen, soll auch verhindern, dass bei der Umsetzung z.B. ein Ereignis zwar korrekt visualisiert, aber vergessen wird zu erwähnen, wo oder wann sich das Ganze abgespielt hat, wodurch die Infografik nicht mehr eingeordnet werden kann.

Mit der Frage »Wie?« ist gemeint, wie sich ein Vorfall ereignet hat, also der Ablauf des Geschehens war. Es ist nicht gleichbedeutend mit der Frage nach dem »Warum?«, die aufzeigen soll, durch welche Mechanismen ein bestimmter Ablauf ermöglicht wurde. Wenn beim Betätigen einer Lampe die Birne zerspringt, ist zunächst immer noch unklar, warum diese Birne kaputt gegangen ist. Die Frage »Wozu?« kann entweder so verstanden werden, dass nach den direkten Konsequenzen gesucht wird oder danach, welches Ziel mit dem Vorfall erreicht werden sollte, je nachdem, wodurch es ausgelöst wurde. Zuletzt steht die Frage »Wohin hat es geführt?«, also welche Auswirkungen wird das Ereignis auf andere Vorgänge haben oder hat es gehabt.

In Kundenprojekten kommt die Recherche oft in Form eines Briefings vom Kunden. Als Grafiker:in ist es dann wichtig, zum besseren eigenen Verständnis dort genau dieselben Fragen zu stellen, zusammen mit den Aspekten von *Seite 32*.

Recherche › 28 Vorbereitung › 28

Abb. 1.1

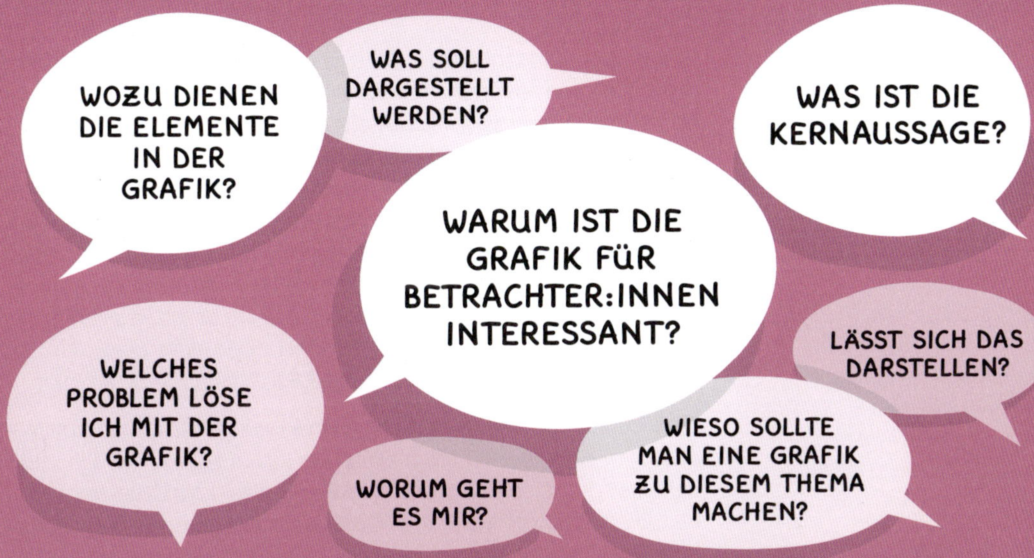
WOZU DIENEN DIE ELEMENTE IN DER GRAFIK?
WAS SOLL DARGESTELLT WERDEN?
WAS IST DIE KERNAUSSAGE?
WARUM IST DIE GRAFIK FÜR BETRACHTER:INNEN INTERESSANT?
LÄSST SICH DAS DARSTELLEN?
WELCHES PROBLEM LÖSE ICH MIT DER GRAFIK?
WORUM GEHT ES MIR?
WIESO SOLLTE MAN EINE GRAFIK ZU DIESEM THEMA MACHEN?

Abb. 1.2

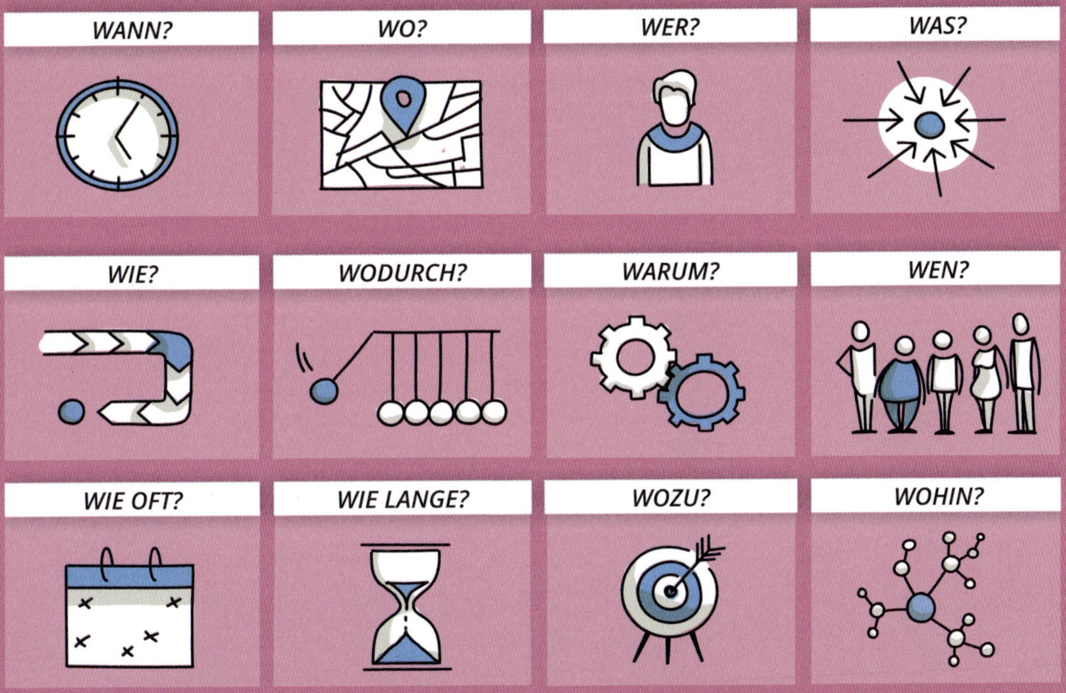
WANN?
WO?
WER?
WAS?
WIE?
WODURCH?
WARUM?
WEN?
WIE OFT?
WIE LANGE?
WOZU?
WOHIN?

1.2 RECHERCHE

Bereits bei der Recherche sollte genau darauf geachtet werden, dass alle Informationen von Anfang an sinnvoll und nachvollziehbar abgelegt werden. Nicht selten vergeht z.B. durch Abstimmungen einige Zeit, bis die Grafik weiter umgesetzt werden kann. Wenn dann noch einmal Quellen oder Inhalte gesucht werden müssen, an die man sich zwar grob erinnert, aber nicht mehr genau weiß, wo diese zu finden waren, kann das einen enormen und unnötigen Aufwand nach sich ziehen. Oft passiert es auch, dass z.B. online gefundene Bilder lokal unter anderem Namen abgespeichert werden, deren Fundort aber nicht dokumentiert wurde. Auch eine Rückwärtssuche bleibt dann meist erfolglos.

Wie man Informationen bei der Recherche überprüft, wird im Handbuch des European Journalism Centre anhand von vielen Beispielen erklärt.

cutt.ly/handbuch_ejc

Eine frühzeitige und klare Ablagestruktur in einem Projektordner sowie im Browser ist daher die erste Grundlage. Was von Interesse sein kann, wird als Link gespeichert und als Datei abgelegt. Natürlich lässt sich auch mit Notiz-Apps arbeiten, die Systematik bleibt die Gleiche. Am Ende zählt nur, dass die Quellen zu den Fakten ohne weitere Suche wiedergefunden werden können.

Vor allem Bilder sind eine wichtige Referenz für Infografiken. Eine sinnvolle Ablage durch eine strukturierte Ordnersystematik ist dementsprechend wichtig, da viele Bilder unsinnig benannt sind. Am besten benennt man sie gar nicht erst um. Oft ist das die einzige Chance, die Quelle später wiederfinden zu können.

Ich persönlich arbeite gerne mit hierarchisch gegliederten Tabellen (Spreadsheets). So lassen sich Online- und Offlineinhalte gut und übersichtlich zusammenführen.

Um sich während der Recherche nicht zu weit in Details zu verlieren und so eventuell vom eigentlichen Thema immer weiter abzudriften, hilft es, die wichtigsten Funde auszudrucken und an eine Wand zu heften *(Abb. 1.3)* oder in einer Online-Mood-Map zu sammeln. Mit ersten kleinen und schnellen Scribbles kombiniert, lassen sich Inhalte auch optisch clustern (in Themengebiete einordnen). So findet eine grobe Sortierung für das spätere Layout statt, indem die Themencluster um die Scribbles herum platziert werden. Schnell zeigt sich dann, in welchem Bereich bereits genug recherchiert wurde und in welchem noch Informationen fehlen, um eine schlüssige Geschichte erzählen zu können.

Mit der Klärung, was inhaltlich von Interesse sein kann, muss auch immer der Zusammenhang bedacht werden. Wenn ich z.B. einen Ort zeigen will, muss ich auch zeigen, wo dieser liegt.

Und das Allerwichtigste ist: Egal was aussortiert wird, solange das Projekt läuft, wird nichts gelöscht oder entsorgt!

Konzept › 32   26 ‹ Recherche › 34   26 ‹ Vorbereitung › 30

Abb. 1.3

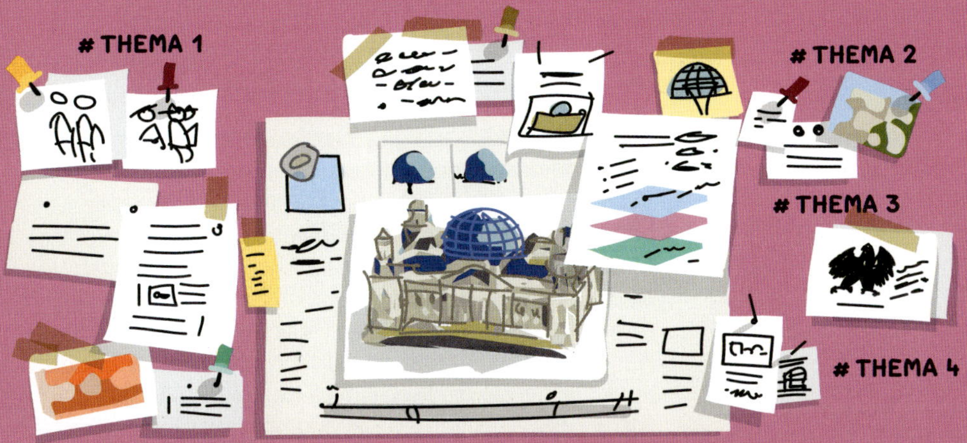

THEMA 1
THEMA 2
THEMA 3
THEMA 4

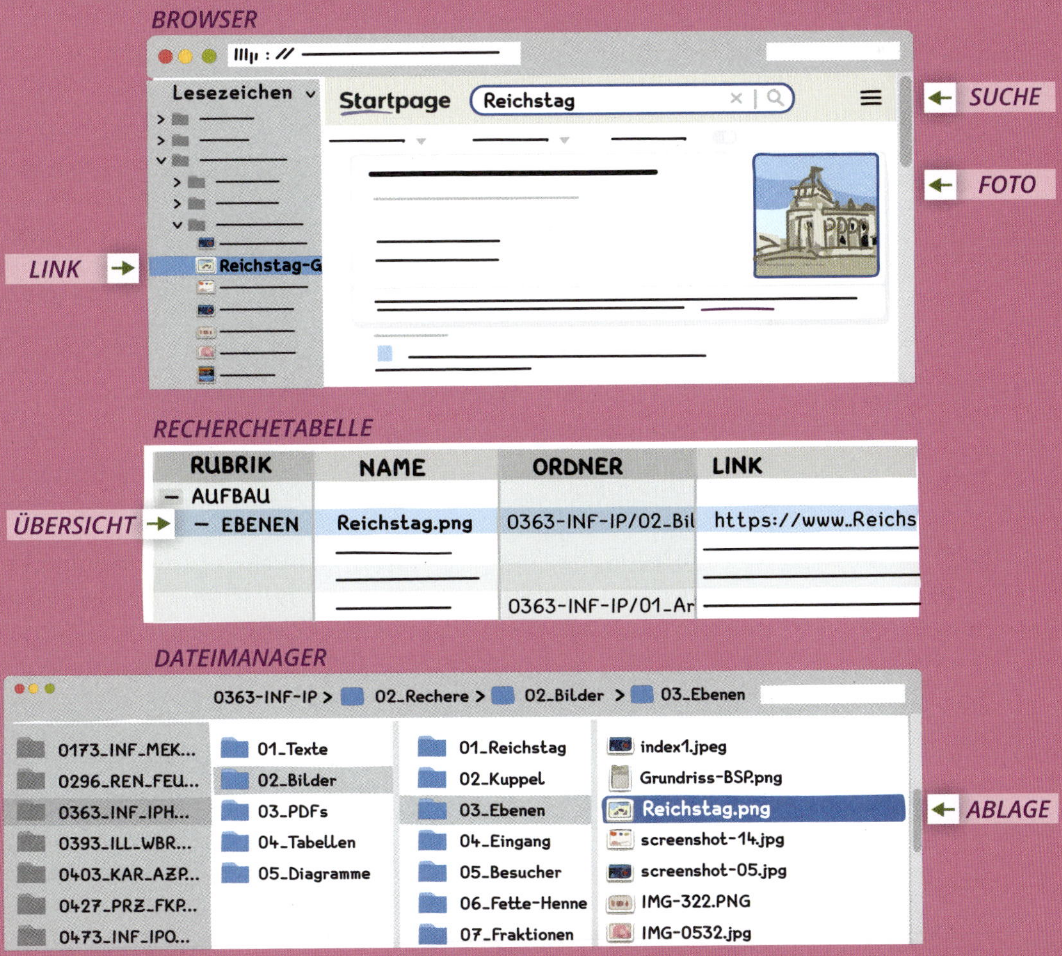

BROWSER
Lesezeichen
Reichstag-G
Startpage
Reichstag
SUCHE
FOTO
LINK
RECHERCHETABELLE
RUBRIK
NAME
ORDNER
LINK
– AUFBAU
ÜBERSICHT
– EBENEN
Reichstag.png
0363-INF-IP/02_Bil
https://www.Reichs
0363-INF-IP/01_Ar
DATEIMANAGER
0363-INF-IP > 02_Rechere > 02_Bilder > 03_Ebenen
0173_INF_MEK...
0296_REN_FEU...
0363_INF_IPH...
0393_ILL_WBR...
0403_KAR_AZP...
0427_PRZ_FKP...
0473_INF_IPO...
01_Texte
02_Bilder
03_PDFs
04_Tabellen
05_Diagramme
01_Reichstag
02_Kuppel
03_Ebenen
04_Eingang
05_Besucher
06_Fette-Henne
07_Fraktionen
index1.jpeg
Grundriss-BSP.png
Reichstag.png
screenshot-14.jpg
screenshot-05.jpg
IMG-322.PNG
IMG-0532.jpg
ABLAGE

1.3 DATEIBENENNUNG UND ORDNERSTRUKTUR

Die Grundlage für erfolgreiche digitale Projekte ist ein zuverlässiges und konsequent geführtes Ordnungssystem. Egal welches System der Dateibenennung gewählt wird, es sollte so strukturiert sein, dass sich die Dateien automatisch in den unterschiedlichen Dateibrowsern richtig sortieren und die letzten Versionen einer Datei schnell auffindbar sind. Zufällige Änderungen sollten nicht dazu führen, dass alte Versionen plötzlich anders sortiert werden (Änderungsdatum). Um Datenmüll zu vermeiden, sollte am Projektende die Möglichkeit bestehen, alte Zwischenversionen schnell zu entfernen. Oft entstehen bei vielen verschiedenen Zwischenschritten Hilfsdokumente, z.B. wenn für eine Karte erst einmal eine bereinigte Basisversion aus Originaldaten extrahiert werden musste. Diese Dateien sollten sich von Produktionsdaten eindeutig unterscheiden lassen. Ein beispielhaftes Benennungssystem wird in *Abb. 1.4* und *Abb. 1.5* vorgestellt.

In der *oberen* Darstellung ist ein beispielhafter Projektordner abgebildet, in dem sich die Dateien von allein richtig sortieren. Die Basis dafür ist der Ordnername, der eine eindeutige Nummer trägt. Wer mit einer Projektsoftware arbeitet, erhält eine fortlaufende Nummerierung vom System, ansonsten muss diese selbst generiert werden. Es folgen ein Projektkürzel, das dem jeweiligen Auftrag zugeordnet ist, und ein Kundenkürzel. Wenn die Dateimanagerspalten schmal sind, sollte das Projekt immer noch mit angeschnittenem Teil-Namen schnell zu identifizieren sein. Wenn die Spalte breiter ist, wird die detaillierte Beschreibung lesbar.

Ganz unten ist aufgegliedert, wie eine Datei in einem Ordner benannt werden kann. Die Basis für jede Datei bildet hier die Projektnummer, mit der sie eindeutig diesem Projekt zugeordnet wird. Vorangestellt ist eine Dokumentnummer, die ebenso eindeutig mit dem eigentlichen Namen verbunden ist. Ändert sich der Dokumentname, ändert sich auch automatisch die Dokumentnummer. Eine Besonderheit ist direkt danach die Versionsnummer. Mit ihr werden die Arbeitsversionen identifiziert, die als Sicherung dienen und nach dem Projektende nicht mehr benötigen werden. Die höchste Versionsnummer ist so immer die letzte Datei, die bearbeitet wurde, und alle anderen Versionierungen können ruhigen Gewissens gelöscht werden, ohne diese noch einmal durchstöbern zu müssen.

Wer Monate später in den Projektordner schaut und sofort findet, was er oder sie sucht, weil eine Anpassung der Projektdateien notwendig wird, hat seine wahre Freude an so einem System.

Abb. 1.4

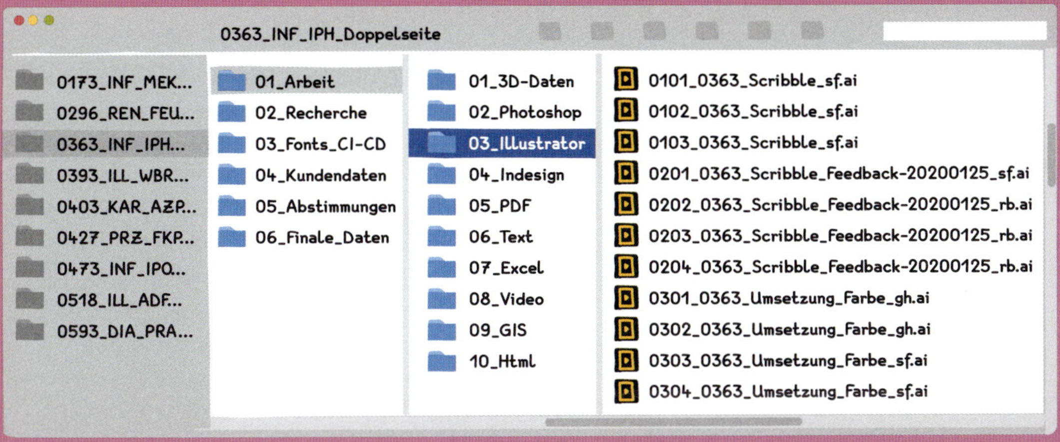
0363_INF_IPH_Doppelseite
0173_INF_MEK...
0296_REN_FEU...
0363_INF_IPH...
0393_ILL_WBR...
0403_KAR_AZP...
0427_PRZ_FKP...
0473_INF_IPO...
0518_ILL_ADF...
0593_DIA_PRA...
01_Arbeit
02_Recherche
03_Fonts_CI-CD
04_Kundendaten
05_Abstimmungen
06_Finale_Daten
01_3D-Daten
02_Photoshop
03_Illustrator
04_Indesign
05_PDF
06_Text
07_Excel
08_Video
09_GIS
10_Html
0101_0363_Scribble_sf.ai
0102_0363_Scribble_sf.ai
0103_0363_Scribble_sf.ai
0201_0363_Scribble_Feedback-20200125_sf.ai
0202_0363_Scribble_Feedback-20200125_rb.ai
0203_0363_Scribble_Feedback-20200125_rb.ai
0204_0363_Scribble_Feedback-20200125_rb.ai
0301_0363_Umsetzung_Farbe_gh.ai
0302_0363_Umsetzung_Farbe_gh.ai
0303_0363_Umsetzung_Farbe_sf.ai
0304_0363_Umsetzung_Farbe_sf.ai

Abb. 1.5

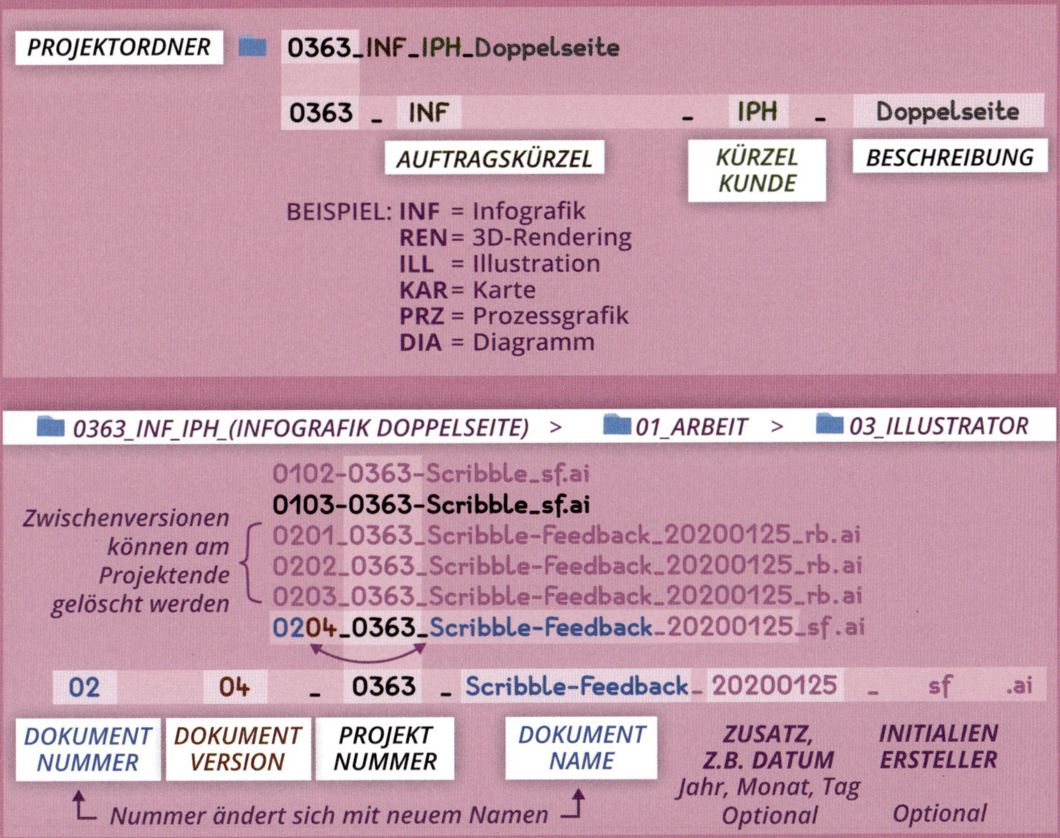
PROJEKTORDNER
0363_INF_IPH_Doppelseite
0363 _ INF _ IPH _ Doppelseite
AUFTRAGSKÜRZEL
KÜRZEL KUNDE
BESCHREIBUNG
BEISPIEL: INF = Infografik
REN = 3D-Rendering
ILL = Illustration
KAR = Karte
PRZ = Prozessgrafik
DIA = Diagramm
0363_INF_IPH_(INFOGRAFIK DOPPELSEITE) > 01_ARBEIT > 03_ILLUSTRATOR
0102-0363-Scribble_sf.ai
0103-0363-Scribble_sf.ai
Zwischenversionen können am Projektende gelöscht werden
0201_0363_Scribble-Feedback_20200125_rb.ai
0202_0363_Scribble-Feedback_20200125_rb.ai
0203_0363_Scribble-Feedback_20200125_rb.ai
0204_0363_Scribble-Feedback_20200125_sf.ai
02 04 _ 0363 _ Scribble-Feedback _ 20200125 _ sf .ai
DOKUMENT NUMMER
DOKUMENT VERSION
PROJEKT NUMMER
DOKUMENT NAME
ZUSATZ, Z.B. DATUM
Jahr, Monat, Tag
Optional
INITIALIEN ERSTELLER
Optional
Nummer ändert sich mit neuem Namen

1.4 FORMATE KLÄREN

Das Grundwissen für Gestalter, wer das alles weiß, wird am besten Professor:in und bildet andere aus.

»Der kleine Besserwisser«

(Gestalten Verlag)

Bevor eine erste Idee für die Infografik entwickelt wird, sollte unbedingt (also UNBEDINGT) Klarheit über die genauen Formatvorgaben der Grafik bestehen. Wer nicht aufpasst, kann leicht die Arbeit zweimal machen, wenn die Idee zwar ausgereift ist, aber nicht in das spätere Format passt *(Abb. 1.6)*, oder die Farben nach der Umwandlung in ein neues Farbprofil ›absaufen‹.

Manch einer wundert sich über die viel zu kleinen Beschriftungen, die online auf kleinste Miniaturzeichen zusammenschrumpfen, weil irrtümlich in der Printauflösung gearbeitet wurde.

Anhand der Gegenüberstellung von Online- und Print-Projekten in *Abb. 1.7* lassen sich die vielen Unterschiede, die sich allein durch diese beiden Formatvorgaben ergeben, schon erahnen. Daneben gibt es viele weitere, spezifische Vorgaben, für z.B. Animationen, 3D-Visualisierungen oder interaktive Darstellungen.

Es fängt natürlich mit den reinen Dimensionen an, die zu Beginn unbedingt feststehen müssen. Online sind das eigentlich fast ausschließlich Breitenangaben, auf die es ankommt. Im Print sind Höhe, Breite und die Beschnittzugabe die entscheidenden Faktoren. Wer ein 3D-Rendering noch einmal ›composen‹ darf, weil die Ränder beim Druck das eigentliche Format nicht genügend überlappen, wird zumindest beim nächsten Mal nicht mehr anfangen, ohne auch das vorher abgeklärt zu haben.

Ein häufiger Fehler ist, wie oben erwähnt, die falsche Darstellung der Farben bei der Abgabe der Infografik, weil bei der Erstellung vielleicht das Standard-Farbprofil in RGB anstatt in CMYK verwendet wurde. Gerade für bestimmte Grün- und Rottöne ist das dann der unmittelbare Farbentod und ein aufwendiger Prozess, um die Farben in Photoshop wieder zurück ins Leben zu holen.

Während Dateigrößen im Print egal sind und Bilder gerne auch Gigabytegröße erreichen können, sind kleine Bildgrößen entscheidend dafür, ob eine Seite online überhaupt betrachtet werden kann oder unnötig lange braucht, um geladen zu werden.

Schriften müssen andererseits lizenziert sein, wenn nicht mit den Standardschriften »Arial«, »Times« oder »Verdana« gearbeitet wird, die kaum Schriftschnitte besitzen und eher ungeeignet sind. Es ist problematisch, wenn in der Grafik die schönste Printschrift eingesetzt wird und der Kunde feststellt, dass er davon gar keine Webfonts besitzt, da er online eine andere Schriftfamilie einsetzt. Um Schrift im Scribble mit einplanen zu können, ist es gut zu wissen, wie viele Worte später ungefähr in eine Zeile passen, da unterschiedliche Schriften verschieden breit laufen.

Abb. 1.6

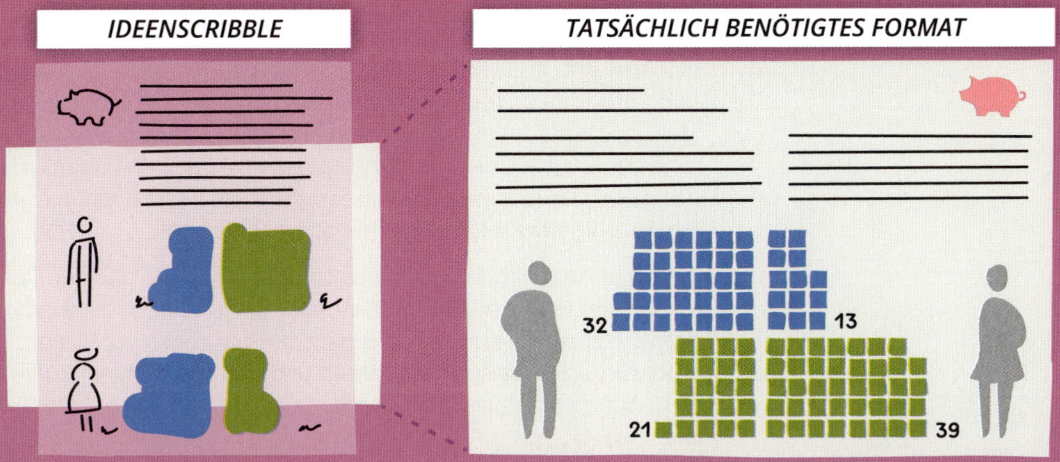

IDEENSCRIBBLE
TATSÄCHLICH BENÖTIGTES FORMAT
32
13
21
39

Abb. 1.7

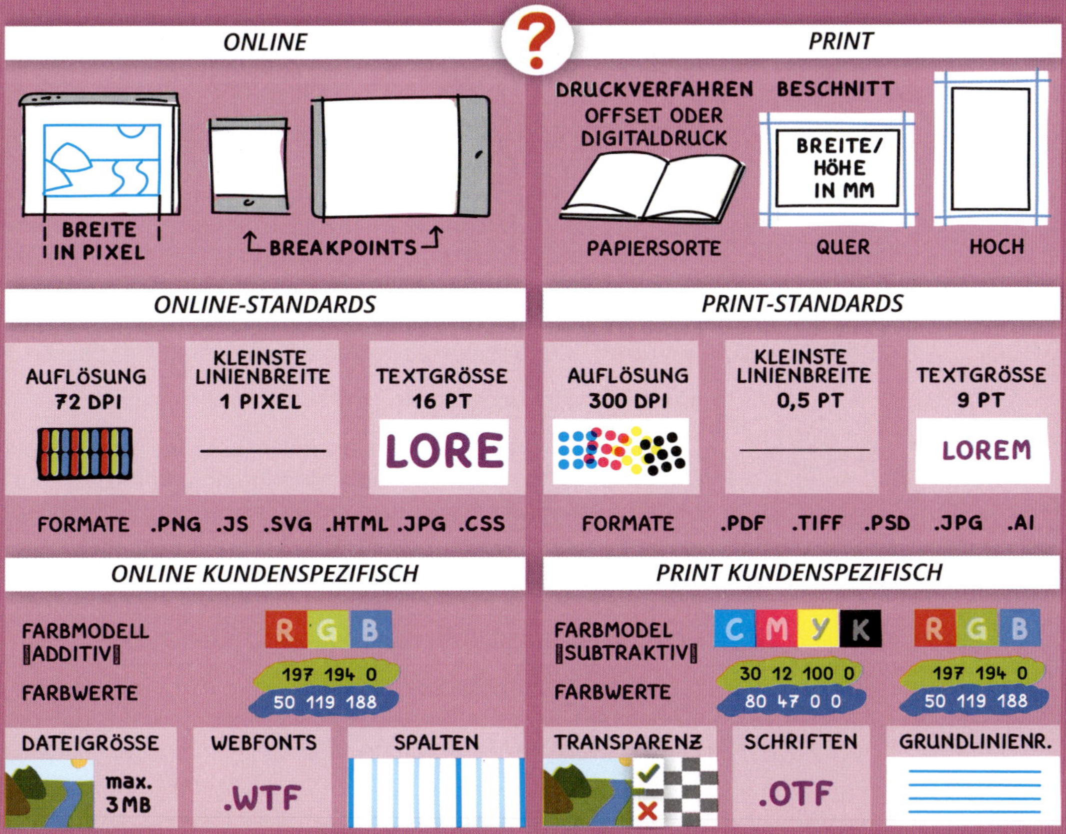

ONLINE
PRINT
BREITE IN PIXEL
BREAKPOINTS
DRUCKVERFAHREN
OFFSET ODER DIGITALDRUCK
PAPIERSORTE
BESCHNITT
BREITE/ HÖHE IN MM
QUER
HOCH
ONLINE-STANDARDS
AUFLÖSUNG 72 DPI
KLEINSTE LINIENBREITE 1 PIXEL
TEXTGRÖSSE 16 PT
LORE
FORMATE .PNG .JS .SVG .HTML .JPG .CSS
PRINT-STANDARDS
AUFLÖSUNG 300 DPI
KLEINSTE LINIENBREITE 0,5 PT
TEXTGRÖSSE 9 PT
LOREM
FORMATE .PDF .TIFF .PSD .JPG .AI
ONLINE KUNDENSPEZIFISCH
FARBMODELL [ADDITIV]
R G B
FARBWERTE
197 194 0
50 119 188
DATEIGRÖSSE
max. 3MB
WEBFONTS
.WTF
SPALTEN
PRINT KUNDENSPEZIFISCH
FARBMODEL [SUBTRAKTIV]
C M Y K
R G B
FARBWERTE
30 12 100 0
80 47 0 0
197 194 0
50 119 188
TRANSPARENZ
SCHRIFTEN
.OTF
GRUNDLINIENR.

1.5 IN 4 SCHRITTEN ZUR GRAFIK

Generell sind 4 übergeordnete Schritte bei der Erstellung einer Infografik unterscheidbar und es ist egal, ob es sich nur um ein kleines Diagramm handelt oder eine große Themengrafik. Während der einzelnen Schritte kann es weitere Aufgaben geben, wie z.B. Daten bereinigen oder Texte vorbereiten. Die 4 Schritte stellen aber die Kernabsprachen mit dem Kunden dar.

Als erste Abstimmung steht das Ideenscribble an, das zur Findung einer kreativen Grundidee dient. Es kann noch sehr grob umgesetzt sein, wie in *Abb. 1.8 ganz oben* zu sehen ist. Hier geht es darum, eine Idee für ein Layout und das Hauptobjekt zu finden. Auf dieser Basis lässt sich das Grundprinzip einer Idee mit den meisten Kunden bereits absprechen. Ein paar beschreibende Sätze können das Ideenscribble dabei auch erläutern.

Der zweite Schritt ist dann der Wichtigste: Hier wird aus der Idee das (Fein-)Konzept ausgearbeitet, d.h. definiert, wie wirklich alle Elemente später in der Infografik auftauchen werden. Je genauer dieses Inhaltsscribble angelegt und abgesprochen wird, desto weniger Aufwände entstehen später bei der Umsetzung. *Rechts* sind bereits die beiden Bauarbeiter zu sehen, die sich bis ins finale Rendering in ihrer Haltung tatsächlich auch nicht mehr ändern.

Ein Scribble wird oft gezeichnet, um Layoutideen möglichst einfach und schnell umzusetzen. Es lässt es sich fix korrigieren und anpassen. Wer beim Scribbeln digital arbeiten will, darf sich nicht von Programmstandards (z.B. Text-, Objekt- und Rastergrößen) ablenken lassen. Wem das gelingt, der kann 2D-Diagramme und Grundobjekte in 3D gleich so berücksichtigen, dass z.B. Perspektiven richtig definiert werden (grüne Flächen, zweites Beispiel *von oben*) oder Diagramme in den vorgesehenen Platz passen.

Ist das Konzept abgestimmt, geht es an die Umsetzung.

Der dritte Schritt beschäftigt sich mit dem Look & Feel, eventuell entsprechend der abgestimmten Moodbilder, und definiert Farbigkeit, Farbstimmung und Textur der Illustrationen. Da eventuell ein paar unterschiedliche Versionen erstellt werden müssen, sollte mit wenig Details gearbeitet werden. Wer z.B. 3D-Visualisierungen einsetzt, sollte eher geringere Auflösungen als in der finalen Infografik verwenden, da diese meist länger rendern.

Als letzter Schritt folgt dann der Einbau aller Texte und Beschriftungen und die grafische Abnahme von Typografie, Layout, der Farbwelt, den Texten sowie der finalen Fehlerkorrektur. Oft sind im 3D-Bereich noch Bildbearbeitungen notwendig, die erst jetzt in der finalen Auflösung ausgeführt werden sollten.

34 ‹ Recherche › 116 32 ‹ Konzept › 36

Abb. 1.8

1. IDEENSCRIBBLE

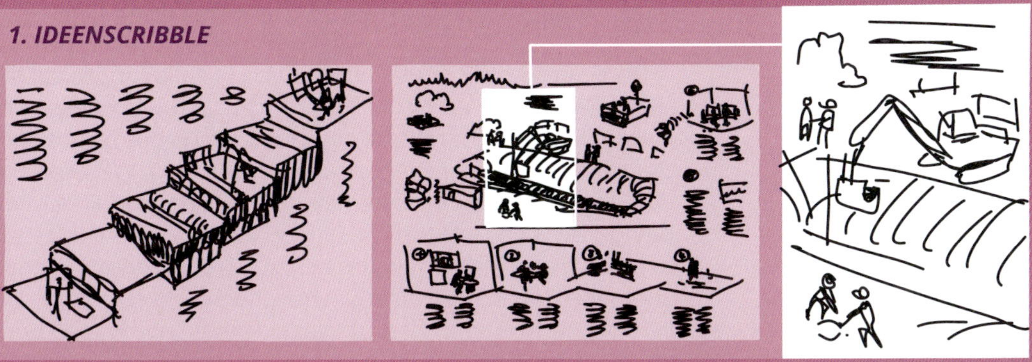

2. INHALTSSCRIBBLE

- ALLE Inhalte
- ALLE Elemente
- Textmengen
- Positionen
- Größen

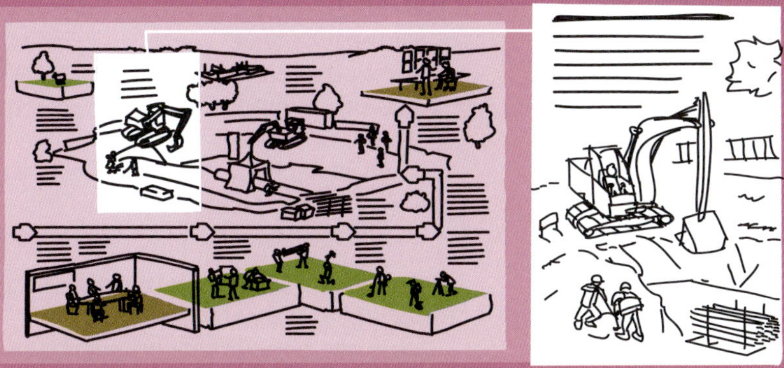

3. DESIGN-ENTWURF

- Look & Feel
- Farbigkeit
- Stil (Art)
- Geringauflösend

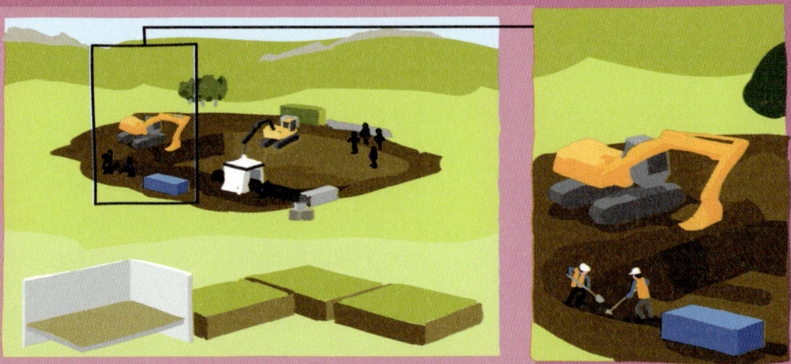

4. FINALE ABNAHME

- Finale Texte
- Hochauflösend
- Bildbearbeitung

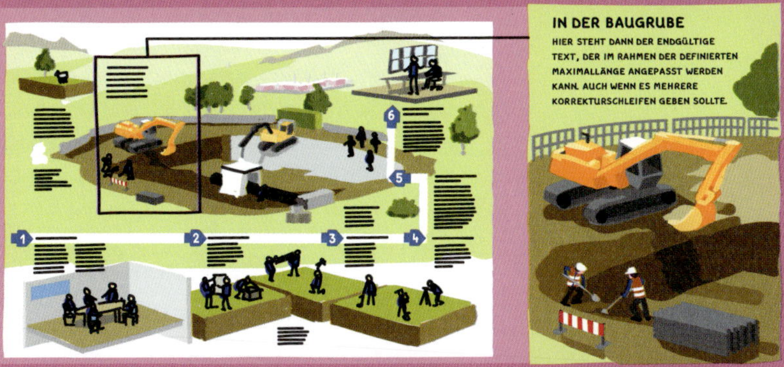

1.6 ALLER ANFANG IST EINE IDEE

Ähnlich wie bei der Frage, ob die Daten richtig umgesetzt sind *(Seite 44)*, bringt es nichts, sich in die technisch anspruchsvollste Umsetzung zu stürzen, wenn die Grundidee nicht stimmt. Sie ist die Basis jeder infografischen Umsetzung. Wir werden jeden Tag von so vielen Informationen, Texten und Bildern bedrängt, dass uns Infografiken oft nur auffallen, wenn sie besonders aus dieser Menge herausstechen. Gewöhnliche Diagramme übergehen wir schnell, aber überraschende Umsetzungen bleiben uns nachhaltig im Gedächtnis und ziehen uns in ihren Bann.

Manchmal reicht als perfekte Idee ein auf den Kopf gestelltes Säulendiagramm! Infografik zum Abzug der US-Truppen aus dem Irak 2011 (von Simon Scarrs)

cutt.ly/scarr_iraqs_toll

Dabei ist es aber überhaupt nicht wichtig, wie aufwendig diese Umsetzung zuvor war, auch wenn dieser Aufwand oft als Beleg verstanden wird, um eine Grafik qualitativ zu bewerten. Aber genau darum geht es gar nicht. Es geht darum, möglichst präzise den Kern einer Information zu treffen, ohne die Daten künstlich ›aufzuhübschen‹. Aber je besser die grafische Idee mit dem Inhalt der Daten korreliert, desto eher wird die Infografik die Aufmerksamkeit der Betrachter:innen auf sich ziehen.

Es gibt zahllose hervorragende Beispiele für außergewöhnliche Ideen, ein paar sehen wir in der *Abb. 1.9*. Interessant daran ist, dass alle Beispiele mit geringen grafischen Fähigkeiten realisiert werden können. Das Besondere darin hat also nichts mit einer hohen technischen Finesse zu tun, sondern mit der überraschenden Wendung, mit der die Daten präsentiert werden.

Links oben ist eine Karte zu sehen, wie wir sie eigentlich nie zu sehen bekommen, und genau darin unterscheidet sie sich von allen anderen Karten zu den USA. Es geht um Kindergärten und so einfach es klingt, so schwierig ist es im konkreten Fall dann wohl doch, diese Idee zu haben, die Karte so zu gestalten, als ob sie ein Kind angemalt hätte! Aber: ohne dabei die Lesbarkeit der Daten zu vergessen oder diese dadurch schlecht darzustellen.

Idee und Inhalt gehen Hand in Hand.

Oder *in der Mitte* der Vergleich des Blauwal-Herzens, das auf einen Mittelklassewagen projiziert wird. Ein Bild, das so in vielen Köpfen nicht präsent ist und das auf diese Weise daher gut mit der täglichen Bilderflut konkurrieren kann, die ständig und überall um unsere Aufmerksamkeit und unser Interesse buhlt. Auch eine bildhafte Metapher kann so ein Beispiel sein, wie *rechts unten*, wo der Staat mit einem Wasserhahn verglichen wird, aus dem die Staatsausgaben als Investitionen herausfließen.

Wohlgemerkt sind das Ideen. Ob sie mit den konkreten Daten funktionieren, muss vor der Umsetzung genau geprüft werden.

Diagramme › 38 Karten › 38 34 ‹ Konzept › 42 22 ‹ Wahrnehmung › 40

Abb. 1.9

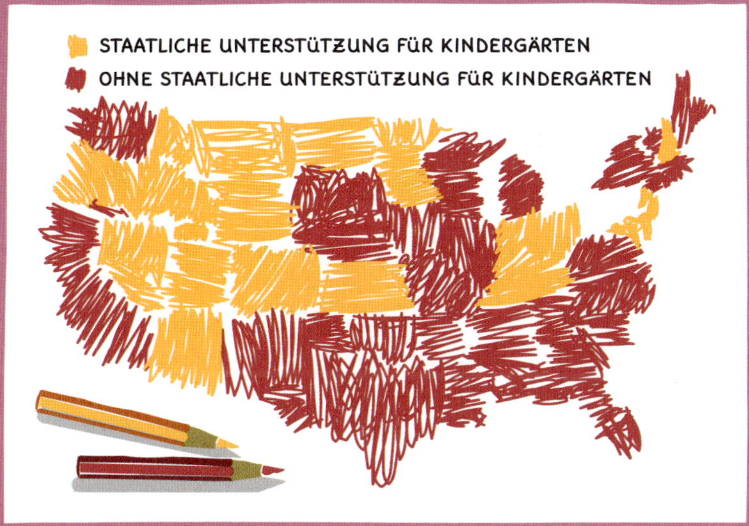

Grafikidee von Nicole Johnson

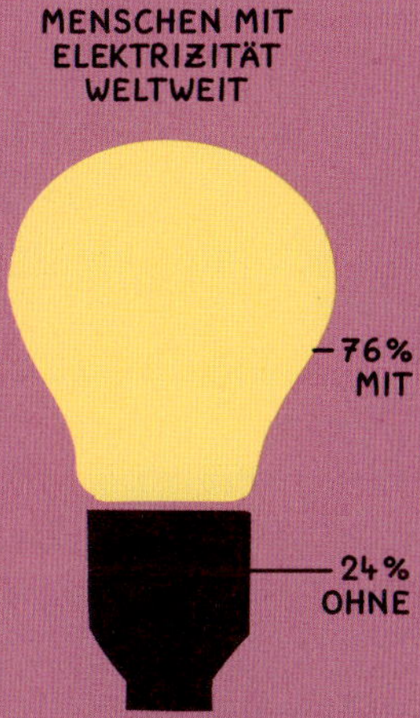

Grafikidee von Toby NG

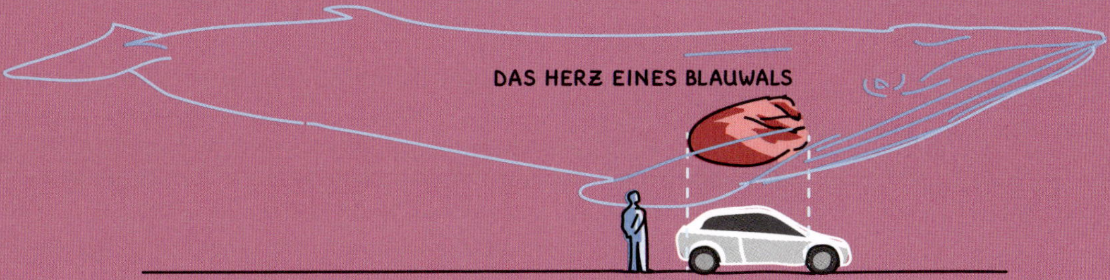

Basiert auf einer Idee von Raj Kamal

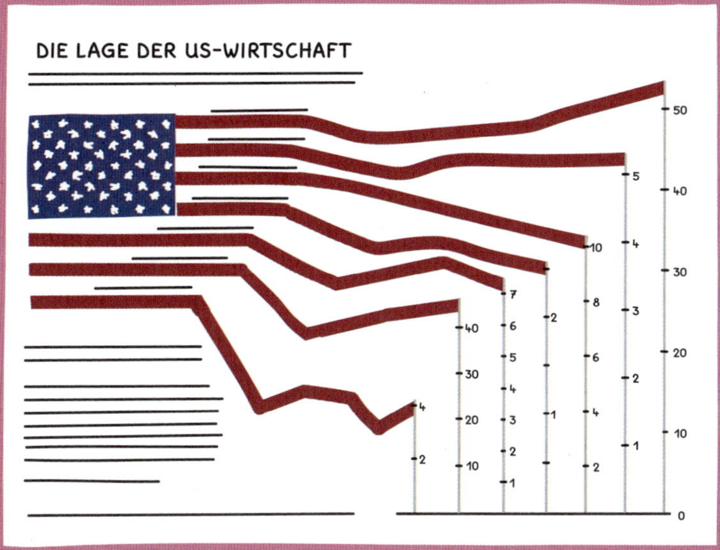

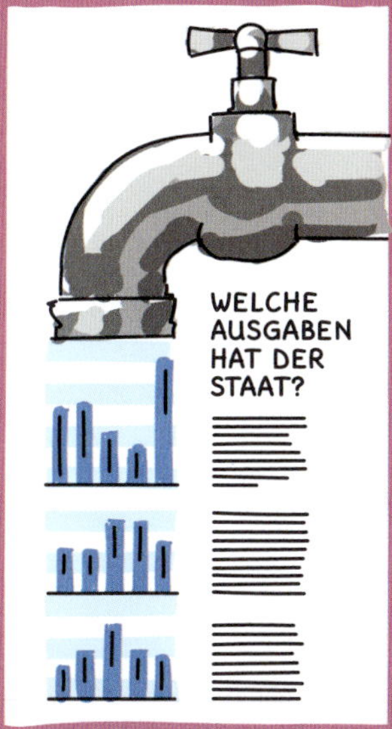

1.7 SEHEN, WORUM ES GEHT

Wenn die Betrachter:innen visuell einen Hinweis darauf erhalten, was in einer Grafik dargestellt werden soll, lassen sich zum einen oft auch zunächst uninteressierte Leser:innen so von einem Thema optisch ansprechen. Zum anderen wird erreicht, dass sie sich später auch leichter an die Informationen erinnern können.

Die meisten Diagramme und Grafiken lassen das leider vermissen, daher können wir uns eventuell auch kaum an viele Diagramme erinnern, sie sehen meist einfach zu gleichförmig aus.

Ebenfalls Flaggen, die das Abschmelzen der Gletscher weltweit illustrieren

meltdownflags.org

Wer selbst eine Infografik erstellt, kann Illustrationen allerdings in unterschiedlichen Graden oder Weisen einsetzen. Die einfachste Möglichkeit, wie *Abb. 1.10 oben* zeigt, ist das ›Einhängen‹ der Illustration als Begleitung zu einer Grafik. Durch den gelben Fahrer auf dem Rennrad werden viele schon an die »Tour de France« denken, bevor sie die Karte genauer betrachtet haben. Ebenso wird mit dem ersten Blick auf das untere Balkendiagramm klar, dass es um ein Thema im Bereich Windenergie gehen muss.

Eine etwas schwieriger zu verwirklichende Methode ist es, die Illustration Teil der infografischen Darstellung werden zu lassen, ohne dass die Illustration selbst zur Datenvisualisierung wird. Sie dient den Informationen quasi als thematische Plattform. Wem das Beispiel mit dem Handschuh *in der Mitte links* zu extrem ist, der kann sich zumindest vielleicht mit der Idee der Steckdose anfreunden, in der nun die Torte entsprechend dem regenerativen Anteil am Stromverbrauch eingebettet ist.

Die weitgehendste Variante wäre schließlich, die Illustration an sich zur Visualisierung der Daten zu verwenden. Das ist natürlich mit Abstand die schwierigste kreative Herausforderung, da ja erst einmal eine Bildidee gefunden werden will, die auch exakt die Verhältnisse darstellen kann, die aus den Daten hervorgehen, und die thematisch dann ebenfalls noch genau passt.

Im *linken unteren* Beispiel sind das z.B. die Flächen der stilisierten Öhlbohrinseln als Symbol, die zusammen den Sternenkreis der EU-Flagge nachzeichnen und die in ihrer Fläche genau das Verhältnis zwischen der Förderung von Erdöl (gelbe Flächen) und dem Erdölverbrauch aller EU-Staaten (blaue Fläche) zeigen. Genauso funktioniert auch das Beispiel der Glühlampe, bei der das Verhältnis der schwarzen und weißen Fläche genau dem beschrifteten Zahlenverhältnis entspricht.

Gerade diese Art der Darstellung erfordert eine besonders genaue Prüfung der Verhältnisse. Sie ist so einprägsam und wirkmächtig, dass eine simple ›Näherung‹ völlig unzureichend ist.

36 ‹ Diagramme › 56 Illustration › 40 38 ‹ Karten › 44 17 ‹ Visualisierung › 40

Abb. 1.10

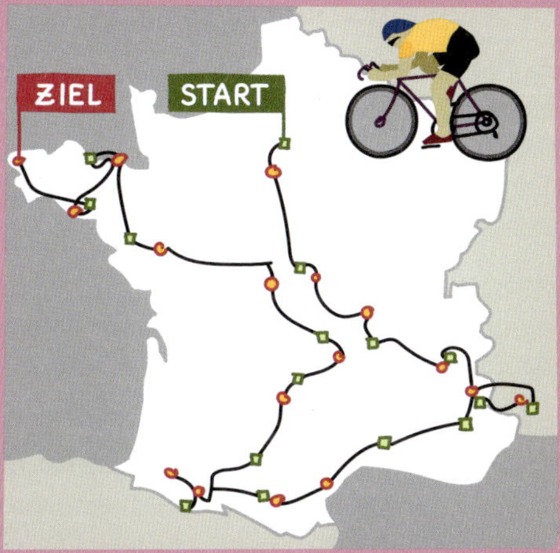

ILLUSTRATION ALS ZUSATZ

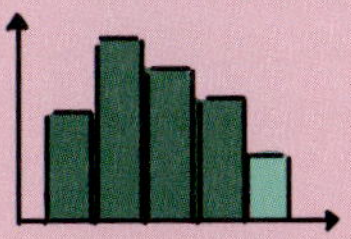

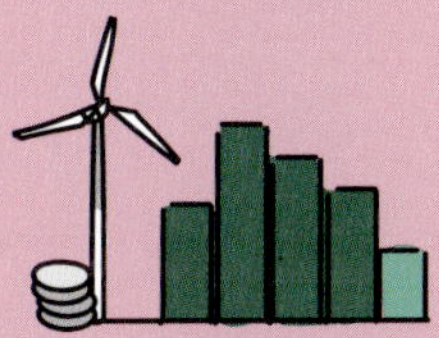

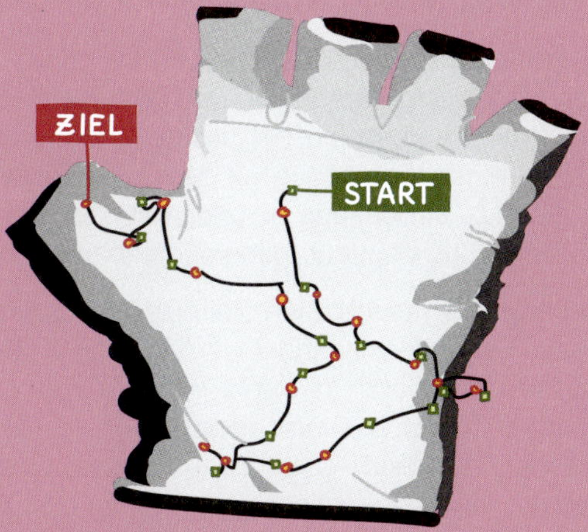

Unbekannter Urheber

CHART MIT ILLU. KOMBINIERT

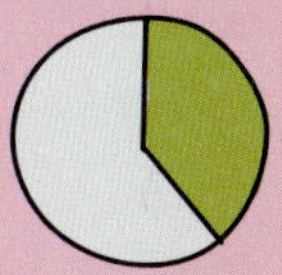

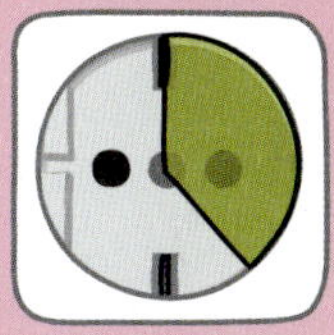

Idee Jörg Block

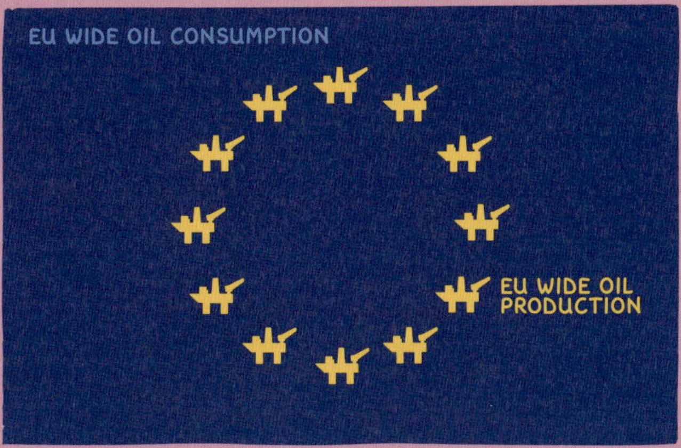

ILLUSTRATION ALS CHART

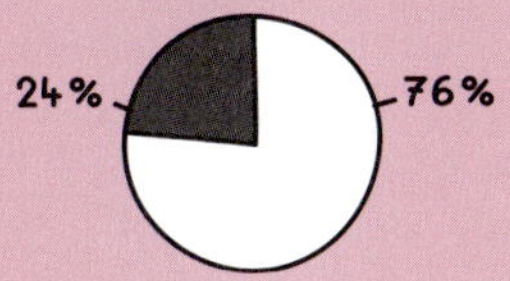

FLÄCHENVERGLEICH

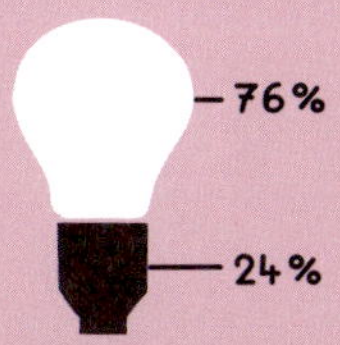

Idee Thomy Ng

1.8 IN VISUALISIERUNGEN DENKEN

Neben dem Umstand, dass eine Infografik auch zeigen sollte, worum es geht, ist es noch wichtiger, sich beim Scribbeln zu fragen, ob die Zahlen und Daten gerade nur hübsch illustriert oder tatsächlich auch visualisiert werden? Das ist zunächst gar nicht so einfach zu unterscheiden, wie es sich liest.

Auf der *linken Seite in Abb. 1.11* sind mehrere Beispiele zu sehen, die nur optische Illustrationen verwenden und damit weit hinter den Möglichkeiten einer Visualisierung zurückbleiben.

Steigen wir ein mit dem Muldenkipper. An sich ist mit der Zeichnung zwar nichts verkehrt, die 7 m Höhe sind auch richtig ausgezeichnet, das Problem ist nur, wer kann sich schon 7 m konkret vorstellen (zumal noch in der Höhe)? Damit bleiben die Angaben und das riesige Gefährt für die meisten abstrakt und wird eher als gewöhnlicher, allen bekannter, LKW interpretiert.

Wie immer hilft es also, auf alltägliche Größen zurückzugreifen, die in unserer Erfahrungswelt liegen, und über die diese Dimension dann mit einem Vergleich viel besser verdeutlicht werden kann. Es reicht, einen Kleinwagen vor dem LKW zu parken, eine Person daneben zu stellen, und plötzlich wird die schiere Größe eindeutig definiert und visuell umgehend greifbar.

Bei den tabellarisch aufgebauten Zeitpunkten darunter ist es zwar gut, dass Symbole verwendet werden – der erste Schritt in jeder Visualisierung. Durch die sehr regelmäßige Anordnung wirkt es aber, als hätten die verschiedenen Punkte auch ungefähr die gleichen zeitlichen Abstände zueinander. Unser Gehirn ordnet gleiche Dinge automatisch gleichförmig an, auch wenn diese durch die Beschriftung eine andere Reihenfolge andeuten. Die unterschiedlichen Zeitangaben lassen sich nicht im Kopf virtuell auf einem Zeitstrahl richtig und unregelmäßig anordnen.

Ohne mehr Platz zu benötigen, sorgt die Einordnung in einen Zeitstrahl *(siehe Seite Seite 92)* jedoch umgehend dafür, dass die unregelmäßige Verteilung der Zeitpunkte sofort klar wird.

Die *unteren* drei Beispiele versuchen, den Unterschied zwischen Illustration und ›richtiger‹ Beschriftung noch weiter zu verdeutlichen. Besonders *ganz unten* wird ein weiterer, sehr ungünstiger Moment deutlich: Der Griff zum Klischeebild passt nicht zur vermittelten Information. Denn dargestellt ist ein Gussgewicht, das für maximal 10 kg in dieser Form verwendet wird. Für 100 kg existieren solche Gewichte schlichtweg nicht. Die Illustration *links* verdeutlicht also höchstens den Begriff »Gewicht« allgemein, während sie dieses gleichzeitig ›verharmlost‹.

Abb. 1.11

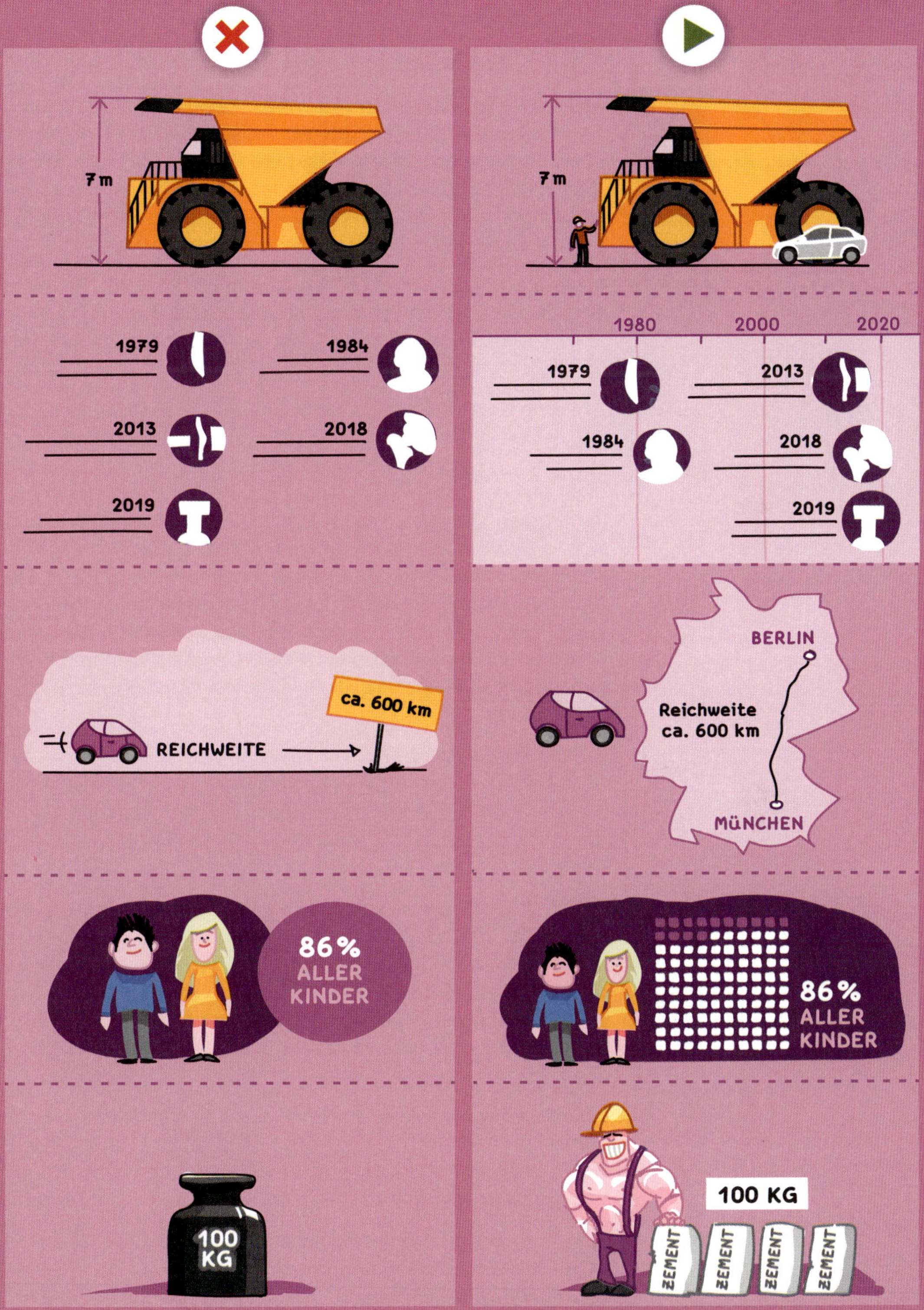

7 m
1979
1984
2013
2018
2019
ca. 600 km
REICHWEITE
86 %
ALLER
KINDER
100
KG
7 m
1980
2000
2020
1979
2013
1984
2018
2019
BERLIN
Reichweite
ca. 600 km
MÜNCHEN
86 %
ALLER
KINDER
100 KG
ZEMENT
ZEMENT
ZEMENT
ZEMENT

1.9 SCRIBBELN

Jede Grafik ist individuell und je genauer eine Idee geskribbelt ist, desto schneller lassen sich Möglichkeiten identifizieren und grafische Probleme antizipieren. Eine gute Vorarbeit kann die Umsetzung später erheblich beschleunigen. Das schnelle Ausprobieren anhand prägnanter und zuverlässiger Skizzen ist also der erste und wichtigste Schritt bei der Anlage einer Infografik.

Jede Grafik fängt mit einem Ideenscribble an, das herausfinden will, ob und wie etwas dargestellt werden kann. Z.B. ist in *Abb. 1.12 oben links* die Idee, einen Elektrobus neben dem jährlich eingesparten Benzin in Form von Benzinkanistern zu zeigen.

Wie Infografiker scribbeln, im Buch »RAW DATA«

cutt.ly/scribbeln

(Kuratiert von Colleen Miller und Rick Landers)

Um schnell und einfach ein Layout für diese Idee finden zu können, ist es zunächst wichtig, in einem verkleinerten Format zu scribbeln und nicht in der Originalgröße der Grafik! Viel zu schnell gerät das gesamte Blatt aus der Sicht und die Aufmerksamkeit verliert sich in viel zu vielen unnötigen Details. Ähnlich wie in *Abb. 1.12 links oben* wird gar nicht bemerkt, dass die Grenzen des Layouts beim Zeichen längst überschritten wurden. Die Skizzen sollten anfänglich also sehr grob gehalten werden und nur einfachste Formen nutzen. Textzeilen lassen sich mit Linien andeuten, Fotos werden durch Flächen repräsentiert und komplizierte Objekte auf Umrisse und Grundformen reduziert.

Werden Textzeilen durch Linien ersetzt, sollten diese aber nicht einfach irgendwelche Linien sein. Wichtig ist, dass sie die spätere Textmenge so gut wie möglich andeuten und z.B. einen ähnlichen Zeilenabstand verwenden. Dazu ist etwas Übung notwendig. Auf gar keinen Fall sollte aber mit Handschrift im Layout gearbeitet werden! Das lenkt ab und passt von der Größe nie.

Diagramme sollten anfangs nur einer groben Abschätzung dienen. Ist die Idee z.B. 280 Benzinkanister abzubilden, so muss die entsprechende Skizze zunächst nicht fertig gezeichnet sein. Es reicht, ein paar Kanister grob anzudeuten und abzuzählen, wie viel Platz die Gesamtmenge einnehmen wird. Dieser Raum lässt sich dann mit einer Linie umranden und als Platzhalter nutzen.

Ist das Layout skizziert, kann es wieder großgezogen und die Textlinien beispielsweise durch Blindtext ersetzt werden. Einige Elemente lassen sich nun schrittweise detaillierter ausarbeiten, z.B. können die 280 Kanister durch einfache Objekte ersetzt und richtig angeordnet werden, bevor es in die Abstimmung geht.

Abb. 1.13 erklärt, wie verschiedene Elemente beim Scribbeln vereinfacht werden können, um sich zunächst auf die Idee, die Verteilung und die Größen im Layout konzentrieren zu können.

36 ‹ Konzept › 44 32 ‹ Vorbereitung 40 ‹ Wahrnehmung › 46

Abb. 1.12

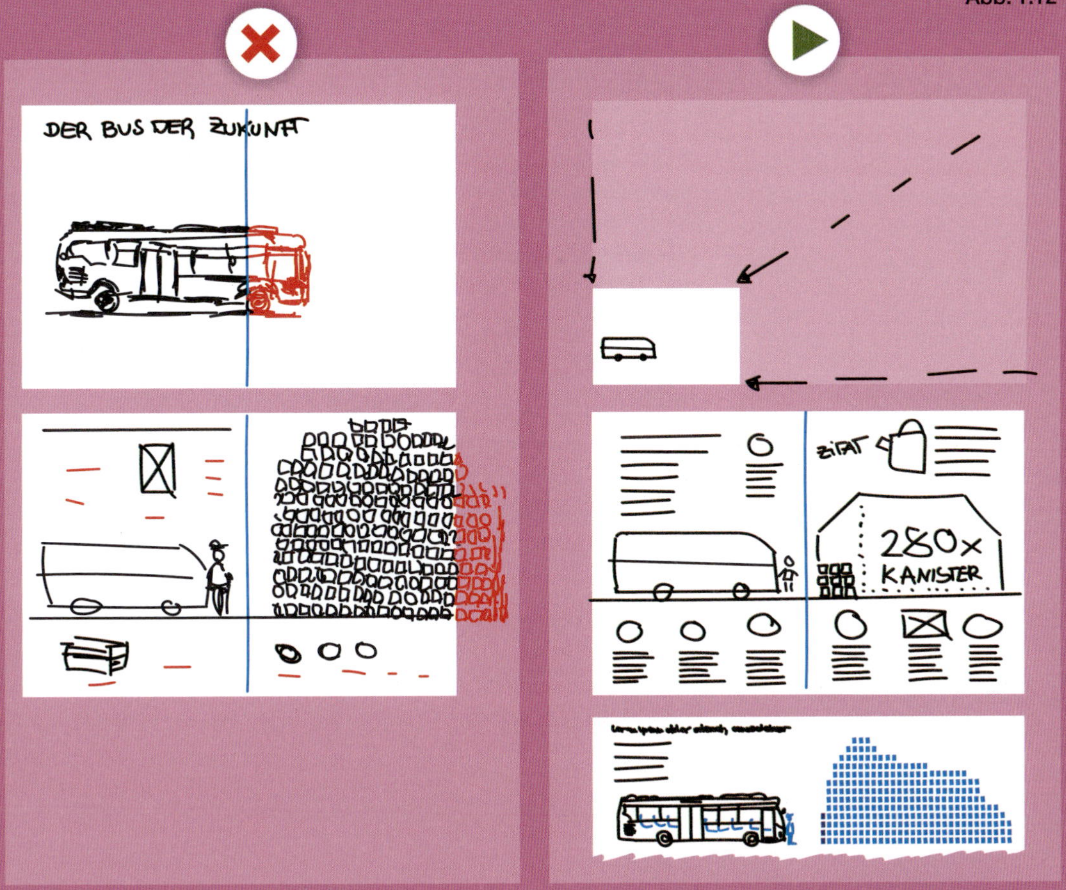

Abb. 1.13

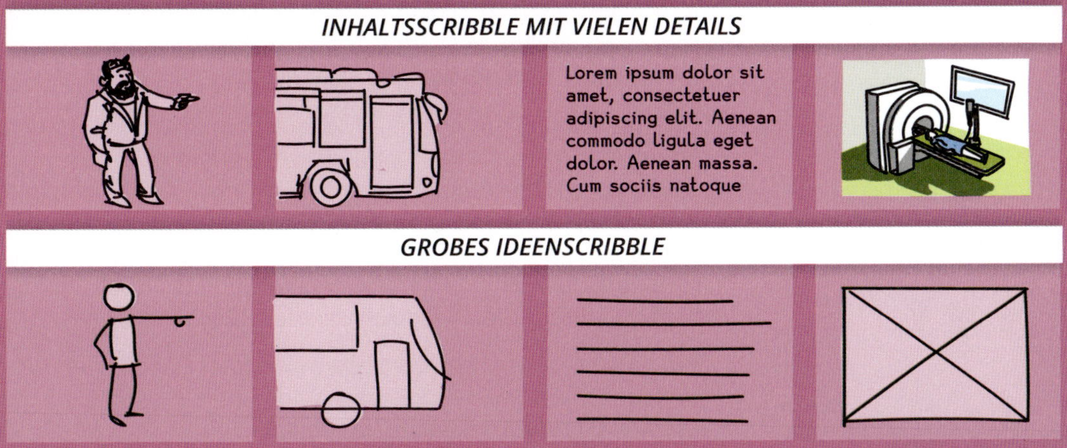

1.10 DATEN RICHTIG UMGESETZT?

Sobald verschiedene Ideen der Visualisierung *(Seite 36)* entwickelt sind, sollte unmittelbar geprüft werden, ob die Ausgangsdaten auch wirklich richtig umgesetzt sind. Geben die Ideen die Werte grafisch präzise wieder? Das Auge ist schneller als der Verstand und falsche Bilder, die einmal im Kopf gespeichert wurden, lassen sich durch richtige Zahlen nicht mehr korrigieren!

Nichts ist schlimmer, als viel Arbeit und Zeit in eine aufwendige Umsetzung gesteckt zu haben und nach der Veröffentlichung herauszufinden, dass die Darstellungen komplett verkehrt sind.

Wem dieser explizite Hinweis zu banal erscheint, dem seien die drei Beispiele in *Abb. 1.14* an die Hand gelegt. Allen drei ist gemein, dass sie sich im Nachhinein als völlig falsch herausgestellt haben und die Betrachter:innen manipuliert wurden, obwohl in diesen Fällen genau das Gegenteil erreicht werden sollte.

Oben sehen wir eine Grafik, die von der *Society for News Design* (*SND*) mit einem *»Award of Excellence«* ausgezeichnet wurde, was die Kompetenz der Preisrichter leider nicht unterstreicht. Alle Größenverhältnisse in der Grafik über den Energieverbrauch verschiedener Geräte erweisen sich schon auf den ersten Blick als vollkommen falsch. Ausgehend vom größten Wert gilt: je kleiner die Kreise, desto größer die Abweichung *(Seite 222)*.

Das mittlere Beispiel wurde hundertfach in unterschiedlichsten Varianten gebaut und soll immer wieder die Größe Afrikas im Vergleich zu anderen Ländern darstellen. Leider wählen die Ersteller meist eine falsche Projektion, im schlimmsten Fall eine Standard-Mercator-Projektion. Das Problem: Beinahe alle diese Karten sind nicht flächentreu! Das Verhältnis zwischen Deutschland und Afrika liegt im Beispiel, wie bei der Mercator-Projektion, bei ca. 44:1. Tatsächlich ist es fast doppelt so groß, wie z.B. mit einer flächentreuen Goode-Projektion zu sehen ist *(mehr zu Karten-Projektionen auf Seite 102 und auf Seite 188)*.

Und das wohl unglücklichste Malheur passierte beim Besuch Frank-Walter Steinmeiers, als amtierender deutscher Außenminister, bei seinem Amtskollegen in Rumänien. Dieser händigte ihm eine Sonderbroschüre zum 135-jährigen Bestehen der Beziehungen zwischen den beiden Ländern aus. Anstatt Deutschland wurde auf dem Cover aber Frankreich mit der Deutschlandflagge hinterlegt. Realsatire auf höchstem politischen Parkett.

Alle Fälle wären leicht zu verhindern gewesen, hätte nur ein versierter Zeitgeist vor der Umsetzung noch einmal geprüft, ob die Daten auch richtig umgesetzt wurden …

Verzerrungen auf Karten mit Hilfe eines Gesichts visualisiert

cutt.ly/karten_koepfe

Animiert sind die Verzerrungen noch verständlicher.

cutt.ly/kartentransformation

Schneller Größenvergleich der echten Ländergrößen

cutt.ly/true_size

Daten › 86 | 42 ‹ Karten › 46 | 25 ‹ Konzept › 34 | 18 ‹ Manipulation › 118

Abb. 1.14

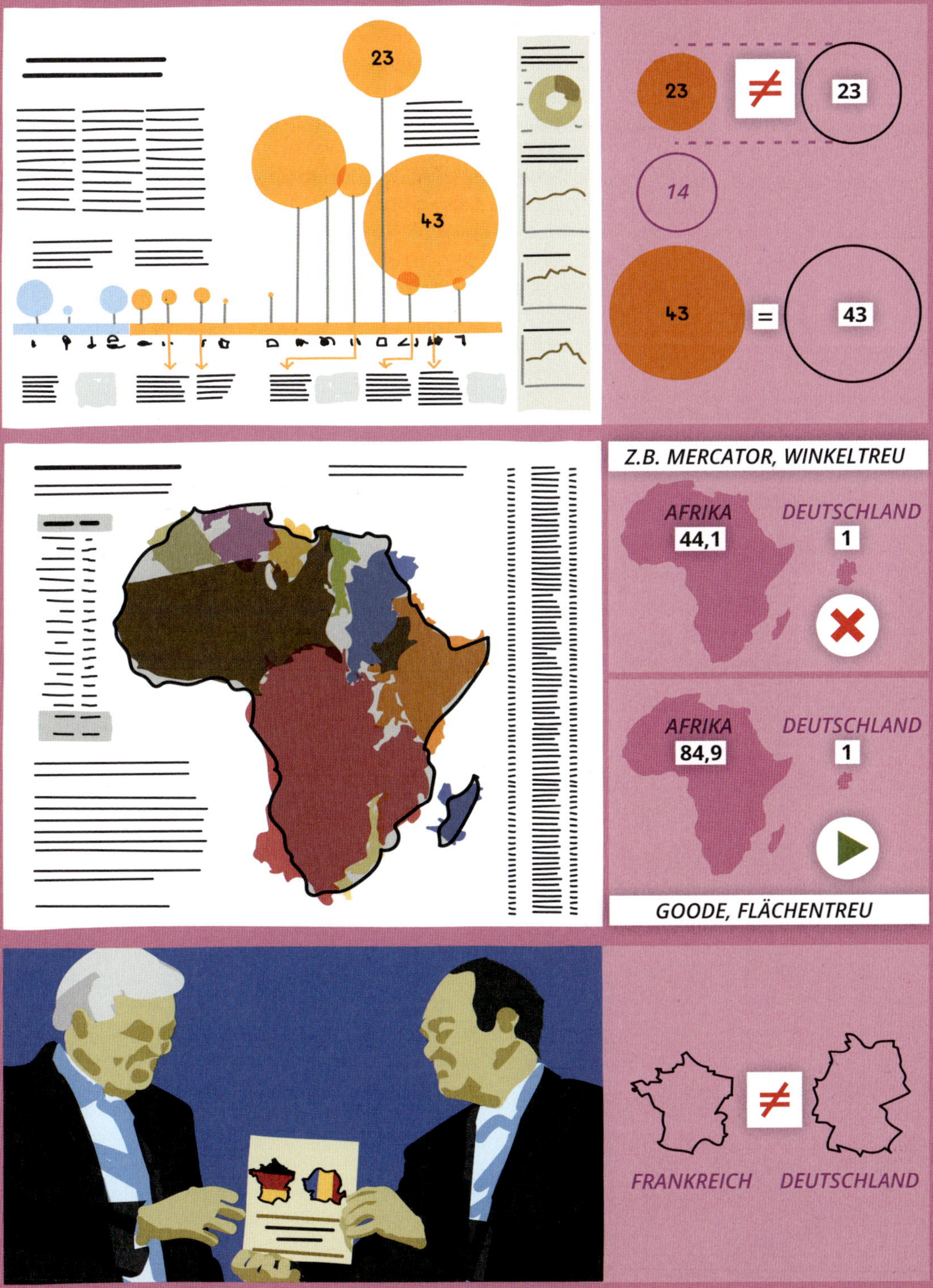
23
43
23
≠
23
14
43
=
43
Z.B. MERCATOR, WINKELTREU
AFRIKA
44,1
DEUTSCHLAND
1
AFRIKA
84,9
DEUTSCHLAND
1
GOODE, FLÄCHENTREU
≠
FRANKREICH
DEUTSCHLAND

1.11 KLARE FORMALE STRUKTUR

Wenn den Grafiker:innen das inhaltliche Konzept der Infografik nicht ganz klar ist, wird es das später für die Leser:innen noch weniger sein. Um das Layout räumlich gut gliedern zu können, muss man das Thema durchdrungen haben. Dann lassen sich inhaltliche Blöcke finden und voneinander abgrenzen, womit die Lesbarkeit deutlich erhöht wird. Dies muss nicht durch Linien zur Trennung im Layout erreicht werden oder explizit mit Überschriften ausgewiesen werden. Es genügt oft, wenn die Bereiche schematisch im Scribble definiert werden und beim Gestalten präsent sind. Das Wichtigste ist, dass inhaltlich keine Überschneidungen mit anderen Themenabschnitten in der Seite stattfinden, was Betrachter:innen unnötig verwirrt.

Der systematische Aufbau leitet sich durch die in der Recherche beantworteten W-Fragen mehr oder weniger gut ab. Aspekte wie »Was« oder »Wo« gehören eher an den Anfang oder in das Zentrum der Infografik und nicht irgendwo in einem Seitenbereich versteckt. Nicht jede Antwort benötigt aber einen eigenen Bereich. Vielmehr sollten verschiedene, aber ähnliche Inhalte zu einem übergreifenden Cluster zusammengefasst werden, wenn viele Informationen in einer Infografik untergebracht werden wollen, wie in *Abb. 1.15 rechts oben*. In den verschiedenen Bereichen ist die Gestaltung flexibel möglich, es kommt wie erwähnt nur darauf an, dass sich unterschiedliche inhaltliche Bereiche klar voneinander abgrenzen, um keine Verwirrung zu stiften und Orientierung beim Betrachten der Infografik zu bieten.

Mit zusammenfassenden, dezenten Hintergrundflächen kann das dann teilweise auch visuell unterstützt werden. Das gibt der Grafik oft zusätzlichen Halt und trennt bestimmte Bereiche tatsächlich auch visuell deutlich voneinander.

Die Bereiche müssen sich dabei nicht immer wie Rechtecke voneinander abgrenzen. Meistens richtet sich das nach der Hauptgrafik und wie das Layout darauf reagieren kann. Wenn z.B. das gesamte Blatt schräg oder schlangenförmig durch ein Objekt geteilt wird, so würden sich die verschiedenen Bereiche vor allem an dieser Form orientieren und daran entlang anordnen.

Von dieser Struktur unabhängig sind die zusätzlichen Beschriftungen der jeweiligen Illustrationen. Diese Beschriftungen befinden sich üblicherweise an den Stellen, an denen sie benötigt werden. Allerdings sollten sich Beschriftungen nicht mit anderen Texten vermischen, indem sie zu nahe an diesen angeordnet sind. Beschriftungen sollten daher auch anders als der Fließtext formatiert sein (vorrangig in einer kleineren Schriftgröße).

44 ‹ Konzept › 48 Layout › 48 Lesefluss › 70 42 ‹ Wahrnehmung › 50

Abb. 1.15

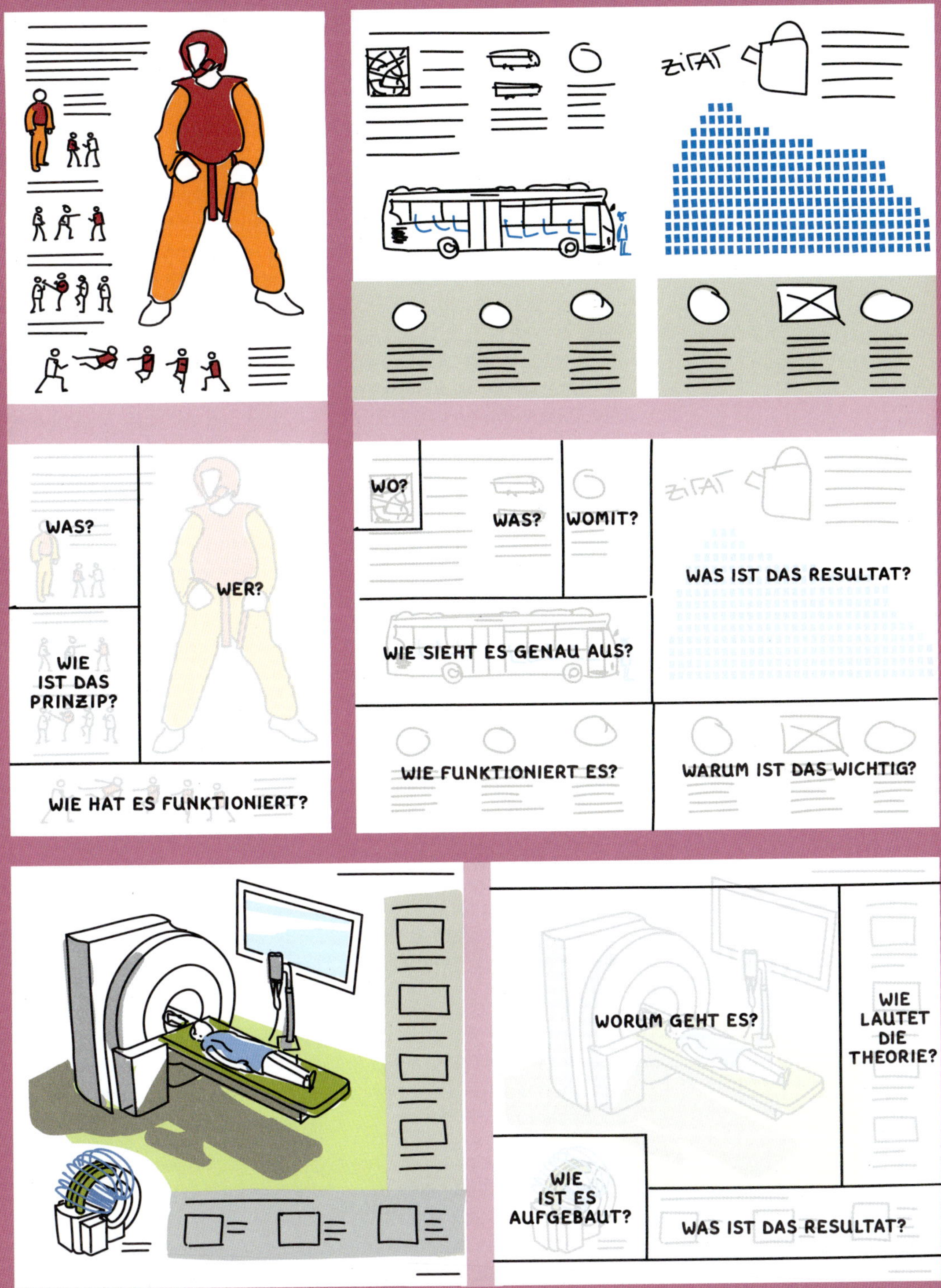

ZITAT
WAS?
WER?
WIE IST DAS PRINZIP?
WIE HAT ES FUNKTIONIERT?
WO?
WAS?
WOMIT?
ZITAT
WAS IST DAS RESULTAT?
WIE SIEHT ES GENAU AUS?
WIE FUNKTIONIERT ES?
WARUM IST DAS WICHTIG?
WORUM GEHT ES?
WIE LAUTET DIE THEORIE?
WIE IST ES AUFGEBAUT?
WAS IST DAS RESULTAT?

1.12 GROSSES GROSS, KLEINES KLEIN

Dieses Thema mag sehr selbstverständlich klingen, aber während des Gestaltungsprozesses spielt uns unser Gehirn immer wieder gerne einen Streich und wir sind gezwungen, uns diesem gezielt entgegenzustellen .

Wir sind es gewohnt, dass alle Dinge, die wir betrachten, in unser Blickfeld passen. Unser Gehirn versucht, diese Dinge dabei größtmöglich zu erfassen. Wenn wir ein Familienfoto machen, dann versuchen wir, alle Personen schön ins Blickfeld zu rücken, sodass alle nicht nur gleichmäßig verteilt sind, sondern auch ungefähr gleich gut wahrgenommen werden können. Wer sein Auto fotografiert, wird es ebenfalls möglichst passend ins Blickfeld drapieren. Aufnahmen, die davon abweichen, nehmen wir als überraschend war, wie z.B. Froschperspektiven, Anschnitte, Detailaufnahmen und außergewöhnliche Blickwinkel.

Wenn wir eine Seite betrachten, teilen wir sie unbewusst in viele ähnlich große Segmente ein, weil unser Fokus sehr eng begrenzt ist und der Leseabstand zur Schrift verhindert, dass wir ständig die gesamte Seite betrachten. Tatsächlich schauen wir die meiste Zeit immer nur auf einen kleinen Bereich der ganzen Seite.

Wenn wir ein Layout anlegen, passiert nun unterbewusst genau dasselbe, wir arbeiten in vielen ähnlich großen Segmenten und verlieren die gesamte Seite leicht als Gesamtkomposition aus dem Blick. Dadurch geraten automatisch alle Elemente von allein eher gleich groß. Aber wenn alles ähnlich groß ist, fragen sich die Betrachter:innen: »Was genau soll hier erzählt werden, worauf liegt der Fokus?«. Alles sieht gleich wichtig und die Seite so ausgewogen und ›geschlossen‹ aus, dass sie keinen Einstieg bietet.

Wir müssen uns zwingen, beim Gestalten gegen unsere Sehgewohnheiten zu arbeiten. Um Spannung im Layout zu erzeugen und klare Aussagen formulieren zu können, benötigen wir übertrieben wirkende Unterschiede: Großes groß und Kleines klein!

Es ist daher wichtig, die Kernaussage der Infografik beim Scribbeln im Kopf präsent zu haben und dieser auch deutlich mehr Fläche in der Grafik einzuräumen. Unterstützende Zusatzinformationen sollten daneben weniger gewichtet sein und daher auch erkennbar weniger Raum in Anspruch nehmen.

Es kann sein, dass mehr als zwei Informationsebenen angelegt sind, und Elemente sich irgendwann nicht mehr verkleinern lassen. Sollte die kleinste Stufe für die Größe der Grafiken erreicht sein, muss die weitere Abstufung durch eine reduzierte Farbgebung und geringere Kontraste gesteuert werden *(Seite 50)*.

Abb. 1.16

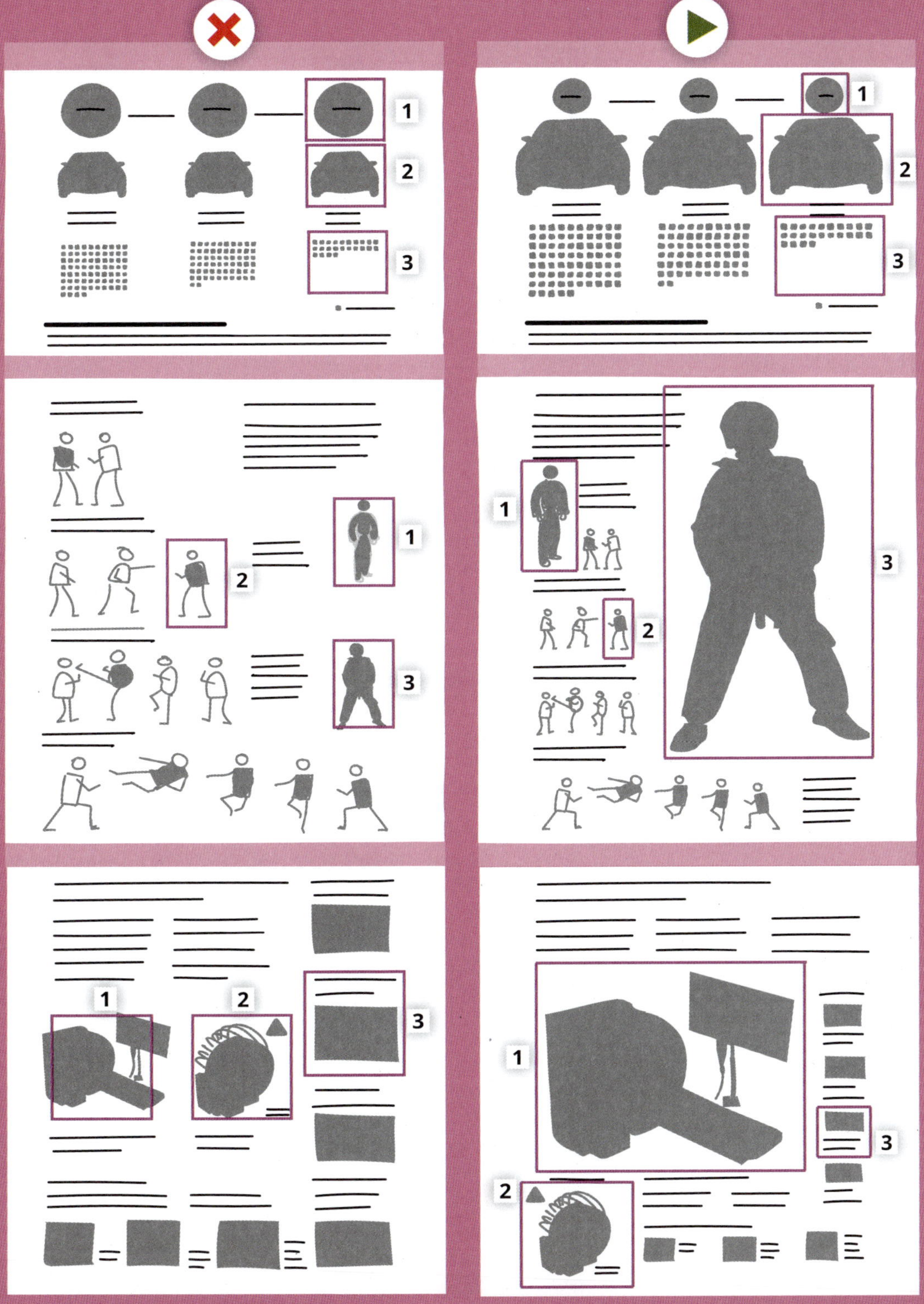

1.13 INFORMATIONSHIERARCHIE

Neben der Größe der verschiedenen Informationen spielt auch deren Gestaltung eine entscheidende Rolle, d.h. ob diese Elemente dann vordergründig als Bestandteil der Hauptgrafik oder als begleitende Hintergrundinformation wahrgenommen werden. Kontraste und Auszeichnungen sind wichtige Mittel, um Elemente optisch hierarchisch zu gliedern.

Wie sich eine solche visuelle Gliederung gestalten lässt, stellt *Abb. 1.17* dar. Wer die Doppelseite genauer untersucht, kann deutlich unterschiedlich gestaltete Bereiche identifizieren, die stärker oder schwächer ›ins Auge springen‹. Diese visuelle Gliederung schafft gleichzeitig eine thematische Unterteilung und erleichtert es den Leser:innen erheblich, die Seite insgesamt zu betrachten, was wiederum für deutlich mehr Lesespaß sorgt.

Schauen wir uns die vier Ebenen, in die sich die Taucher-Seite einteilen lässt, einmal genauer an. Auf der Seite sind die vier Bilder klar die wuchtigsten Elemente. Sie ziehen durch die Farbigkeit und ihren Kontrast die Aufmerksamkeit sofort auf sich. Dann folgt die Grafik mit der Erklärung des Tauchgangs, die durchweg flächig und mit Schattierungen angelegt ist. Darunter finden sich weiter rechts noch detailliertere Zusatzinformationen: aus welchen Bestandteilen und welchem Zubehör die Kleidung des Tauchers besteht. Diese Grafiken stehen als Linienzeichnungen auf weißem Grund. Bei der abschließenden Textebene entscheiden die Leser:innen selbst über deren räumliche Einordnung. Fest steht, dass sie eine von den Grafiken getrennte Ebene darstellt.

Bezogen auf die formale Struktur wurde dementsprechend die Frage «Was?» grafisch am deutlichsten gestaltet. Danach folgt die grafische Antwort auf die Frage «Wie?» ist es abgelaufen und wer sich nun noch weiter interessiert, kann auf einer dritten Ebenen die Antworten zu der Frage «Womit?» finden. Eine durch und durch sehr gelungen angelegte Informationshierarchie.

Im *unteren* Beispiel sind die Möglichkeiten dargestellt, ein und dieselbe Figur in 6 unterschiedliche visuelle Ebenen einzuordnen. So lässt sich grafisch gezielt steuern, wie sich eine Illustration optisch verhält. Von rechts nach links nehmen zunächst die Farbigkeit und der Kontrast immer weiter ab. Die Anzahl der Flächen wird weniger, diese dafür größer. Eine weitere Möglichkeit ist, mit Linien zu arbeiten. Hier erfolgt die Reduktion dann in der Linienstärke, Farbe und im Detailgrad. Je nachdem können sich die Linienzeichnungen dann auch zwischen den Flächen einordnen, das muss im Gesamtzusammenhang der Infografik gesehen werden und lässt sich nicht pauschalisieren.

Farbe › 54 48 ‹ Informationshierarchie › 64 48 ‹ Layout › 52 46 ‹ Wahrnehmung › 52

Abb. 1.17

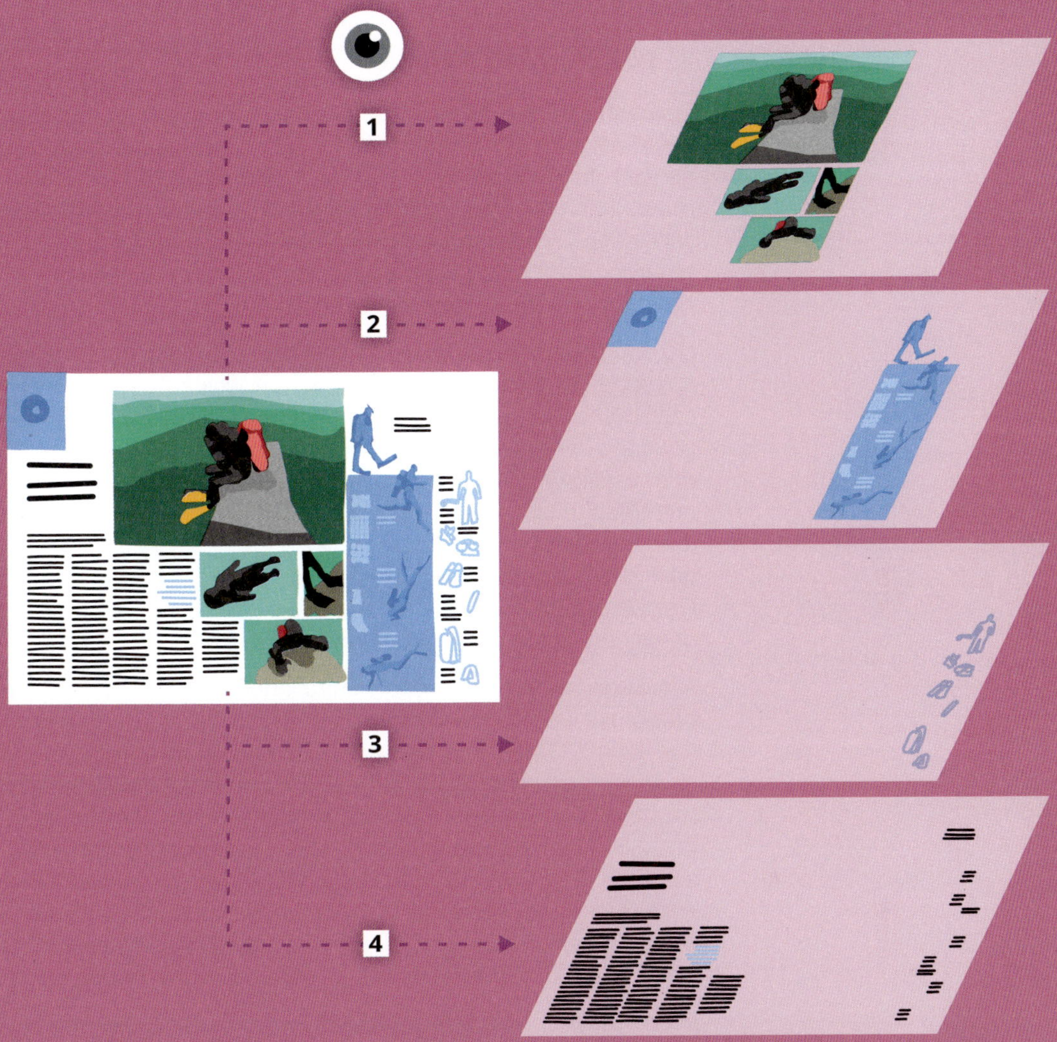

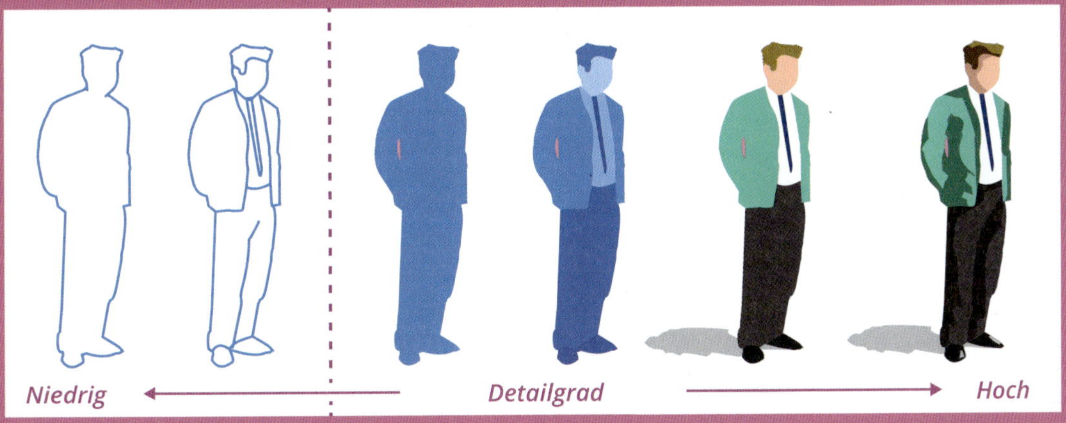

1.14 ZUORDNUNG DER ELEMENTE

Inhaltlich ähnliche Aspekte sollten in einer Infografik räumlich zusammen gruppiert werden *(Seite 144)*. Dieses räumliche Arrangement kann durch Hilfsmittel wie Nummern, Farben, Linien, Pfeile, Rahmen oder Flächen unterstützt werden, sodass verschiedene Themenbereiche visuell unmittelbar als getrennt voneinander interpretiert werden können. Allerdings sollten nur so viele Hilfsmittel wie nötig eingesetzt werden.

Bei den beiden *oberen Beispielen in Abb. 1.18* entstehen schon aufgrund der formalen Struktur und der Abstände völlig unterschiedliche Erzählungen. *Auf der rechten Seite* ist dasselbe Layout dann mit einer zusätzlichen Hintergrundfläche oder trennenden, vertikalen Linien zu sehen. Allein die Platzierung der Texte und Bilder reicht eigentlich schon aus, um einmal die Leserichtung horizontal und einmal in vertikalen Spalten anzulegen. Hier greift das »Gesetz der Nähe« aus der in Kapitel 4 beschriebenen Gestaltgesetze. Es besagt, dass Elemente, die enger beieinanderstehen, automatisch gruppiert wahrgenommen werden.

Allerdings kommt auch den Illustrationen oft eine Funktion im Layout zu. Gerade wenn Menschen abgebildet sind – aber nicht nur dann – bilden sich bei Illustrationen meist eine offene und eine geschlossene Seite heraus. Diese hängt bei Personen hauptsächlich von deren Blickrichtung ab. Texte, denen eine Figur z.B. den Rücken zukehrt, oder Illustrationen, deren geschlossene Seite sich am Text befindet, werden eher nicht dieser Figur oder dieser Illustration zugerechnet. Das ist kein absolutes Gesetz, aber eine Tendenz in der Wahrnehmung, die bei der Gestaltung der Infografik-Seite berücksichtigt werden muss.

In den *unteren* Beispielen sehen wir *links* deutlich, wie die Figuren ganz links sich einmal zum Text in der Mitte drehen und wie sie dem Text rechts den Rücken zukehren. Der Text in Blickrichtung wird den Figuren eindeutiger zugerechnet.

Ein weiterer wichtiger Aspekt ist die Tatsache, dass auch Zuführungen für gewöhnlich das Gesetz der Nähe nicht aufheben können. Obwohl im untersten Beispiel ganz links der mittlere Text mit der Zuführung sogar der rechten Person zugeordnet werden soll, sieht es so aus, als würde er dennoch nicht zu dieser gehören. Er steht zu weit von dieser entfernt. Die Figur, die zum Text gehört, dreht diesem den Rücken zu. Der Text steht auch näher an der offenen Seite der vorherigen Illustration. Es ist also extrem wichtig, dass bei der Anlage des Layouts genau darauf geachtet wird, welche Abstände zwischen den Objekten anlegt werden, damit sich die thematischen Blöcke eindeutig bilden können.

Gestaltgesetze › 54 | 40 ‹ Illustration › 76 | 50 ‹ Layout › 62 | 50 ‹ Wahrnehmung › 54

Abb. 1.18

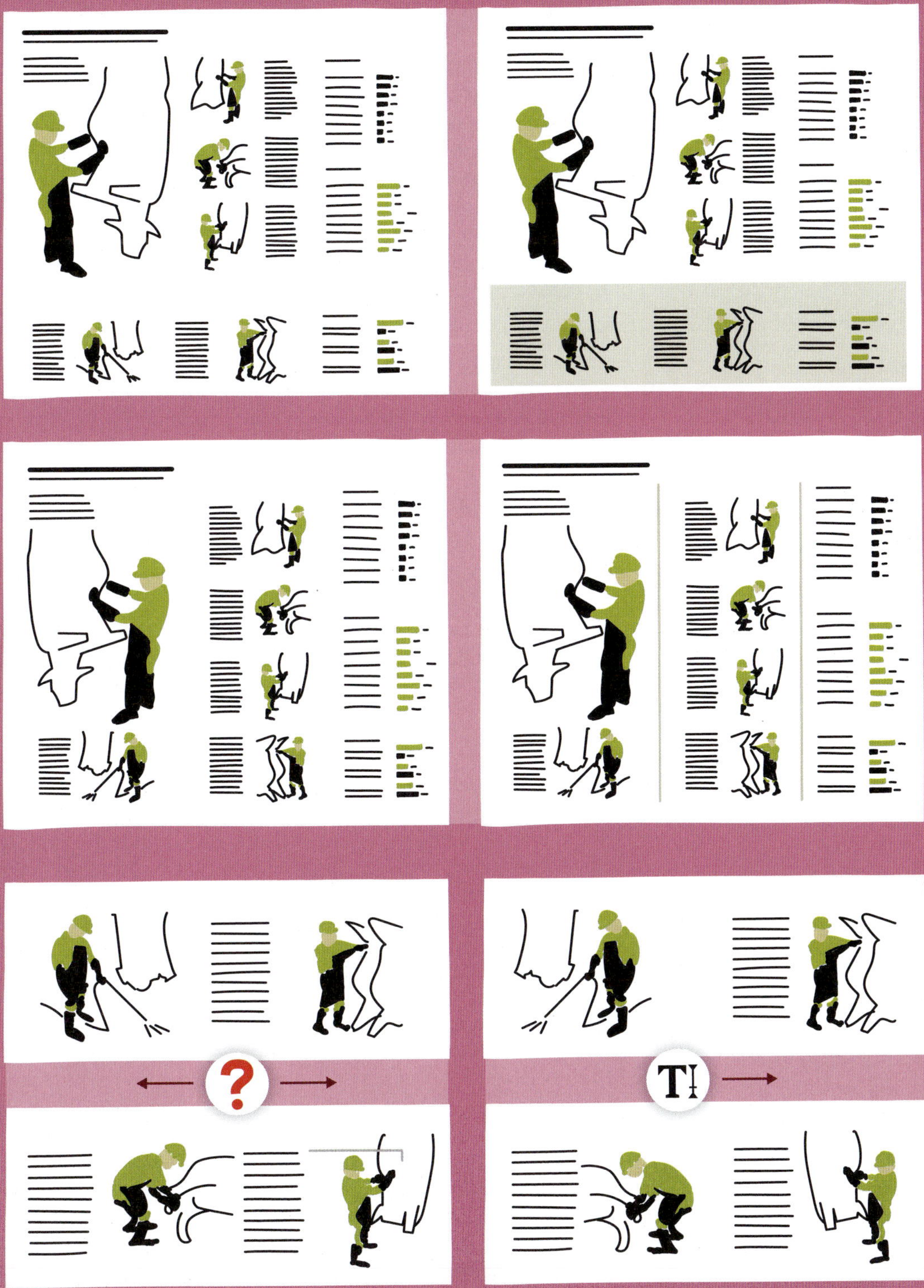

1.15 FARBCODE (GESAMTGRAFIK)

Das stärkste Hilfsmittel, um Bezüge und Zusammenhänge in einem Infografik-Layout herzustellen, ist der Einsatz von Farbe. Es ist äußerst hilfreich, sich einen eindeutigen Farbcode zu überlegen, mit dem besondere Elemente markiert werden. Farbe überwiegt Formen, d.h., auch wenn mehrere Kreise sich als Gruppe eindeutig von Dreiecken unterscheiden, werden unterschiedliche Formen (Kreise und Dreiecke) mit gleichen Farben trotzdem eher als zusammengehörig empfunden als gleiche Formen mit unterschiedlichen Farben *(Gestaltgesetze Seite 144)*.

Weiterführendes zum Thema Farben und Farbsysteme in Infografiken findet sich im Blog von Datawrapper.

cutt.ly/datawrap_farbe

Natürlich muss nicht, wie in den beiden Bildern in *Abb. 1.19*, das gesamte Design in nur wenigen Farben angelegt werden oder wie im *oberen* Beispiel sogar nur in zwei Farben. Aber die beiden Beispiele deuten an, wie weit man gehen kann und wie prägnant dadurch die Auszeichnung mit einem eindeutigen Farbcode werden kann. Denn je mehr Farben und Schattierungen in einer Grafik Verwendung finden, desto schwieriger wird es, einzelne Elemente besonders hervorzuheben oder zu markieren.

Noch einmal zum *oberen* Beispiel: Alle gelb eingefärbten Elemente beziehen sich auf die U-Bahn-Linie, die durch den Neubau der groß dargestellten U-Bahn-Station bedient wird. In dieser Konsequenz ist das ein Idealfall, da im Normalfall auch Zusatzinformationen in der Grafik mit aufgeführt sein können, die vielleicht keinen direkten Bezug zu der U-Bahn-Linie haben.

Beispielsweise könnten das die Fahrgastzahlen des letzten Jahres sein, aufgeteilt nach öffentlichen Verkehrsmitteln. Dann würde die gelbe Farbe für alle Auszeichnungen verwenden werden und damit die ›wichtigen‹ Aspekte betonen. In jedem Fall macht der gezielte Einsatz einer Auszeichnungsfarbe die Grafik sehr leicht lesbar und insgesamt ergibt sich ein ruhigeres Gesamtbild, das die Leser:innen nicht die ganze Zeit in der Aufmerksamkeit mit visuellen Zwischenrufen wie »ich bin wichtig«, »ich bin eigentlich noch wichtiger« und »ich bin am allerwichtigsten« ablenkt.

Im *unteren* Beispiel ist nicht zu erkennen, worum es geht, dennoch kann bereits die innere Ordnung der Grafik erahnt werden. Das ist bemerkenswert, wenn man bedenkt, dass sich dieser Eindruck hauptsächlich durch die Farbigkeit speist! Zu sehen sind verschiedene Plattformen, die durch eine grüne und eine orange Fläche gruppiert werden. Auch alle Elemente auf den Plattformen zeigen diese Farbigkeit und sogar einige Figuren scheinen in ihrer Funktion diesen Gruppen zuzugehören, während es eine violette Gruppe von Menschen gibt, die sich in ihrer Funktion scheinbar von den anderen Gruppen unterscheidet.

50 ‹ Farbe › 64 52 ‹ Gestaltgesetze › 144 52 ‹ Wahrnehmung › 124

Abb. 1.19

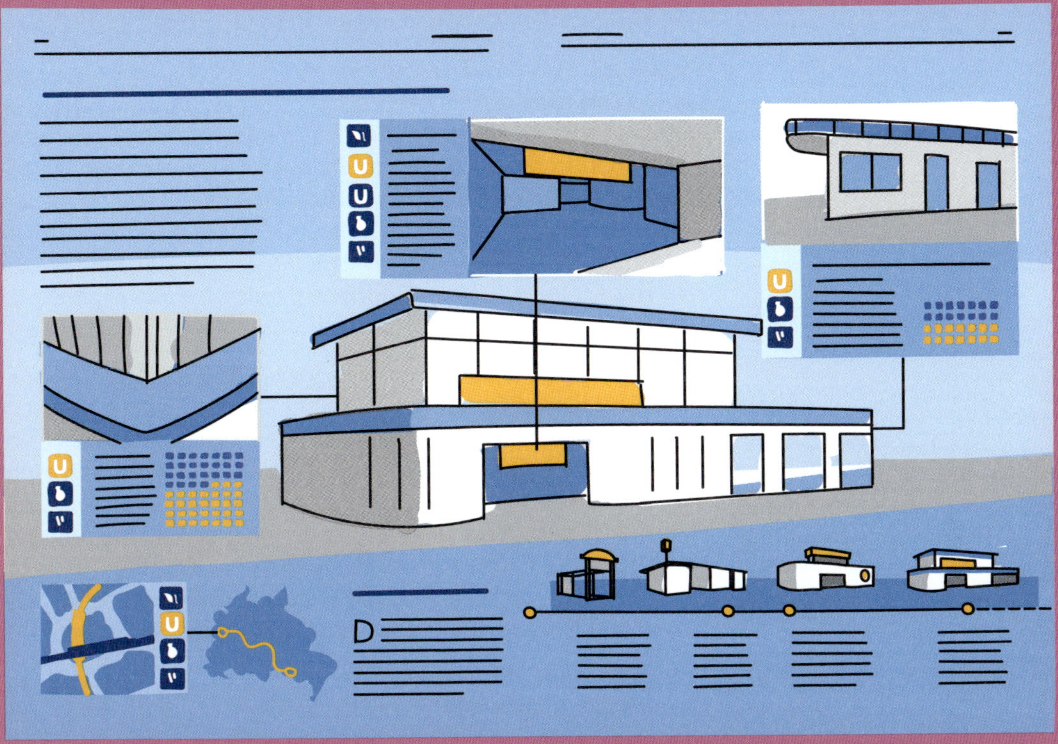

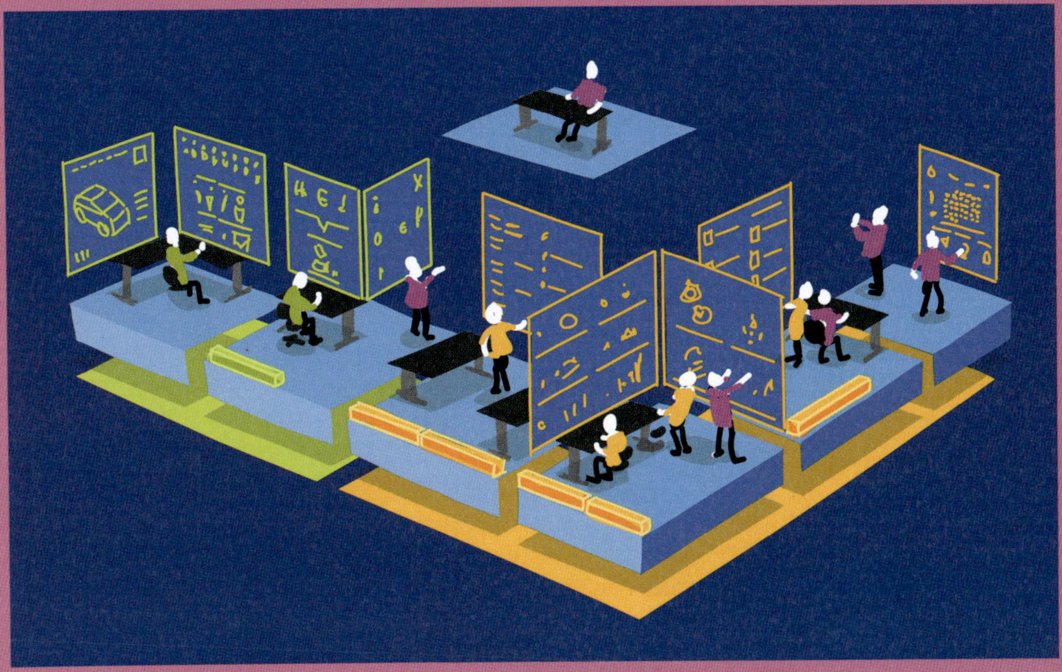

1.16 VOLLSTÄNDIGE BESCHRIFTUNG

Wenn alle Visualisierungen fertig sind, ist es wichtig zu überprüfen, ob sie auch ausreichend beschriftet bzw. beschrieben sind. Dazu gehört im Umfeld der Grafik auch der Titel, damit die Daten richtig eingeordnet werden können, die Nennung aller Datenquellen, der Urheber und besonders, wenn die Grafik online veröffentlicht wird, das Erstellungsdatum. Fehlende Bezeichnungen in der Grafik führen unweigerlich zu Fehlinterpretationen durch die Betrachter:innen. Nur wenn alle Elemente eindeutig benannt werden können, ist die Infografik auch zweifelsfrei zu verstehen.

Nicht alle Schriften sind für Infografiken geeignet. Neben vielen Schriftschnitten (z.B. Condensed, Italic und Bold) ist es wichtig, dass die Schrift **Tabellenziffern** *(Seite 170)* *kennt, damit auch Zahlen in der Beschriftung noch gut vergleichbar sind.*

In *Abb. 1.20* sind einige Beispiele gezeigt, die veranschaulichen, was mit falscher Beschriftung am Ende noch zunichte gemacht werden kann. *Ganz oben* fängt es mit einem Liniendiagramm an. Obwohl zumindest ein Wert ausgezeichnet ist, lässt sich nicht erschließen, welche Dimension das Diagramm in der Wertachse insgesamt hat und in welche Schritte die Datenpunkte unterteilt sind. Es lässt sich zudem nur mutmaßen, wo der Nullpunkt liegt. In der Realität findet sich so ein Extrembeispiel eher selten, unzureichend beschriftete Achsen kommen jedoch häufig vor.

Auf der rechten Seite sind im Vergleich dazu alle Elemente eindeutig ausgezeichnet. Selbstverständlich könnten einige Beschriftungen im Layout auch an anderer Stelle stehen, es ist nur wichtig, dass sie überhaupt auf der Grafik zu finden sind.

Direkt darunter erfolgt die Beschriftung des Diagramms redundant. Aber zu viele Elemente lenken ab und verschleiern, auf was die Grafik eigentlich abzielt. Bei der Beschriftung gilt: so viel wie nötig, so wenig wie möglich und so weit wie möglich alle Doppelungen entfernen (hier z.B. €), außer sie dienen einer Betonung.

Ein weiterer Fehler ist in der Karte zu sehen, deren Überschrift einen Ort verspricht, der sich so dann in der Karte gar nicht finden lässt. Das ist ein typischer Fehler, da der Text oft von anderen Personen als den Grafiker:innen verfasst wird.

In der Torte ist der Text zunächst direkt in die Grafik eingepasst. Das wirkt sehr unruhig und ist auch nicht gut zu lesen. Oft hilft es, Grafik und Beschriftung zu trennen. Wenn sich der Text typografisch im Format gegenüber den Werteinheiten absetzt, wie *rechts* zu sehen, hilft das zusätzlich.

Beschriftungstexte sollten in der Regel neutral sein, auch farblich. Zum einen kann es bei kleinteiligen Diagrammen zu einer optischen Verzerrung führen, da Farbflächen plötzlich viel größer wirken. Zum anderen fällt es schwerer, zwischen Diagrammelementen und beschreibenden Zusätzen zu unterscheiden.

38 ‹ Beschriftung › 80 25 ‹ Diagramme › 34 44 ‹ Karten › 102 Typografie › 60

Abb. 1.20

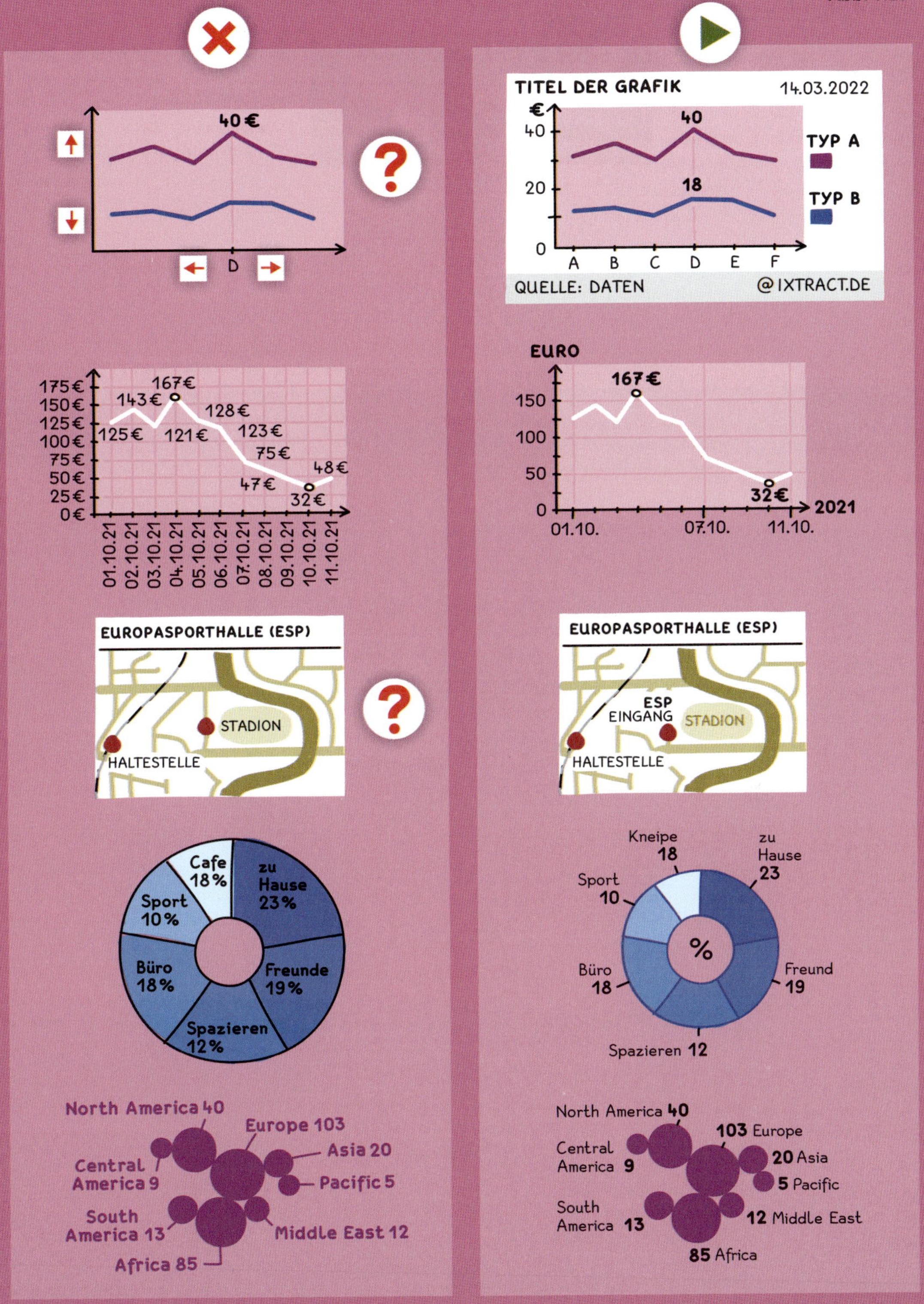

40 €
D
TITEL DER GRAFIK
14.03.2022
€
40
20
0
40
18
TYP A
TYP B
A B C D E F
QUELLE: DATEN
@ IXTRACT.DE
175€ 150€ 125€ 100€ 75€ 50€ 25€ 0€
167€ 143€ 125€ 121€ 128€ 123€ 75€ 47€ 32€ 48€
01.10.21 02.10.21 03.10.21 04.10.21 05.10.21 06.10.21 07.10.21 08.10.21 09.10.21 10.10.21 11.10.21
EURO
150 100 50 0
167 €
32 €
01.10. 07.10. 11.10. 2021
EUROPASPORTHALLE (ESP)
STADION
HALTESTELLE
EUROPASPORTHALLE (ESP)
ESP EINGANG
STADION
HALTESTELLE
Cafe 18 %
zu Hause 23 %
Sport 10 %
Büro 18 %
Freunde 19 %
Spazieren 12 %
Kneipe 18
zu Hause 23
Sport 10
%
Büro 18
Freund 19
Spazieren 12
North America 40
Europe 103
Central America 9
Asia 20
Pacific 5
South America 13
Middle East 12
Africa 85
North America 40
103 Europe
Central America 9
20 Asia
5 Pacific
South America 13
12 Middle East
85 Africa

KAPITEL 2

Design-Elemente

2.1	**Typografie**	**60**
2.2	**Spalten und Zeilen**	**62**
2.3	**Farben und Kontraste**	**64**
2.4	**Verbindungs- und Trennlinien**	**66**
2.5	**Flächen**	**68**
2.6	**Zahlen und Nummern**	**70**
2.7	**Pfeile**	**72**
2.8	**Piktogramme**	**74**
2.9	**Illustrationen und Fotos**	**76**

2.1 TYPOGRAFIE

Bei Infografiken kommen wesentlich mehr hierarchisch gegliederte, grafische Elemente und Bereiche zum Einsatz, als bei vielen herkömmlichen Designs. Für die Typografie ist daher oft eine breite Palette an Auszeichnungen notwendig *(Abb. 2.2)*. Die Nutzung verschiedener Schriftschnitte ermöglicht es, diese Auszeichnungen gut zu gliedern, sodass eine abwechslungsreiche und dennoch strukturierte Schriftsetzung efolgen kann. Je mehr Schnitte die jeweilige Infografik-Schrift also bietet, desto besser.

Die Standardwerke **»Lesetypografie«** *und* **»Detailtypographie«** *(Verlag Hermann Schmidt)*

Während die Verwendung verschiedener Schriften eher vermieden werden sollte – mehr als zwei Schrifttypen sollte man nicht in Erwägung ziehen – ist es wichtig, Elemente, die hierarchisch auf derselben Ebene liegen, auch gleich auszuzeichnen.

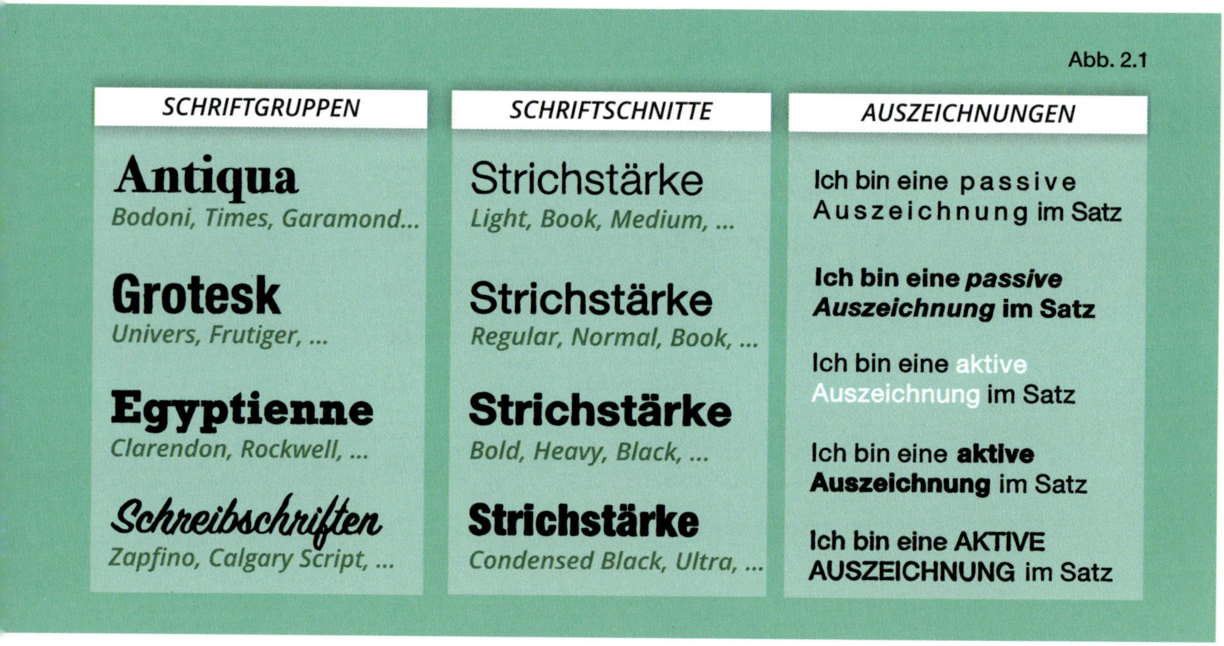

Abb. 2.1

In *Abb. 2.1* sind einmal kurz einige Möglichkeiten zur Auszeichnung dargestellt, die teils selten zum Einsatz kommen. Am häufigsten werden Schriften natürlich unterschiedlich groß gesetzt und wichtige Aspekte mit einem dickeren Schriftschnitt gesetzt. Damit sind die Möglichkeiten aber längst noch nicht vorbei! Gerade Überschriften lassen sich gut abheben, wenn sie in Versalien (Großbuchstaben) oder Kapitälchen (Großbuchstaben mit vergrößerten Anfangsbuchstaben) gesetzt werden. Dezente Markierungen (passive Auszeichnungen) sind z.B. Worte im Fließtext, die kursiv gesetzt werden.

56 ‹ Typografie › 170

Abb. 2.2

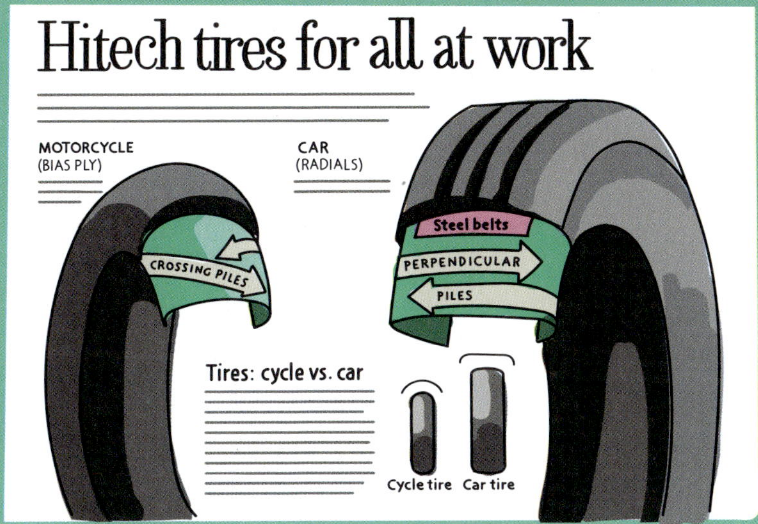
Hitech tires for all at work
MOTORCYCLE
(BIAS PLY)
CAR
(RADIALS)
CROSSING PILES
Steel belts
PERPENDICULAR
PILES
Tires: cycle vs. car
Cycle tire
Car tire

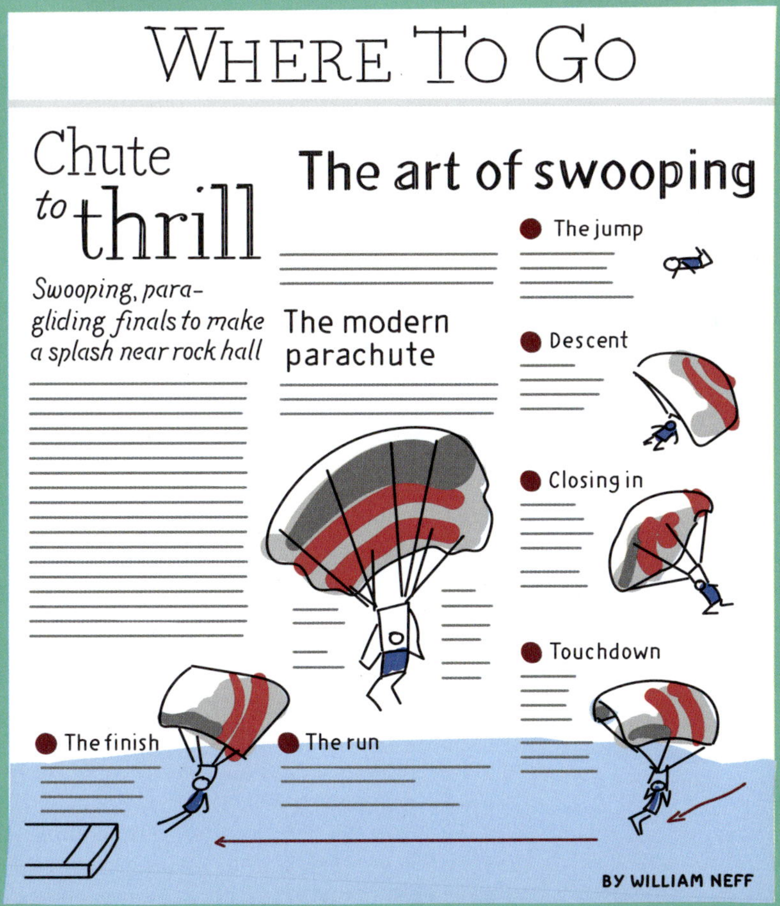
WHERE TO GO
Chute to thrill
Swooping, para-gliding finals to make a splash near rock hall
The art of swooping
The modern parachute
The jump
Descent
Closing in
Touchdown
The finish
The run
BY WILLIAM NEFF

2.2 SPALTEN UND ZEILEN

In Infografiken muss häufig eine Vielzahl von Informationen untergebracht werden. Damit sich die inhaltlichen Aspekte im Layout nicht dort wiederfinden, wo gerade am meisten Platz dafür war, hilft ein individuelles Gestaltungsraster, um die Inhalte räumlich zu ordnen. Durch viele Elemente in einer Infografik muss dieses Raster aber erst einmal gefunden werden, da z.B. Magazinlayouts so komplexe Strukturen gar nicht berücksichtigen.

Im Scribble lässt sich eine solch klare Struktur meist leichter finden. Es ist oft schwierig, alle Elemente einer Grafik im Layoutprogramm gleichzeitig zu entwerfen und durch Spalten und Zeilen im Hintergrund zu ordnen, während das übergeordnete Layout noch eingehalten werden muss. Für das Scribble sollte mindestens ein Drittel des Gesamtaufwands eingeplant werden, gerade in kooperativen Arbeitssituationen. Je genauer die Planung für eine Infografik ist, desto einfacher lässt sie sich später umsetzen.

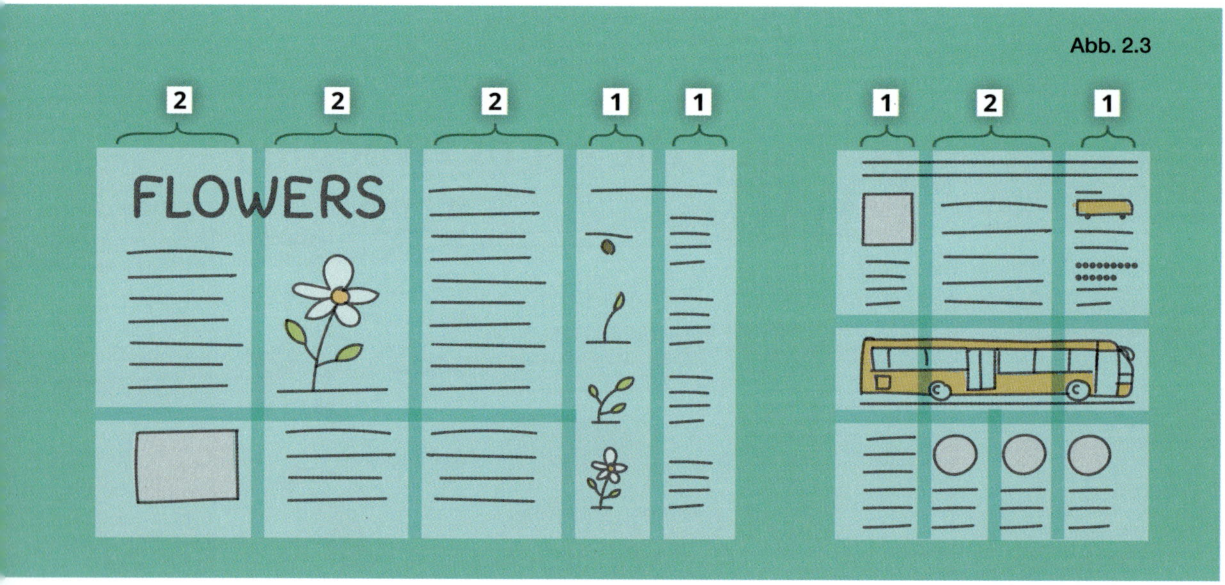

Abb. 2.3

Ein behelfsmäßiges Spalten- und Zeilenraster kann bereits im digitalen Scribble angelegt werden. Eine extra Ebene enthält dann Stege und Formen, die später die frei bleibenden Leerräume definiert, in denen keine Elemente stehen dürfen. Diese Ebene wird dann bei Bedarf transparent eingeblendet. Am Ende wird diese Ebene dann einfach gelöscht *(wie in Abb. 2.3)*. Je mehr Elemente in der Infografik, z.B. in einer Themengrafik sind *(Seite 110)*, desto wichtiger ist eine feste Struktur, damit alle Elemente einen stabilen ›Halt‹ haben und nicht anfangen, frei zu ›schweben‹.

48 ‹ Konzept › 94   52 ‹ Layout › 66

Abb. 2.4

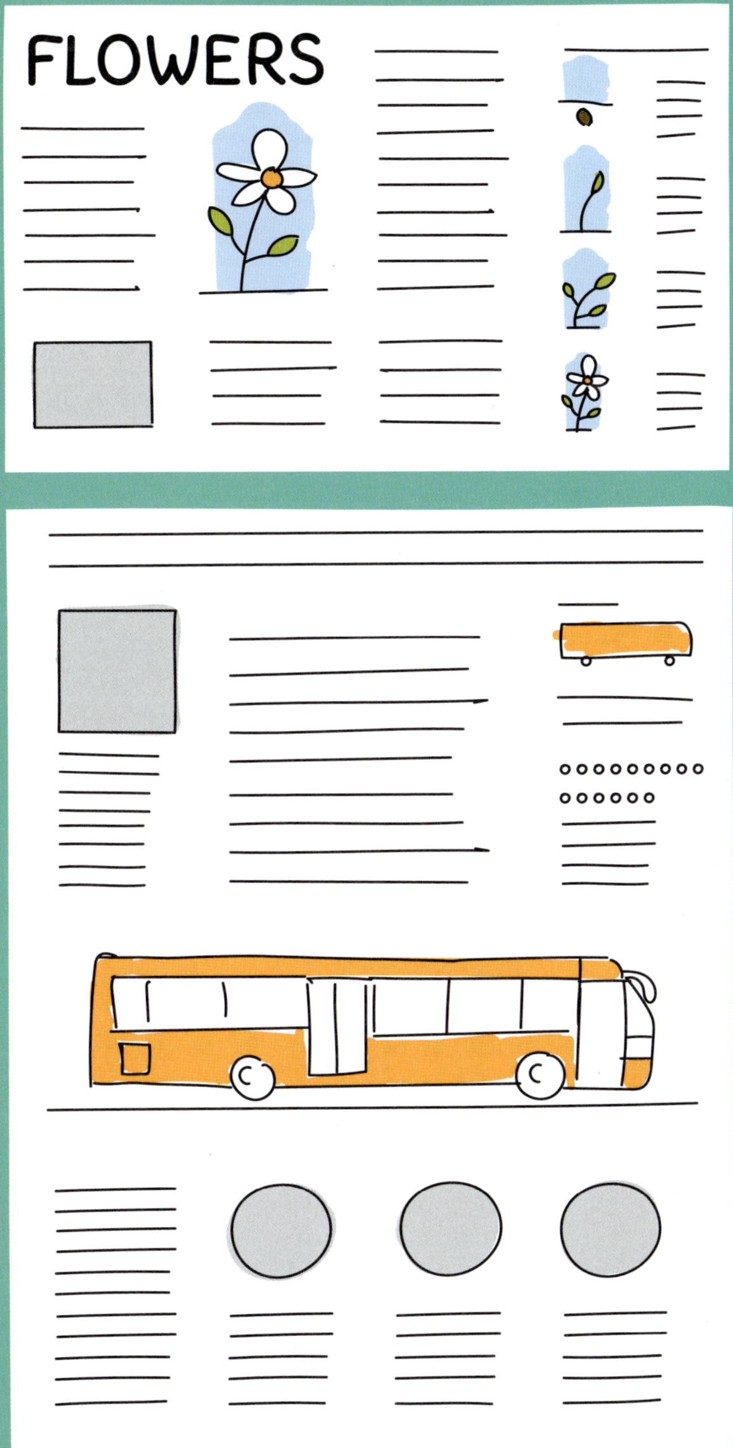

2.3 FARBEN UND KONTRASTE

Das Problem mit Farben in der Gestaltung ist, dass es einfach viel zu viele davon gibt, sobald der Designprozess losgeht. Dadurch wird meist viel zu viel eingesetzt, wodurch Infografiken schnell bunt und chaotisch werden. Jedes neue Element scheint noch wichtiger als das Vorherige zu sein und alle Informationen verlieren sich in einem unübersichtlichen, bunten Wimmelbild.

Testseite, um die eigene Farbpalette auf verschiedene Sehschwächen hin zu testen (von Elijah Meeks & Susie Lu).

cutt.ly/farbpalette

Es ist wichtig, einen klaren, reduzierten Farbcode vorab zu definieren. Einige Infografiker:innen gestalten ihre Grafiken am Anfang bewusst einfarbig, um erst später mit Auszeichnungsfarben die entscheidenden Akzente zu setzen. Das wichtigste ist, dass die Betrachter:innen später gut nachvollziehen können, welche Elemente im Vordergrund stehen: Was ist kontextuell wichtig und welche Aspekte bilden eine zusammengehörige Gruppe?

Abb. 2.5

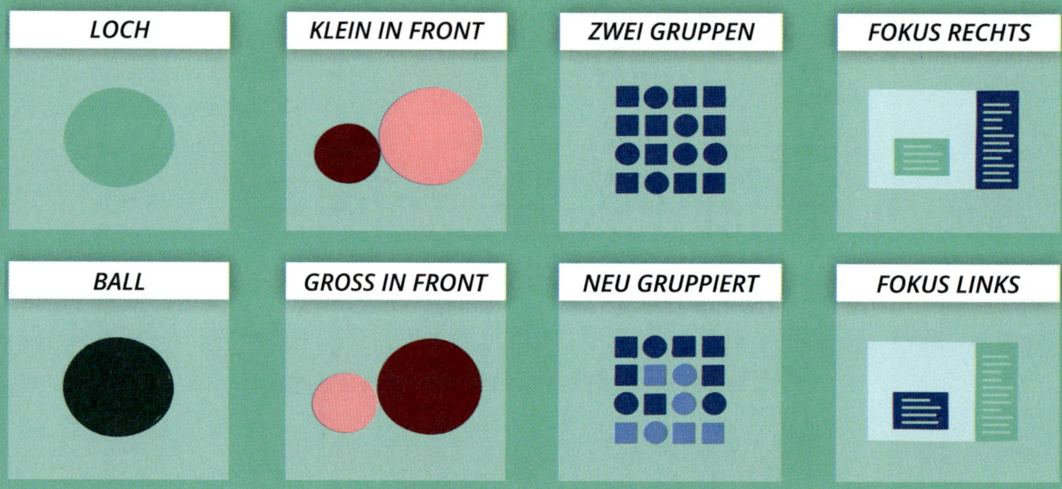

Abb. 2.5 zeigt, wie mächtig Farben sind und wie dominant sie sich z.B. gegenüber Formen verhalten. Es scheint so, als wäre fast alles der Hierarchie der Farbgebung untergeordnet, daher ist der präzise Einsatz eines Farbcodes maßgeblich im Zusammenhang mit einer eindeutigen Informationsvermittlung.

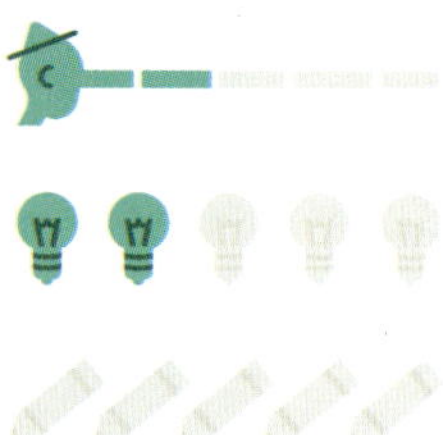

In *Abb. 2.6 unten* haben wir keinerlei Informationen darüber, wovon die Infografik handelt, und dennoch wird blitzschnell klar, dass es offensichtlich zwei verschiedene Rollen oder Akteure gibt, die in einen gemeinsamen Prozess eingebunden sind. Nur aufgrund der eindeutigen Farbzuweisung!

54 ‹ Farbe › 70 50 ‹ Informationshierarchie › 68

Abb. 2.6

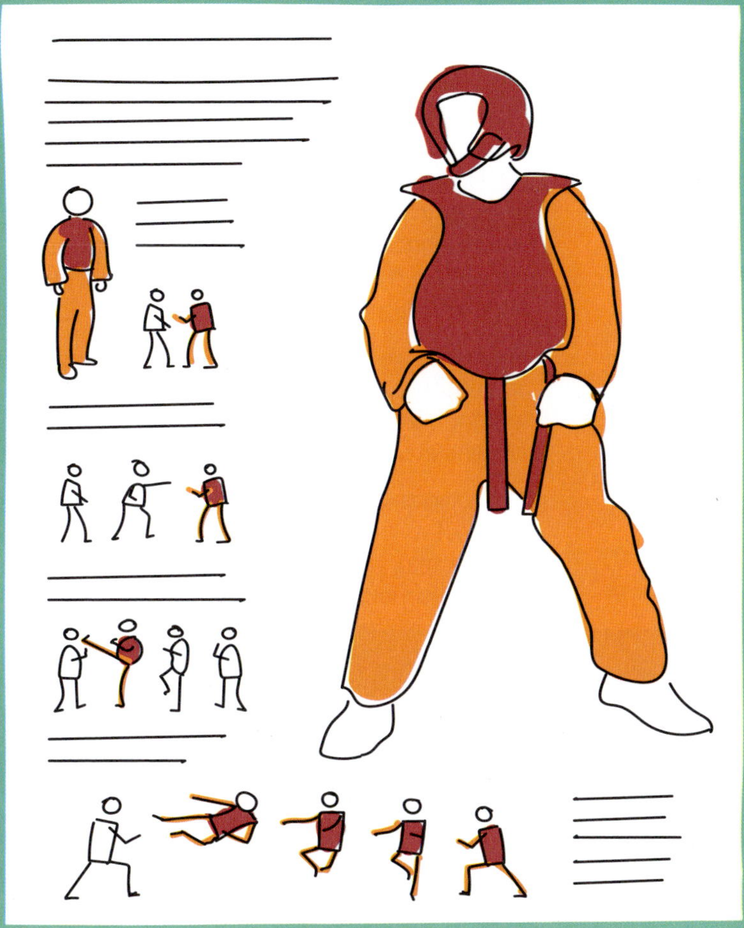

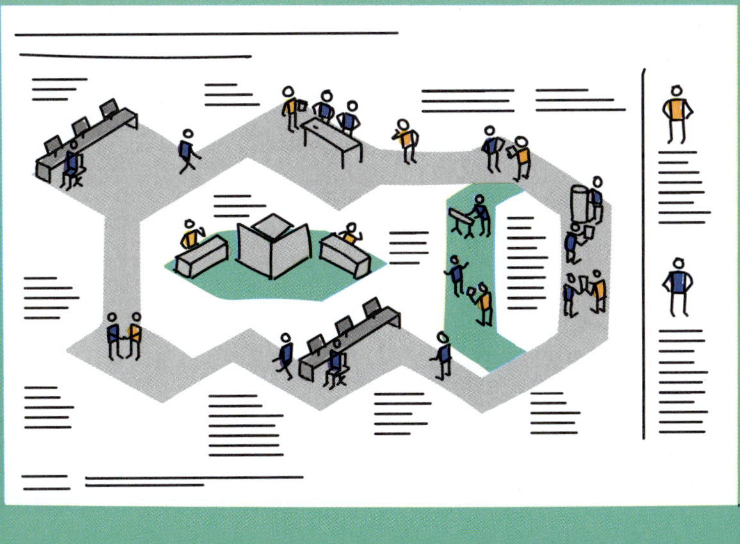

2.4 VERBINDUNGS- UND TRENNLINIEN

Linien sind sehr gut geeignet, um in Layouts verschiedene Bereiche optisch voneinander zu trennen oder als Konfliktlinie unterschiedliche Interessensbereiche voneinander abzugrenzen, wie z.B. in *Abb. 2.8* eine graue, gestrichelte Linie, die das Blatt und die Inhalte in zwei Räume teilt. Als geschlossene Form können sie auch das Gegenteil bewirken und unabhängige Elemente zu einer Gruppe verbinden, wie in *Abb. 2.7 ganz links oben*.

Wenn zu viele Linien in einer Grafik verwendet werden, kann diese optisch auseinanderfallen, weil das Layout förmlich zerschnitten und kleinteilig zerhäckselt wird. Linien sollten daher dosiert eingesetzt und vor allem durch Flächen kontrastiert werden.

Als Outlines verwendet *(Abb. 2.7 rechts unten)*, lassen sich Objekte gut vom Umfeld abgrenzen und hervorheben. Linien eignen sich auch für Muster, die eine weitere optische Ebene der visuellen Unterscheidung darstellen können.

Abb. 2.7

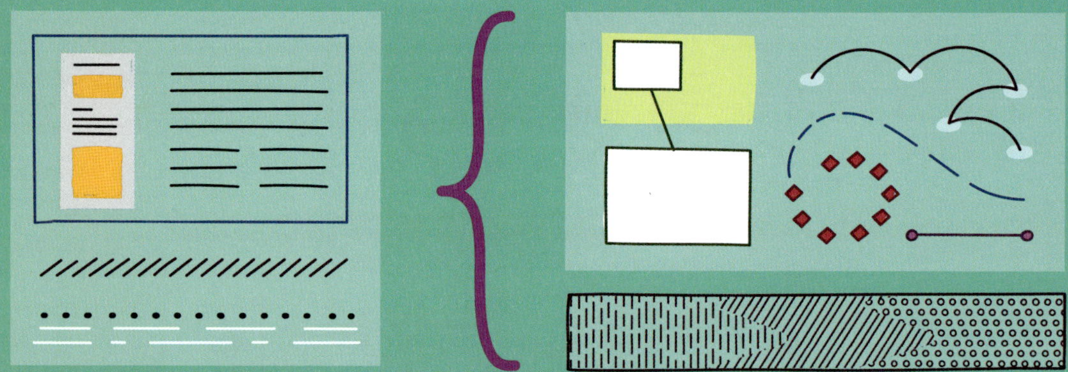

Im Unterschied zu Pfeilen haben Linien keine Richtung, können durch ihre Anordnung aber Maßeinheiten repräsentieren.

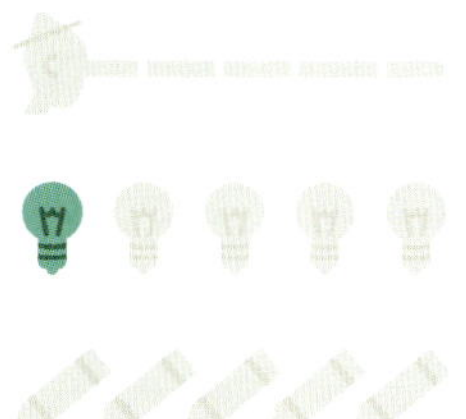

Wichtig ist, wie Linien in der Grafik eingesetzt werden sollen: Sie können das Layout strukturieren, indem sie Dinge klar voneinander abgrenzen oder diese in Form von Rahmen zusammenfassen *(siehe Gestaltgesetze Seite 144)*. Linien sollten eher zurückhaltend verwendet werden, da sie das Layout kleinteiliger machen. Als Strukturelement eingesetzt, müssen sie sich deutlich von informationstragenden Visualisierungen unterscheiden.

Abb. 2.8

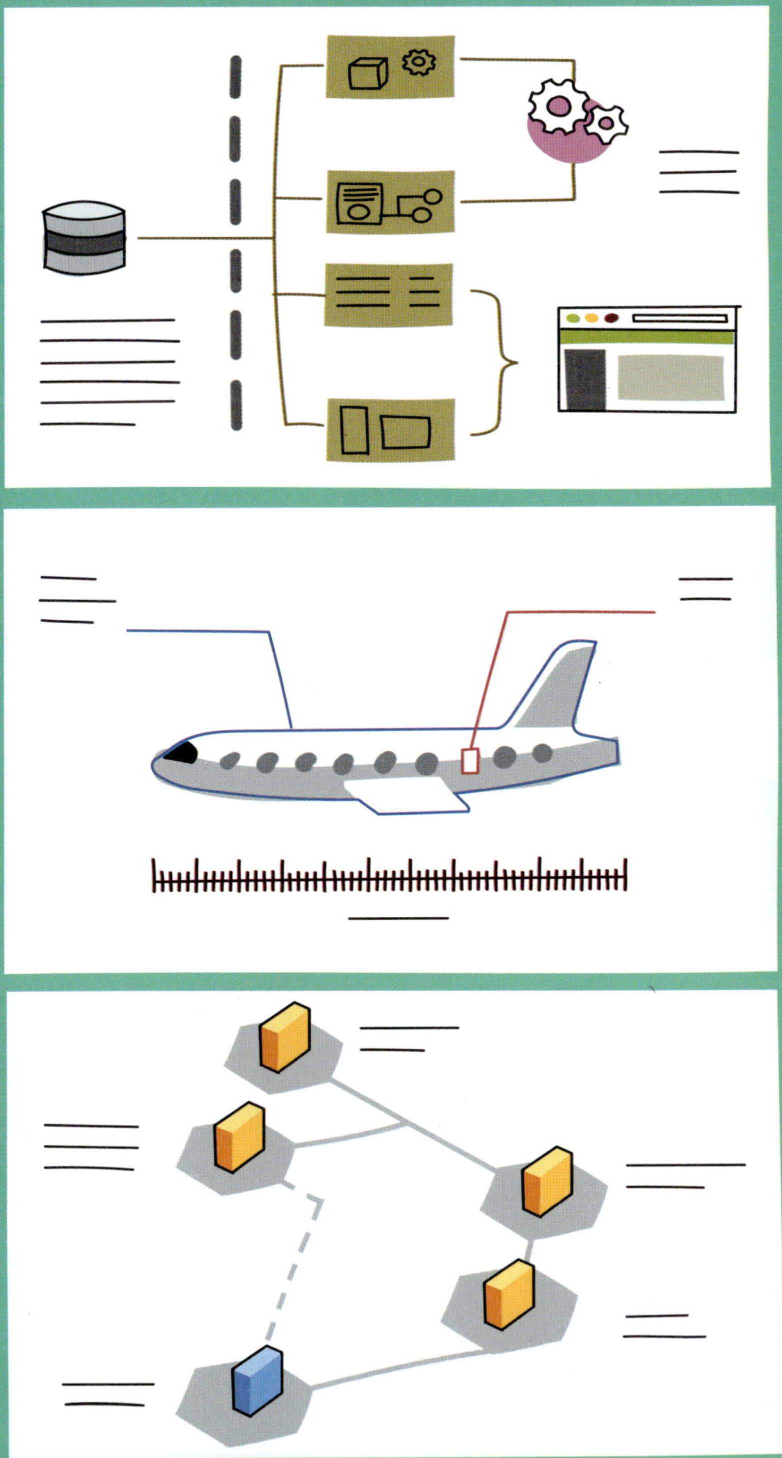

2.5 FLÄCHEN

Neben den Farben, die Elemente zu Gruppen zusammenfassen können, wird häufig vergessen, wie gut sich auch Flächen dazu einsetzen lassen, um verschiedene Bereiche zu gliedern und optische Einheiten zu schaffen. Alle Elemente in einer Fläche gehören dann automatisch diesem Bereich an. Gerade wenn schon viele Linien eingesetzt werden, lockern dezent eingefärbte Flächen das Layout auf, fassen Bereiche subtil zusammen, beruhigen die Grafik und erhöhen so deren Lesbarkeit.

Linien sind meist schnell ›zur Hand‹, sorgen allerdings auch oft dafür, dass Layouts sehr unruhig wirken und förmlich ›zerfasern‹. Mithilfe von Flächen lassen sich viele Linien ersetzen und so unterschiedliche Bereiche in der Grafik schaffen, wie z.B. im Beispiel in *Abb. 2.10 unten*. Der hellgrüne Bereich zeigt deutlich an, dass er einen anderen Fokus hat als die Grafik darüber.

Abb. 2.9

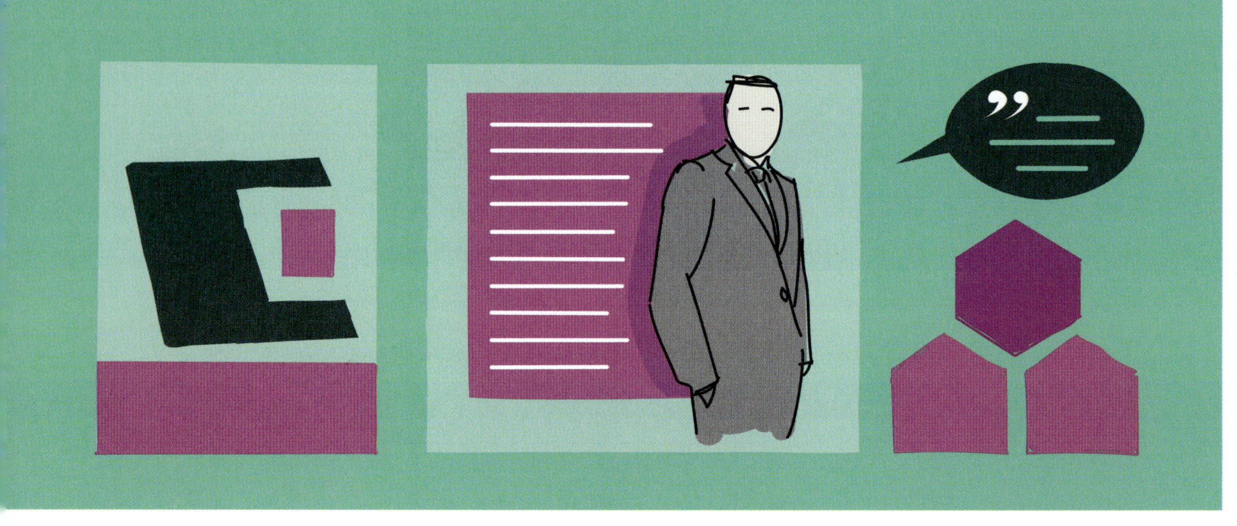

Dasselbe Beispiel zeigt auch, wie gut sich Liniendarstellung und Flächengestaltung symbiotisch ergänzen können. Die Objekte auf der grauen Fläche heben sich gut vom Hintergrund ab und sind dadurch einfach zu identifizieren, ohne ihre ›Haftung‹ auf dem Boden zu verlieren. Im Vergleich zu Flächen drängen Linien also deutlicher in den Vordergrund. Das ist vor allem von Bedeutung, um die visuelle Hierarchie richtig anzulegen *(mehr zum Thema »Informationshierarchie« auf Seite 50)*, also Objekte und Elemente auf verschiedenen visuellen Ebenen anzuordnen.

Abb. 2.10

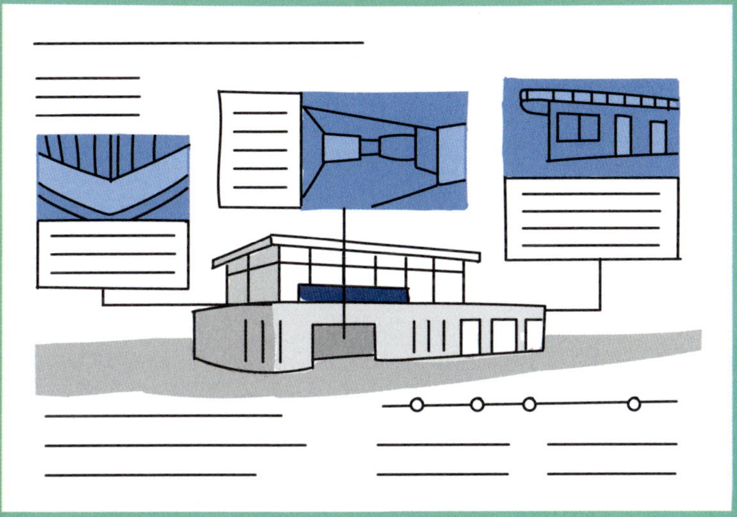

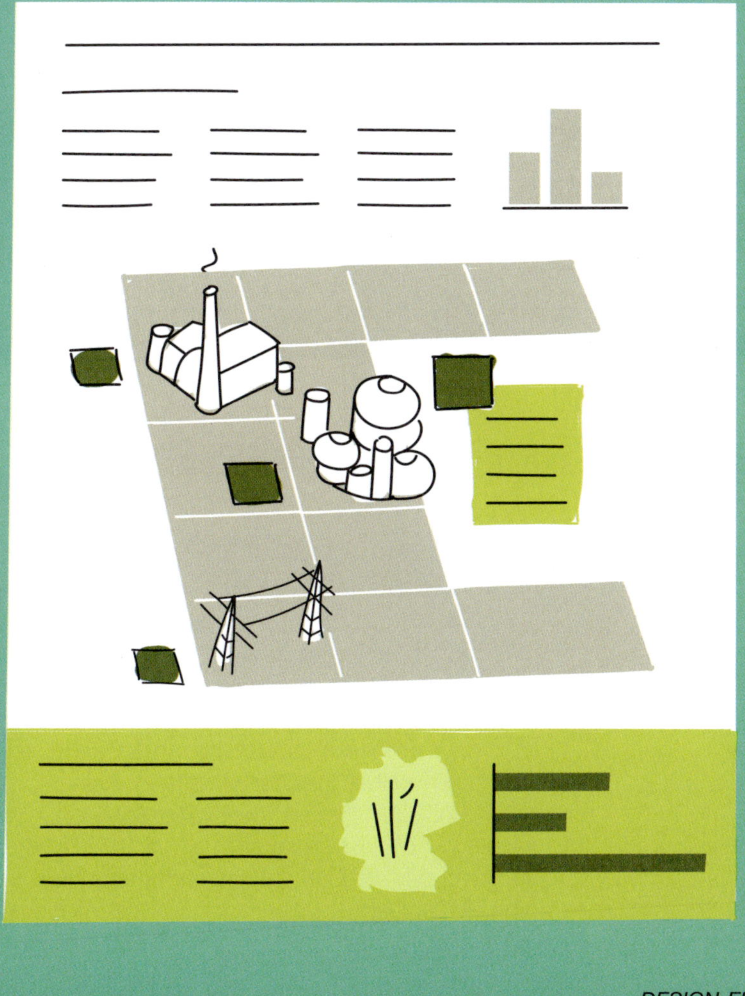

2.6 ZAHLEN UND NUMMERN

Die ordnende Funktion von Nummerierungen wird häufig unterschätzt, dabei lassen sich für die Betrachter:innen wichtige Schritte so besser einprägen. Allerdings ist dies nur eine kognitive und keine optische Auszeichnung (wie ein Pfeil) einer Reihenfolge. Pfeile können manchmal aber auch zu viel Chaos in einer Grafik verursachen, indem sie das Layout aufbrechen. Dann sind Nummern auf jeden Fall ein Mittel der Wahl, die Grafik noch einfacher, verständlicher und klarer zu strukturieren. Die einzige Mühe, die die Betrachter:innen haben sollten, ist, sich die Informationen anzueignen und nicht die Informationen zu suchen.

Neben Nummern können auch römische Ziffern und Buchstaben eingesetzt werden. Eine farbliche Auszeichnung erleichtert das Finden, zusätzlich werden die Schritte gedanklich einprägsamer und die Orientierung in der Grafik steigt *(Abb. 2.12)*.

Abb. 2.11

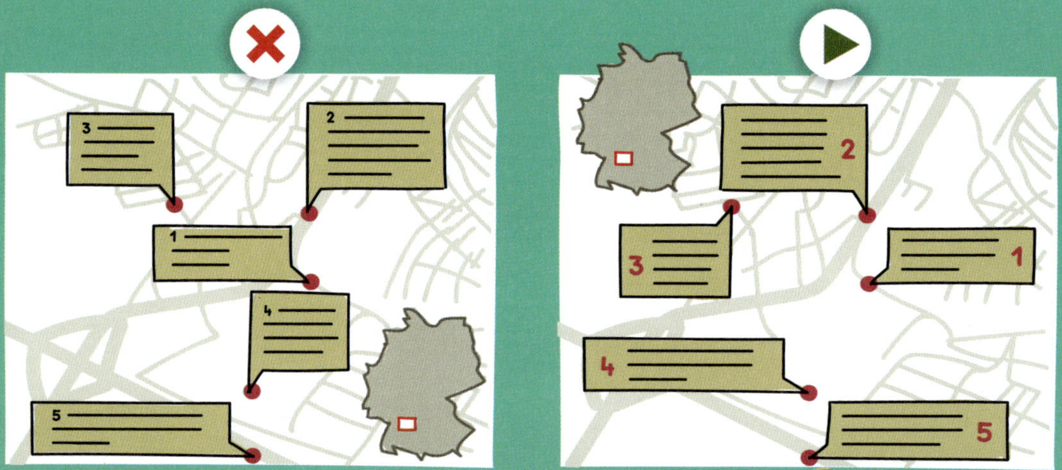

Werden Nummern eingesetzt, dann ist es ratsam, diesen auch eine gewisse Wichtigkeit einzuräumen und sie nicht zu klein einzubauen, sonst findet sie ja auch keiner. Sie haben eine Funktion, also sollen sie auch gut sichtbar sein. Ebenso ist es hilfreich, die Nummern selbst in einer einfachen Reihenfolge zu platzieren (z.B. im oder gegen den Uhrzeigersinn), wie im Beispiel *rechts in Abb. 2.11*. Natürlich ist das nicht immer möglich, aber es reicht oft, die Elemente etwas umzustellen und schon ergibt sich ein sehr viel einfacherer und verständlicherer Lesefluss.

Abb. 2.13

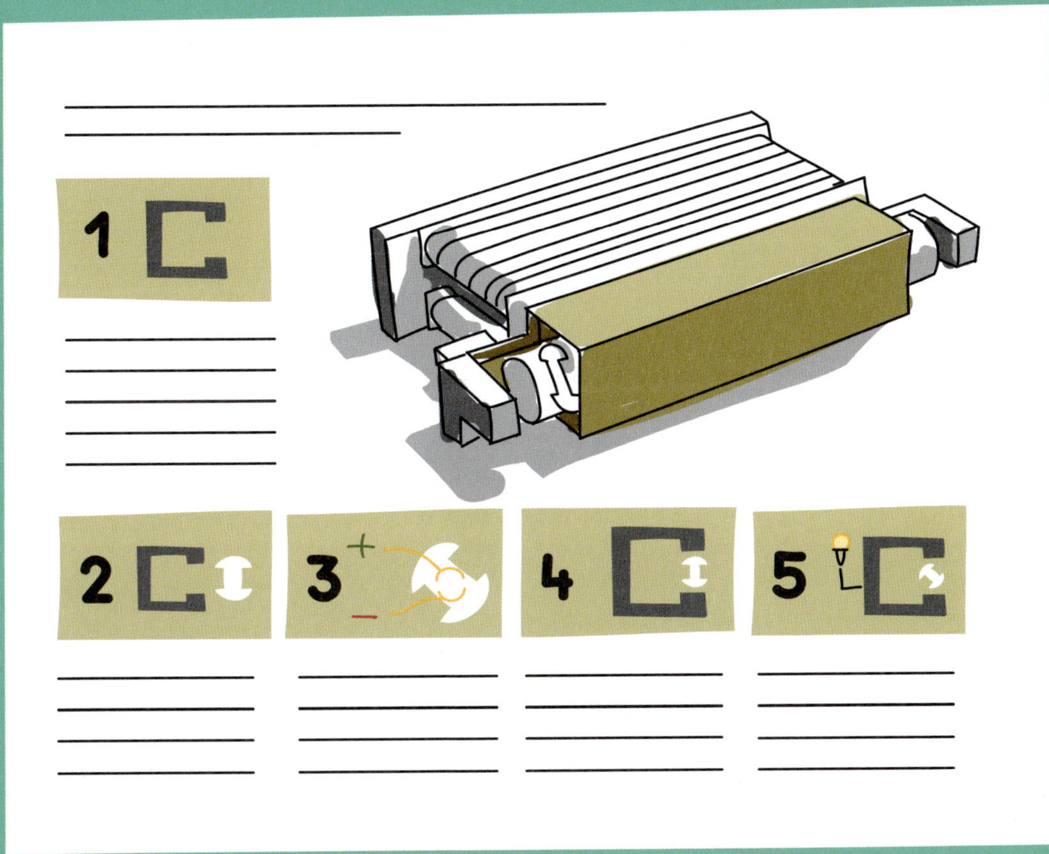

Abb. 2.12

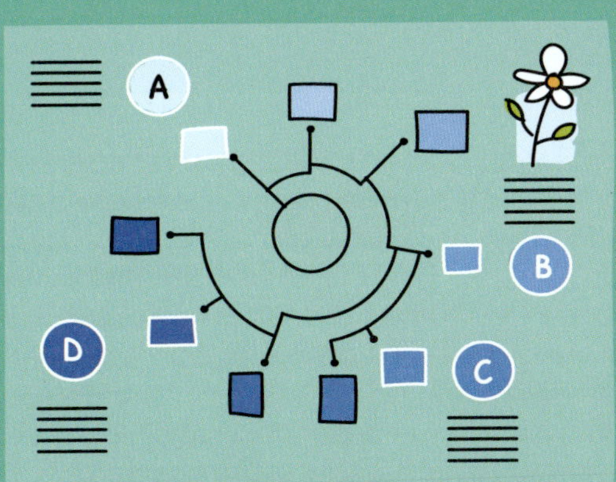

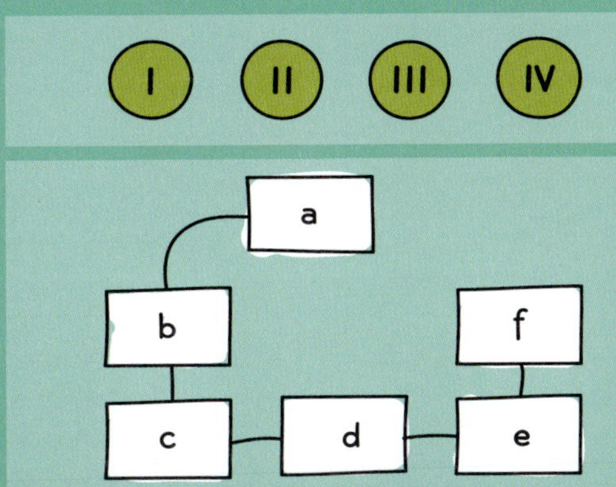

2.7 PFEILE

Nur Pfeile als Infografik, wie im Beispiel des Muir-Netzes (von Hiram Henriquez)

cutt.ly/biber_netz

Pfeile scheinen oft die letzte Rettung, um eine chaotische Grafik noch irgendwie zu strukturieren. Sie sollten immer aber eine eindeutige Funktion übernehmen und diese so zurückhaltend wie möglich wahrnehmen. Es gilt die Faustregel: »Je größer die Pfeile, desto schlechter die Grafik«. Gerade flächige Pfeile sind allerdings auch gut als Plattformen geeignet, um z.B. unterschiedliche Teilbereiche voneinander abzugrenzen. Sie können damit sogar maßgeblich als flächenstrukturierende Formen ein ganzes Layout vorgeben und grundlegend gestalten wie in *Abb. 2.15*.

Wer eine Richtung nicht (nur) durch z.B. eine Nummerierung andeuten will (Stichpunkt kognitive und visuelle Zeichen), kann auf Pfeile zurückgreifen. Wichtig ist, darauf zu achten, dass diese nicht zum Selbstzweck geraten und dann die eigentlichen Informationen verdrängen und zu stark in den Vordergrund drängen.

Abb. 2.14

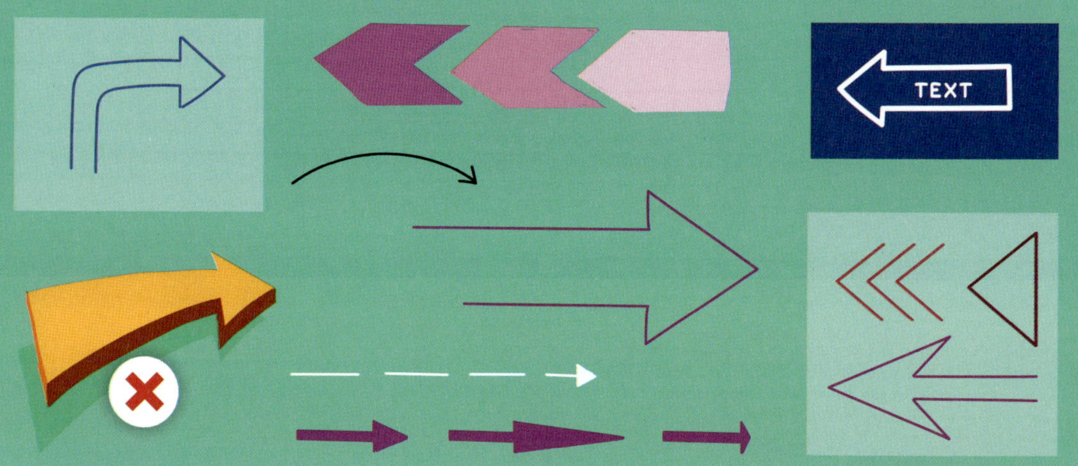

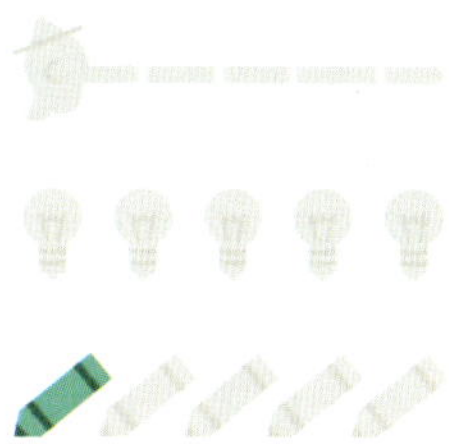

Pfeile sollten sich im Layout so wenig wie möglich überschneiden. Es kann mitunter etwas schwierig sein, ein solches Arrangement zu finden. Beispiele, was damit gemeint ist, finden sich auf *Seite 146 ff.* Je klarer die Betrachter:innen den Pfeilen folgen können, desto weniger Aufmerksamkeit geht verloren. Die Konzentration liegt voll und ganz auf der Geschichte in der Grafik. Dreidimensionale Pfeile wie in *Abb. 2.14 links unten* sollte vermieden werden. Je nachdem wie spitz oder stumpf eine Pfeilspitze ist, kann sie aggressiv, neutral oder passiv wirken.

70 ‹ Layout › 76   66 ‹ Pfeile › 146

Abb. 2.15

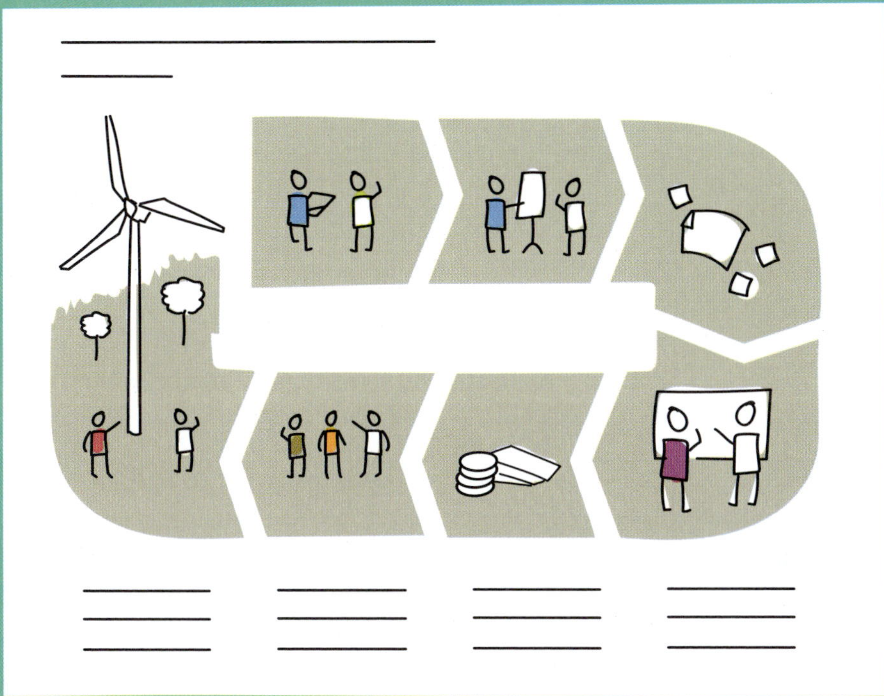

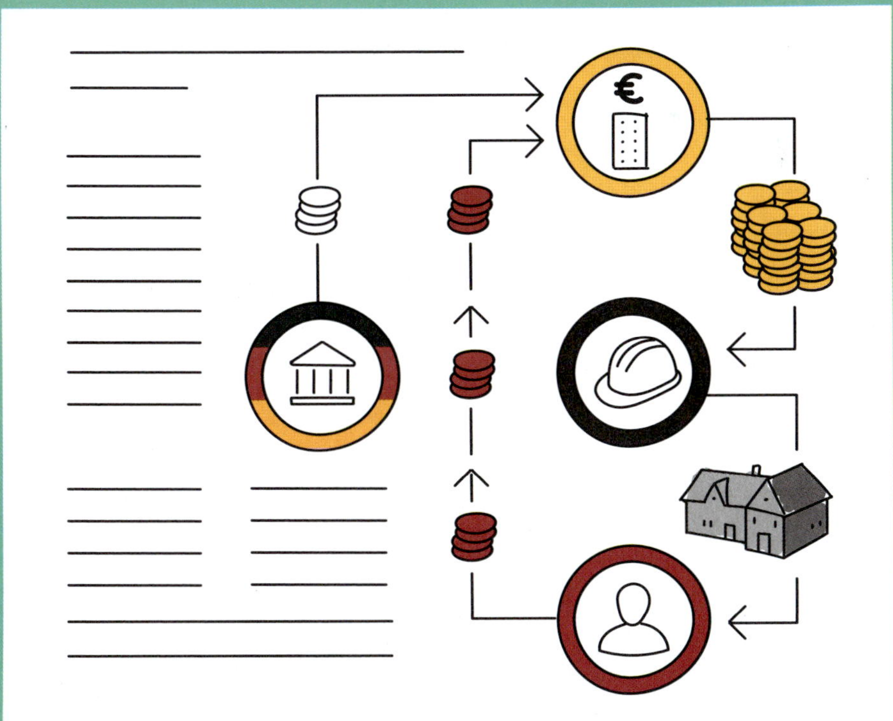

2.8 PIKTOGRAMME

Kleine Geschichte der Entwicklung der Computer-Symbole

historyoficons.com

Piktogramme sind ein elementarer Bestandteil, um die Inhalte einer Infografik zu visualisieren. Dabei ist zu bedenken, dass jedes Piktogramm eine Vereinfachung ist, die nur im Gesamtzusammenhang richtig interpretiert werden kann. Die Bedeutung eines Piktogramms allein ist nie eindeutig und es sollte immer einen kurzen Titel tragen oder einer Überschrift untergeordnet sein. Die Darstellung sollte auf eine Aussage reduziert sein, wie z.B. Verkehrszeichen, sonst sind Piktogramme schnell überladen, können schlecht erfasst werden und verlieren damit ihre Funktion.

Bei der Gestaltung von Piktogrammen sollte eine Designsprache mit eindeutigen Parametern definiert werden, der alle Piktogramme folgen *(Abb. 2.16)*. Sie kombinieren oft allgemeine Symbole (›Mann‹ mit ›Schild‹) und werden so in der Aussage konkreter.

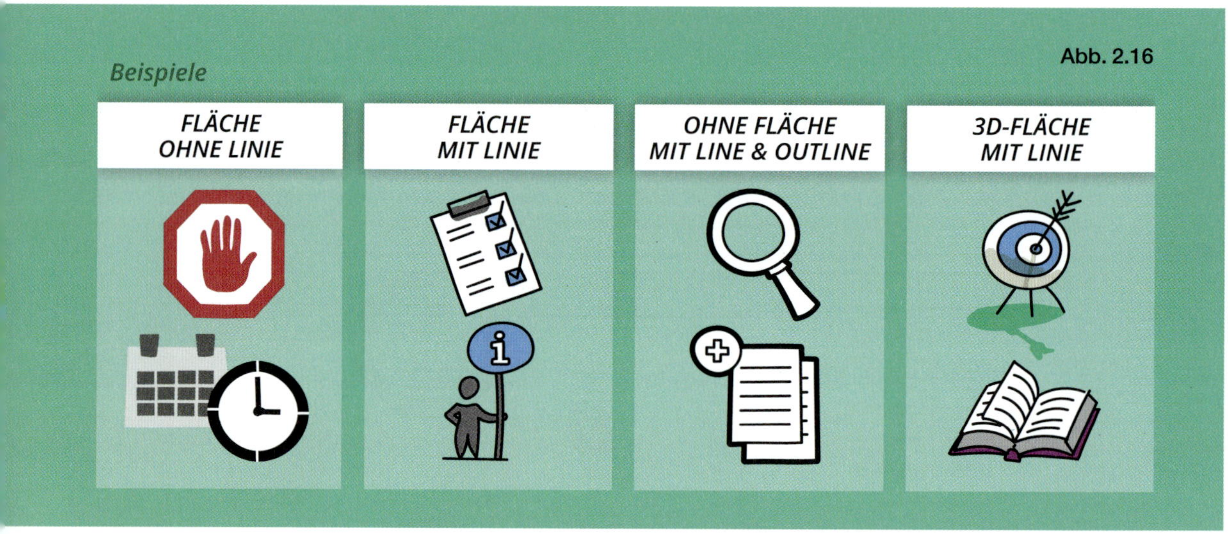

Abb. 2.16

In *Abb. 2.17* ist zu sehen, wie gut funktionierende Piktogramme in einer Infografik einen bedeutenden Teil der Informationen tragen können. *Oben* erzählen sie eine, durch die Überschrift thematisch eingegrenzte, Geschichte ganz ohne Beschriftung. Unerwünscht sind (im Uhrzeigersinn): »sexuelle Aufforderungen«, »sexuelle Bedrängungen«, »Zeigen pornografischer Bilder«, »sexuelle Berührungen« und »sexuelle Bemerkungen«.

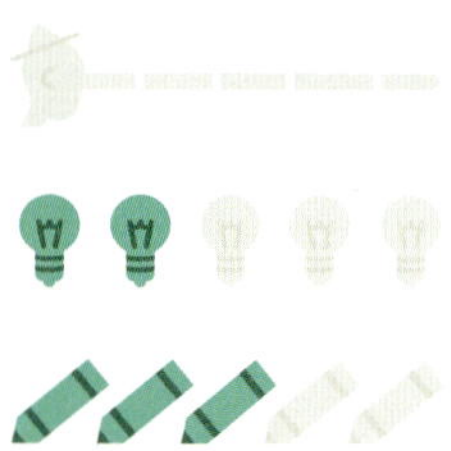

Unten stehen die Namen der symbolisierten Krankheiten zwar noch, als Linie angedeutet, zwischen den Balken, aber sie sind fast selbsterklärend. Von links nach rechts sind dargestellt: »Durchfall«, »Schmerzen«, das »Zentrale Nervensystem«, »Asthma«, »Dermatologie«, »Virologie« und »Onkologie«.

Piktogramme › 88

Abb. 2.17

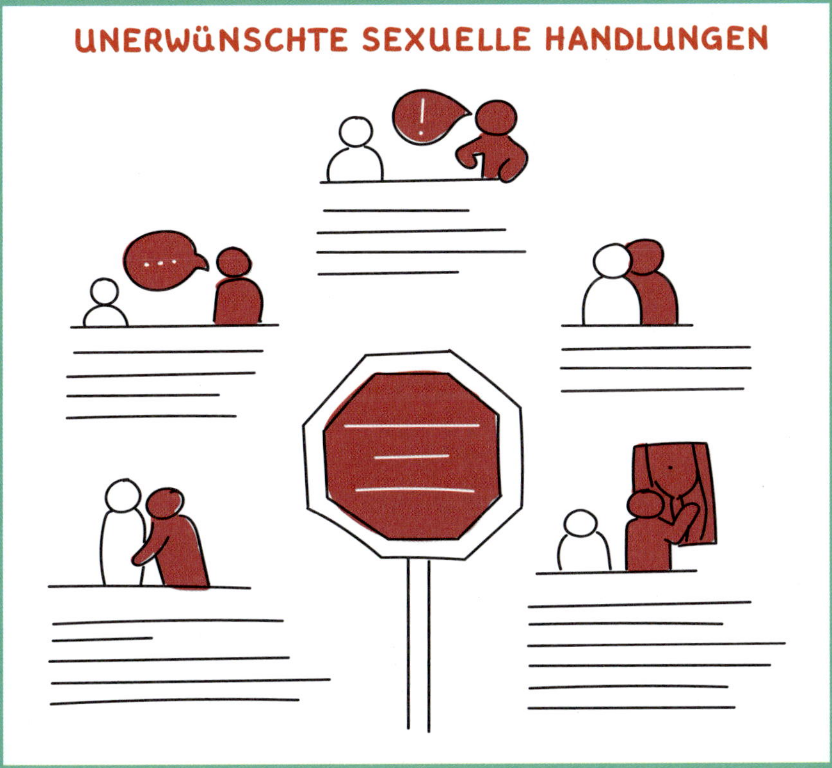
UNERWÜNSCHTE SEXUELLE HANDLUNGEN

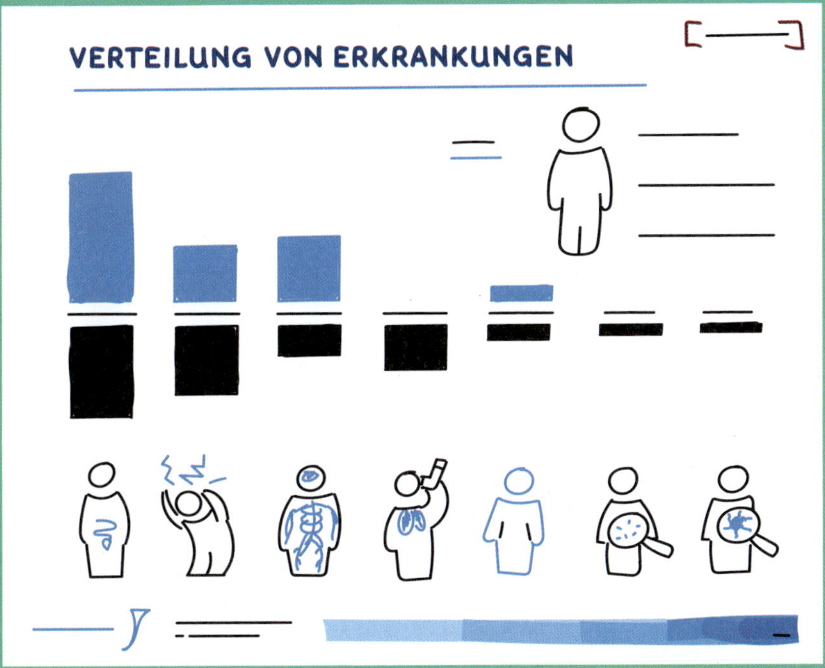
VERTEILUNG VON ERKRANKUNGEN

2.9 ILLUSTRATIONEN UND FOTOS

Eine Illustration als Infografik und Antwort auf die Frage: »Was war ab dem 4. Nov. 2008 anders als zwei Tage zuvor?« (von Patrick Moberg)

cutt.ly/zeitenwende

Ausführlicher als Piktogramme können Illustrationen komplexere Zusammenhänge darstellen. Oft ersetzen sie z.B. zu detaillierte Fotos, die einen ungünstigen Bildausschnitt haben oder schlecht ausgeleuchtet sind. Womöglich können von dem Objekt aber gar keine Fotos erstellt werden, weil z.B. ein Bauteil im Inneren eines Körpers verborgen liegt und dieser nicht aufgeschnitten werden kann. Alle Bilder im Umfeld einer Infografik sind kein Selbstzweck, um ein Layout aufzuhübschen. Jedes Bild sollte bestmöglich auf den Inhalt fokussieren. Wichtig ist, dass alle Bildelemente dem Kontext dienen und nicht vom Thema ablenken. Oft ist eine räumliche Hauptillustration das Zentrum der Infografik *(Abb. 2.19)*, die sich gut von anderen Elementen abhebt und an die sich weitere Zusatzinformationen angliedern können.

Das kann z.B. dadurch erreicht werden, dass nur das Objekt, um das es geht, farblich hervorgehoben und alles andere ›ausgegraut‹ oder in Kontrast und Farbigkeit zurückgenommen wird.

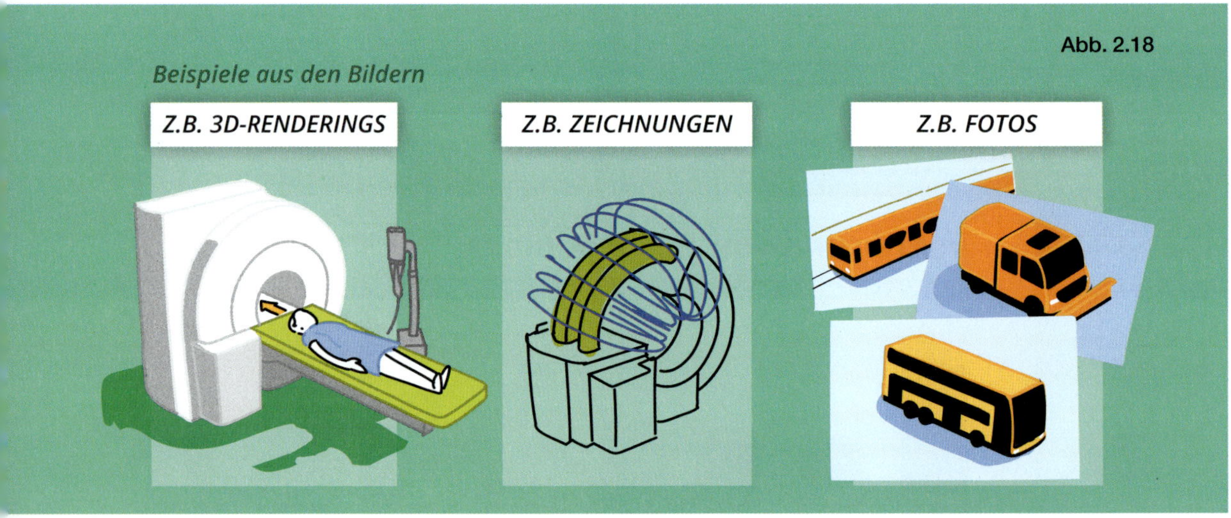

Abb. 2.18

Illustrationen können digitale Renderings oder gezeichnete Grafiken sein. Wichtig ist, dass sie Informationen in Bilder übersetzen, sodass schriftliche Erklärungen weniger komplex ausfallen müssen. In *Abb. 2.18* zeigt die Zeichnung ein schematisches Magnetfeld, das ein Foto nicht zeigen kann. Bei technischen Darstellungen werden häufig Schnittbilder eingesetzt.

Die Illustrationen in Infografiken sind keine fantasievollen Interpretationen, sondern haben einen klaren Auftrag. Sie versuchen, etwas präziser und besser zu beschreiben, als es mit Worten möglich wäre. Der Fokus liegt auf der Anschaulichkeit.

70 ‹ Farbe › 88 52 ‹ Illustration › 176 72 ‹ Layout › 108

Abb. 2.19

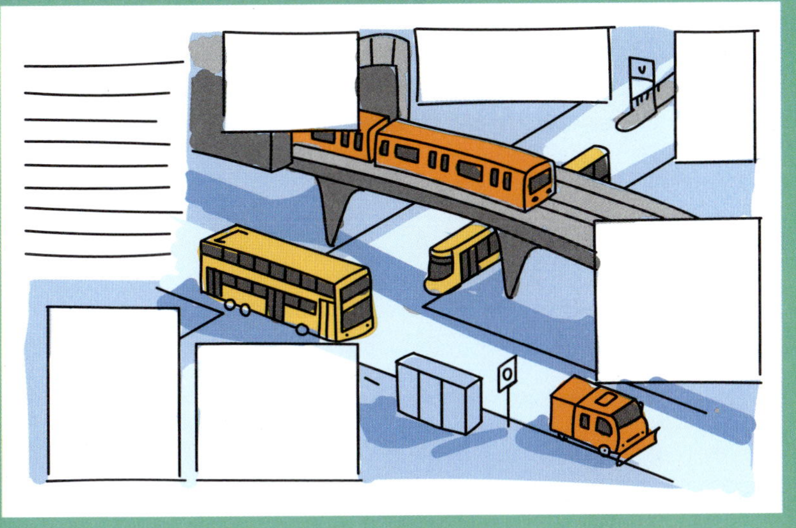

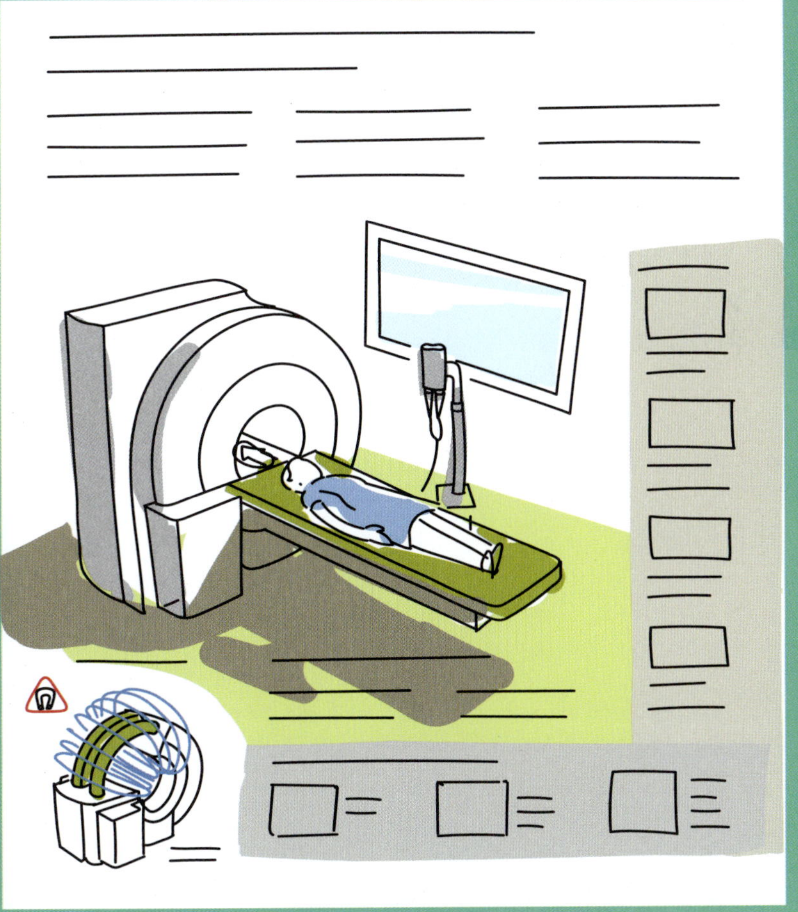

KAPITEL 3
Infografik-Typen

3.1 **Torten und Donuts** **80**

3.2 **Balken und Säulen** **82**

3.3 **Liniendiagramme** **84**

3.4 **Streudiagramme** **86**

3.5 **Tabellen** **88**

3.6 **Organigramme** **90**

3.7 **Zeitreihen** **92**

3.8 **Anleitungen** **94**

3.9 **Mengendiagramme** **96**

3.10 **Flächengrössenvergleiche** **98**

3.11 **Pläne und Schemanetzwerke** ... **100**

3.12 **Karten** **102**

3.13 **Konkrete Vergleiche** **104**

3.14 **Prinzipmodelle** **106**

3.15 **Prozessgrafiken** **108**

3.16 **Themengrafiken** **110**

3.17 **Viele weitere Grafiktypen** **112**

3.1 TORTEN UND DONUTS

Eine der häufigsten Diagrammformen sind Torten oder Donuts. Ob man sie zur Visualisierung der Daten einsetzt, sollte aber keine ästhetische Abwägung sein, sondern eine rein inhaltliche. In *Abb. 3.1* werden die Nachteile z.B. gegenüber Balken, sehr deutlich und es wird klar, für welche Fälle sie völlig ungeeignet sind: Im direkten Vergleich der Unterschiede verschiedener Datensätze sind andere Diagrammformen besser geeignet als Torten. Ebenso eignen sich Torten oder Donuts nicht für die Anzeige eines Trends verschiedener Werte in einem Diagramm.

Ihre volle Stärke zeigen Torten und Donuts aber im Vergleich von Mehrheiten verschiedener Teilmengen. Dieser Vorteil ist mindestens so prägnant wie zuvor die Nachteile *(Abb. 3.3)*. Während Balken untereinander gut zu vergleichen sind, ist es nahezu unmöglich, in einem gestapelten Balken zu erkennen, ob eine bestimmte Summe an Werten z.B. die Mehrheit stellt oder nicht. Bereits bei minimalen Abweichungen der Mitte ist das bei Torten bereits klar zu identifizieren. Darin sind Torten allen anderen Diagrammformen deutlich überlegen. Sie eignen sich ebenfalls noch sehr gut für Abschätzungen wie Drittel oder Viertel.

Es ist immer besser, Torten direkt zu beschriften anstatt über eine Legende. Einige Programmierungen liefern zwar automatisch Legenden, diese erschweren das Lesen aber deutlich. Der ständige Blickwechsel zwischen Legende und Visualisierung strengt unnötig an, verwirrt und lenkt von der Information ab.

Abb. 3.1

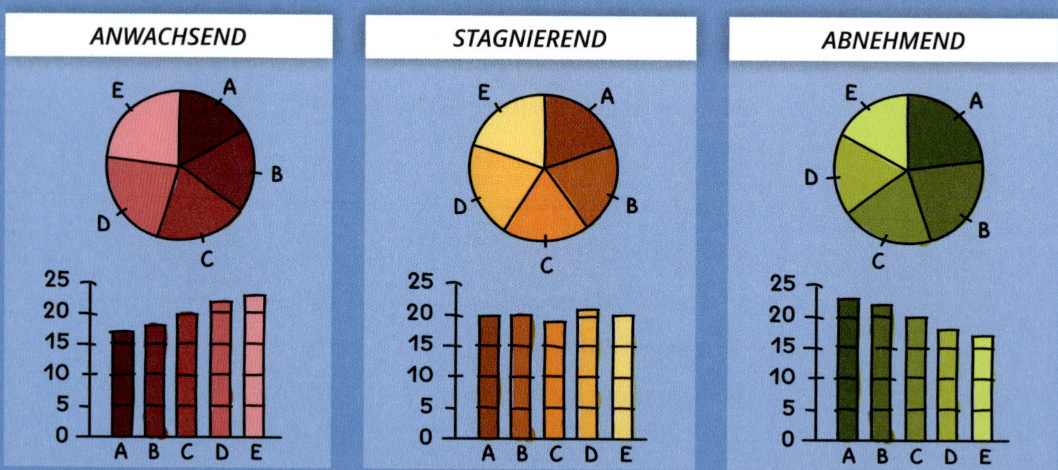

56 ‹ Diagramme › 82
70 ‹ Lesefluss › 90
40 ‹ Visualisierung › 106

Abb. 3.2

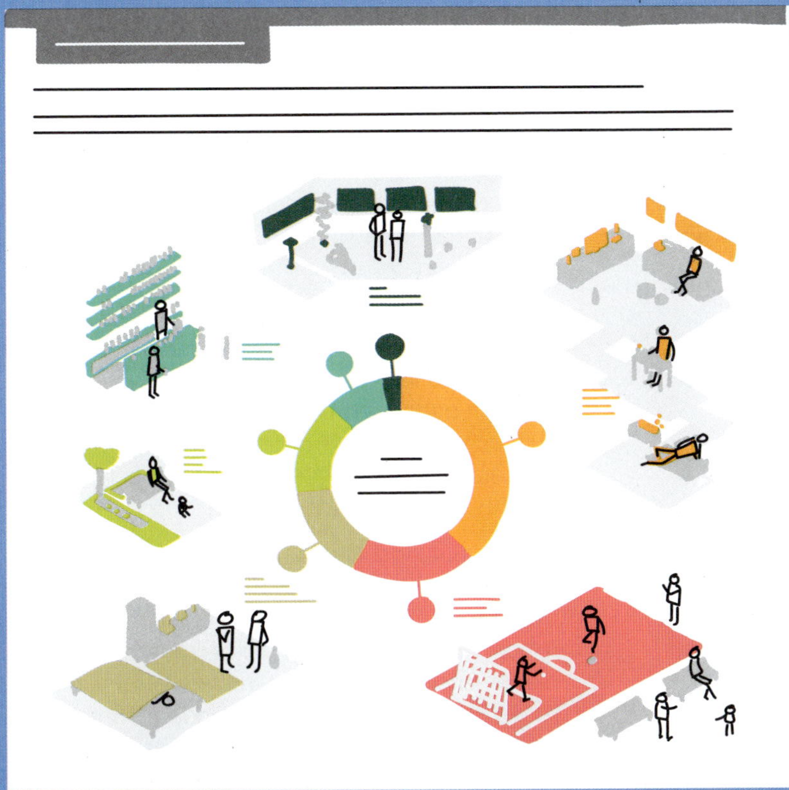

Abb. 3.3

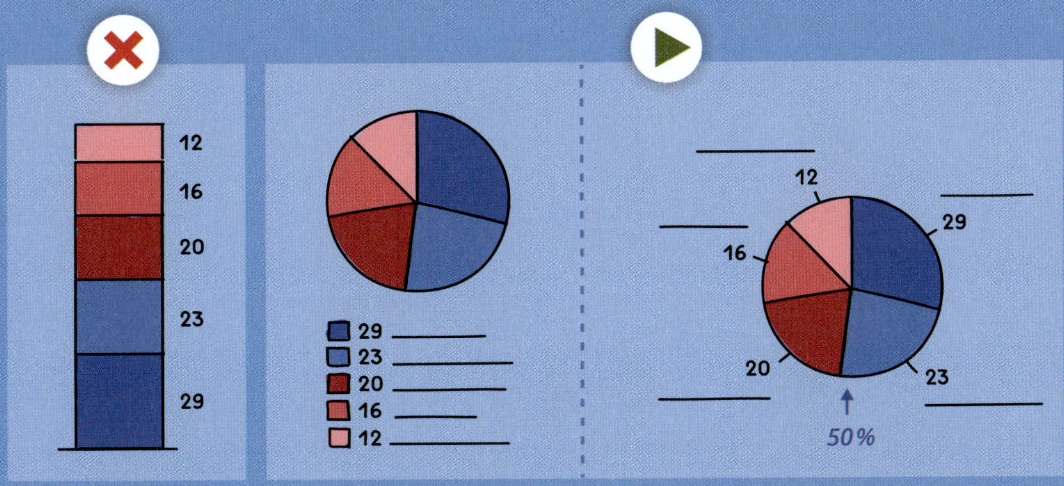

3.2 BALKEN UND SÄULEN

Zwei Balken können eine ganze Seite im National Geographic Magazine ›tragen‹ (5W Graphics).

cutt.ly/china_oil_export

Die sehr wahrscheinlich häufigste Diagrammform sind Balken oder Säulen. Sie sind häufig die übersichtlichste Darstellung, um Verhältnisse direkt miteinander zu vergleichen. Säulen sind dabei eher für den Vergleich von denselben Werten in bestimmten Zeiträumen oder Schritten geeignet, Balken besser für längere Beschriftungen und den Vergleich mehrerer Einzelwerte, wie in *Abb. 3.6 ganz links* zu sehen *(mehr auf Seite 160)*.

Obwohl jeder Balken und Säulen zur Genüge kennt, können diese auch überraschend unterschiedlich aussehen, eine wohl eher unbekannte Variante ist *rechts unten* abgebildet. Probleme ergeben sich dann, wenn sehr große Wertunterschiede in den Daten auftauchen, die mit Balken nicht mehr gut dargestellt werden können. In solchen Fällen muss auf Flächen- oder Volumenvergleiche zurückgegriffen werden *(Seite 232)*.

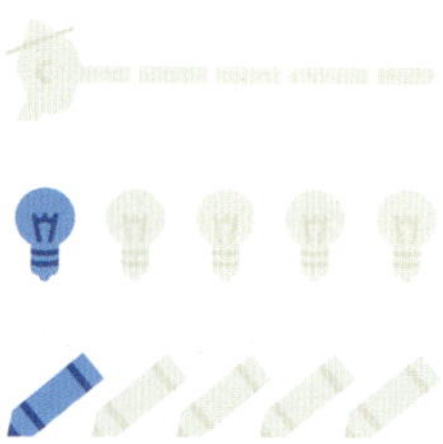

In *Abb. 3.4* wird ein sehr häufig gemachter Fehler dargestellt: Selbst das Illustrations-Standardprogramm von Adobe produziert diesen Fehler automatisch und er muss daher bewusst vermieden werden: Formen werden wie Balken skaliert, wodurch die Dimensionen komplett verzerrt werden. Im mittleren Beispiel ist die Figur dadurch nicht 4- sondern 16-mal größer geworden! Unbewusst wurde sie nicht nur in eine Richtung nach oben (wie bei Balken), sondern auch in die Breite skaliert. Soll eine Art Balkendarstellung beibehalten werden, dann lassen sich alternativ die Formen stapeln. Das geht aber nur bei ganzzahligen Werten.

Abb. 3.4

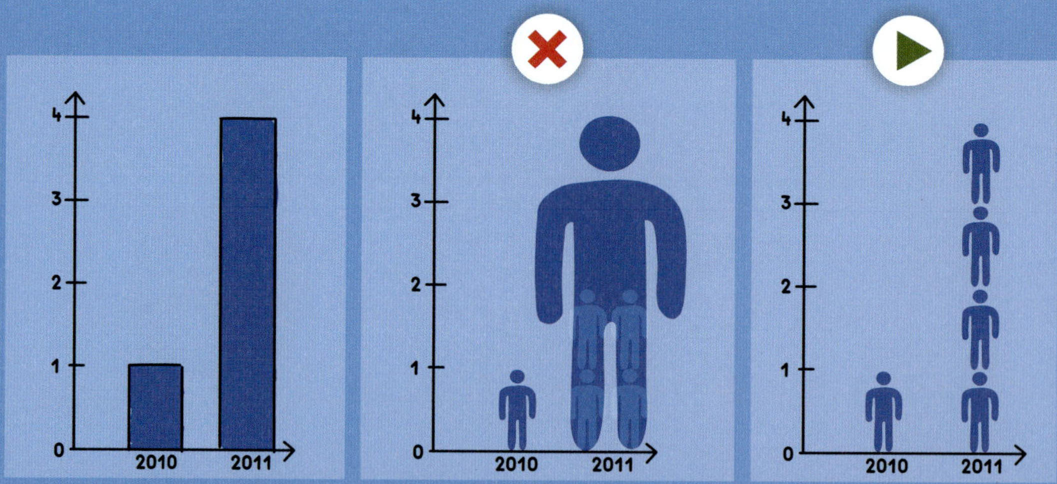

Abb. 3.5

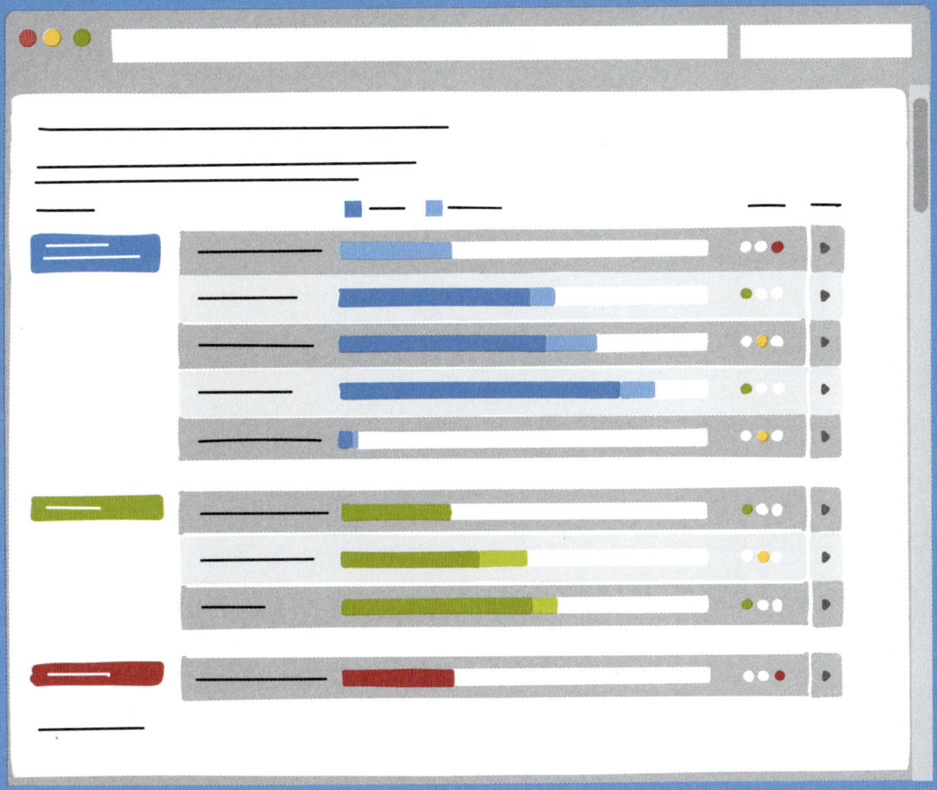

Abb. 3.6

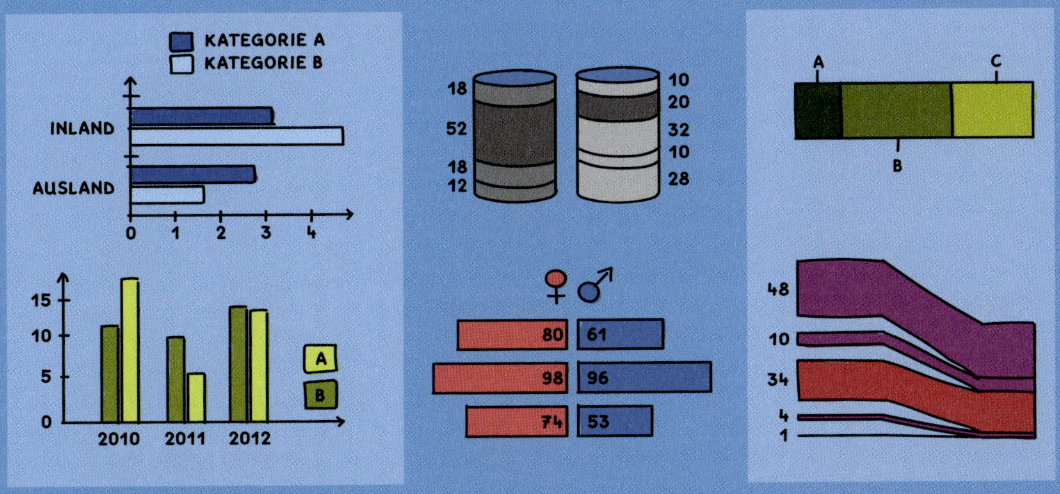
KATEGORIE A
KATEGORIE B
INLAND
AUSLAND
0 1 2 3 4
18 52 18 12
10 20 32 10 28
A
B
C
15 10 5 0
2010 2011 2012
A
B
80 61
98 96
74 53
48
10
34
4
1

3.3 LINIENDIAGRAMME

Liniendiagramme können auch ›schön‹! Schneehöhen in Berlin (Berliner Morgenpost)

cutt.ly/berlin_schnee

Diese Diagrammform wird oft falsch verwendet und dient vor allem der Darstellung kontinuierlicher Veränderungen (stetige Werte). Die durchgezogenen Linien bedeuten, dass jeder Wert einen individuellen Zustand einer Größe beschreibt (z.B. Verlauf der Temperatur, Vermögen etc.), der abhängig vom vorherigen Wert ist *(Seite 124)*. Leider wird das oft nicht bedacht. Die verschiedenen Datenpunkte sollten unbedingt geradlinig verbunden werden, wenn die Zwischenpunkte unbekannt sind.

Stufendiagramme *(Abb. 3.9, unten rechts)* zeigen schrittweise Veränderungen, wie z.B. die Entwicklung des Leitzinssatz, der sich immer nur zu bestimmten Zeitpunkten ändert und dann wieder gleich bleibt.

Ein besonderes Liniendiagramm ist das Netz- oder Radialdiagramm. Generell ist es eher ungeeignet, um Werte richtig wiederzugeben, auch wenn es Tendenzen manchmal verdeutlichen kann. Vor der Verwendung muss genau geprüft werden, ob es für den vorhergesehenen Zweck auch wirklich die beste Lösung ist. *Abb. 3.7* zeigt sehr anschaulich, wie Werte optisch sogar deutlich verzerrt werden. Der örtliche Tiefstwert der roten Kurve im Juli z.B. ist durch die kreisförmige Verzerrung im Netzdiagramm überhaupt nicht mehr erkennbar. Diese Kurve lässt sich im Kopf eigentlich nicht mehr richtig interpretieren. Auch die blaue, stetig abnehmende Linie wird im Radialdiagramm zu einer Art Bogen, der vollkommen falsche Assoziationen weckt.

Abb. 3.7

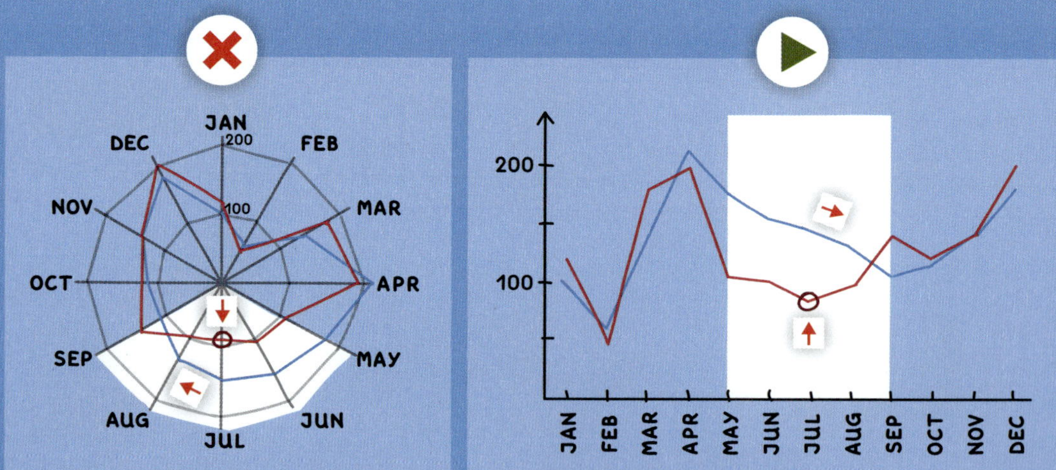

82 ‹ Diagramme › 86 82 ‹ Zeit › 92

Abb. 3.8

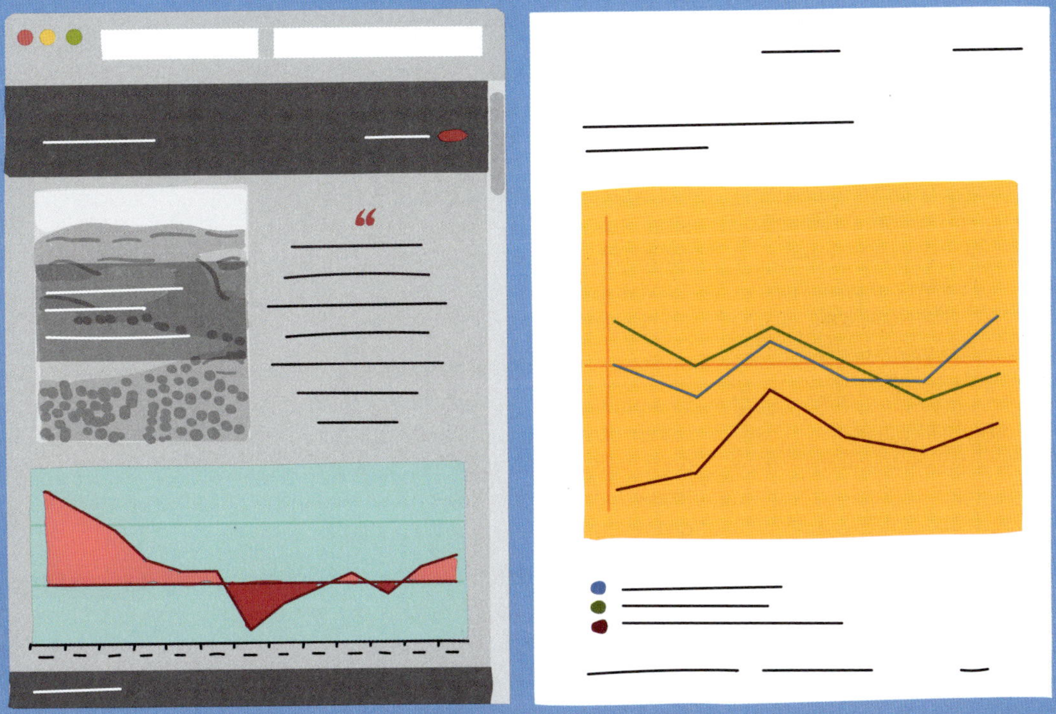

Abb. 3.9

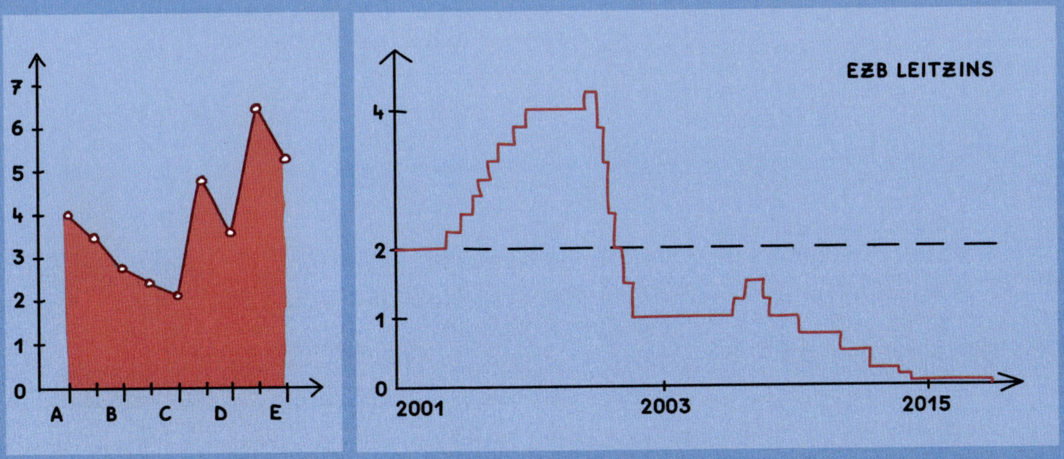

3.4 STREUDIAGRAMME

Messungen von vielen Einzelwerten werden üblicherweise in Streudiagrammen dargestellt und kommen so häufig im wissenschaftlichen Umfeld zum Einsatz. Streudiagramme berücksichtigen dabei häufig mindestens zwei Dimensionen *(Abb. 3.11)*. Aus der Verteilung der Punktwolken in den *unteren* Beispielen, die sich aus der Verteilung der Einzelwerte ergibt, sind daraus manchmal gut Korrelationen (statistischer Bezug der Variablen zueinander) ablesbar, d.h., die Verteilung im Diagramm zeigt an, ob die eine Dimension irgendwie mit der anderen in Bezug steht.

Im Beispiel *rechts unten* bedeutet das für die Werte z.B., dass es eine tendenziell schwach negative Korrelation geben könnte. Je höher das Einkommen der betrachteten Gruppen ist, desto geringer wird der Einkommensunterschied zwischen den Gruppen. Jeder Punkt steht dabei für eine Gruppe. Im Alltag ist diese Diagrammform nicht ganz so häufig zu sehen.

Ein besonders interessantes Streudiagramm ist das eindimensionale Streudiagramm, das die Verteilungen von Einzelwerten sehr gut nachvollziehbar darstellt und nur eine Dimension berücksichtigt. Eine praktische Anwendung ist in *Abb. 3.10 rechts* zu sehen. Hier wird die Einordnung von Durchschnittstemperaturen über zehn Jahre, gemessen seit 1761, dargestellt und wie sie sich vom kleinsten gemessenen Wert bis zum größten verteilen. Die Werte werden dabei in Spalten von 0,5 Grad Breite einsortiert und bilden dadurch unterschiedlich hohe Stapel.

Das wohl gestreuteste aller Diagramme basiert auf einem eindimens. Streudiagramm. Grandiose Idee und Umsetzung von »The Guardian«, leider ist sie etwas in die Jahre gekommen.

cutt.ly/homan_square

Abb. 3.10

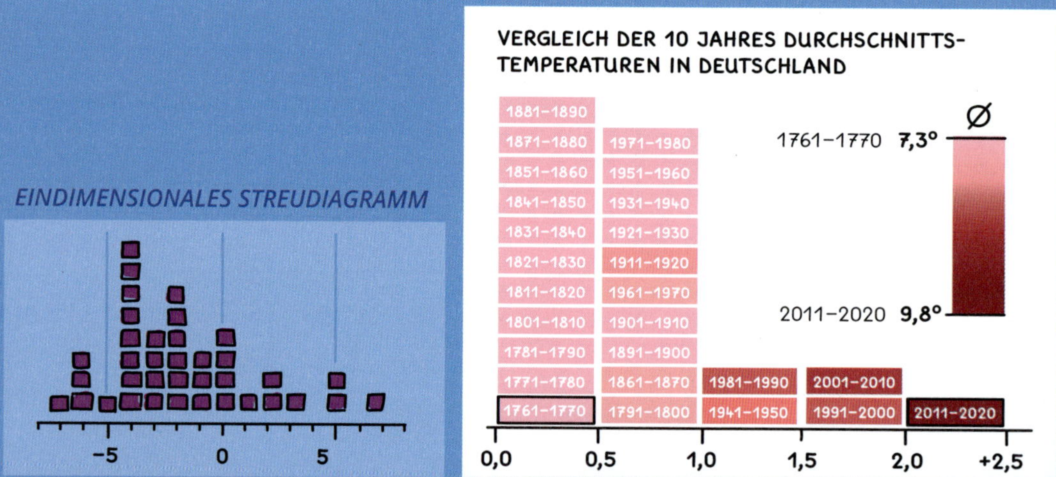

44 ‹ Daten › 88 84 ‹ Diagramme › 90

Abb. 3.11

DREIDIMENSIONALES STREUDIAGRAMM

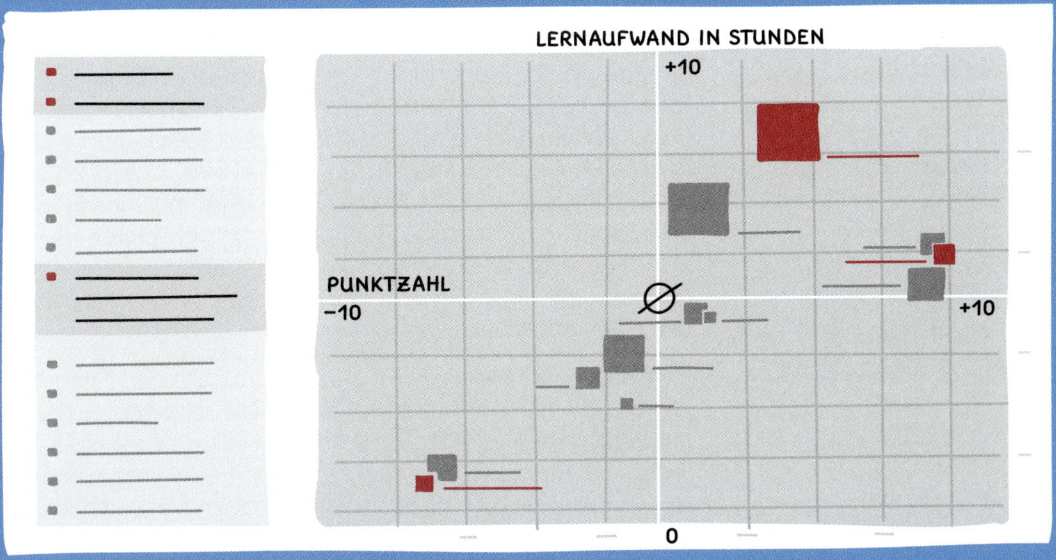

ZWEIDIMENSIONALES STREUDIAGRAMM

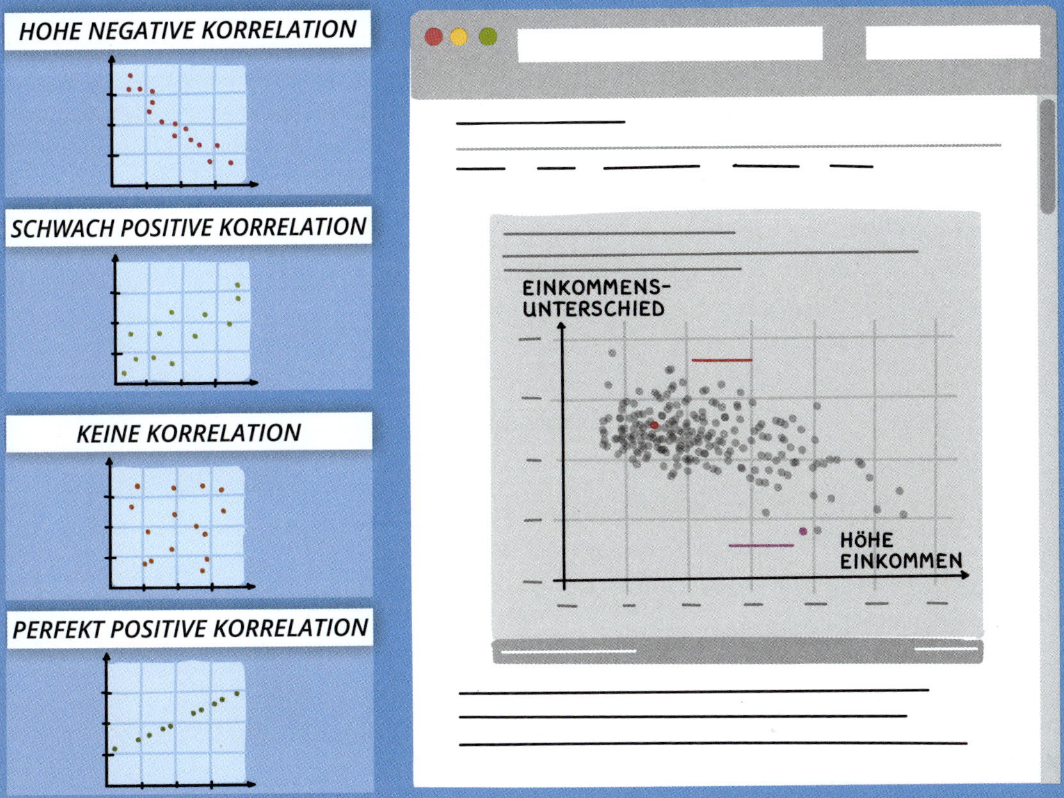

3.5 TABELLEN

Eine Heatmap wie ein Wandgemälde.: eine Mischung aus Jackson Pollock und Piet Mondrian (von Stephen von Worley)

cutt.ly/us_tax_brackets

Bei Tabellen liegt der Gedanke an langweilige Kalkulationsprogramme deutlich näher als der an überraschende Designs. Aber Tabellen müssen nicht wie unästhetische Gitternetze aussehen. Ohne ›Gitter‹ offenbaren sie einfach eine geordnete Struktur. Auch ein Kalender, wie in *Abb. 3.13 unten links*, basiert auf einer Tabelle. Insgesamt sind Tabellen sehr flexibel und können unterschiedlichste Informationen kompakt und übersichtlich darstellen. Die Inhalte der Zellen können Texte, Zahlen, Farben, Piktogramme oder sogar Minidiagramme enthalten, wie *rechts unten* in derselben Abbildung zu sehen ist.

Eine besondere Tabellenform stellen Heatmaps dar. Einen Auszug aus einer beispielhaften ›rohen‹ Tabelle zeigt *Abb. 3.12*. Anhand der Zahlen ist diese nicht interpretierbar. Der Versuch, die Werte mit Balken umzusetzen, wird auch schwierig, wenn sowohl positive als auch negative Werte vorkommen und noch viele Hundert weitere Werte in der Tabelle zu finden sind.

Eine Heatmap schafft hier Abhilfe, indem ein definierter Farbverlauf eingebaut wird, der sich vom höchsten bis zum niedrigsten Wert erstreckt. Selbst mit kleineren Farbquadraten und viel mehr Werten fallen Besonderheiten in der Tabelle visuell sofort auf. Heatmaps eignen sich weniger, um einzelne Werte präzise abzulesen, können aber schnell Auffälligkeiten in einer Gesamtheit aufzeigen. Die Voraussetzung dafür ist natürlich die Wahl eines richtigen Farbcodes oder Farbverlaufs *(Seite 200)*.

Abb. 3.12

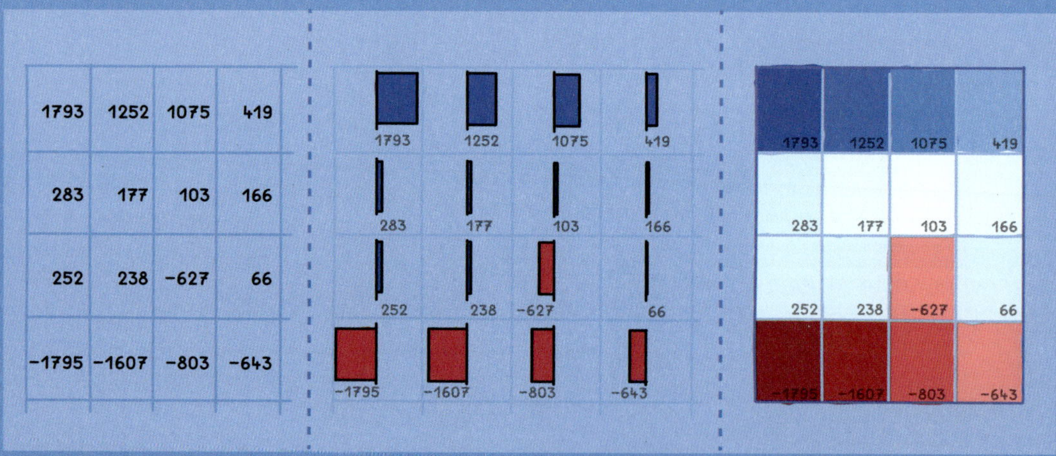

86 ‹ Daten › 116 76 ‹ Farbe › 94 74 ‹ Piktogramme › 90 Tabelle › 200

Abb. 3.13

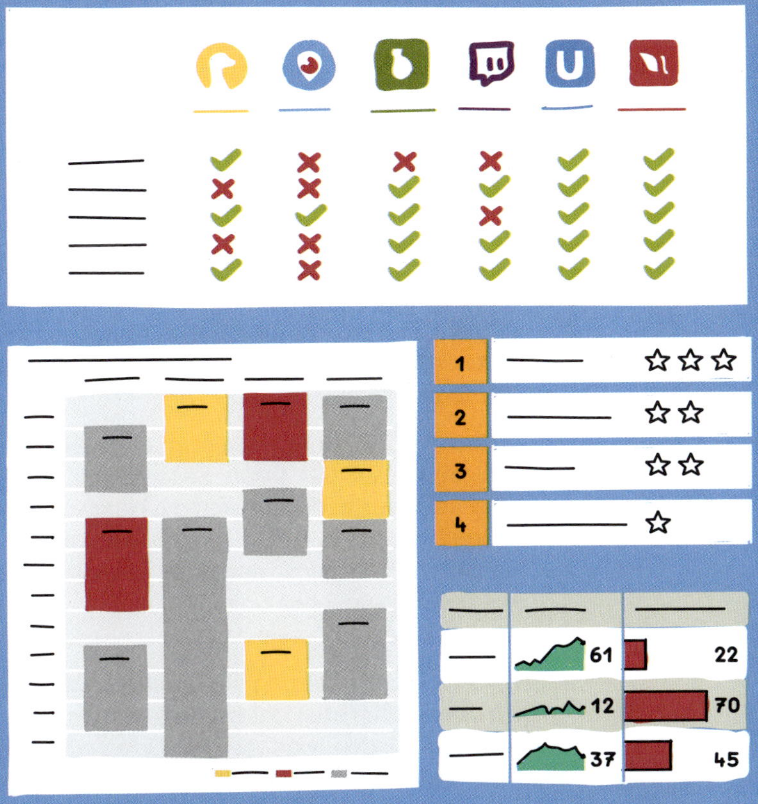

Abb. 3.14

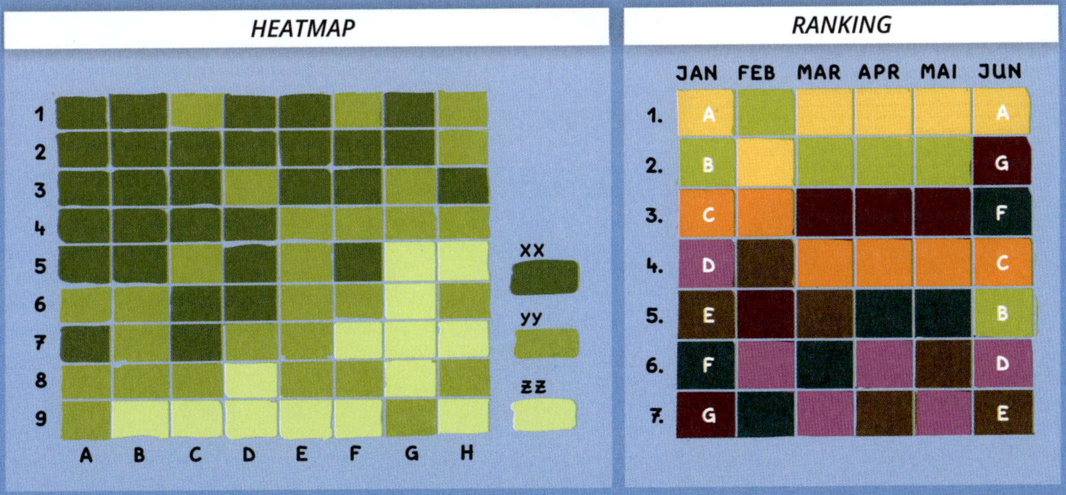

3.6 ORGANIGRAMME

> *Sehr abgefahrene handgemalte Zeitbänder und Stammbäume*
>
> **wardshelley.com**

Organigramme zeigen Netzwerke oder Stammbäume ohne Zeitachse, wie z.B. Organisationsstrukturen. Sie sollen es ermöglichen, schnell einen Überblick über Hierarchien oder Verbindungen zu liefern. Häufig werden nur Fotos verwendet und es wird vergessen, durch Symbole oder farbige Auszeichnungen zusätzliche Funktionen und Statusangaben optisch mit anzugeben. So könnten die Betrachter:innen einen größeren Nutzen aus dem Organigramm ziehen. Ähnlich wie bei Zellen in Tabellen können die Elemente jeweils eine Vielzahl an Informationen enthalten. Allerdings müssen sie optisch gut gegliedert sein, damit das Organigramm nicht überfüllt wirkt und schlecht zu lesen ist.

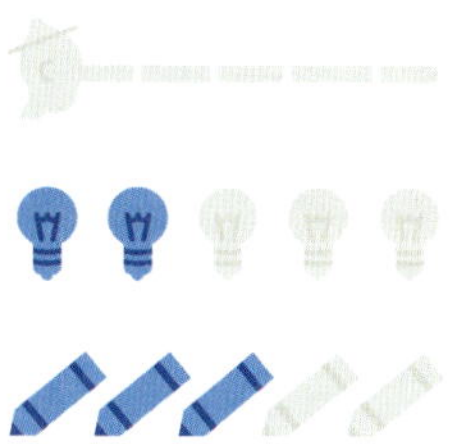

In *Abb. 3.15* wird das noch einmal genauer betrachtet. Das Organigramm *auf der linken Seite* ist ein Ausschnitt aus einer Firmenstruktur, in der lediglich der Name und die Position angegeben sind. *Auf der rechten Seite* wird erklärt, wie die gleiche Fläche pro Person mit weit mehr (beispielhaften) Informationen gefüllt sein kann, ohne überfüllt zu wirken. Der Informationswert erhöht sich enorm, ohne dass die Lesbarkeit darunter leidet.

Wenn in der Umsetzung alle Personen nebeneinander abgebildet sind, sollten alle Kontraste differenziert abgeglichen und entschieden werden, was alles mit Linien oder Flächen dargestellt wird und welche Farbabstufungen angelegt werden müssen. Das Beispiel soll zeigen, wie durch Piktogramme oder Symbole ein erheblicher Mehrwert erzielt werden kann.

Abb. 3.15

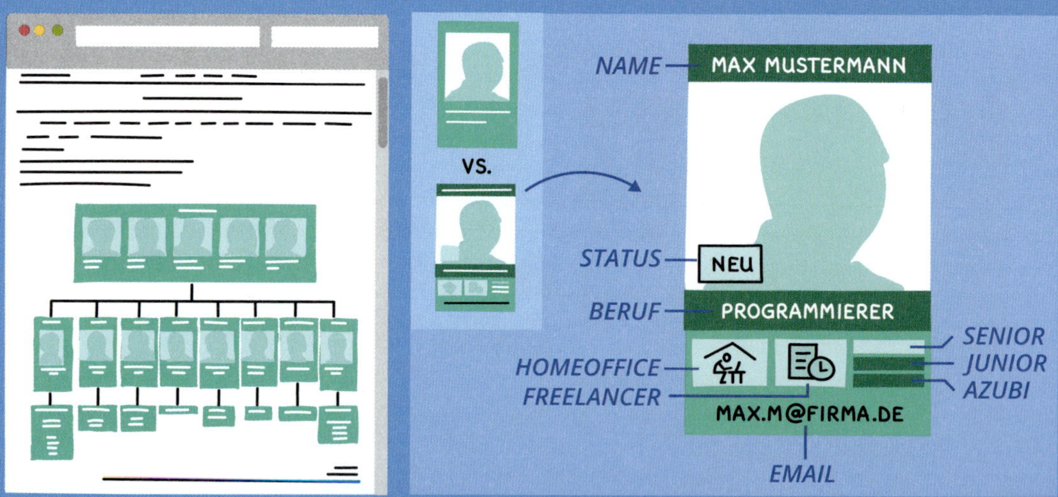

86 ‹ Diagramme › 92 80 ‹ Lesefluss › 110 88 ‹ Piktogramme › 96

Abb. 3.16

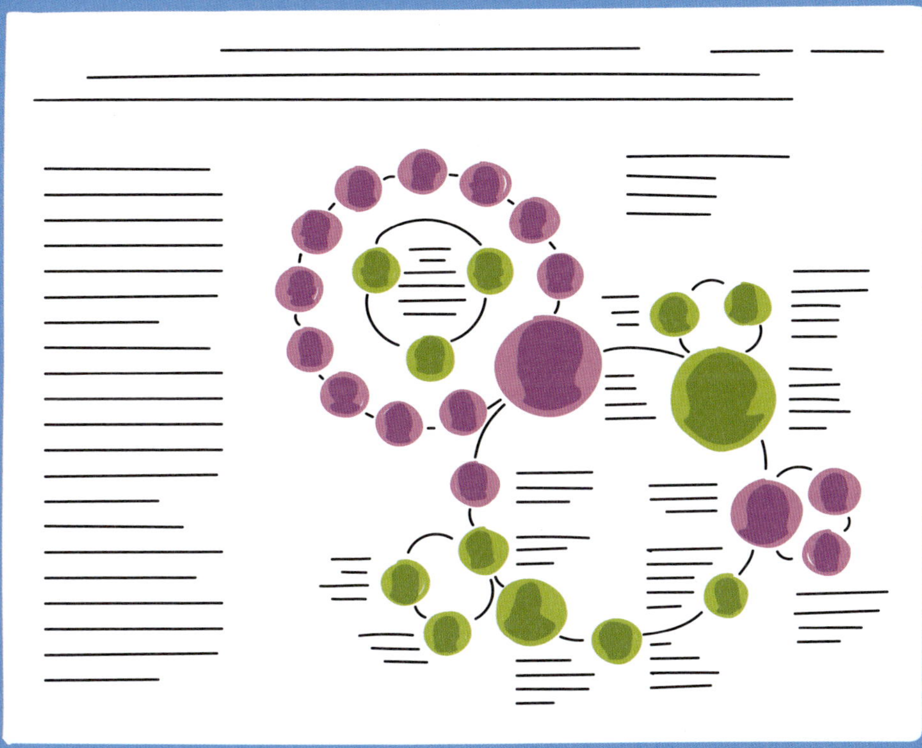

Abb. 3.17

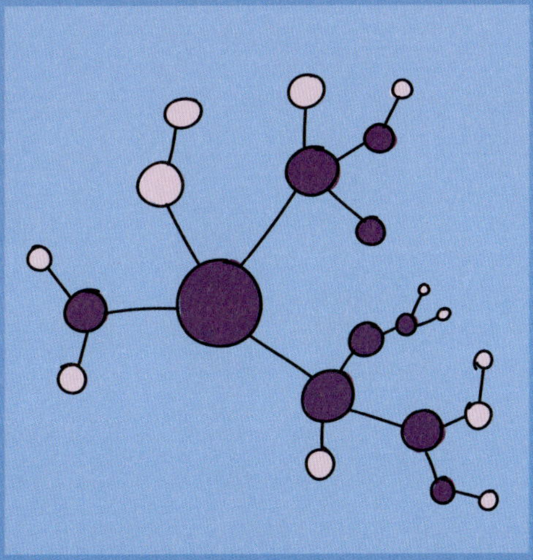

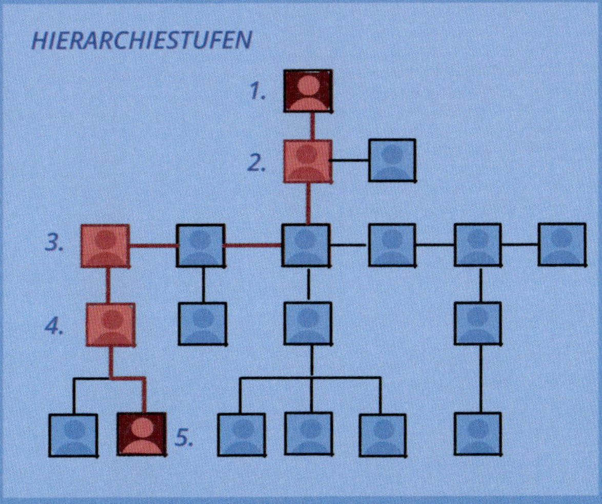

3.7 ZEITREIHEN

Evolutionäre oder historische Prozesse, wie z.B. Stammbäume, können anhand von Zeitreihen dargestellt werden, allerdings gibt es auch Stammbäume, die ohne Zeitkomponente angelegt sind, dann handelt es sich um Organigramme *(Seite 90)*.

Außergewöhnlicher Zeitstrahl der Berliner Morgenpost

cutt.ly/zeitstrahl

Läuft die Zeitreihe entlang einer Zeitachse, wird von einem Zeitstrahl gesprochen. Es ist eine Grundbedingung, dass alle Abstände darin den zeitlichen Relationen genau entsprechen.

Gerade bei der Beschriftung eines Zeitstrahls kann es zu vielen Problemen kommen, wenn die Ereignisse auch noch mit kurzen Texten beschriftet werden sollen. Häufig ist dann wenig Platz vorhanden und die zeitliche Reihenfolge gerät visuell leicht durcheinander, weil mehrere Ereignisse sehr dicht beieinanderliegen und der Text breiter läuft, als das punktuelle Ereignis Platz im Zeitstrahl einnimmt. Wie solche Probleme gelöst werden können, wird auf *Seite 152* genauer geschildert.

Ansonsten können Reihenfolgen höchst unterschiedlich aussehen und sogar spiralförmig von innen nach außen angelegt werden, falls sich die Anzahl der Elemente mit der Zeit deutlich erhöht. *Links oben in Beispiel Abb. 3.18* befindet sich z.B. ein evolutionärer Stammbaum, der in dieser Weise angelegt ist.

Ein Zeitstrahl kann mit anderen Diagrammen, z.B. Flächenvergleichen *(Seite 98)*, kombiniert sein, was *in der Mitte* in derselben Abbildung durch die rosafarbenen Kreise angedeutet ist.

Abb. 3.18

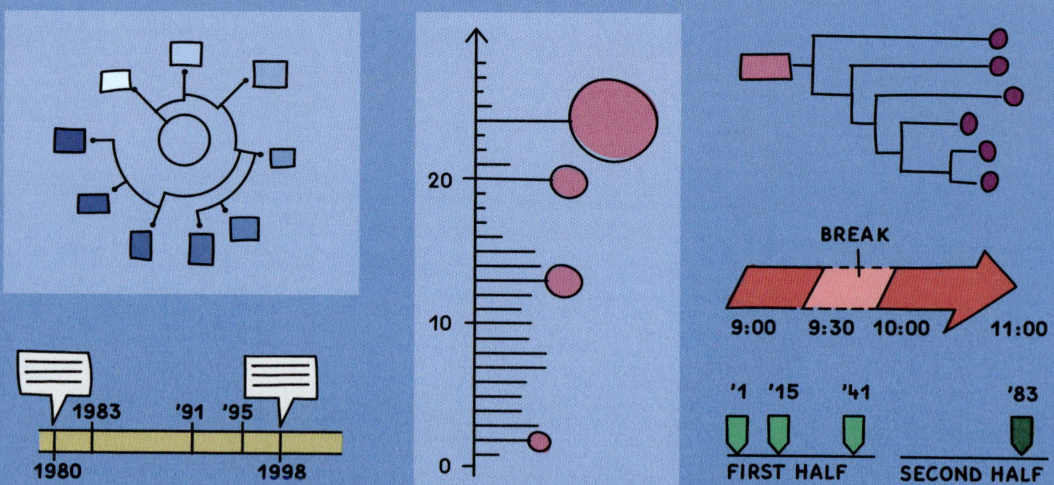

Abb. 3.19

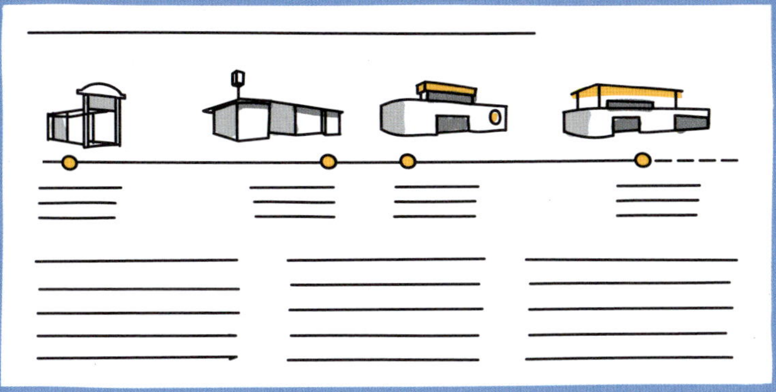

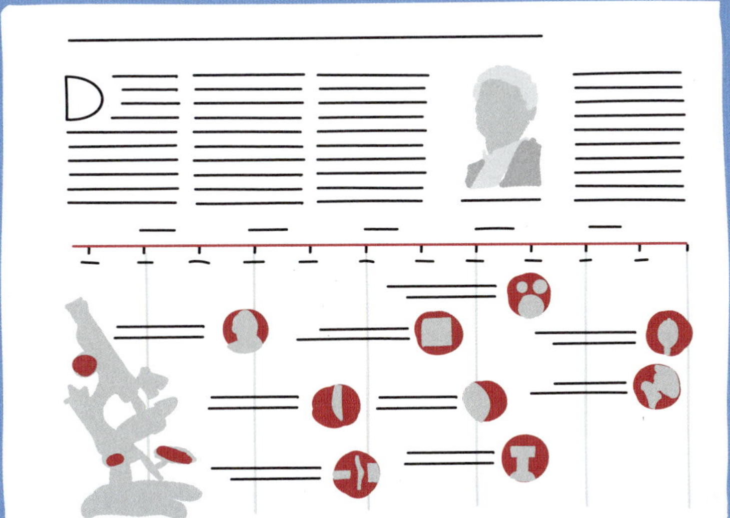

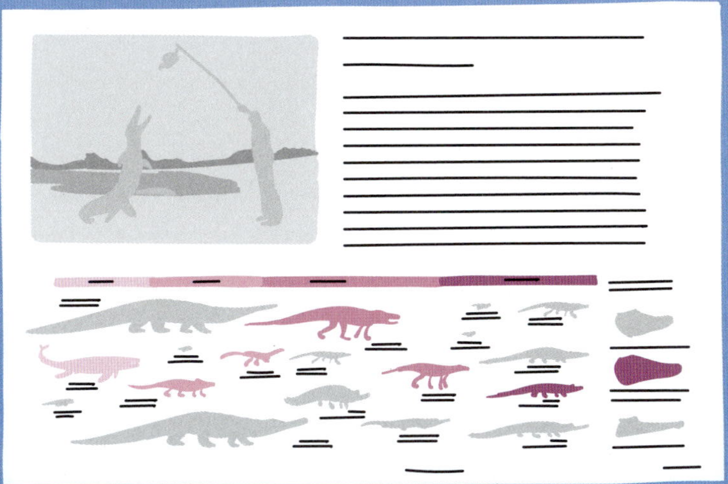

3.8 ANLEITUNGEN

Diesen Infografik-Typ kann jede Leser:in selbst ohne Vorwissen auf seine Qualität hin beurteilen: Wenn es wie beschrieben klappt, dann war die Darstellung gut! In der Realität funktioniert es nur häufig nicht so, wie es eine Anleitung impliziert. Besonders Fotos sind als Hilfsmittel bei Anleitungen häufig nicht zielführend, da sie viel zu detailliert sind und die Aufmerksamkeit nicht auf den entscheidenden, anvisierten Punkt lenken, außer sie werden aufwendig nachbearbeitet.

Um bei einer Anleitung den Ablauf nachvollziehen zu können, ist eine Einteilung in sinnvolle, logische Schritte ein entscheidendes Kriterium bei der Erstellung. Wichtig ist es, erklärende Zusätze optisch vom Beschriebenen zu trennen, wie z.B. in *Abb. 3.21*, wo die orangefarbenen Punkte, Pfeile und Linien deutlich vom gefalteten grau-weißen Papier unterschieden werden können.

In *Abb. 3.20 oben rechts* wird die Anleitung durch einen klaren Farbcode deutlich unterstützt. Unwichtige Elemente wie z.B. das Trikot des Tennisspielers sind kontrastarm und heben sich nur so viel wie nötig vom Hintergrund ab, während die bedeutsamen Elemente alle kräftig und deutlich hervorstechen. Oft sind Vergrößerungen ein probates Mittel, um verdeckte und kleine Teile oder besonders wichtige Aspekte zu verdeutlichen und zu betonen. Pfeile und Nummerierungen sind wesentliche Bestandteile einer Anleitung und unterstützen die Reihenfolge erheblich, sollten aber immer nur so groß wie nötig eingesetzt werden.

Abb. 3.20

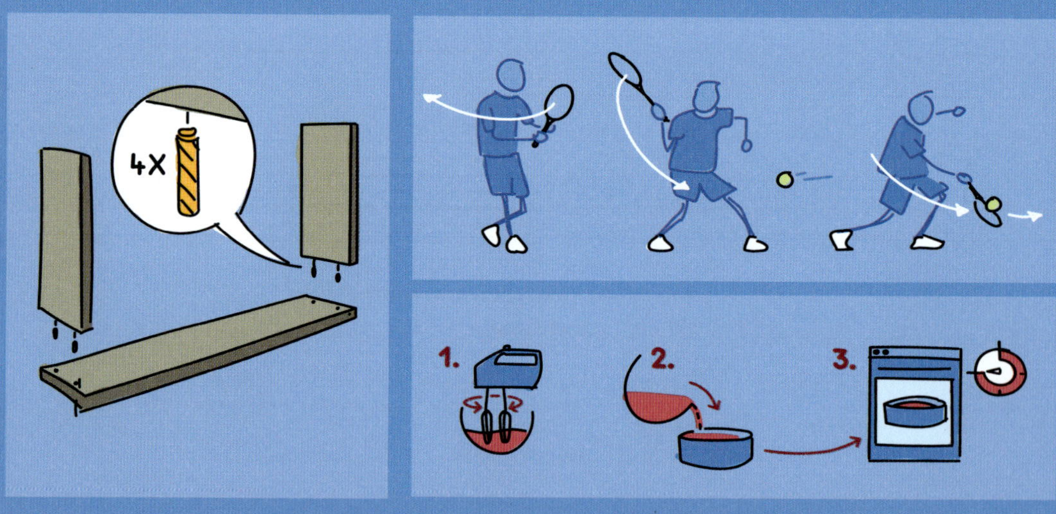

56 ‹ Beschriftung › 148 | 88 ‹ Farbe › 110 | 62 ‹ Konzept › 108

Abb. 3.21

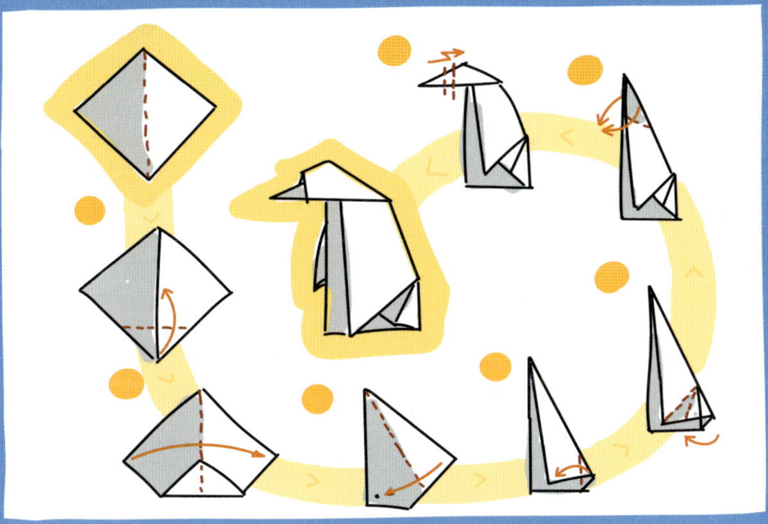

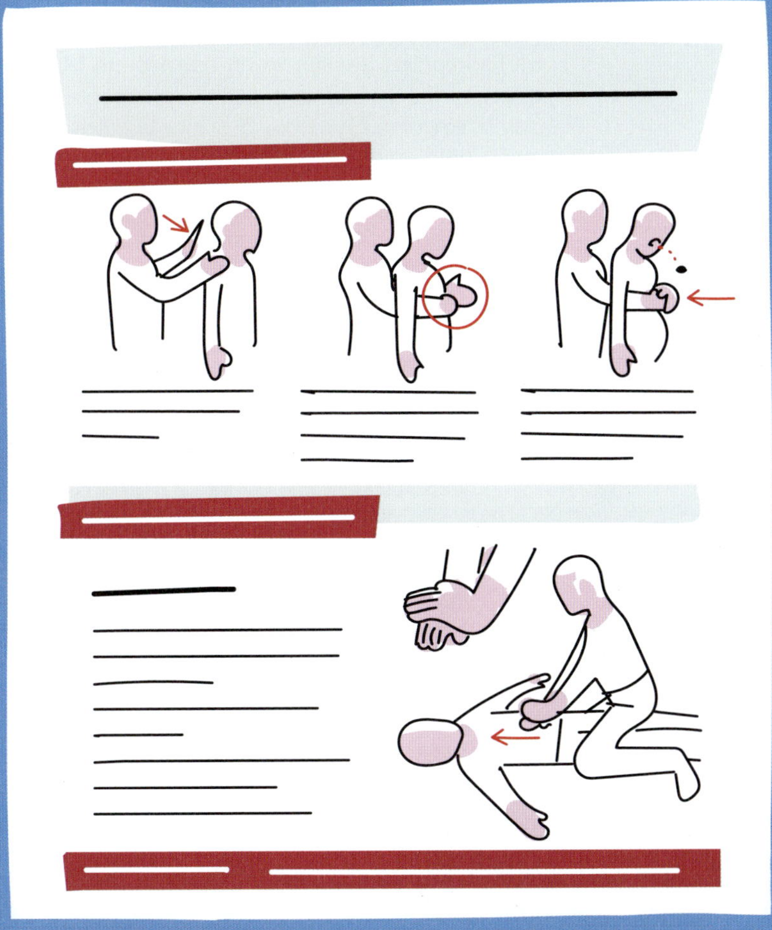

3.9 MENGENDIAGRAMME

Mengendiagramme zum sehr anschaulichen Vergleich der Verbreitungsgeschwindigkeit von Krankheitserregern

cutt.ly/krankheitserreger

Anstatt abstrakte Balken oder Torten zu verwenden, können Mengen auch direkt durch Symbole oder einfache Piktogramme in ein Verhältnis zueinander gesetzt werden, was oft anschaulicher wirken kann. In *Abb. 3.23* z.B. geht es eher darum, die Information im Format fast »jede Zweite« zu vermitteln, als die Aussage »fast die Hälfte«, wofür eine Torte besser geeignet wäre. Durch die Symbole kommt die Menge an Menschen einer Gruppe viel deutlicher zum Ausdruck. Wenn variable Symbole verwendet werden, sollten diese nahezu die gleiche Flächengröße haben, nebeneinander wie flächige Einheiten wirken und sich nicht ineinander auflösen, wenn sie nahe beieinander stehen.

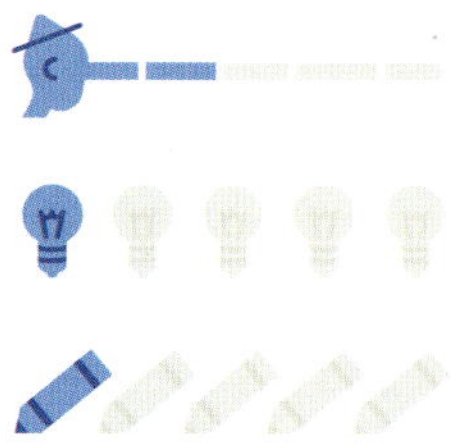

Vorsicht ist geboten, wenn ein Symbol nicht mehr für ein Element steht, sondern selbst eine Zusammenfassung darstellt. Wenn 1000 Einheiten zu einem kleinen Quadrat schrumpfen, damit 50 Quadrate anzeigen, wie viel »50.000« sind, ist das nicht nur verharmlosend, sondern unter Umständen auch visuell falsch. Es funktioniert besser, wenn es mehrere Mengen sind, die zueinander ins Verhältnis gesetzt werden sollen und die sich auch durch einzelne Symbole gut repräsentieren lassen. Das Beispiel *unten rechts* zeigt so einen Fall. Die Mengen werden im Verhältnis richtig abgebildet und auch besser als z.B. durch Balken.

Wie in *Abb. 3.22* noch einmal zusammengefasst, können mit dieser Darstellung also entweder absolute Zahlen, relative Verhältnisse oder unterschiedliche Verteilungen dargestellt werden.

Abb. 3.22

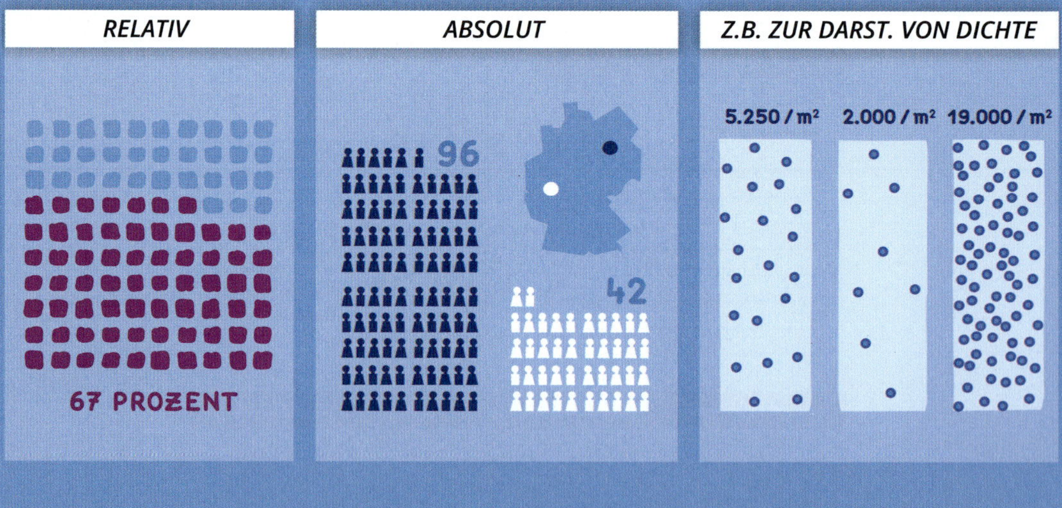

92 ‹ Diagramme › 98   90 ‹ Piktogramme › 162

Abb. 3.23

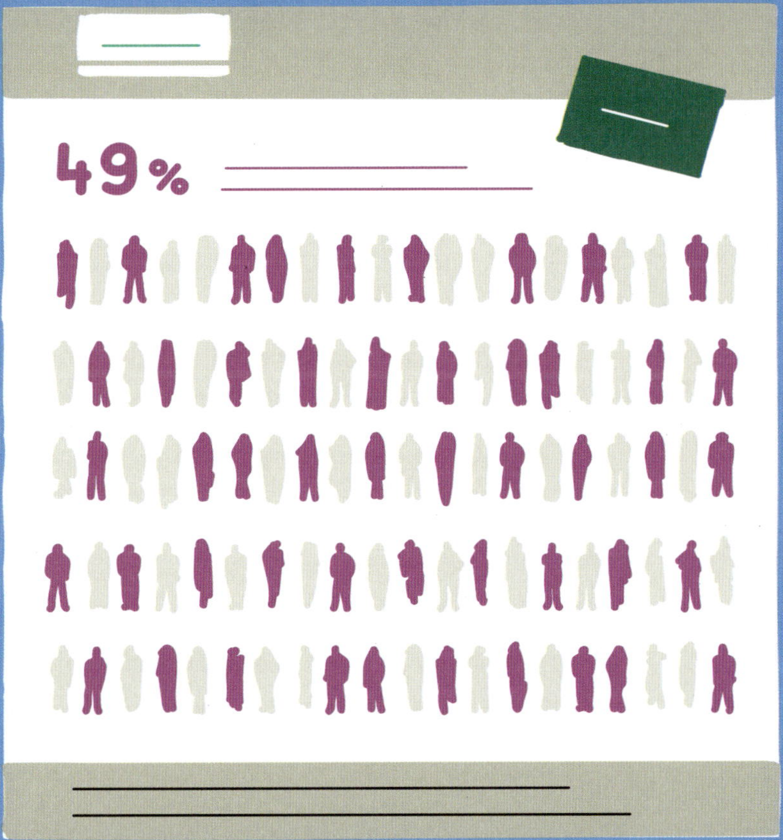

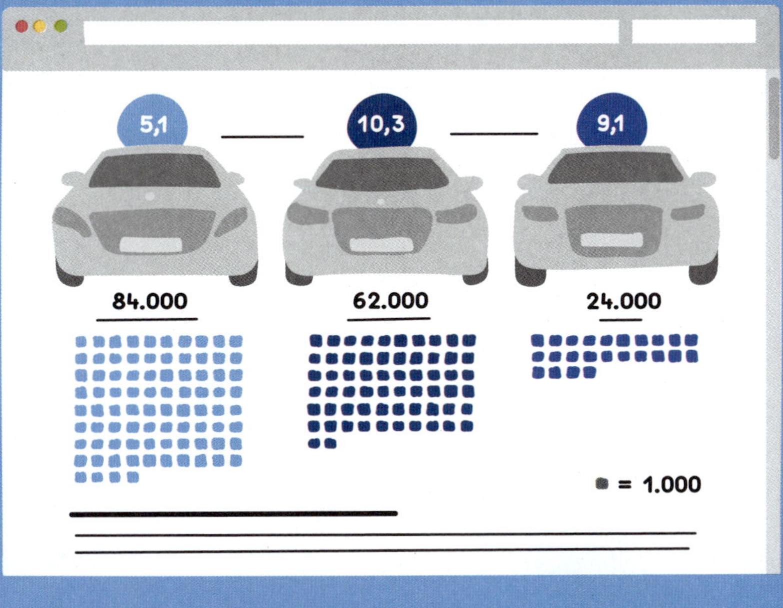

3.10 FLÄCHENGRÖSSENVERGLEICHE

Gerade wenn die Werte in einem Datenblatt stark voneinander abweichen, sodass der maximale Unterschied extrem groß wird, dann ist die Verwendung von Flächendiagrammen oft hilfreich, wie in *Abb. 3.24* erklärt wird. Die Werte »D« und »E« werden in einem Balkendiagramm zu eindimensionalen Strichen, sodass sie überhaupt nicht mehr erkannt werden können. Im Kreisflächendiagramm daneben sind diese dagegen noch gut zu unterscheiden. Die Werte von Kreis- oder Quadratflächen sind zwar nicht mehr präzise abzulesen und miteinander vergleichbar, wie z.B. in einem Balkendiagramm, sie schaffen es aber, die Verhältnisse zwischen sehr kleinen und sehr großen Werten noch gut zu vermitteln. Das kann manchmal wichtiger sein, als dass die genaue Größe erkennbar sein muss. Es geht dann darum zu zeigen, wie weit die Dimensionen auseinanderliegen.

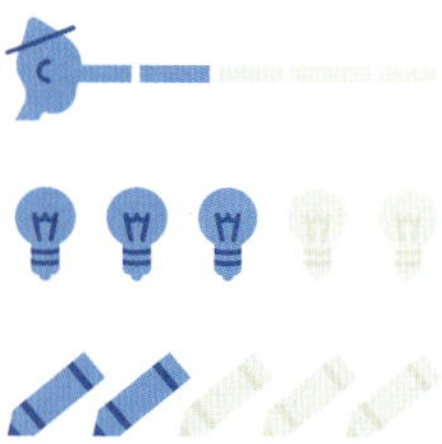

Wichtig sind bei der Umsetzung jedoch zwei Aspekte. Zum einen müssen unbedingt sehr regelmäßige Körper für den Vergleich herangezogen werden, also am besten entweder Quadrate oder Kreise. Unterschiedliche Rechtecke z.B. lassen sich gedanklich schon nicht mehr miteinander vergleichen *(Seite 224)*.

Der zweite Punkt ist aber fast noch wichtiger: Vor allem anderen ist es wichtig, die Größen richtig zu berechnen, da eine Fläche beim Vergrößern ja nicht wie ein Balken nur in eine Richtung gestreckt wird, sondern immer gleichzeitig in der Breite und in der Höhe skaliert wird *(ergänzend dazu Seite 222)*!

Abb. 3.24

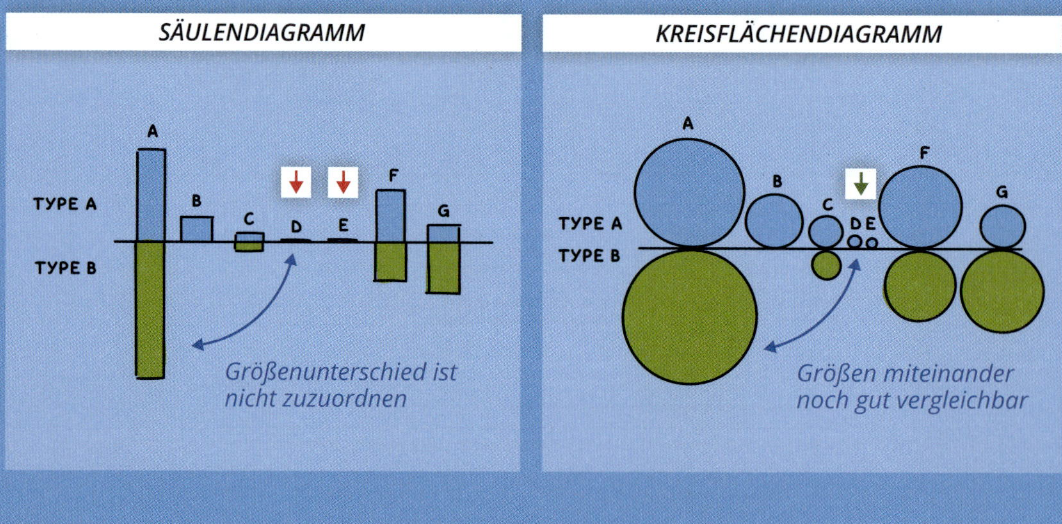

Abb. 3.25

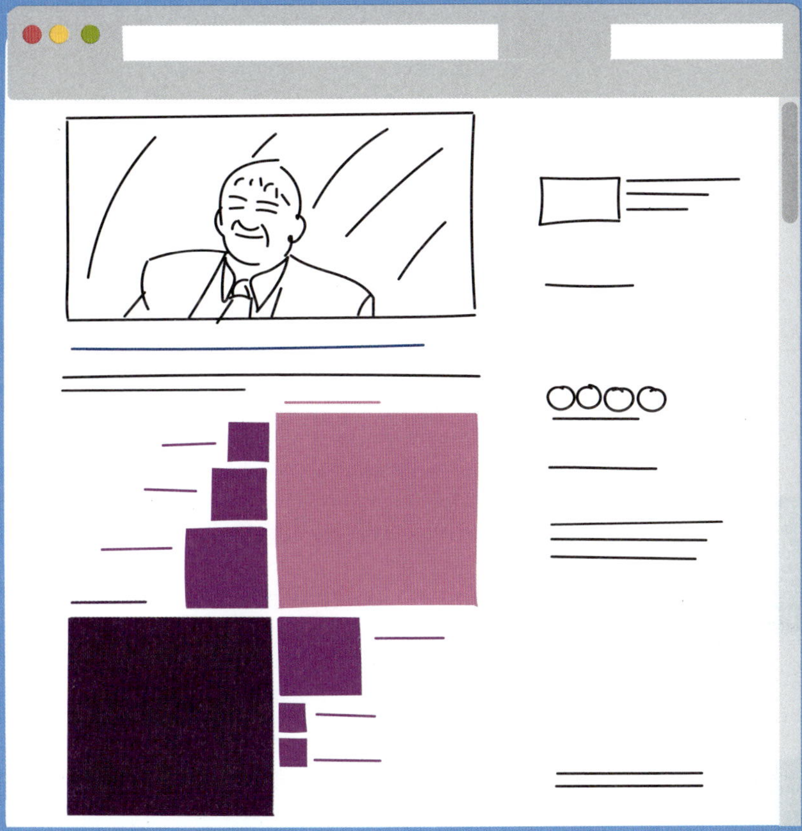

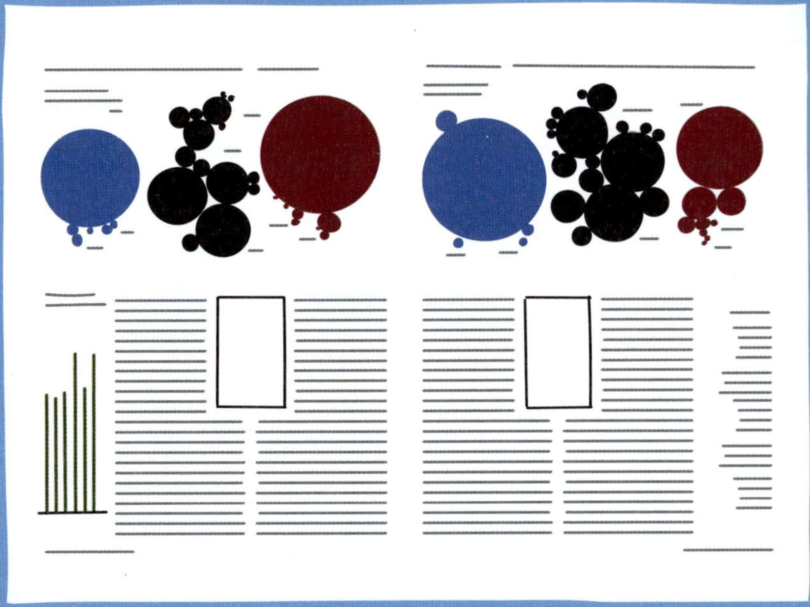

3.11 PLÄNE UND SCHEMANETZWERKE

Pläne sind im Unterschied zu Karten oft rein schematische Abbildungen und stellen Beziehungen zwischen Funktionseinheiten, jedoch nicht unbedingt deren genaue Lagebeschreibung dar *(Abb. 3.26)*. Sie dienen insofern der Orientierung, indem sie sich nicht auf geografische Marker beziehen, sondern Beziehungen in einem Netzwerk aufzeigen. Mit einem U-Bahn-Plan weiß ich zwar, welche Haltestelle ich ansteuern kann, aber wo genau diese zu finden ist, lässt sich in demselben Plan, je nach dessen Schwerpunkt, unter Umständen nicht erkennen.

Karten können unübersichtlich sein, wenn sich z.B. mehrere Elemente an einem Punkt ballen oder sie sich aufgrund ihrer örtlichen Nähe überlagern, da sie ja immer von einem Projektionsverfahren abhängen *(Seite 102)*. Pläne sind selten maßstabsgetreu und können zur besseren Übersicht solche Überlagerungen entzerren. Orte in Plänen orientieren sich nicht an der genauen Lage, sondern an ihrem Umfeld in Relation zu benachbarten Orientierungspunkten. Um bei der U-Bahn-Station zu bleiben: Damit ich weiß, wo ich aussteigen muss, ist es irrelevant, wo die vorherige Station genau liegt. Für mich ist nur wichtig, dass ich z.B. nach dem dritten Halt aussteigen muss.

Auch das Plan-Beispiel in *Abb. 3.27 unten* zeigt ein abstrahiertes Netzwerk. Es zeigt, welche Objekte generell miteinander verbunden sind, ohne darüber zu informieren, wie das Netzwerk funktioniert *(im Unterschied zur »Prozessgrafik« Seite 108)*.

Abb. 3.26

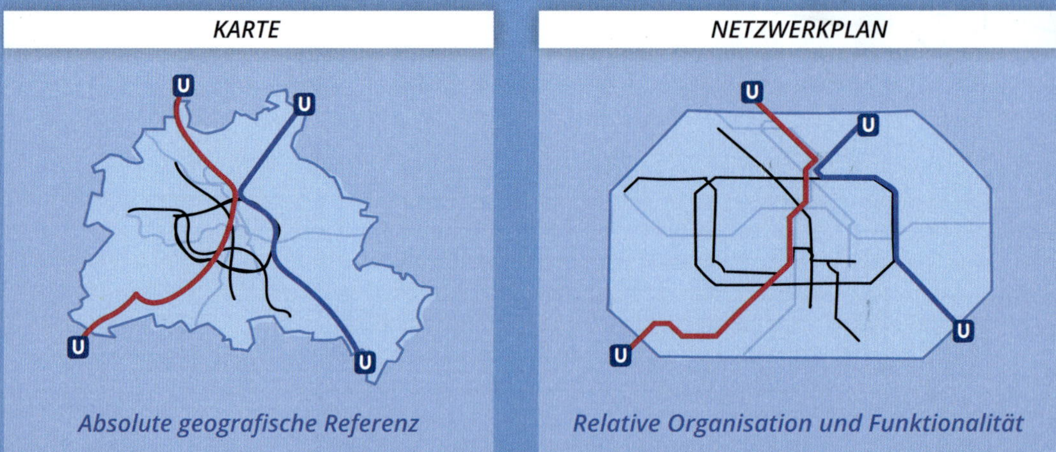

Abb. 3.27

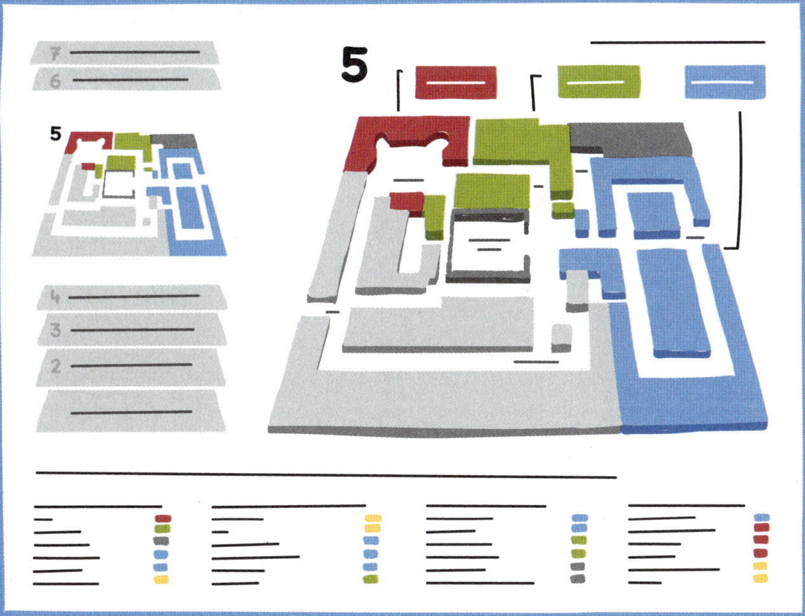

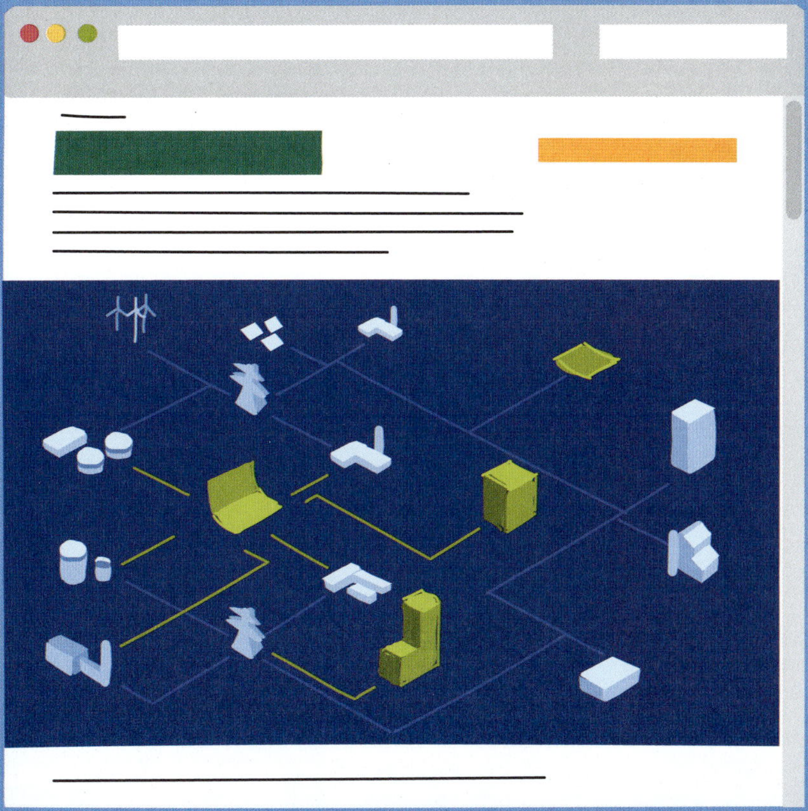

3.12 KARTEN

Mercator-Projektion zur Verdeutlichung der Verzerrungen einmal so abgetragen, dass der Projektions-Nordpol im indischen Ozean sitzt

xkcd.com/2613
cutt.ly/mercator_verzerrung

Die Anwendung von geografisch-basierten Karten setzt einiges an Grundwissen voraus *(Abb. 3.29)*, obwohl Karten wie selbstverständlich zu unserem Alltag gehören. Allen Karten ist dasselbe Grundproblem zu eigen: die Oberfläche einer Kugel lässt sich einfach nicht verzerrungsfrei auf eine Rechteckfläche ›abrollen‹! Es gibt viele Ansätze, um die kugelförmige Erde möglichst gut auf dieses Format zu pressen, mehr als eine beste Näherung ist aber nicht möglich und immer mit Kompromissen behaftet.

Der häufigste Fehler bei der Anwendung ist, Flächen oder Strecken auf den Karten zu vergleichen, die in der jeweiligen Projektion verzerrt dargestellt sind. Leider basieren die gebräuchlichsten Karten weiterhin auf der aus der Seefahrt stammenden Mercator-Projektion, obwohl die wenigsten Grafiker:innen heute noch zur See fahren. Selbst für Themenkarten ist sie ungeeignet, da sie vertikal vom Projektionsursprung weit entfernte Gebiete völlig überzeichnet *(Seite 188)*. Daher sollte die Karten-Projektion zum jeweiligen Zweck passend ausgewählt werden.

Wie in *Abb. 3.28* können Karten maximal eine einzige geometrische Eigenschaft (aber oft auch keine davon präzise) richtig darstellen, wie z.B. die exakten Flächengrößen, wobei selbst dann die Flächenformen verzerrt werden. Alle anderen Eigenschaften sind dann automatisch ohnehin verzerrt. Anhand der roten Kreise wird sehr anschaulich, wie diese auf unterschiedlichen Regionen der Erde platziert ihre Form auf der Karte stark verändern.

Abb. 3.28

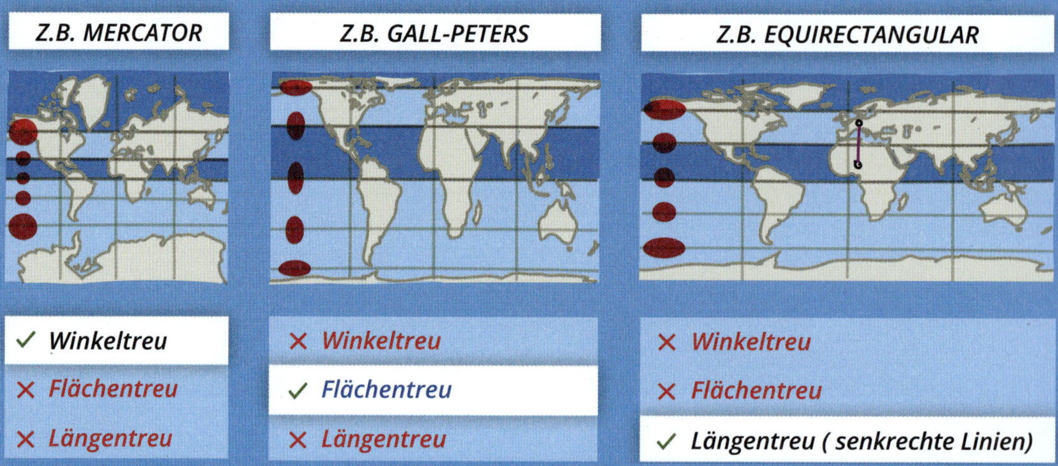

68 ‹ Flächen › 154 56 ‹ Karten › 140

Abb. 3.29

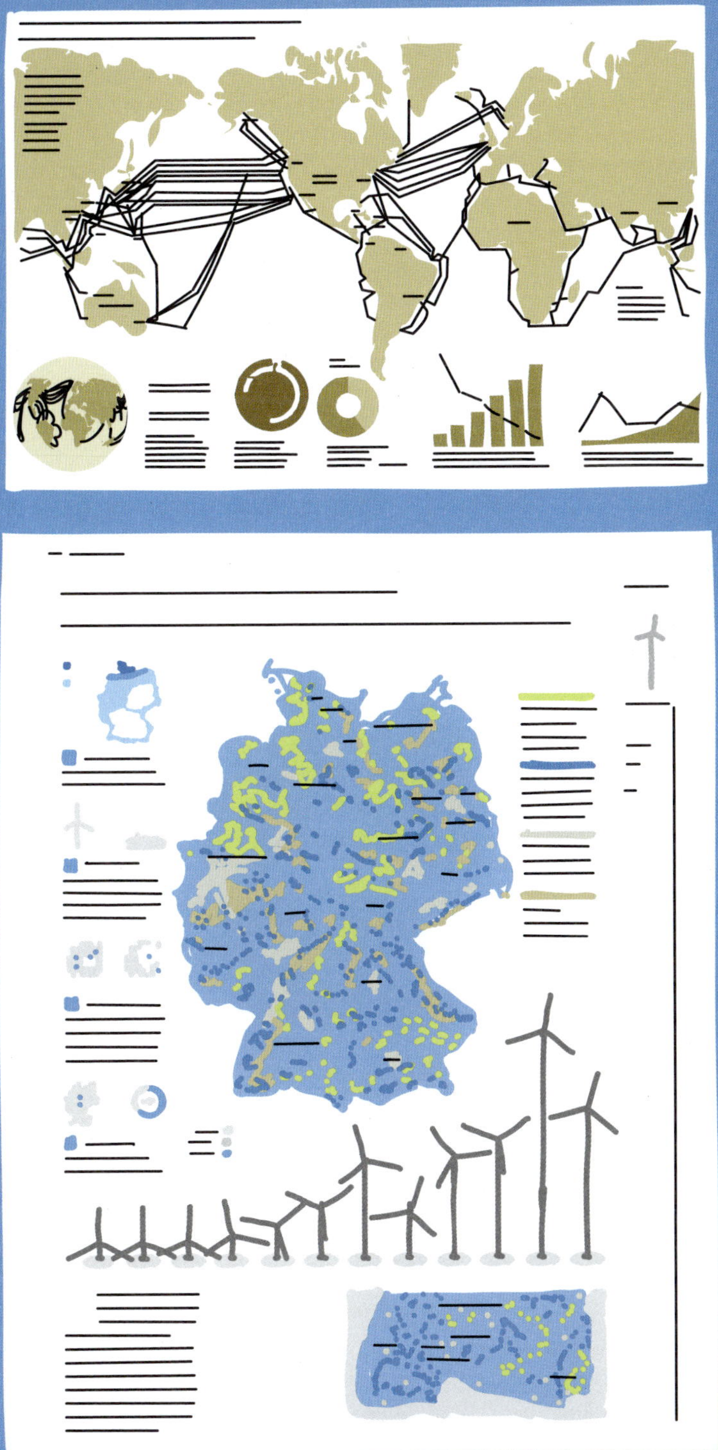

3.13 KONKRETE VERGLEICHE

Alle Luft und alles Wasser im Vergleich zur Größe der Erdkugel (von Adam Nieman)

cutt.ly/alle_luft

cutt.ly/alles_wasser

Einfache Diagramme wie Balken oder Torten sind abstrakte Vergleiche, da sie Zahlen grafisch messen. Daneben gibt es konkrete Vergleiche, um Dinge und Zusammenhänge, deren Dimensionen schwer oder nicht vorstellbar sind, greifbar zu machen. Am besten eignen sich Objekte aus dem Alltag. Dennoch kann es geeigneter sein *(Abb. 3.31 oben)*, den Flügel eines Offshore-Windrads mit der Flügelspannweite des größten Passagierflugzeugs zu vergleichen, anstatt z.B. mit der Länge eines geläufigen, aber thematisch wenig passenden Fußballfelds. Das ist eine Abwägung zwischen Anschaulichkeit und Abstraktionsgrad.

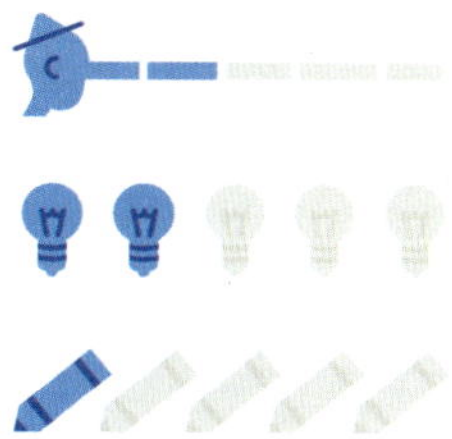

Höhen können wir eher nicht gut abschätzen, der Himmel bietet keine Orientierung. Bei Längen funktioniert das schon besser, wir alle gehen schließlich jeden Tag Tausende Schritte. Daher funktioniert das alltagsnahe Fußballfeld im Vergleich mit der Rakete sehr gut, wenn diese auf dem Boden liegt, und so die Höhe in eine Länge umgemünzt wird! Ein aufrechtes Spielfeld ist schlecht vorstellbar, es entspricht einfach nicht unserer Erfahrungswelt. Auch das Blauwalherz im Vergleich mit einem Kleinwagen lässt gedanklich plötzlich ein Herz auf der Straße an uns vorbeifahren und macht die schiere Größe direkt greifbar.

Vergleiche extremer Dimensionsunterschiede lassen sich durch verschiedene Zoom-Stufen realisieren, wie in *Abb. 3.30* veranschaulicht wird. Es gelingt durch das schrittweise Aufteilen des Gesamtvergleichs in 10-, 100- und 1000-Meter-Dimensionen.

Abb. 3.30

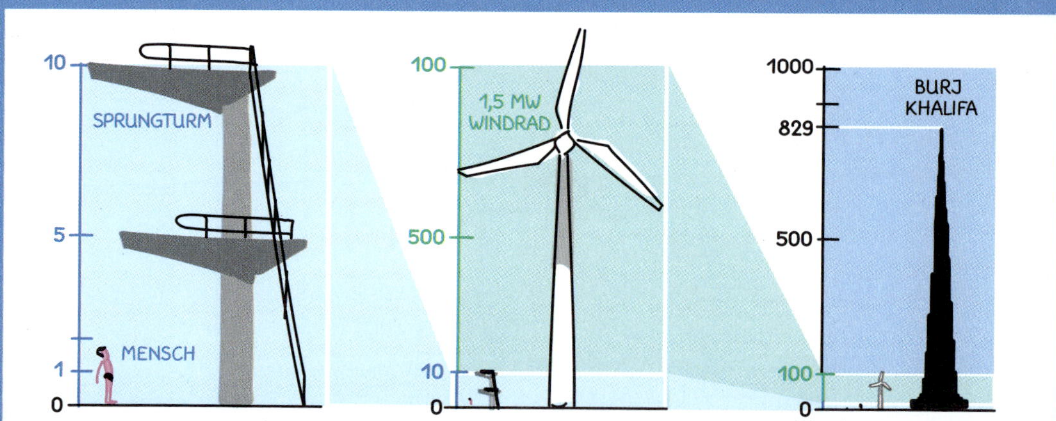

Abb. 3.31

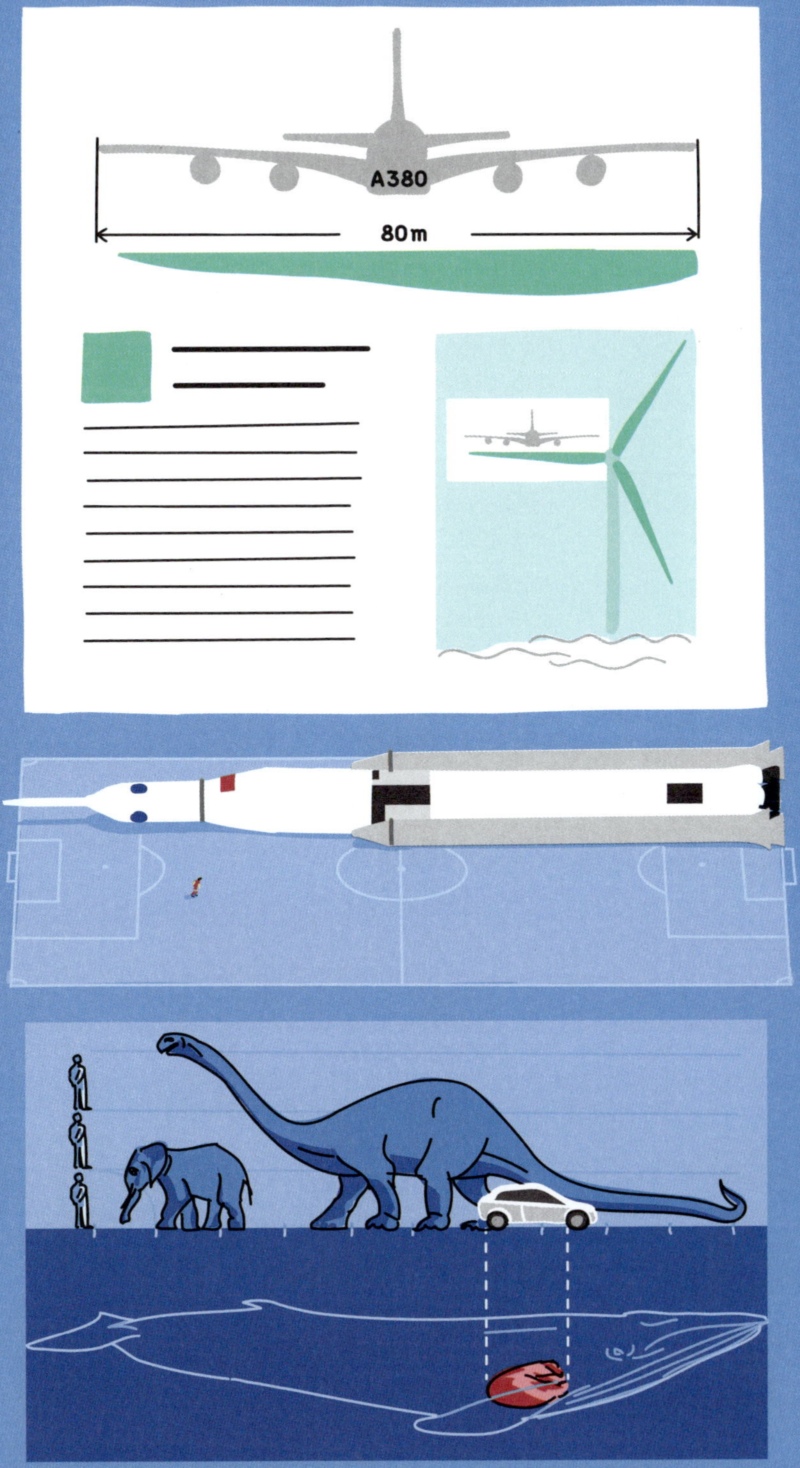

3.14 PRINZIPMODELLE

Manchmal wird auch der Begriff ›Schaubild‹ verwendet, was jedoch sehr unspezifisch ist und einfach alles umfasst, was mit Visualisierungen zu tun hat. Hier geht es jedoch um alle Darstellungen, die ein komplexes Objekt durchleuchten oder ›öffnen‹, um bestimmte Funktionalitäten oder Wirkmechanismen zu beschreiben oder sichtbar zu machen. Mithilfe von Zusatzinformationen und Bewegungspfeilen können die entsprechenden Prozesse dann oft an den Modellen erklärt werden.

Ein besonderes Prinzipmodell ist die Rekonstruktion des Foltergefängnisses Saydnaya in Syrien (von Amnesty International).

saydnaya.amnesty.org

Die Kunst besteht darin, die unwichtigen Details so auszublenden, dass sich die Beschreibung auf das unmittelbar Notwendige beschränken kann. Details lassen sich aber nicht immer einfach nur ausblenden, sonst fangen alle Elemente an zu schweben. Dann lassen sich durch Transparenz, Farb- und Kontrastreduktionen die anderen Bestandteile zumindest so weit abschwächen, dass die funktionsrelevanten hervorstechen.

Auch wenn in *Abb. 3.32* alle drei Darstellungen hier sehr unterschiedlich aussehen, so ist allen gemein, dass sie durch eine Art Dekonstruktion oder Durchleuchtung unsichtbare Zusammenhänge sichtbar machen. Dabei geht es darum, Abläufe oder Bestandteile sichtbar zu machen, die weitere Prozesse ermöglichen und zum Gesamtverständnis oft notwendig sind. Prinzipmodelle können auch zweidimensional dargestellt sein. Dann sind sie häufig reduzierter und schematischer, was aber zu Irritationen bei dreidimensionalen Objekten führen kann.

Abb. 3.32

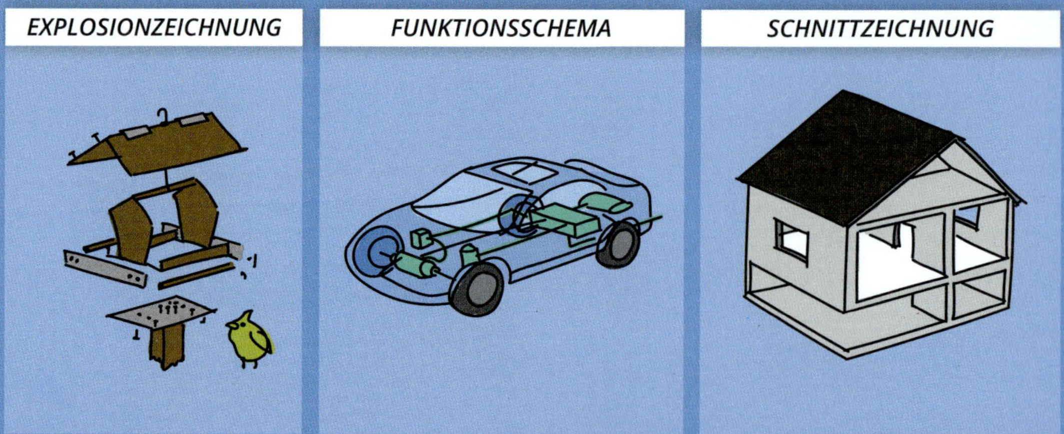

Abb. 3.33

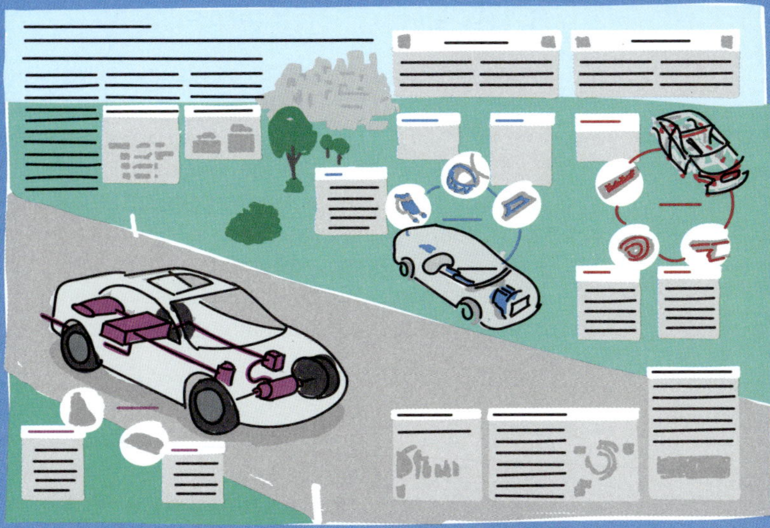

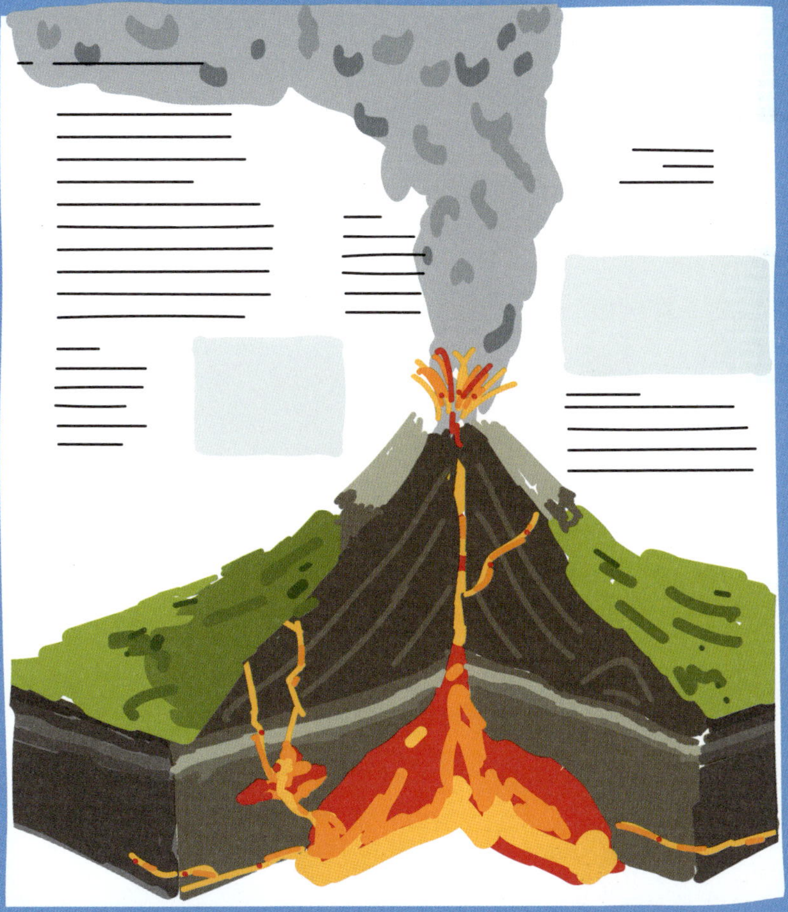

3.15 PROZESSGRAFIKEN

Prozessgrafiken sind nahe Verwandte der Anleitungen, haben jedoch einen anderen Schwerpunkt. Im Gegensatz zu den letzteren dienen sie dazu, einen Überblick über einen Zusammenhang zu ermöglichen, indem nur die wichtigsten Einzelaspekte dargestellt werden. Da Anleitungen sicherstellen sollen, dass ein konkretes Ergebnis erzielt wird, sind sie oft sehr viel genauer und in mehr Schritte unterteilt. Mit Prozessgrafiken lassen sich nicht immer die genauen Abläufe nachstellen, dafür geben sie aber einen Überblick über die Funktionsweise des Gesamtablaufs.

Häufig finden Teilprozesse, z.B. bei Firmen, an verschiedenen Standorten statt, dann können einzelne Plattformen diese Unterteilung in verschiedene Standorte darstellen. Sie können aber auch verschiedenen Schritte zu einem Aspekt zusammenfassen. Die verschiedenen Plattformen stehen dann in einer Reihenfolge oder einer Abhängigkeit zueinander. Dadurch können sich spannende Layoutformen ergeben *(Abb. 3.34 unten rechts)*.

Für Prozessgrafiken ist es besonders wichtig, diese im Vorfeld genau zu planen. Häufig sind dazu Workshops mit den Kunden notwendig, um die einzelnen Schritte ausführlich zu besprechen. Am wichtigsten ist dabei das Inhaltsscribble, *(Seite 56)*. Es gibt die spätere Umsetzung in einem möglichst detaillierten, jedoch einfachen Stil wieder, wie in *Abb. 3.35 oben*. Es antizipiert z.B. die genauen Textmengen, die präzisen Posen von Figuren und viele Objektdetails, die hier bereits genau definiert werden.

Abb. 3.34

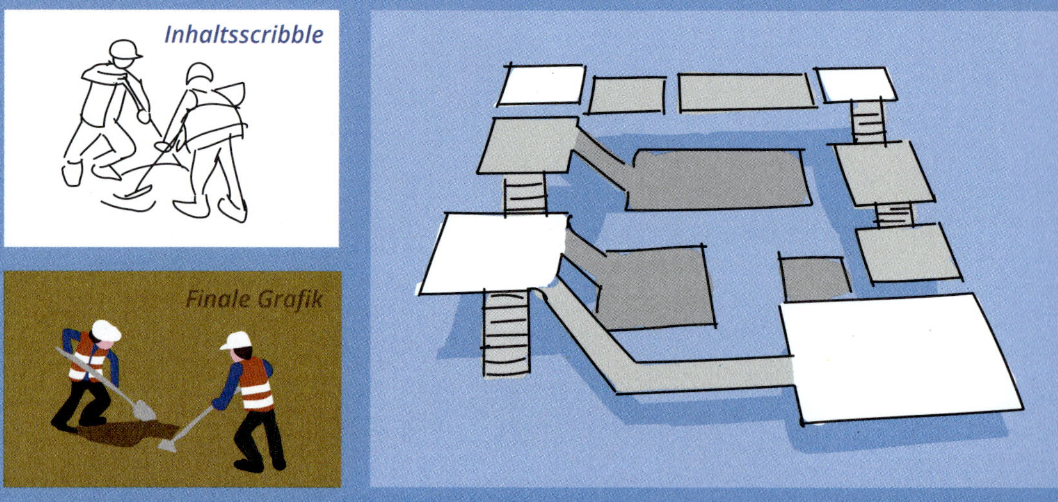

Abb. 3.35

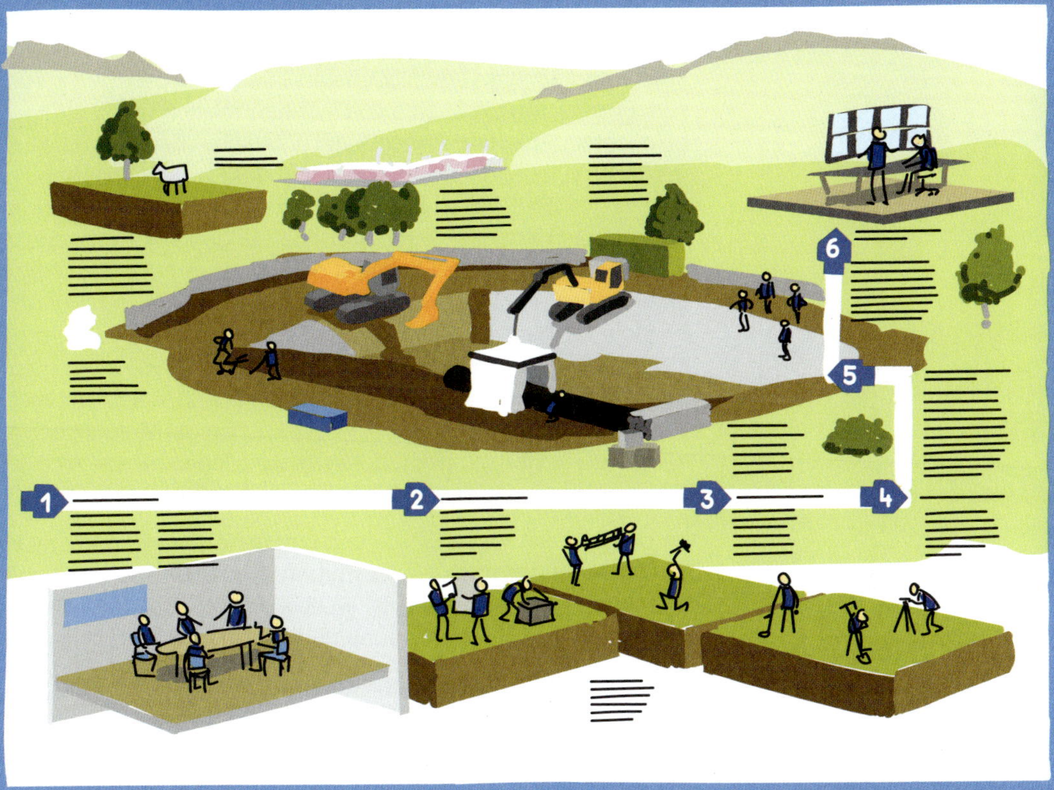

Abb. 3.36

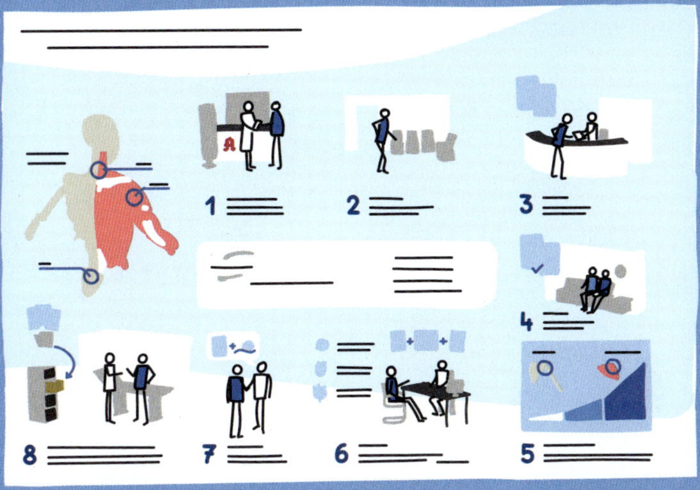

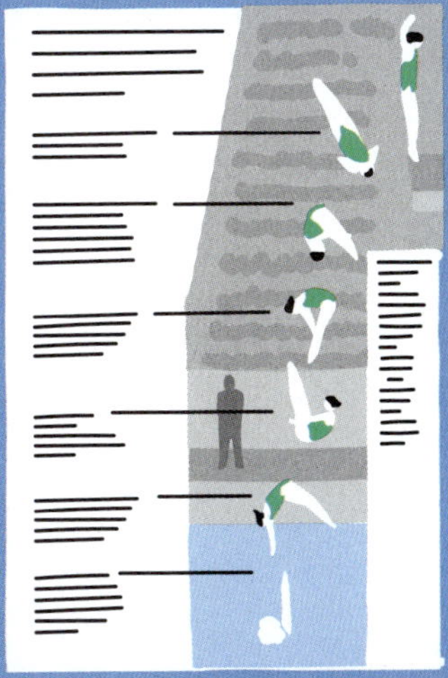

3.16 THEMENGRAFIKEN

Hier kommen die verschiedensten Infografiktypen gesammelt zum Einsatz, um ein Thema von mehreren Seiten vielschichtig zu beleuchten. Aufgrund dieser vielen unterschiedlichen Darstellungen ist es von besonderer Bedeutung, das Layout sehr genau zu planen, flexible Spalten anzulegen, eine durchdachte typografische Hierarchie zu definieren und einen eindeutigen Farbcode zu wählen, damit sich die Elemente dann auch gut der Geschichte unterordnen und die Leser:innen sich leicht orientieren können. Je mehr Elemente auf einer Seite sind, desto wichtiger wird die klare Leseführung auf der Seite. Dies geschieht vor allem durch Kontraste, Größen und Farben. Ein Blick auf *Abb. 3.37* mit leicht zugekniffenen Augen verdeutlicht sehr schön den Fokus der Seite und wie es gelingt, die anderen Informationen alle deutlich zurückzunehmen und visuell zu staffeln *(siehe dazu Seite 50)*.

Im Umgang mit vielen Elementen empfiehlt es sich, das Layout zunächst mit maximal 2 Primärfarben anzulegen. Wenn es später ›steht‹, können behutsam weitere Farben hinzugefügt werden, ohne dass die Grafik ›bunt‹ und chaotisch wird.

In *Abb. 3.38* sind alle Infografik-Elemente aus der Themengrafik einmal nebeneinandergestellt. Es ist gut, den gesamten Werkzeugkasten zu kennen, der infografisch eingesetzt werden kann, um die bestmögliche Visualisierung für den jeweiligen Teilbereich zu finden. Und obwohl ein sehr breites Spektrum an Infografik-Typen eigesetzt wurde, wirkt die Grafik überhaupt nicht komplex!

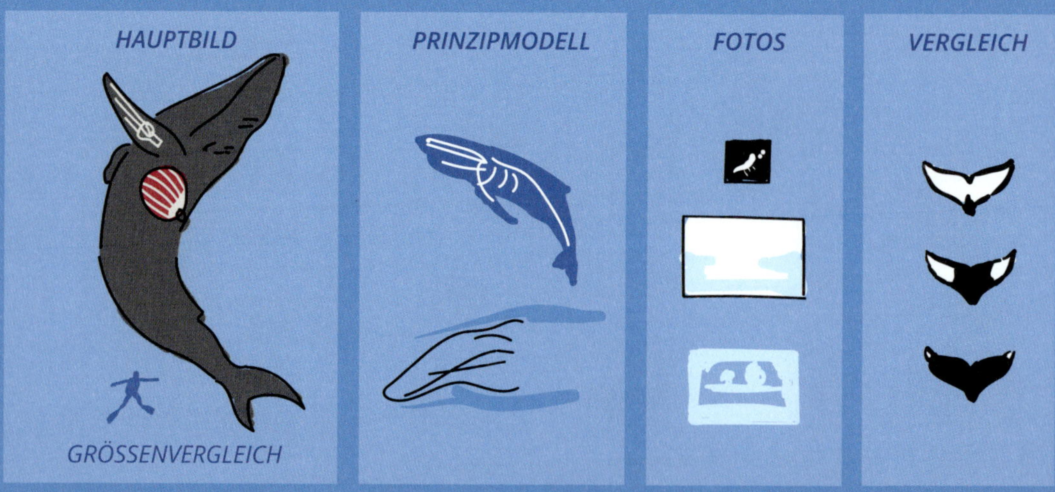

94 ‹ Farbe › 146 108 ‹ Layout › 180 90 ‹ Lesefluss › 146

Abb. 3.37

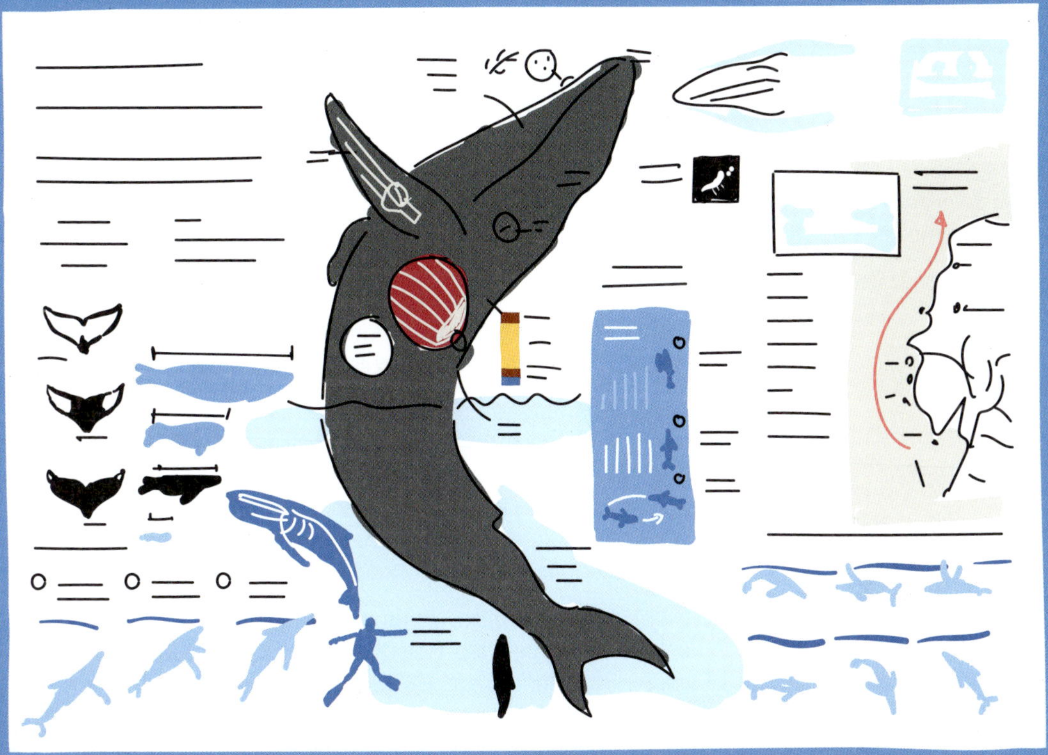

Die Grundlage dieser Infografik stammt von Freddy Fiallos Calderon, EL DIARIO, MANABI, ECUADOR

Abb. 3.38

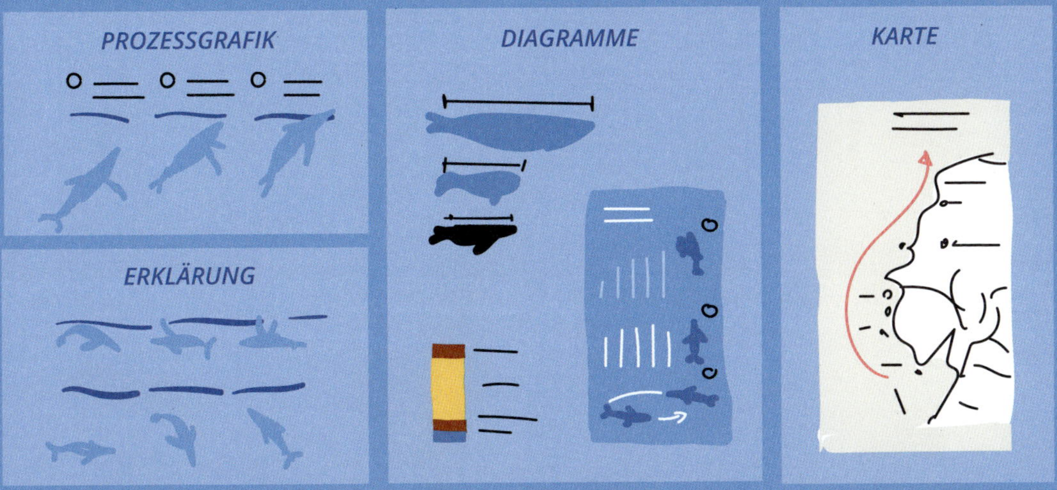

3.17 VIELE WEITERE GRAFIKTYPEN

Kleine Sammlung vieler weiterer Diagrammformen

datavizcatalogue.com

Es gibt natürlich noch wesentlich mehr Diagrammtypen, die alle ihre spezifischen Einsatzzwecke haben. Oft werden diese Diagramme im wissenschaftlichen Kontext genutzt und sind vor allem Fachleuten bekannt. Daher besteht das Problem, dass sie manchmal zwar für die Daten gut geeignet wären, für ›Otto Normalverbraucher‹ aber nur schwer zu lesen und zu interpretieren sind. Z.B. gibt es Diagramme mit logarithmischen Skalen *(Seite 158)*, die ohne Übung nicht richtig interpretiert werden können. Daher sollte gut überprüft werden, ob eine Darstellung wirklich weiterhilft, anstatt die Betrachter:in in die Irre zu führen.

Für viele spezielle Fragestellungen haben sich einzelne besondere Diagrammformen etabliert. Besonders anschaulich ist z.B. das Wasserfalldiagramm, das in *Abb. 3.39 rechts oben* abgebildet ist. Es zeigt deutlich, wie sich ein Anfangswert durch weitere Werte entweder erhöht oder verringert, bis ein Endwert erreicht ist. Es ist quasi eine optische Rechnung.

Nicht alle Diagramme, die es gibt, lassen sich jedoch sinnvoll einsetzen. Ein typisches Beispiel ist das Coxcomb oder Polarbereichsdiagramm *(Seite 220)*, das eigentlich ein radial verzerrtes Balkendiagramm ist und seit fast 200 Jahren verwendet wird. Es verzerrt die Daten unnötig und ist einem Balkendiagramm in allen Aspekten unterlegen. Wer sich auf die Suche nach einer neuen, aufregenden Darstellung macht, muss genau prüfen, ob die Daten damit auch wirklich passend übersetzt werden.

Abb. 3.39

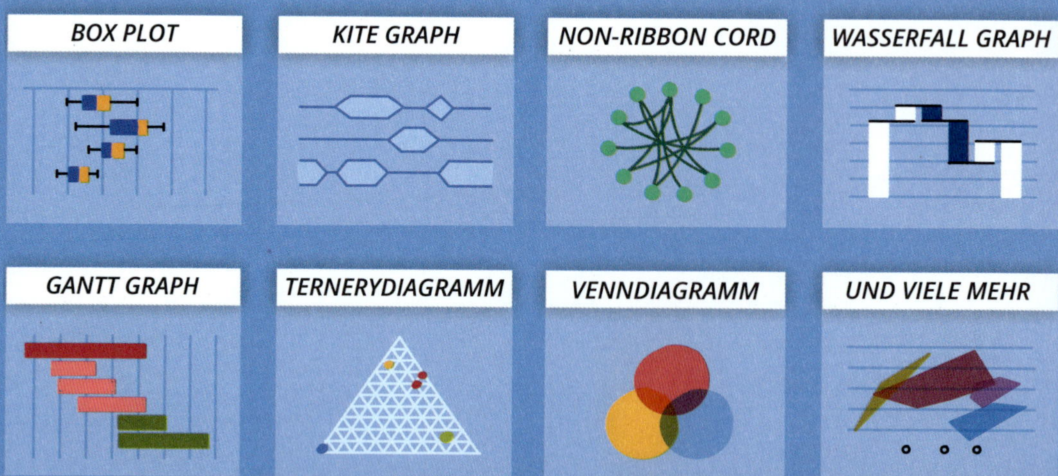

100 ‹ Diagramme › 122

Abb. 3.40

MENGENFLUSSDIAGRAMM

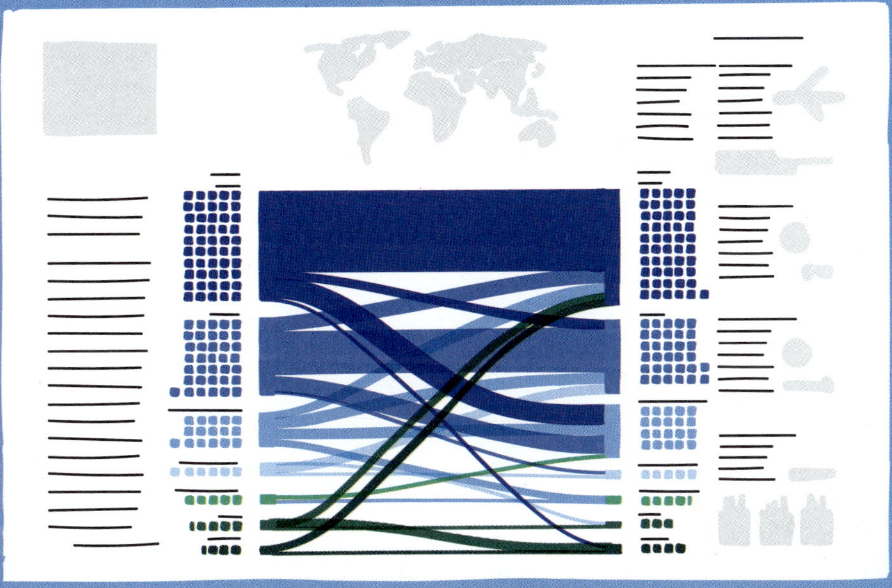

Kai Chang

PROJEKTIONSDIAGRAMM

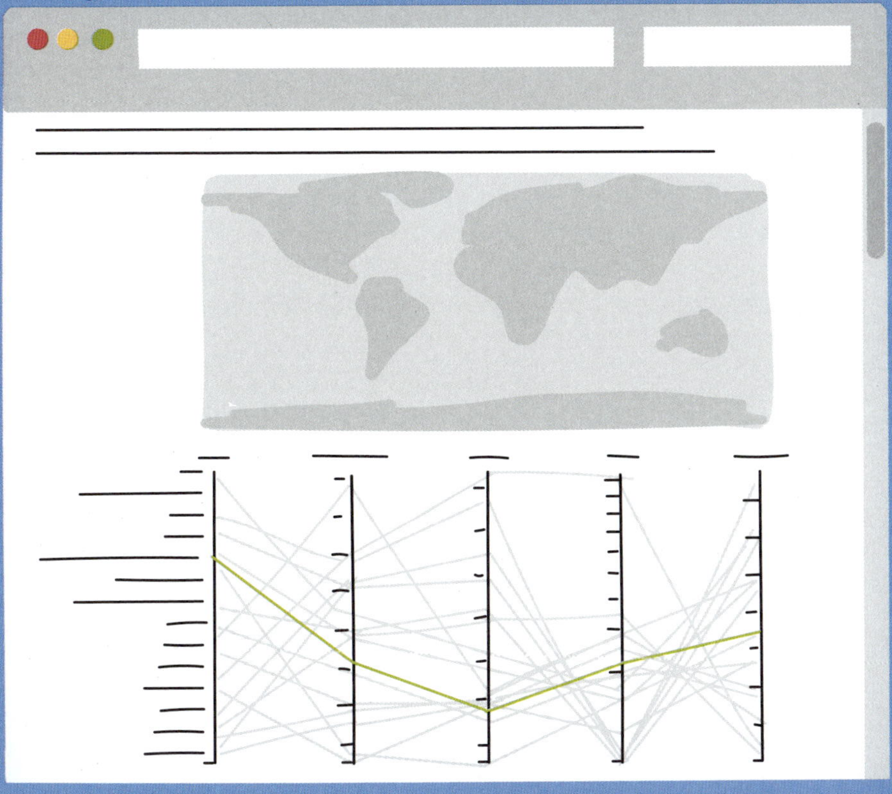

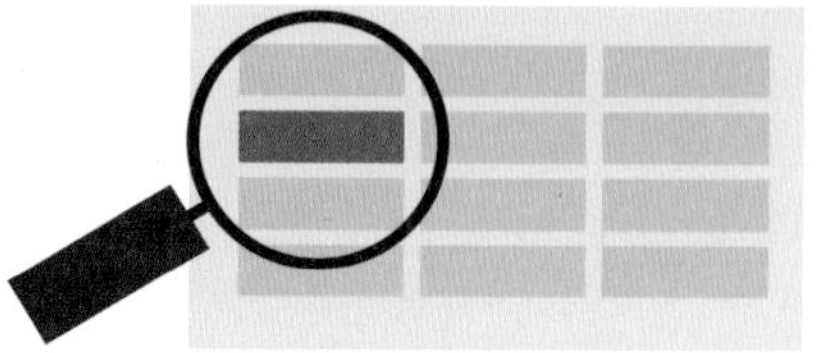

KAPITEL 4

Inhaltliche Kriterien

4.1 **Daten richtig interpretieren** **116**

4.2 **Prävalenzfehler** **118**

4.3 **Relativ und absolut** **120**

4.4 **Richtiges Diagramm wählen** **122**

4.5 **Abhängige und unabhängige Quantitäten** **124**

4.6 **Inkonsistente Serienwerte** **126**

4.7 **Datenfokus** **128**

4.8 **Durchschnitt oder Median** **130**

4.9 **Relation und Bezug falsch** **132**

4.10 **Entwicklungen indexieren** **134**

4.11 **Vergleich absoluter Zahlen** **136**

4.12 **Repräsentative Auswahl** **138**

4.13 **Statistische Werte in geografischen Karten** **140**

4.1 DATEN RICHTIG INTERPRETIEREN

Der wichtigste Aspekt beim Arbeiten mit Daten kommt bereits mit der Übergabe oder bei der Recherche zum Tragen: Es ist wichtig, unbedingt genau zu verstehen, was diese Daten wirklich aussagen, und das später so präzise wie möglich zu formulieren!

Diese Aufgabe erscheint trivial, da wir wie selbstverständlich davon ausgehen, dass wir Daten – vor allem in Form von Zahlen – per se verstehen können. Wie irreführend diese Erwartungshaltung sein kann, illustrieren die beiden Beispiele in *Abb. 4.1*.

So meldete das Bundesministerium für Ernährung und Landwirtschaft (BLE) einst, dass die Bundesbürger:innen jeweils 59 Kilo Kartoffeln im vorherigen Jahr ›verbraucht‹ haben, und unterlegte das mit einer Zahlentabelle. Der WWF griff diese Meldung dankbar auf und machte daraus »Jeder Deutsche ›verzehrt‹ 59 kg Kartoffeln im Jahr«. Vielleicht wollte man nicht nur abschreiben. Aber: Die Formulierungen von BLE und WWF sind irreführend.

Wer sich genauer in die Daten einarbeitet, der stellt fest, dass die 59 kg genau der Menge an Kartoffeln entspricht, die Bundesbürger gekauft haben. Für jedes Kilo, das ein Endverbraucher im Handel erwirbt, wird jedoch ein weiteres Kilo automatisch mit ›verbraucht‹. Es geht nur entlang der Wertschöpfungskette verloren. Das passiert, weil Kartoffeln auf dem Feld zurückbleiben, für den Verkauf ungeeignet sind, verderben, erhebliche Reste beim Schälen entsorgt oder die übrigen Kartoffeln zwar zubereitet, aber dann nicht aufgegessen werden und ebenfalls im Müll landen. Verbraucht wurden also doppelt so viele Kartoffeln, tatsächlich verzehrt dagegen 20 % weniger *(Abb. 4.2 links)*.

Ähnlich verhält es sich mit der Kriminalitätsstatistik von Fußballfans, die im ZDF-Sportstudio gezeigt wurde. Die Tabelle zeigt in der Saison 2003/2004 plötzlich einen sprunghaften Anstieg.

Zu erklären ist diese Steigerung aber nicht durch eine Zunahme der Gewalt, sondern durch die damals nahende Weltmeisterschaft in Deutschland. Der Polizeiwissenschaftler Thomas Feltes bemerkte dazu, dass die statistische Zunahme an Strafverfahren (keine rechtswirksamen Verurteilungen) eher davon abhängt, wer etwas wie intensiv beobachtet und anzeigt oder registriert.

Die unversehens gestiegene Zahl der Strafverfahren las sich zwar schockierend, doch laut Feltes seien diese eher ein Arbeitsnachweis der Polizei gewesen. Der plötzliche Anstieg erklärt sich daher plausibler mit einer erhöhten Anzahl von Anzeigen, da im Vorfeld der WM 2006 damals wesentlich mehr Polizisten zu Trainingszwecken bei Fußballspielen eingesetzt wurden.

88 ‹ Daten › 118 34 ‹ Recherche

Abb. 4.1

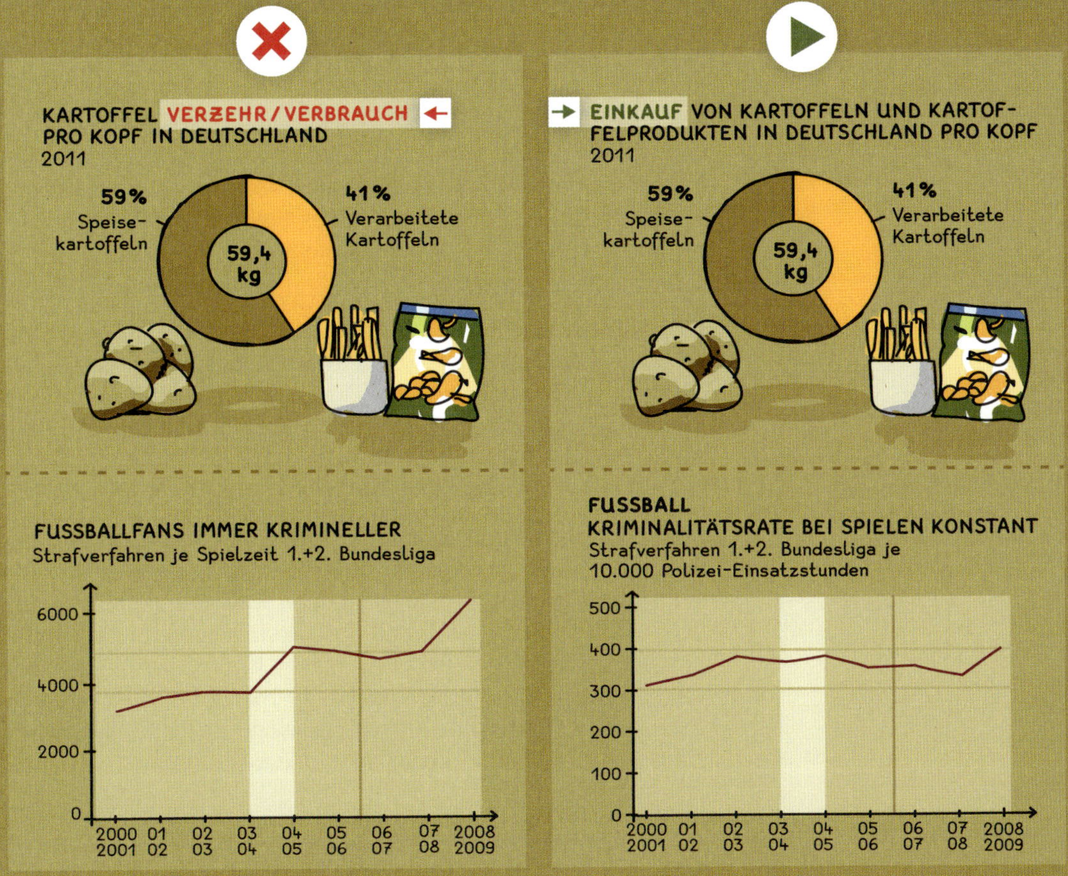

KARTOFFEL VERZEHR / VERBRAUCH
PRO KOPF IN DEUTSCHLAND
2011
59 %
Speise-
kartoffeln
41 %
Verarbeitete
Kartoffeln
59,4
kg
EINKAUF VON KARTOFFELN UND KARTOF-
FELPRODUKTEN IN DEUTSCHLAND PRO KOPF
2011
59 %
Speise-
kartoffeln
41 %
Verarbeitete
Kartoffeln
59,4
kg
FUSSBALLFANS IMMER KRIMINELLER
Strafverfahren je Spielzeit 1.+2. Bundesliga
6000
4000
2000
0
2000 2001
01 02
02 03
03 04
04 05
05 06
06 07
07 08
2008 2009
FUSSBALL
KRIMINALITÄTSRATE BEI SPIELEN KONSTANT
Strafverfahren 1.+2. Bundesliga je
10.000 Polizei-Einsatzstunden
500
400
300
200
100
0
2000 2001
01 02
02 03
03 04
04 05
05 06
06 07
07 08
2008 2009

Abb. 4.2

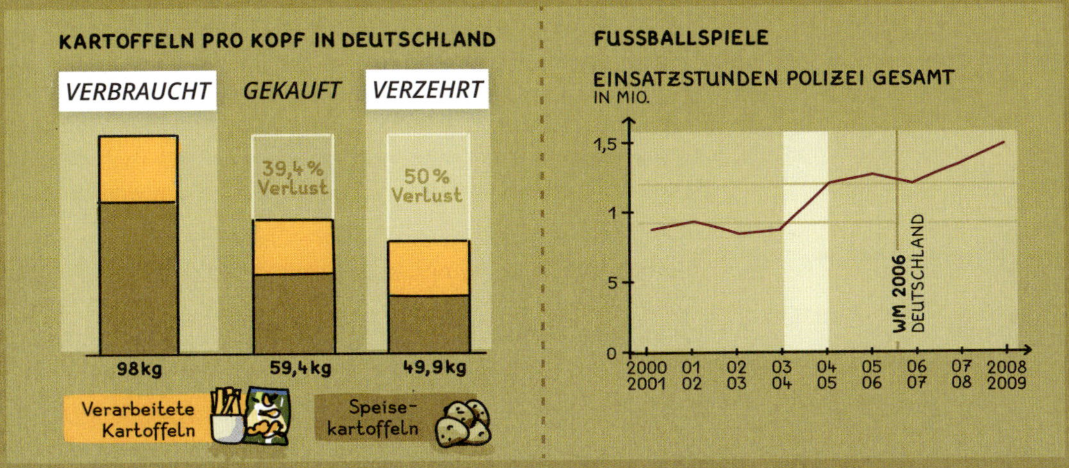

KARTOFFELN PRO KOPF IN DEUTSCHLAND
VERBRAUCHT
GEKAUFT
VERZEHRT
39,4 % Verlust
50 % Verlust
98 kg
59,4 kg
49,9 kg
Verarbeitete Kartoffeln
Speise-kartoffeln
FUSSBALLSPIELE
EINSATZSTUNDEN POLIZEI GESAMT
IN MIO.
1,5
1
5
0
WM 2006
DEUTSCHLAND
2000 2001
01 02
02 03
03 04
04 05
05 06
06 07
07 08
2008 2009

4.2 PRÄVALENZFEHLER

Sind die Zahlen erst einmal verstanden, kommt es häufig vor, dass diese dennoch falsch in Bezug zu einer scheinbaren Gesamtmenge gesetzt werden, um Rückschlüsse daraus zu ziehen, wie häufig z.B. ein bestimmtes Ereignis eintritt: der sogenannte Prävalenz- oder Basisratenfehler.

Grundlagen der Statistik visuell erklärt

cutt.ly/statistik_visuell

Was genau damit gemeint ist, wird *oben in Abb. 4.3* deutlich. In dem Beispiel sind alle innerhalb eines Jahres verzeichneten Fälle schwer verletzter Sportler in der Schweiz aufgeführt. Wie zu erkennen ist, wurden rund zwei Drittel mehr verunfallte Fußballer als Wanderer registriert. Irrtümlich könnte sich die Idee einschleichen, Fußball wäre nicht wesentlich gefährlicher als Bergwandern, wenn – ja wenn – der Bezug falsch gesetzt wird.

Ausschlaggebend ist nämlich nicht die Gesamtmenge an registrierten Sportverletzungen, zu denen die Schwerverletzten in der jeweiligen Sportart in Bezug gesetzt wurden, sondern ausschließlich die Relation zu den absolvierten Sportstunden in der jeweiligen Disziplin. Werden die Daten so umgerechnet, ergibt eine Stunde Fußballspielen ein ca. 11-mal höheres Risiko, sich schwer zu verletzen, als das in derselben Zeit beim Bergwandern gegeben wäre. Ein gravierend anderes Ergebnis.

Genauso passiert es im Beispiel darunter. Hier legt eine Umfrage nahe, dass jede:r 6. Bürger:in ein neues Auto kaufen will, sogar Wähler:innen der Ökopartei! Das schafft natürlich Aufmerksamkeit, ist aber völlig falsch aus den Ergebnissen abgeleitet. Denn befragt wurden nur Leute, die bereits ein Auto besitzen!

Aber: Im Vergleich besitzen Wähler:innen der Ökopartei die wenigsten Autos und sie ziehen am wenigsten in Betracht, einen Neuwagen anzuschaffen. Die Bezugsgröße ist nicht die Gesamtmenge aller Befragten, sondern die jeweilige gesamte Wählergruppe einer Partei, zu der die individuellen Zahlen in Bezug gesetzt werden müssen. So lässt sich also maximal sagen, dass 3-mal weniger Autobesitzer:innen der Ökopartei ein neues Auto kaufen wollen als die restlichen Wähler:innen. Für mehr Aussagekraft müssten auch Personen ohne Auto befragt werden.

In *Abb. 4.4* wird der Prävalenzfehler rechnerisch noch einmal genauer anhand von Geimpften und Ungeimpften erklärt, die in ein Krankenhaus eingeliefert werden. Diese Frage, ob impfen etwas bringt, wurde in den vergangenen beiden Jahren öfter versucht, mit dem Verhältnis der eingewiesenen Menschen zu erklären.

Warum das falsch ist, wird klar, sobald die richtige Bezugsgröße zur Berechnung herangezogen wird.

Abb. 4.3

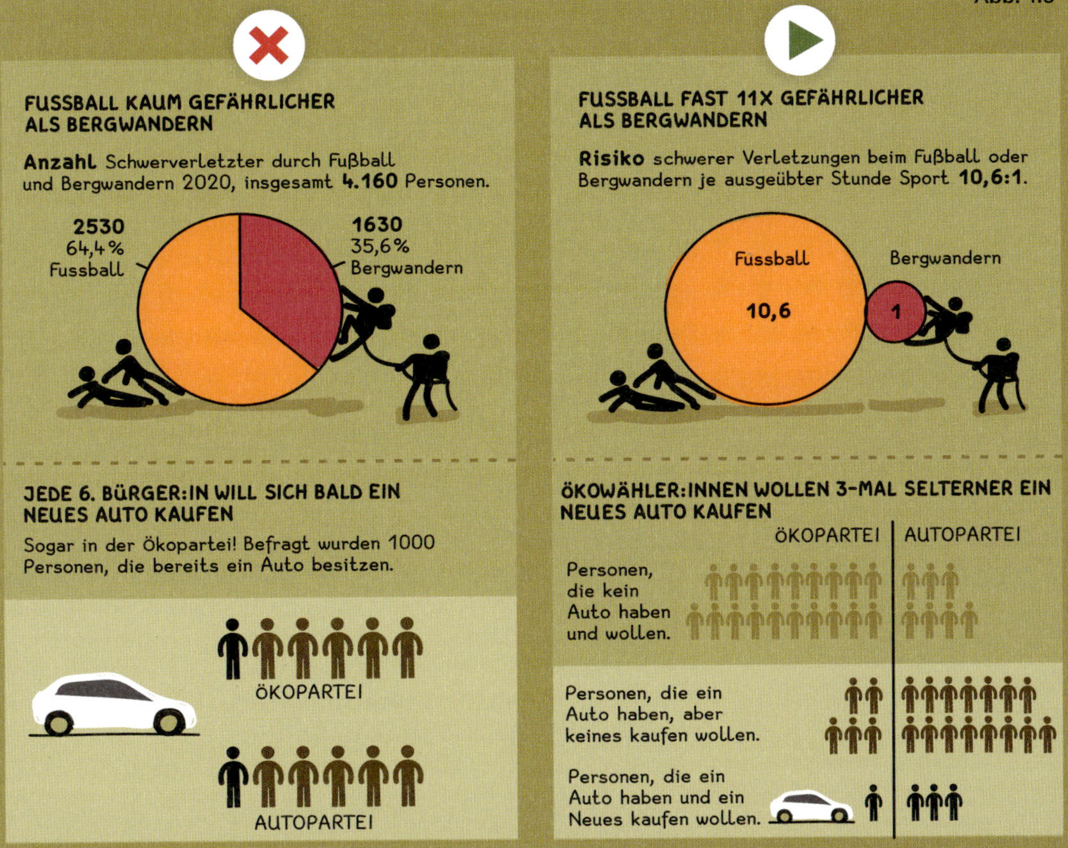
FUSSBALL KAUM GEFÄHRLICHER ALS BERGWANDERN
Anzahl Schwerverletzter durch Fußball und Bergwandern 2020, insgesamt 4.160 Personen.
2530
64,4 %
Fussball
1630
35,6 %
Bergwandern
FUSSBALL FAST 11X GEFÄHRLICHER ALS BERGWANDERN
Risiko schwerer Verletzungen beim Fußball oder Bergwandern je ausgeübter Stunde Sport 10,6:1.
Fussball
10,6
Bergwandern
1
JEDE 6. BÜRGER:IN WILL SICH BALD EIN NEUES AUTO KAUFEN
Sogar in der Ökopartei! Befragt wurden 1000 Personen, die bereits ein Auto besitzen.
ÖKOPARTEI
AUTOPARTEI
ÖKOWÄHLER:INNEN WOLLEN 3-MAL SELTERNER EIN NEUES AUTO KAUFEN
ÖKOPARTEI
AUTOPARTEI
Personen, die kein Auto haben und wollen.
Personen, die ein Auto haben, aber keines kaufen wollen.
Personen, die ein Auto haben und ein Neues kaufen wollen.

Abb. 4.4

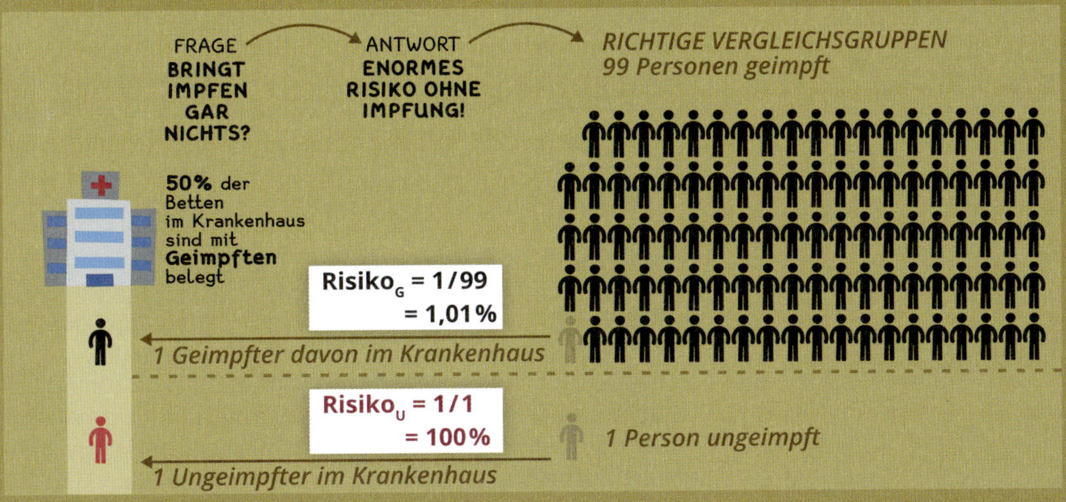
FRAGE
BRINGT IMPFEN GAR NICHTS?
ANTWORT
ENORMES RISIKO OHNE IMPFUNG!
RICHTIGE VERGLEICHSGRUPPEN
99 Personen geimpft
50% der Betten im Krankenhaus sind mit Geimpften belegt
Risiko_G = 1/99 = 1,01 %
1 Geimpfter davon im Krankenhaus
Risiko_U = 1/1 = 100 %
1 Person ungeimpft
1 Ungeimpfter im Krankenhaus

4.3 RELATIV UND ABSOLUT

Selbst wenn sich die Daten als verlässlich und konsistent herausstellen, kommt es immer noch darauf an, dass diese auch richtig interpretiert werden und dass der Bezug richtig gesetzt wird. Man könnte auch sagen, es kommt darauf an, auf die richtigen Fragen nicht die falschen Antworten zu geben.

Fangen wir mit dem ersten Beispiel in *Abb. 4.5* an. *Links* wird die Frage gestellt, ob es im deutschen Bildungssystem gerecht zugeht. Dies wird mit absoluten Zahlen Studierender an den Hochschulen dargelegt, aufgeteilt nach Elternhäusern mit und ohne akademischen Hintergrund, was gerecht verteilt aussieht.

Dieser Fehler, der hier zum Tragen kommt, wird auch als Prävalenzfehler *(Seite 118)* bezeichnet, denn um die Frage nach der Bildungsgerechtigkeit zu beantworten, ist es unerheblich, wie viele Studenten jeweils absolut an den Universitäten studieren. Der Bezug der Zahlen ist falsch gesetzt. Für die Antwort ist ausschlaggebend, wie viele Schulabgänger den Sprung in die Hochschulen relativ gesehen überhaupt schaffen. Da fast vier von fünf Kindern aus Haushalten ohne akademischen Hintergrund stammen, sind die relativen Chancen auf ein Hochschulstudium somit viel geringer als in Haushalten mit akademischem Hintergrund.

Im mittleren Beispiel ist es umgekehrt. Auf die Frage nach der Wirksamkeit eines Medikaments scheint die relative Zahl von 20% weniger Todesfällen beeindruckend hoch auszufallen. Allerdings ist das bezogen auf die Todesfälle, die ohne Medikament zu erwarten wären, auch »relatives Risiko« genannt. Der Bezug aus Sicht der Patienten ist falsch gesetzt, wenn unklar bleibt, wie viele ohnehin überlebt hätten. D. h., es fehlt der absolute Bezug zu allen Personen und nicht nur zu den Gestorbenen. Werden diese Personen mit einbezogen, dann stellt sich das Resultat ganz anders dar. Von 100 Personen, die das Medikament eingenommen haben, sterben genau zwei weniger an dieser Krankheit als ohne Medikament. Das Risiko für einzelne Personen, daran zu sterben, sinkt nicht um 20%, sondern von 12% auf 10%. Das »absolute Risiko« ist also nur sehr gering geschrumpft.

Im dritten Beispiel wird ein relativer Zuwachs für Afrika und Europa angegeben, der sehr zum Vorteil für Letzteres ausgeht. Das Problem ist nur, dass unbekannt ist, auf welche Mengen sich diese relativen Zahlen überhaupt beziehen! Wer sich das Wachstum einmal absolut ansieht, stellt nämlich schnell fest, dass in Europa erheblich mehr Elektroschrott anfällt und selbst ein viel geringeres Wachstum dadurch wesentlich größere Auswirkungen verursacht, als es ein starkes Wachstum in Afrika bewirkt.

Ein nicht weniger spannender Ausblick zum Thema Wirksamkeit von Tests: Gesichtserkennung, was heißt 99,7% Trefferquote?

cutt.ly/gesichtserkennung

Kommentar von »reichhart« mit Erklärgrafik

cutt.ly/kommentar_reichhart
cutt.ly/grafik_geerk

und fiktiv im »Spiegel« erklärt

cutt.ly/spiegel_wirksamkeit

Abb. 4.5

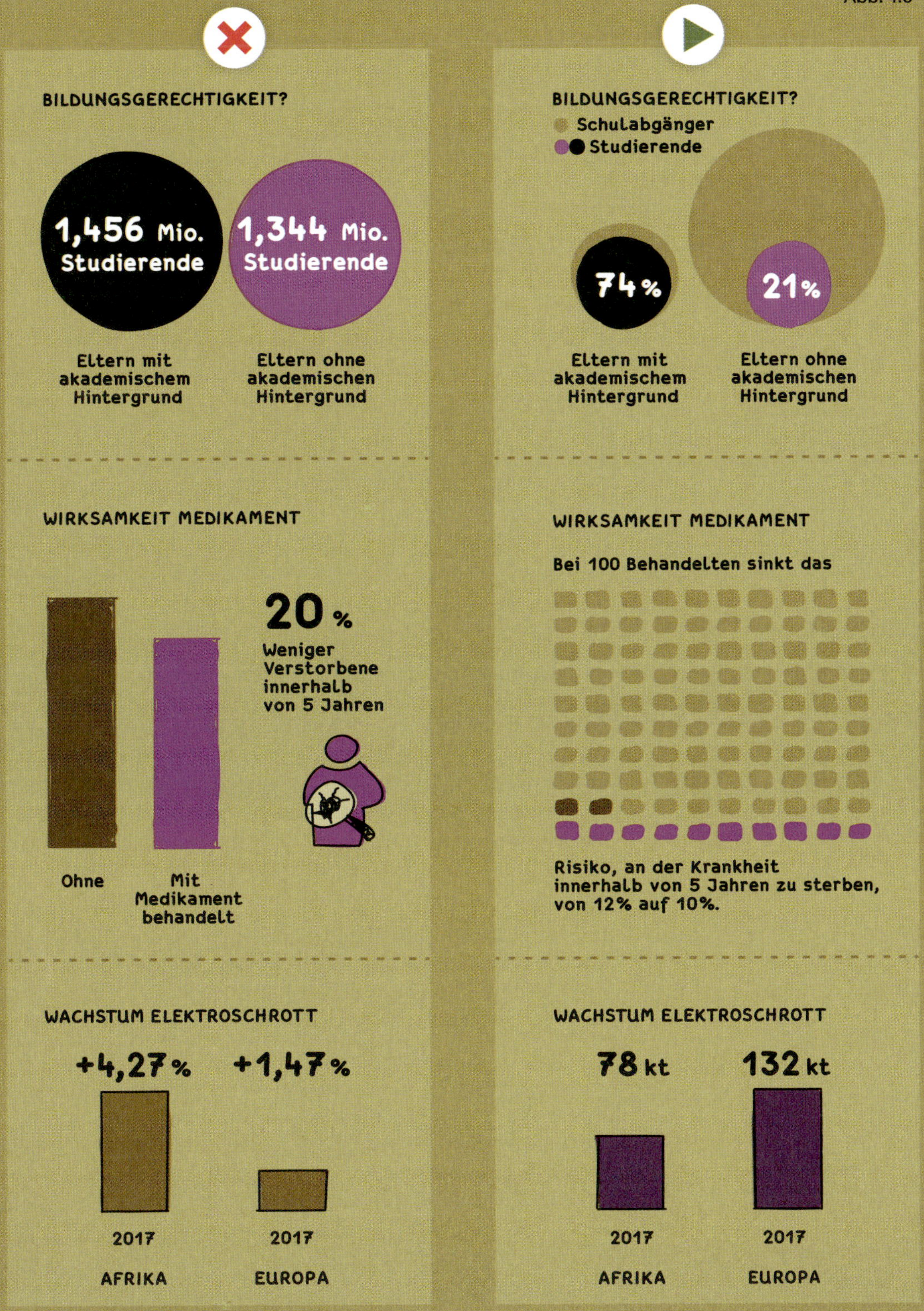
BILDUNGSGERECHTIGKEIT?
1,456 Mio. Studierende
1,344 Mio. Studierende
Eltern mit akademischem Hintergrund
Eltern ohne akademischen Hintergrund
WIRKSAMKEIT MEDIKAMENT
20 %
Weniger Verstorbene innerhalb von 5 Jahren
Ohne
Mit Medikament behandelt
WACHSTUM ELEKTROSCHROTT
+4,27 %
+1,47 %
2017
AFRIKA
2017
EUROPA
BILDUNGSGERECHTIGKEIT?
Schulabgänger
Studierende
74 %
21 %
Eltern mit akademischem Hintergrund
Eltern ohne akademischen Hintergrund
WIRKSAMKEIT MEDIKAMENT
Bei 100 Behandelten sinkt das
Risiko, an der Krankheit innerhalb von 5 Jahren zu sterben, von 12% auf 10%.
WACHSTUM ELEKTROSCHROTT
78 kt
132 kt
2017
AFRIKA
2017
EUROPA

4.4 RICHTIGES DIAGRAMM WÄHLEN

›Glaube keinem Diagramm, das du nicht selbst gezeichnet hast‹, könnte das passende Sprichwort zu diesem Abschnitt lauten. Denn mit verschiedenen Diagrammen lassen sich grundsätzlich unterschiedlichste Aussagen mit ein und denselben Daten untermauern. Diagramme sind per se an sich zwar eindeutig, aber nicht hinsichtlich ihrer kommunikativen Botschaft. Dies sollte bedacht werden, gerade wenn Grafiken aus anderen Quellen zitiert oder für eigene Schlussfolgerungen übernommen werden.

Der Grund liegt darin, dass jedes Diagramm auch einen bestimmten Fokus hat. Mehrere Schwerpunkte gleichzeitig zu vermitteln, ist in einem Diagramm meistens nicht möglich. So sind die einen Diagramme z.B. geeignet, um einen guten Überblick über eine Gesamtmenge zu liefern, vernachlässigen dabei allerdings die Vergleichbarkeit von Einzelwerten. Andere Diagramme, die genau dieselben Zahlen verwenden, opfern eben diesen Überblick zugunsten einer Vergleichbarkeit der Einzelwerte.

Wer sich dieser Tatsache bewusst ist, kann Diagramme daher gezielt auch manipulativ einsetzen, um Dinge zu verschleiern.

Was damit gemeint ist, sieht man in *Abb. 4.6* . Im *oberen* Beispiel ist die Entwicklung von Mitgliederzahlen zu sehen und davon abgeleitet sind *links und rechts* zwei völlig unterschiedlich wirkende Diagramme dargestellt – die aber beide richtig angewendet wurden. Dennoch führen sie zu völlig unterschiedlichen Interpretationen. Im *linken* Beispiel geht der Überblick über die Gesamtmenge verloren, die Einzelwerte werden betont. Wer die Situation der Mitglieder dramatisieren will, würde diese Grafik einsetzen, um den drastischen Einbruch der Mitgliederzahlen zu betonen.

Wer dagegen beruhigen möchte, würde zu dem Wasserfalldiagramm greifen und den Fokus auf das Gesamtergebnis legen. Die einzelnen Werte sind zwar schlecht miteinander vergleichbar, dafür wird hier das Ergebnis in den Vordergrund gerückt und die positive Veränderung der Mitgliederzahl insgesamt betrachtet.

Die mittlere Grafik zeigt die gleichen Diagrammtypen (das Wasserfalldiagramm ist etwas anders dargestellt), diesmal jedoch erweisen sich die Einzelwerte als die richtige Wahl, um eine Tendenz erkennen zu können. Die Darstellung der Gesamtentwicklung *links* hilft kaum weiter, wenn man die Entwicklung der Infizierten über die letzten Tage erkennen möchte.

Um zu prüfen, ob ein Diagramm die passende Aussage transportiert, formuliert man ausgehend von den Daten eine Frage und schaut, ob die Grafik darauf die richtige Antwort gibt *(Abb. 4.7)*.

Abb. 4.6

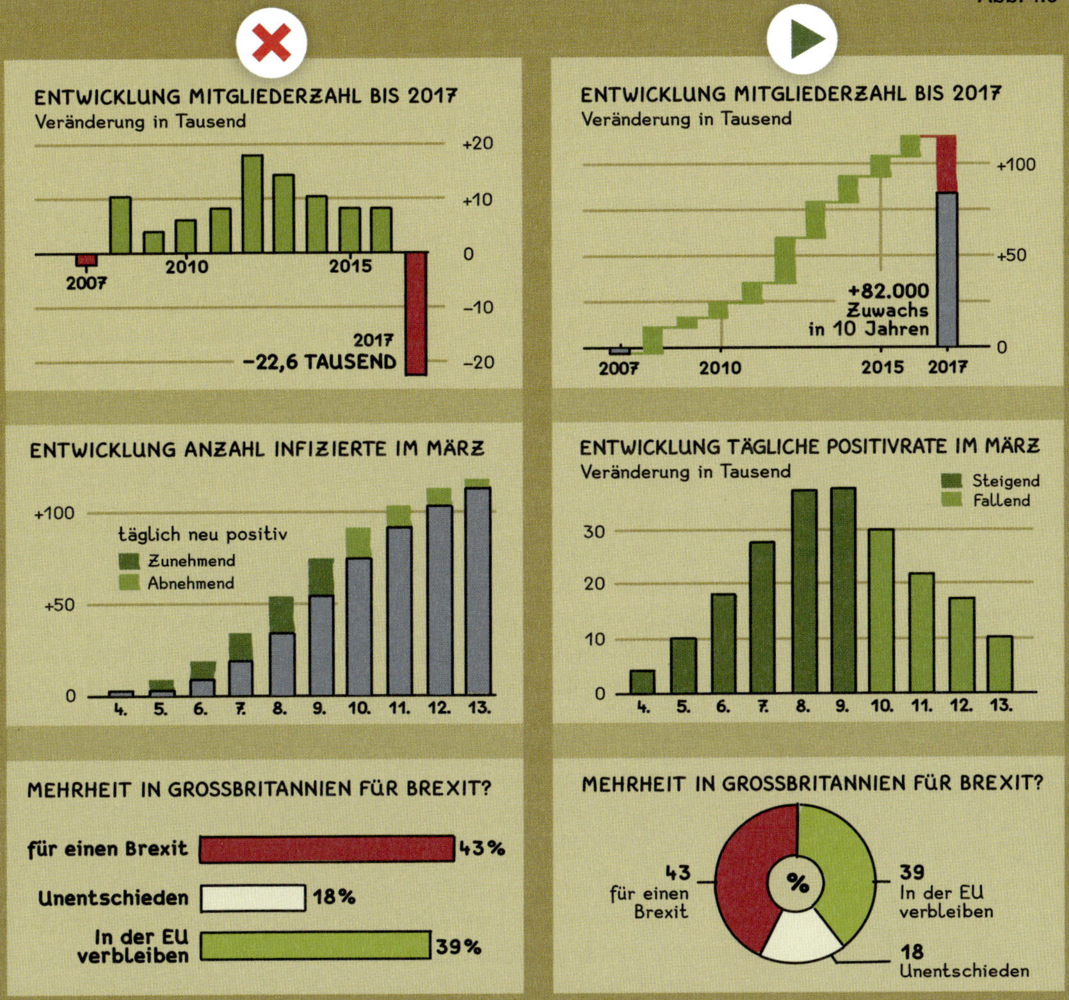
ENTWICKLUNG MITGLIEDERZAHL BIS 2017
Veränderung in Tausend
+20
+10
0
–10
–20
2007
2010
2015
2017
–22,6 TAUSEND
ENTWICKLUNG MITGLIEDERZAHL BIS 2017
Veränderung in Tausend
+100
+50
0
+82.000
Zuwachs
in 10 Jahren
2007
2010
2015
2017
ENTWICKLUNG ANZAHL INFIZIERTE IM MÄRZ
+100
+50
0
täglich neu positiv
Zunehmend
Abnehmend
4.
5.
6.
7.
8.
9.
10.
11.
12.
13.
ENTWICKLUNG TÄGLICHE POSITIVRATE IM MÄRZ
Veränderung in Tausend
Steigend
Fallend
30
20
10
0
4.
5.
6.
7.
8.
9.
10.
11.
12.
13.
MEHRHEIT IN GROSSBRITANNIEN FÜR BREXIT?
für einen Brexit 43 %
Unentschieden 18 %
In der EU verbleiben 39 %
MEHRHEIT IN GROSSBRITANNIEN FÜR BREXIT?
43
für einen Brexit
%
39
In der EU verbleiben
18
Unentschieden

Abb. 4.7

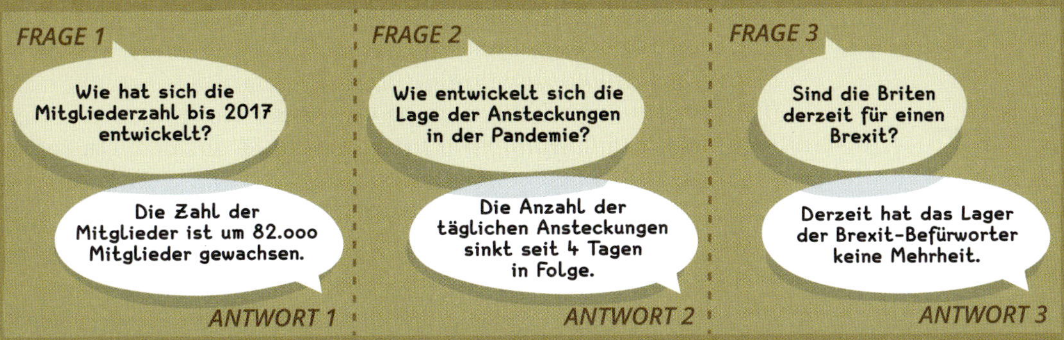
FRAGE 1
Wie hat sich die Mitgliederzahl bis 2017 entwickelt?
Die Zahl der Mitglieder ist um 82.000 Mitglieder gewachsen.
ANTWORT 1
FRAGE 2
Wie entwickelt sich die Lage der Ansteckungen in der Pandemie?
Die Anzahl der täglichen Ansteckungen sinkt seit 4 Tagen in Folge.
ANTWORT 2
FRAGE 3
Sind die Briten derzeit für einen Brexit?
Derzeit hat das Lager der Brexit-Befürworter keine Mehrheit.
ANTWORT 3

4.5 ABHÄNGIGE UND UNABHÄNGIGE QUANTITÄTEN

Irrtümlich wird die Entscheidung, welche Diagrammform zur Darstellung einer Wertetabelle herangezogen wird, oft aufgrund grafischer Beweggründe gefällt. Es kann durchaus sein, dass ein und dieselbe Datenmenge sich in unterschiedlichen Diagrammen fast gleich gut darstellen lässt. Für viele andere Mengen trifft das allerdings nicht zu. Die Form der Darstellung ist hier in erster Linie davon abhängig, was die betrachteten Verhältnisse genau ausdrücken. Die Ästhetik sollte bei der Wahl untergeordnet sein.

Wie *Abb. 4.8* sehr schön darstellt, ist ein und dasselbe Diagramm einmal unpassend und einmal treffend angewendet, aber wo liegt hier nun der entscheidende Unterschied?

Bei Betrachtungen von Werten, die ihren Zustand nur in Bezug auf den vorhergenden Wert verändern können (z.B. Vermögen), sollten Liniendiagramme das Mittel der Wahl sein. Darunter können z.B. auch Temperaturveränderungen oder die Messung der Geschwindigkeit eines Autos fallen. Alle Beispiele haben gemein, dass jeder spätere Wert direkt von einem vorherigen Zustand abhängt und somit keinen beliebigen Wert annehmen kann. Die Temperatur etwa kann nur ein Grad fallen, wenn sie kurz zuvor genau ein Grad höher war. Das folgende Messergebnis ist kausal mit dem vorherigen verbunden.

Werden die Punkte einer Mannschaft in einer Saison, die Erlöse unterschiedlicher Verkaufsstellen, Autounfälle oder die Umsätze einer Firma über die Jahre betrachtet, so haben die jeweiligen aufsummierten Werte keinen Bezug zu den vorhergehenden Summenwerten. Jedes Jahr fängt z.B. wieder bei »0« an, ganz egal mit welchem Wert das letzte Jahr beendet wurde. Die Jahre haben keinen kausalen Bezug zueinander. Dies wird wahrnehmungspsychologisch durchaus durch Säulen und Balken, aber nicht durch Liniendiagramme impliziert und betont.

In *Abb. 4.9* wird eine Besonderheit bei den Liniendiagrammen deutlich. Durch die Art der Verbindungen zwischen den Messpunkten werden unterschiedliche Aussagen vermittelt. Der neue Weltrekord z.B. ist abhängig vom letzten Weltrekord, kann sich aber nur schrittweise erhöhen. Das muss aus dem Diagramm auch hervorgehen. Eine gerade anstelle einer stufigen Linie würde eine falsche, kontinuierliche Veränderung suggerieren.

Liegen die Messwerte andererseits zu weit auseinander, kann z.B. bei der Temperatur (Tageswerte) eine kontinuierliche Veränderung impliziert werden, die in Wirklichkeit nicht gegeben war.

Abb. 4.8

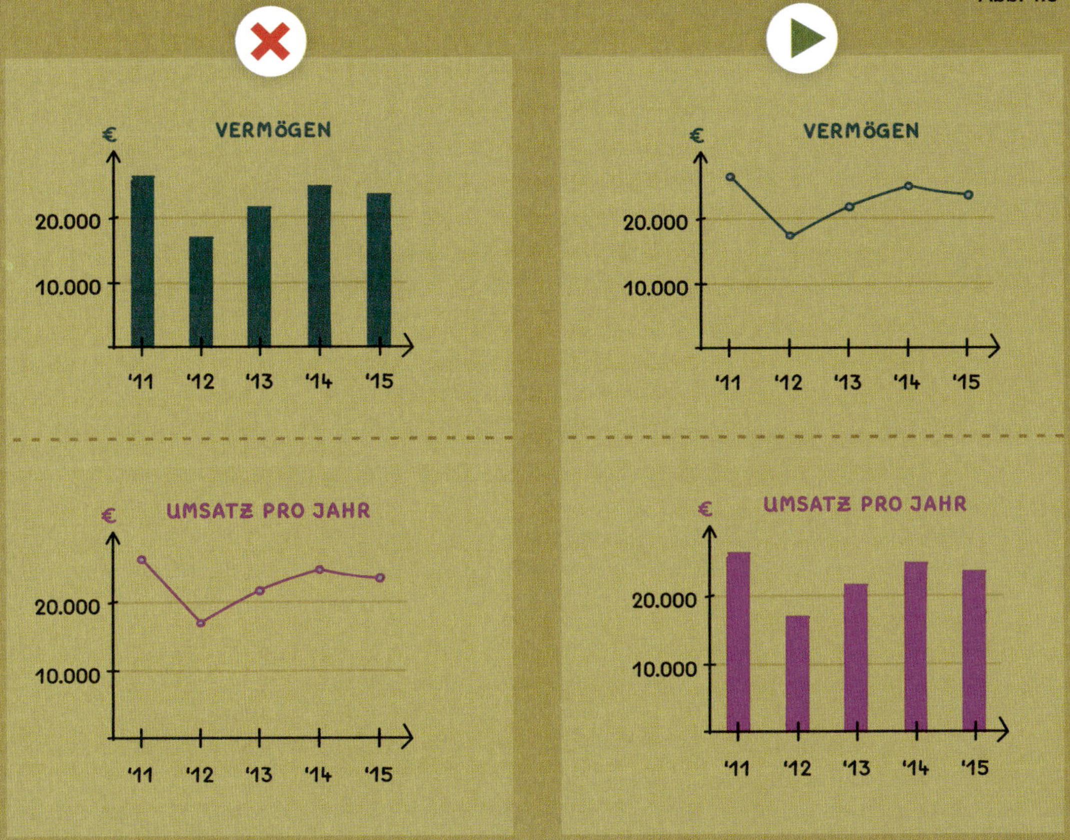
€
VERMÖGEN
20.000
10.000
'11 '12 '13 '14 '15
€
UMSATZ PRO JAHR
20.000
10.000
'11 '12 '13 '14 '15
€
VERMÖGEN
20.000
10.000
'11 '12 '13 '14 '15
€
UMSATZ PRO JAHR
20.000
10.000
'11 '12 '13 '14 '15

Abb. 4.9

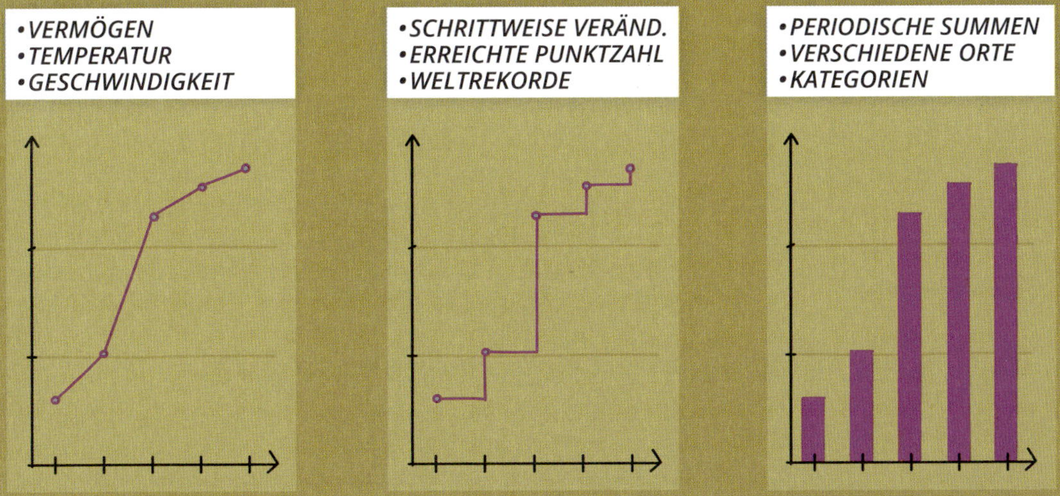
• VERMÖGEN
• TEMPERATUR
• GESCHWINDIGKEIT
• SCHRITTWEISE VERÄND.
• ERREICHTE PUNKTZAHL
• WELTREKORDE
• PERIODISCHE SUMMEN
• VERSCHIEDENE ORTE
• KATEGORIEN

4.6 INKONSISTENTE SERIENWERTE

Bevor es an die Darstellung der Daten geht, ist es unabdingbar, sich diese zuvor einmal sehr genau anzuschauen. Skepsis kann sich hier nur positiv auszahlen: »Vertrauen ist gut, Kontrolle ist besser!« Zudem hilft es oft, sich die Daten in ganz einfacher Form zu verdeutlichen, bevor versucht wird, eine ausgefeiltere Darstellung zu finden. Fehler in der Erhebung oder Auswahl der Daten lassen sich so auch einfacher und schneller finden.

In *Abb. 4.10* sehen wir nun eine ganze Reihe versteckter Fehler, die sich in den Daten finden können, je nachdem, ob die Datenbasis als Rohwerte oder als Diagramm ausgegeben werden.

In den beiden *oberen* Liniendiagrammen verstecken sich in den scheinbar gleichmäßigen Abständen plötzlich unterschiedlich lange Zeiträume! Für die Betrachter:innen ist das kaum zu bemerken. Der Verlauf wird dadurch falsch und verzerrt wiedergegeben, wie man richtig dargestellt *auf der rechten Seite* sieht.

Die Zeitachse gibt eindeutige Zeitspannen vor, die nicht gestreckt oder gestaucht werden können, nur weil plötzlich durch die Erhebung der Daten auf einmal ab einem bestimmten Zeitpunkt mehr Werte je Zeitraum zur Verfügung stehen. Wenn die Daten bezogen auf die Zeit inkonsistent sind, so muss der kleinstmögliche Abstand herangezogen werden, der sich aus den dann größten vorliegenden Schritten ableitet.

Im dritten Beispiel von oben wird deutlich, was passiert, wenn die Zeiträume zu groß gewählt wurden. Die Daten werden plötzlich so stark geglättet, dass eine völlig falsche, stetige Entwicklung impliziert wird. Gerade bei Liniendiagrammen ist das ein grundlegendes Problem: Es muss immer wieder genau überprüft werden, wie stark die Form der Linie an sich die tatsächliche Veränderung auch abbildet und nicht verfremdet.

Dies ist in der letzten Grafik *ganz unten* deutlich zu sehen. Viele Datenvisualisierungsprogramme erzeugen automatisch gerundete gummiartige Verbindungen, die zwar dynamischer aussehen können, gleichzeitig aber deutlich (siehe Extremwerte der Kurven) von den Daten abweichen. Die geringste Verfälschung tritt ein, wenn die Punkte durch gerade Linien verbunden werden. Wir sind daran gewöhnt, dass die geraden Verbindungen nicht den wirklichen Verlauf darstellen, sondern den Bezug der Werte anzeigen und dass sie auseinander hervorgehen.

Noch vorsichtiger muss mit prognostizierten Werten agiert werden. Diese sind explizit als Schätzung auszuweisen, z.B. durch eine andere Farbe und bestenfalls gar keine Verbindung.

124 ‹ Daten › 130   124 ‹ Diagramme › 140   92 ‹ Zeit › 128

Abb. 4.10

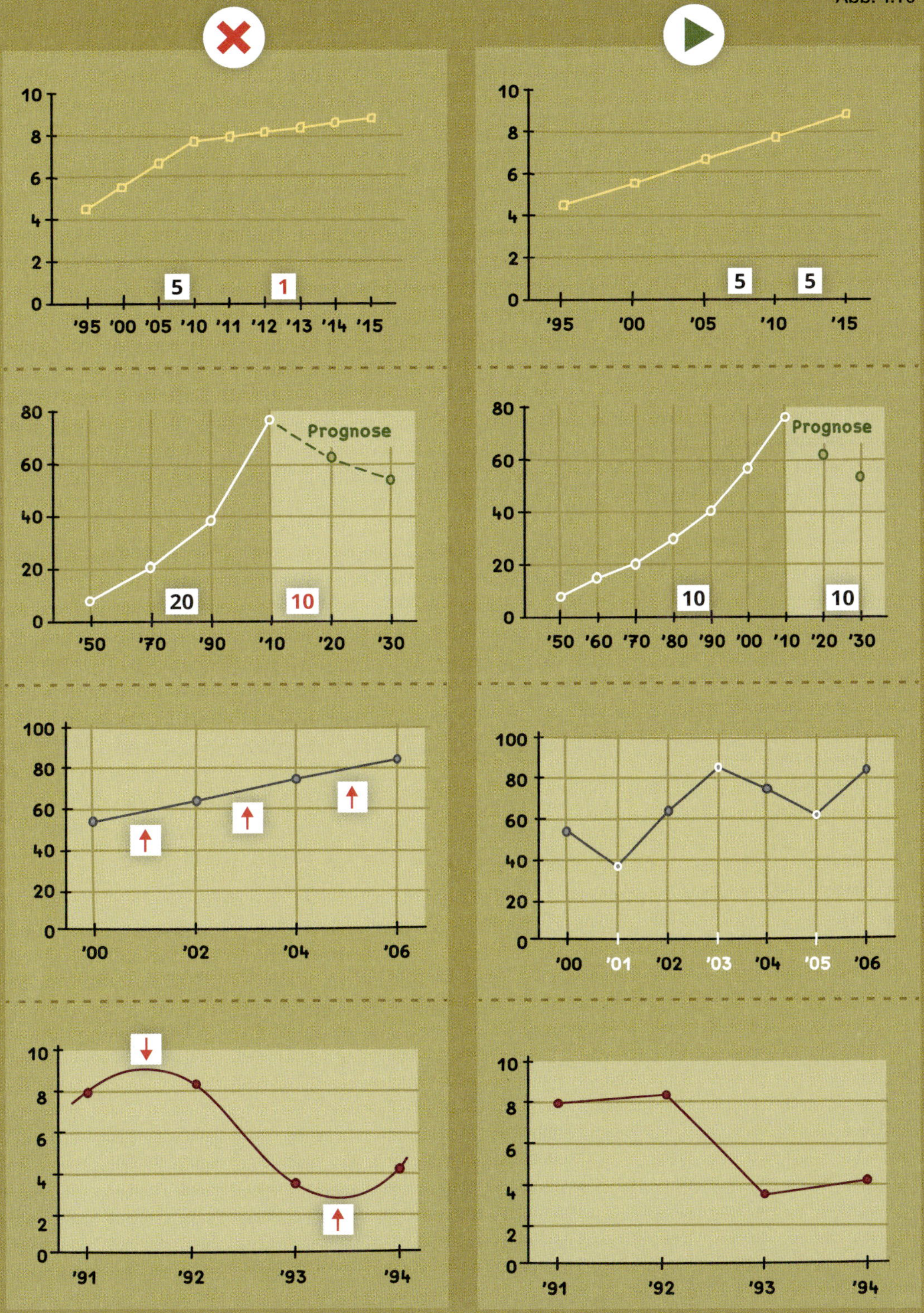

10 8 6 4 2 0
5
1
'95 '00 '05 '10 '11 '12 '13 '14 '15
10 8 6 4 2 0
5 5
'95 '00 '05 '10 '15
80 60 40 20 0
Prognose
20
10
'50 '70 '90 '10 '20 '30
80 60 40 20 0
Prognose
10
10
'50 '60 '70 '80 '90 '00 '10 '20 '30
100 80 60 40 20 0
'00 '02 '04 '06
100 80 60 40 20 0
'00 '01 '02 '03 '04 '05 '06
10 8 6 4 2 0
'91 '92 '93 '94
10 8 6 4 2 0
'91 '92 '93 '94

4.7 DATENFOKUS

Allein mit der ›passenden‹ Auswahl von Daten lässt sich erheblich manipulieren. Dieses im Englischen »Cherry picking« genannte Phänomen wird oft verwendet, um Wissenschaftler und Kritiker mit ihren eigenen Waffen zu ›schlagen‹.

Wie es funktioniert und wie es auch unbewusst vermieden wird, zeigt *Abb. 4.11*. Häufig sollen die tatsächlichen Fakten zwar nicht sichtbar verändert werden, allerdings wäre eine Aussage, die besser ins Marketing ›passt‹, oft wünschenswert. Eine Möglichkeit, die nicht direkt ins Auge fällt, ist einfach, dass dafür ein bestimmter Datenabschnitt aus dem Zusammenhang gelöst und damit um ›störende‹ Elemente bereinigt wird. So geschehen in der Grafik über die Schallplattenverkäufe. Wer den Chart *auf der linken Seite* sieht, wird kaum umhinkommen, an ein unglaubliches Comeback der Schallplatte zu glauben. Die Zahlen sind einfach zu beeindruckend und explodieren ja geradezu.

Was trägt wirklich zum Klimawandel bei? Bloomberg zeigt sehr anschaulich, welche Ursachen sich wie auswirken.

cutt.ly/warming_world

Der gesamte Datensatz legt jedoch schonungslos offen, dass es sich *links* nur um einen Bruchteil der ursprünglich betrachteten Zeitspanne handelt. Das Revival der Schallplatte schrumpft auf einen Liebhabermarkt zusammen und die Aussage verändert sich radikal, wenn man den gesamten Zeitraum der Daten betrachtet. Wenn in der Einleitung ›unbewusst‹ steht, dann hat das damit zu tun, dass es gar keiner Absicht bedarf, um diese Manipulation zu begehen. Oft reicht schon ein »zu wenig Platz« als Begründung aus, um den Zusammenhang zu verlieren. Dazu ist *rechts* die entsprechende Lösung angedeutet, die den fokussierten Bereich aus dem Gesamtdiagramm heraus zoomt, sodass dieser richtig eingeordnet werden kann.

In *Abb. 4.12* ist ein beliebtes Diagramm der Klimawandelskeptiker aufgeführt. Hier geht die Manipulation sogar so weit, dass eine Datenquelle zu zwei unterschiedlichen Aussagen kommt. Allerdings ist dazu noch ein weiterer Schritt notwendig. Anstatt nur das Ende eines Charts herauszulösen, wird genau der Bereich gesucht, in dem sich eine reguläre statistische Abweichung in den Gesamtdaten verbirgt, und versucht so, sogar ein Abkühlen der globalen Durchschnittstemperaturen zu belegen.

Anstatt also einen bestimmten Bereich aus einer Datenmenge einfach herauszulösen, sollte dieser zunächst einmal, eventuell auch in Klein, im Zusammenhang gezeigt werden, bevor er dann herausgezoomt wird. Es ist absolut erlaubt, nur einen Teilbereich genauer zu betrachten, aber eben nicht ohne Vorher die gesamte Datenbasis zu zeigen und den Betrachter:innen die Möglichkeit zu geben, den Ausschnitt genau einordnen zu können.

35 ‹ Daten › 34 122 ‹ Manipulation › 134 126 ‹ Zeit › 134

Abb. 4.11

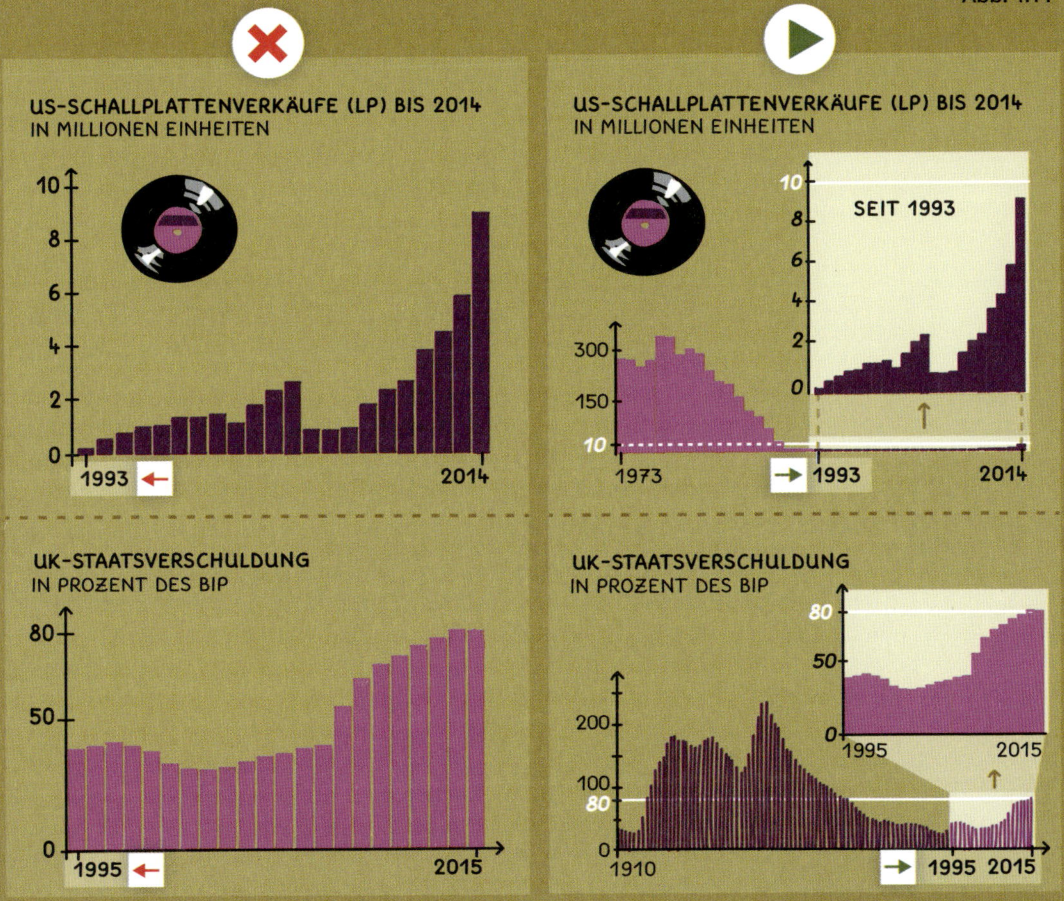

Abb. 4.12

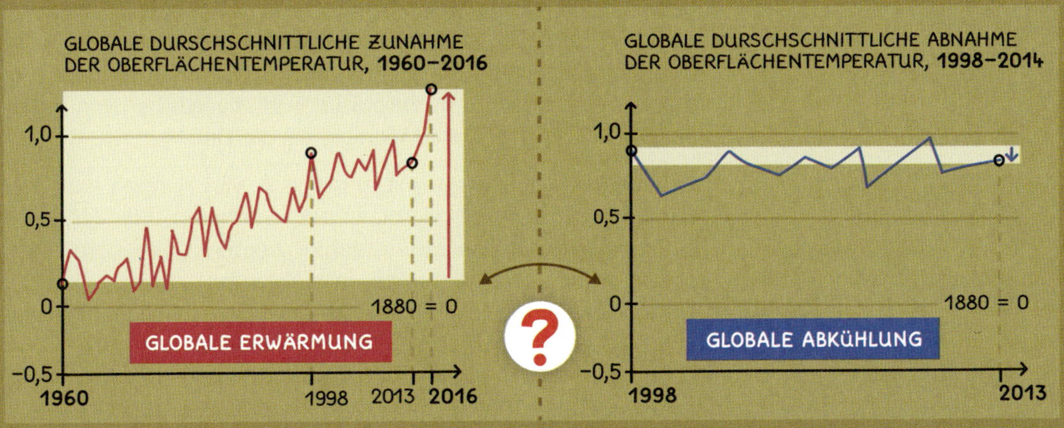

4.8 DURCHSCHNITT ODER MEDIAN

Das umgangssprachlich als ›Durchschnitt‹ bekannte arithmetische Mittel findet heutzutage inflationär überall Verwendung, wo es um die Beschreibung einer Verteilung geht. Egal ob Geldvermögen, Absatzzahlen, Gehälter, Beschäftigte oder Nachwuchs: Überall wird gleich der Durchschnitt mitgeliefert, um den Betrachter:innen ein Maß zu vermitteln, durch das sie entweder einen gewissen ›Standard‹ definieren oder sich leicht der Gruppe darüber oder darunter zuordnen können.

An dieser Stelle kommt jedoch ein entscheidender Denkfehler zum Tragen: Intuitiv wird mit dem Begriff ›durchschnittlich‹ so etwas wie die ›Mitte‹, also das ›Normale‹ verbunden. Genau das ist der Durchschnitt aber leider gerade fast nie!

Der Durchschnitt beschreibt die Mitte nur dann gut, wenn es sich um eine sogenannte symmetrische Normalverteilung handelt, wie im mittleren Beispiel in *Abb. 4.14*. Nur hier entspricht der Durchschnitt auch genau der Mitte. Um die Mitte fast jeder anderen Verteilung zu zeigen, sollte besser der fast völlig unbekannte Median herangezogen werden. Dieser trennt nämlich exakt die zwei Hälften einer Menge voneinander, d.h., es liegt immer die Hälfte aller Werte über oder unter diesem Wert. Der Median kommt dem Empfinden eines ›Normalwerts‹ oft wesentlich näher und kann sich erheblich vom Durchschnitt unterscheiden, je nachdem, wie unausgewogen sich die Werte verteilen und diese von somit von einer Normalverteilung abweichen.

Im *oberen Beispiel von Abb. 4.13* lässt sich das gut nachvollziehen. Z.B. ist das Vermögen in Deutschland sehr ungleich verteilt. Die Verteilung weicht sehr stark von einer Normalverteilung ab. Das bedeutet, mit zunehmendem Reichtum steigt dieser immer stärker an. Der Durchschnittswert wird sehr stark in Richtung der reichsten Menschen gezogen. Es wirkt, als liege der ›Normalwert‹ bei ungefähr 200.000 €. Tatsächlich sind aber über 50 % aller Menschen mit weniger als ca. 60.000 € Vermögen weit unter diesem ›Normalwert‹. Im Beispiel darunter verdienen von insgesamt 13 Spielern sogar 11 weniger als der Durchschnitt!

Gerade in Diskussionen mit ungleichen Verteilungen kann der Durchschnittswert diese also extrem verzerren. Die Verteilung einer Menge sollte genau betrachtet werden, bevor voreilig der Durchschnitt verwendet wird. Je weiter die Verteilung von der Normalverteilung abweicht, desto unsinniger ist das arithmetische Mittel. Warum wird der Durchschnitt aber überhaupt so oft verwendet? Er ist geläufig und lässt sich leicht berechnen. Für den Median wird schon eher digitale Rechenhilfe benötigt.

128 ‹ Daten › 132

Abb. 4.13

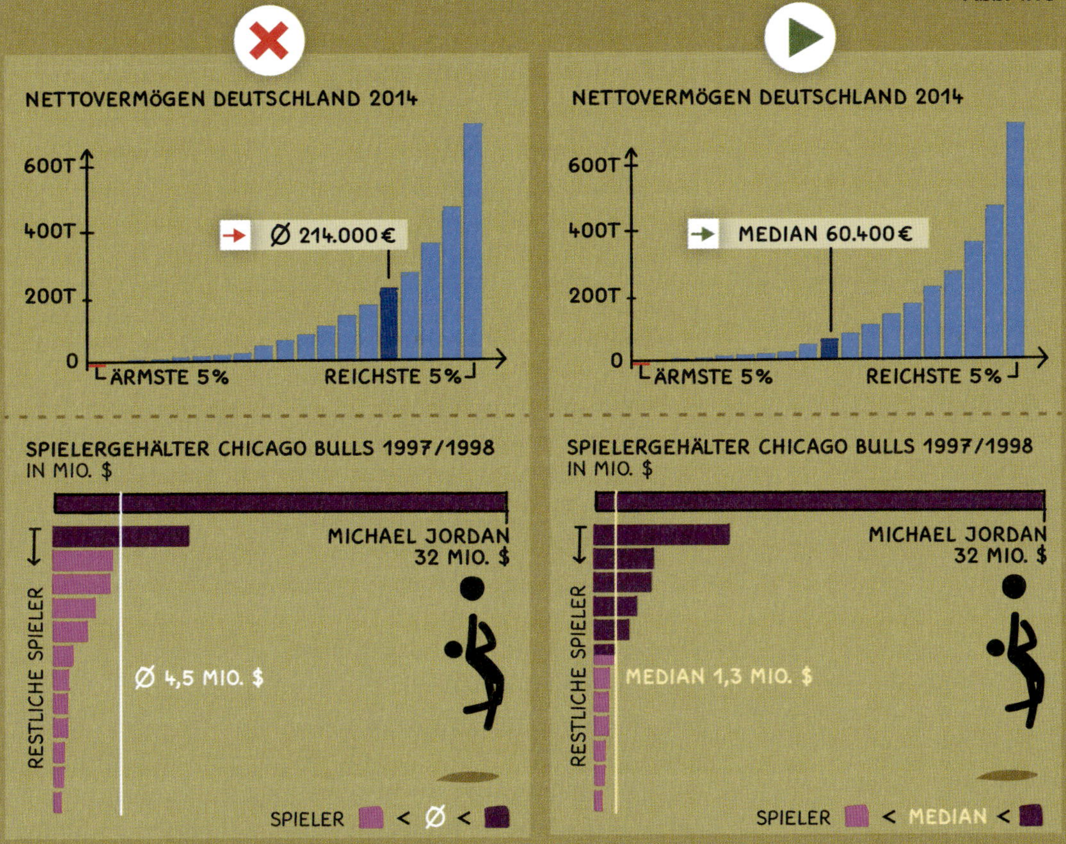

Abb. 4.14

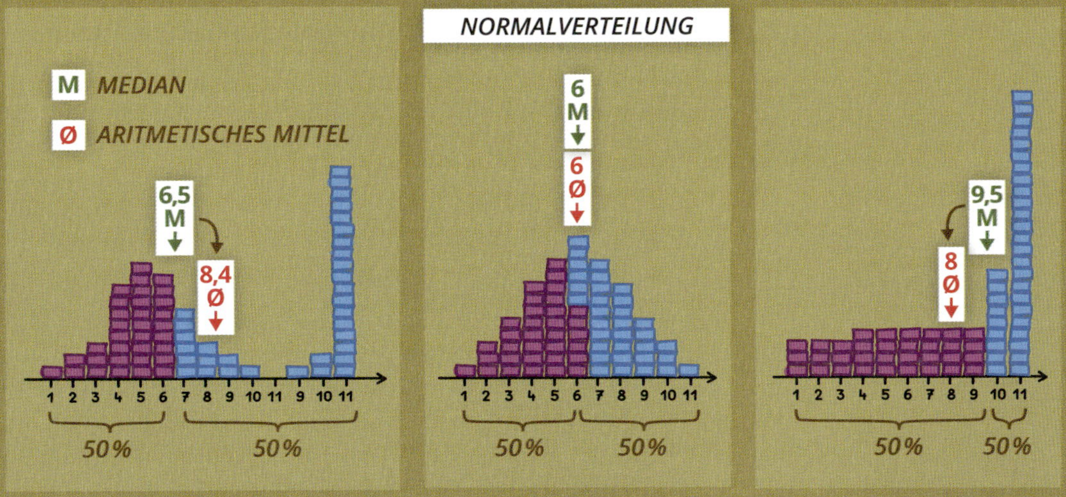

4.9 RELATION UND BEZUG FALSCH

Üblicherweise wird nur ein einzelner Datensatz in einem Diagramm betrachtet. Gerade in der Wissenschaft besteht aber oft der Drang, durch die Verschränkung zweier Datensätze in einem Diagramm einen Hinweis anzudeuten, ob ein Bezug zwischen beiden bestehen könnte. Wie diese Darstellung aussehen muss, damit sie die richtigen Relationen zeigt, wird häufig ignoriert. Wichtig ist, vorab zu bedenken, dass durch diese Darstellung automatisch eine Beziehung zwischen den unterschiedlichen Werten impliziert wird – ob man will oder nicht. Sobald unterschiedliche Einheiten in einem Diagramm gezeigt werden, wird das wahrnehmungspsychologisch als Ausdruck einer Korrelation empfunden. Es sollte also genau überlegt werden, ob ein Bezug mindestens irreführend, wenn nicht sogar falsch ist. Wer unsicher ist, greift auf zwei getrennte Diagramme zurück.

Im *oberen Beispiel bei Abb. 4.15* werden zwei Wertemengen in einem Diagramm verschränkt. Grundlegend ist, dass beide Datensätze dabei nicht angeschnitten sind, andernfalls ist das gesamte Diagramm maximal manipulativ *(siehe Seite 156)*.

Sollen also zwei Wertebereiche miteinander verglichen werden, wird mindestens ein gemeinsamer Bezugspunkt benötigt. Oft ist das z.B. die Ausgangsmenge, von der aus man die Zu- oder Abnahme betrachten will. *Abb. 4.16 links* zeigt, welcher Fehler passiert, wenn beide Diagramme einfach ›maximal lesbar‹ aufgezogen werden: Ohne gemeinsamen Bezugspunkt für beide Säulenreihen ist die Anfangsmenge der Störche einmal maximal groß, bei den Geburten ist das jedoch die Endmenge und der Anfangswert nur bei ca. einem Drittel der Diagrammhöhe. Will man z.B. die Entwicklung der beiden Werte vergleichen, sind die Störche gegenüber den Geburten somit dreimal überzeichnet.

Damit die absoluten Werte vergleichbar werden, müssen diese also normiert werden. In diesem Beispiel erfolgt das, indem die Ausgangswerte auf dieselbe Höhe gebracht werden. Genauso wäre es möglich, z.B. die Endwerte auf eine Höhe zu setzen. Aber es ist nicht beliebig, welcher Wert herangezogen wird. Es hängt von der Fragestellung ab, was verglichen werden soll.

Der Vergleich der absoluten Werte birgt allerdings ein Problem in sich, das *unten rechts in Abb. 4.16* verdeutlich wird: Die beiden verwendeten Skalen passen in den allermeisten Fällen nicht zueinander und das erschwert das Ablesen erheblich. Sobald daher zwei Datensätze in einem Diagramm miteinander verglichen werden, sollten sie indexiert und die Werte relativ bezogen auf 100% dargestellt werden *(Seiten 134 und 136)*.

Abb. 4.15

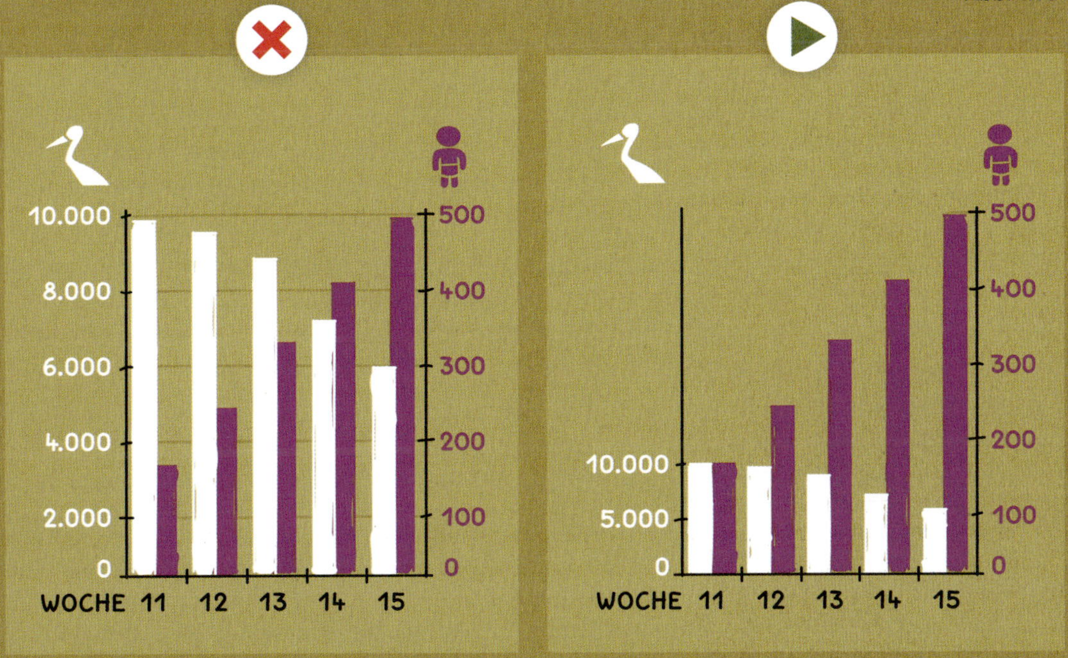

Abb. 4.16

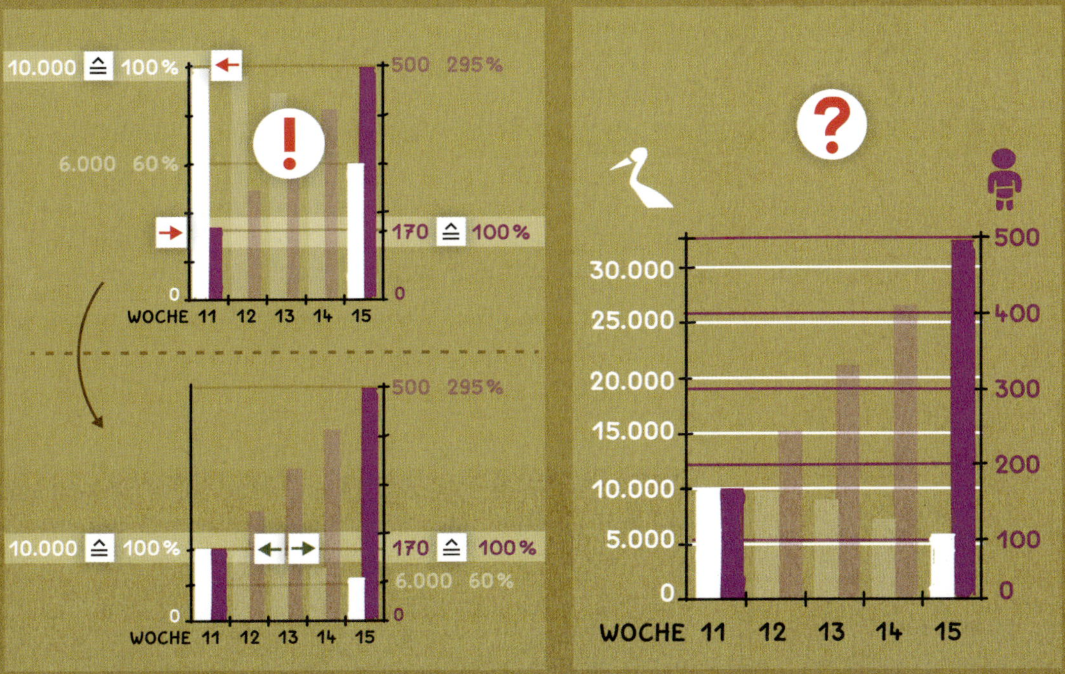

4.10 ENTWICKLUNGEN INDEXIEREN

Sobald verschiedene Gruppen mit der gleichen Dateneinheit verglichen werden sollen, ist die Verleitung groß, diese einfach in zwei Charts nebeneinander zu stellen oder sie vielleicht direkt in einem gemeinsamen Chart einander gegenüberzustellen.

Dieser Versuch scheitert oft an zwei Punkten: Zum einen sind die Dimensionen der beiden Gruppen oft unterschiedlich, wie im linken Beispiel *oben in Abb. 4.17*. Dann einfach auf zwei unterschiedliche Achsendimensionen zurückzugreifen, scheidet aus *(siehe Seite 136)*. Andererseits helfen absolute Zahlen bei der Frage nach der Entwicklung nicht weiter, nur eine relative Veränderung würde eine sinnvolle Auskunft liefern, also um wie viel Prozent hat sich z.B. der Aktienkurs in einem Zeitraum verändert.

Interaktives Beispiel, wie richtig indexiert wird und wie sich mit verändertem Zeitpunkt der Indexierung die Kurven verändern

cutt.ly/indexieren

Um beide Graphen miteinander vergleichen zu können, wird das Prinzip der Indexierung eingesetzt, d.h., die beiden Kurven werden zu einem bestimmten Stichpunkt jeweils auf 100% gesetzt. Nun lassen sich die Werte, wie *rechts oben* zu sehen, in ihrer Entwicklung miteinander vergleichen und erst jetzt ist zu erkennen, dass sich Firma B sogar besser entwickelt hat als Firma A!

Beim Indexieren passiert jedoch ein häufiger Fehler: Anstatt den Bezug zu eben 100% anzuzeigen, wird der Wert einfach auf »0« gesetzt. Damit entsteht natürlich mehr Platz für die beiden Graphen, aber der Fehler ist gleichbedeutend mit *Seite 156*. Wer die vielleicht im Vergleich zu 100% zu kleinen Veränderungen noch einmal genauer betrachten will, benötigt zunächst ein Referenzdiagramm. Aus diesem lässt sich problemlos herauszoomen, wie in *derselben Abbildung rechts unten* zu sehen ist.

Auch relative Kurven lassen sich indexieren *(Abb. 4.18)*. Hier verhält es sich genauso wie bei absoluten Werten. Im linken Beispiel wird sehr deutlich, wie stark die Entwicklung verborgen wird, wenn die Graphen nicht indexiert sind.

Wichtig ist, zu bedenken, dass auch das Indexieren selbst ein relativer Vergleich ist. Relativ in Bezug auf den Zeitpunkt, der als 100% Ausgangsbasis definiert wird. Je nachdem, welche Entwicklung die Vergleichsgraphen zu diesem Zeitpunkt gerade nehmen, fällt der Vergleich »vorher« und »nachher« unterschiedlich aus. *Auf der rechten Seite* wird das gut deutlich.

Wird der Zeitpunkt (B) gewählt, ab dem sich die beiden Kurven ähnlich entwickeln, sieht der Vergleich deutlich anders aus, als wenn der Zeitpunkt (A) ausgewählt wird, zu dem die Kurven z.B. gerade unterschiedliche Entwicklungen nehmen. Dieser Umstand lässt sich durchaus absichtlich manipulativ einsetzen.

132 ‹ Daten › 136 128 ‹ Manipulation › 136 128 ‹ Zeit › 152

Abb. 4.17

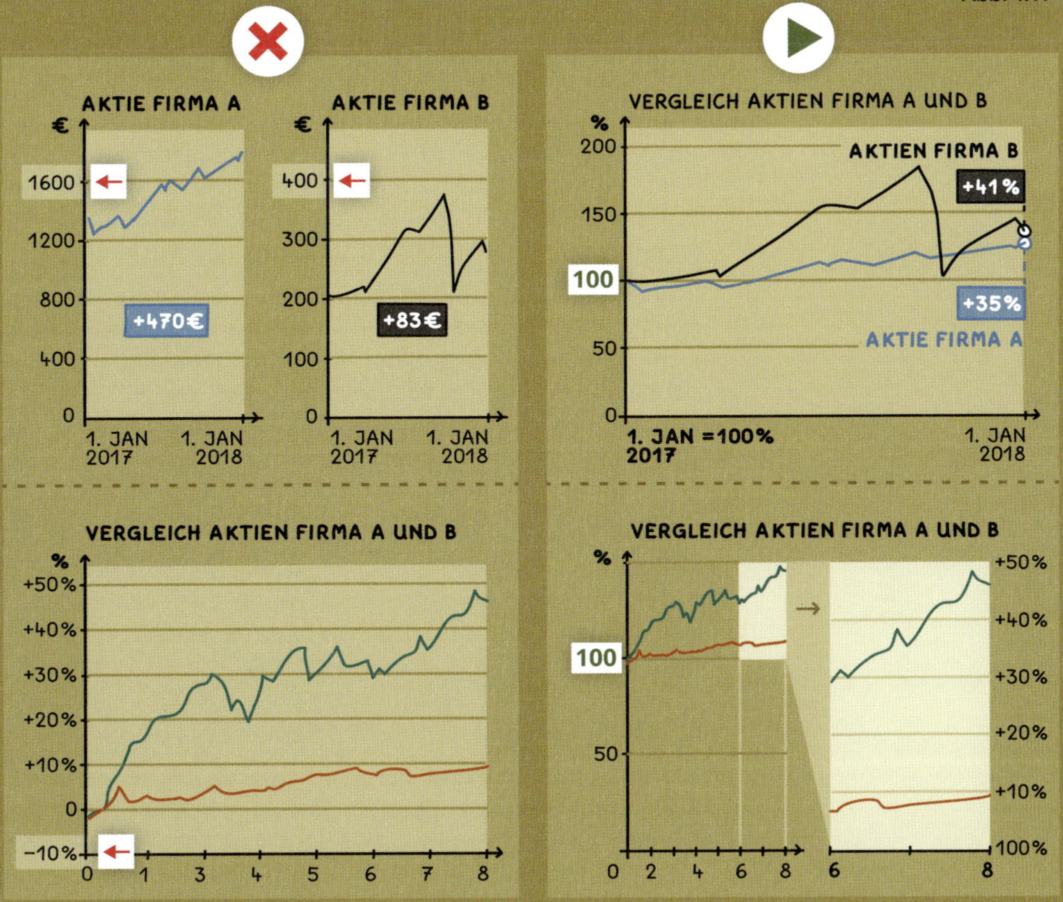

Abb. 4.18

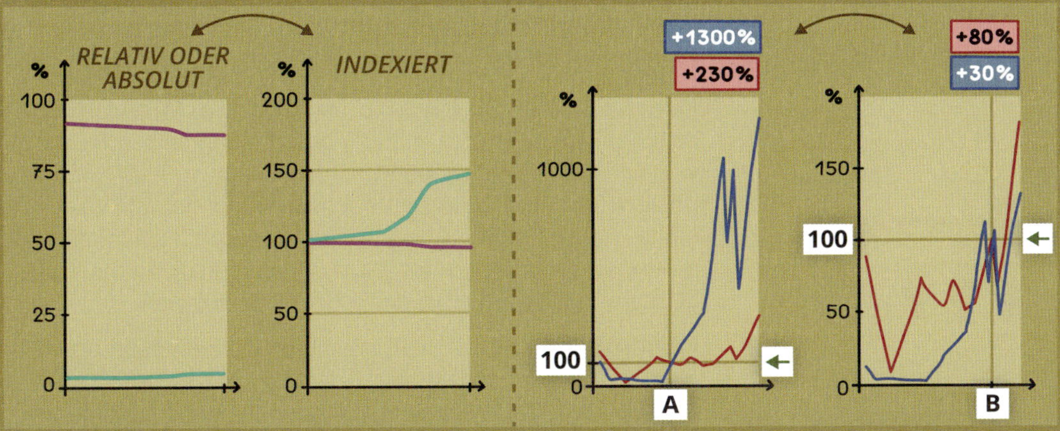

4.11 VERGLEICH ABSOLUTER ZAHLEN

Besonders beim Vergleich von Staatsausgaben wird immer wieder der gleiche Fehler gemacht und die Ausgaben in absoluten Werten mit den Jahren zuvor verglichen *(Abb. 4.19 links)*. Für sich genommen sind diese Darstellungen allerdings ohne Aussagekraft und sogar irreführend, aber warum?

In heutigen Wirtschaftssystemen und -theorien hat sich eine ›natürliche‹ Teuerungsrate (Inflation) durchgesetzt. Dies zieht nach sich, dass für ein und dieselben Waren ein Jahr später in der Regel höhere Preise bezahlt werden müssen, während auch die Steuereinnahmen für den Staat fast automatisch steigen. Bei gleichbleibenden Ausgaben könnten dementsprechend jedes Jahr weniger Waren eingekauft werden. Damit verschiedene Jahre miteinander vergleichbar sind, müssen beispielsweise die Ausgaben um die Inflation ›bereinigt‹ werden *(Abb. 4.19 rechts)*.

In *Abb. 4.21* ist diese stetige Verteuerung durch die Inflation in den USA seit 1949 abgebildet. Der Nachteil ist, dass es nur bedingt aussagekräftig ist, da unbekannt ist, wie viel Geld gleichzeitig zur Verfügung steht (Steuereinnahmen), denn auch diese Menge müsste dann inflationsbereinigt berücksichtigt werden.

Im Fall der Inflationsbereinigung wird dazu oft z.B. ein standardisierter Warenkorb herangezogen (eine Zusammenstellung unterschiedlicher Güter und Dienstleistungen) und geschaut, wie viel dafür in verschiedenen Jahren bezahlt werden musste. Da sich Waren (z.B. Autos, Fernseher oder Handys) stetig in ihrer Leistung verändern, ist das nicht ganz so simpel, aber zumindest eine der bestmöglichen Näherungen *(Abb. 4.21 unten)*.

Wenn nun die verschiedenen Jahre miteinander vergleichen werden, kann die durch die Inflation ermittelte Teuerung in Bezug zu den absoluten Ausgaben gesetzt werden. Das Resultat ist dann gegebenenfalls tatsächlich eine Aussage darüber, ob der Staat wirklich mehr Waren und Dienstleistungen eingekauft hat.

Eine zweite Möglichkeit ist, die Ausgaben an einen anderen Wert zu koppeln, wie in *Abb. 4.20* zu sehen ist. In unserem Beispiel wurden die Militärausgaben direkt in Bezug zum BIP pro Jahr gesetzt, also zur wirtschaftlichen Leistung der US-Volkswirtschaft. Sinnvoll wäre z.B. auch, die Ausgaben an die Staatseinnahmen zu koppeln, je nachdem, was untersucht wird, stehen oft mehrere Möglichkeiten der Relation zur Auswahl.

Inflationsbereinigt oder in Abhängigkeit zu einem anderen Bezugswert, beides schafft eine belastbare Aussagekraft, die mit der absoluten Darstellung der Ausgaben nicht ermöglicht wird.

134 ‹ Daten › 138 134 ‹ Manipulation › 138

Abb. 4.19

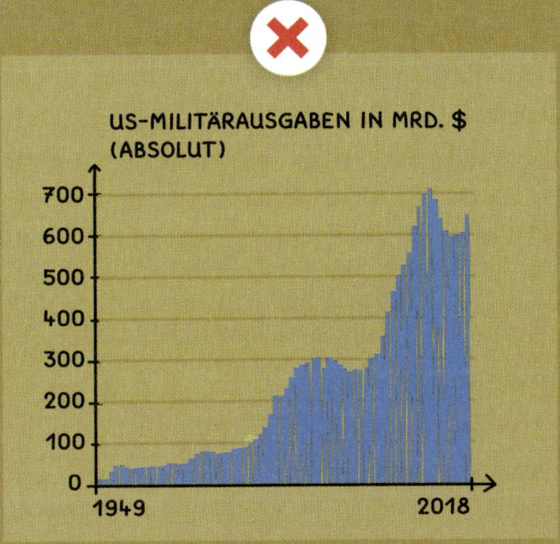

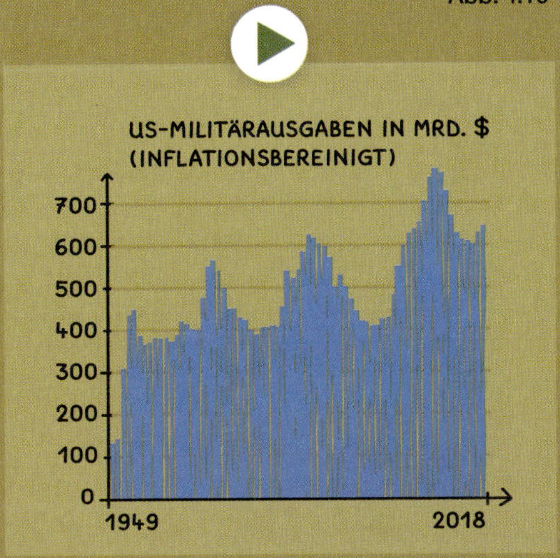

Abb. 4.21

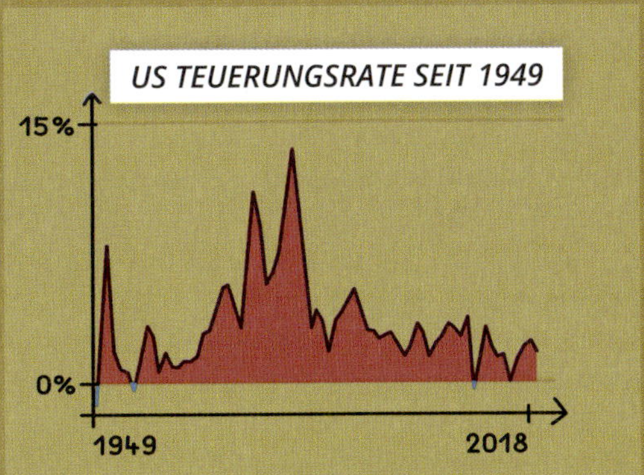

Abb. 4.20

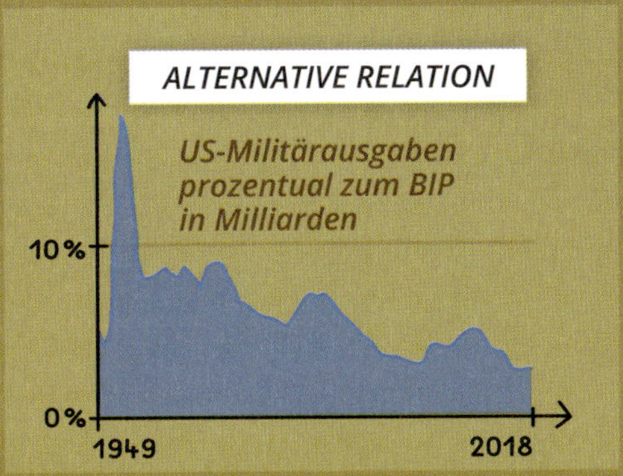

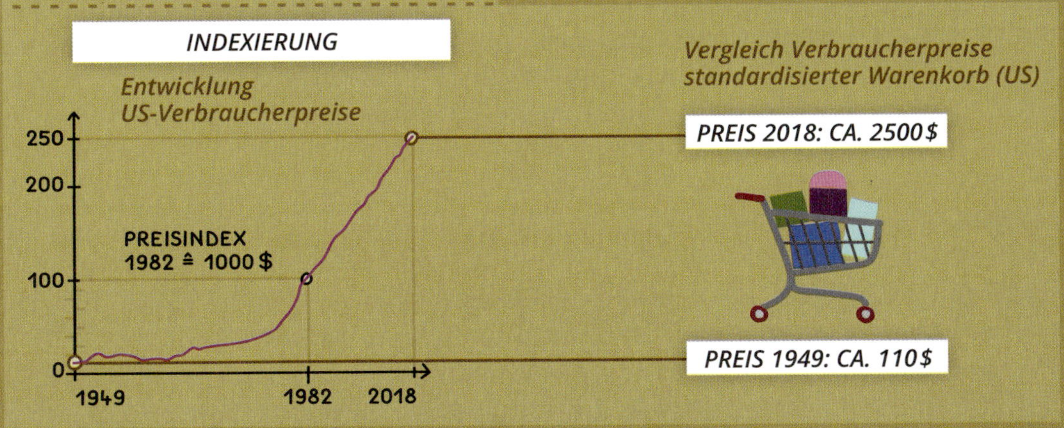

4.12 REPRÄSENTATIVE AUSWAHL

Bei Umfragen und Hochrechnungen wird notgedrungen immer auf eine begrenzt zur Verfügung stehende Datenmenge zurückgegriffen. Beispielsweise ist es schlicht unmöglich, eine gesamte Bevölkerung zu testen oder zu befragen. In diesem Zusammenhang wird dann auf die »repräsentative« Auswahl der Teilmenge verwiesen. Die folgenden Beispiele zeigen die Notwendigkeit, diese Repräsentativität beim Gestalten genau zu hinterfragen.

Mit dem Status »Repräsentativ« sind zwei wesentliche Aspekte verbunden, die es zu überprüfen und darzustellen gilt.

Einmal muss die ausgewählte Gruppe der Gesamtgruppe gleichen, für die sie repräsentativ ist, und sie muss in ihrer Zusammensetzung zufällig sein. Zum anderen bringt jede repräsentative Auswahl eine Fehlerquote mit sich, in der wahrscheinliche Abweichungen mit einer anderen repräsentativen Gruppe auftreten werden. In diesem Bereich sind die Daten also ungenau.

In *Abb. 4.22 oben* sind scheinbar die im Frühjahr 2022 durch Corona-Tests ermittelten repräsentativen Inzidenzen dargestellt.

Zum einen ist das eine Hochrechnung auf alle Gruppenmitglieder, sodass auch hier zumindest eine Fehlerquote genannt sein müsste. Zum anderen sind die Gruppen überhaupt nicht repräsentativ, also gerade nicht zufällig ausgewählt. Getestet werden ja z.B. nur Geimpfte mit Krankheitssymptomen, Erkrankte ohne Symptome können gar nicht erfasst werden. Eine weitere Verzerrung und selektive Auswahl entsteht, wenn sich ggf. nur Ungeimpfte testen lassen müssen, die Zugang zu beschränkten Bereichen wollen, oder wenn Personen mit unbekanntem Impfstatus einfach als ungeimpft eingestuft werden etc. Bei so vielen signifikanten Abweichungen muss dann auf die Unterscheidung verzichtet und das Diagramm wie *rechts* abgebildet werden.

Bei einer Wahlumfrage verhält es sich ähnlich. Hier wird mit annähernd vielen Unsicherheiten gerungen, die sich nicht in präzisen Linien, wie *auf der linken Seite*, niederschlagen dürfen. Die meisten Umfragen basieren auf Festnetzumfragen, aber immer weniger Menschen besitzen einen Festnetzanschluss. Viele wollen gerade extreme Positionen nicht verraten oder verweigern ihre Teilnahme ganz (ca. 20 %), wodurch die Auswahl nicht mehr zufällig erfolgt. Werden die Umfragewerte allein durch die Fehlerquoten ergänzt, zeigt sich, wie unsicher die Aussagen mindestens sind und grafisch auch dargestellt werden müssen.

In *Abb. 4.23* erhöht das falsche Verhältnis zwischen Frauen und Männern die Fehlerquote der Umfrage zusätzlich.

Ausführliche Erklärung zum Thema Meinungsumfragen

cutt.ly/meinungsumfragen

Wie Diagramme zu Meinungsumfragen aussehen müssten – auch wenn selbst diese Beispiele immer noch nicht optimal sind

cutt.ly/poll_1
cutt.ly/poll_2

136 ‹ Daten › 160 136 ‹ Manipulation › 156

Abb. 4.22

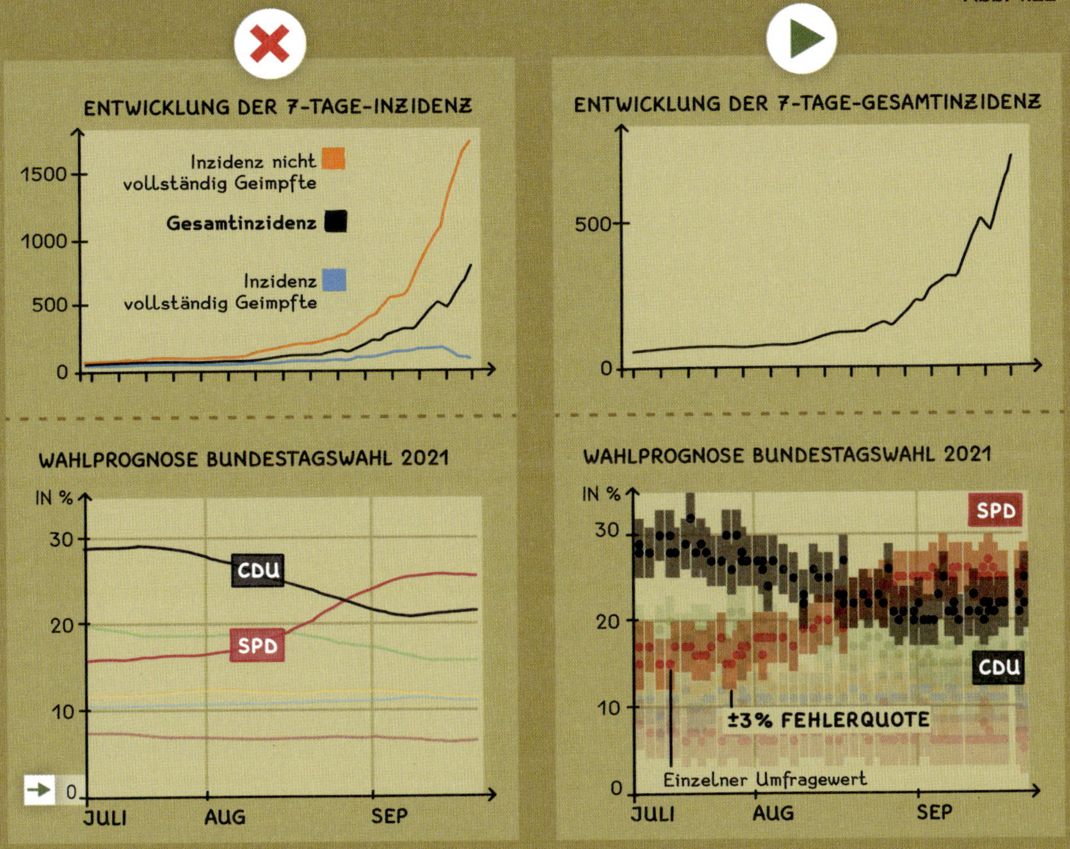

Abb. 4.23

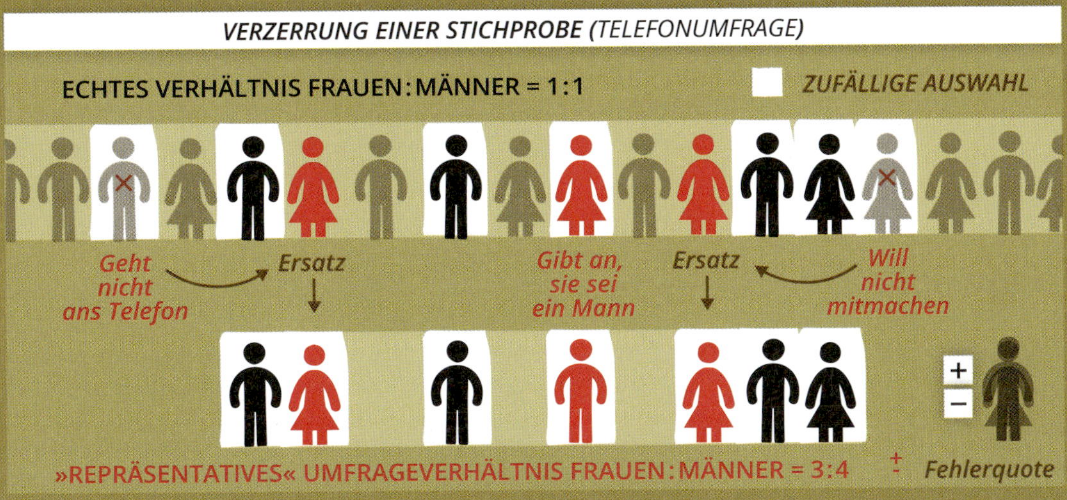

4.13 STATISTISCHE WERTE IN GEOGRAFISCHEN KARTEN

Kartogramm des »The Wall Street Journal« zur US-Wahl 2016

cutt.ly/kartogramm_twsj

und von der »The Washington Post«

cutt.ly/kartogramm_twp

Nach statistischen Werten eingefärbte politische Karten werden als Choropleth-Karten *(Seite 194f)* bezeichnet. So einfach sie auch herzustellen sind, so ungeeignet sind sie dennoch oft, um geografisch-basierte Daten zu visualisieren. Die meisten erhobenen Werte basieren eben nicht auf politisch definierten Regionen, sondern z.B. auf punktuell stark konzentrierten Bevölkerungsverteilungen oder, wie in *Abb. 4.24* zu sehen, auf einem abstrakten Verteilungsschlüssel von Wahlpersonen je Bundesstaat.

Je nachdem, welche Karten-Projektion herangezogen wird, kann das die wirklichen Verhältnisse zusätzlich verzerren. Z.B. überzeichnet die häufig verwendete Mercator-Projektion *(Seite 102)* Gebiete wie Alaska in Größe und Form völlig unrealistisch.

Es empfiehlt sich daher, anstatt einer politischen Karte eher ein Kartogramm zu verwenden und nur zur Orientierung, sozusagen als Locator, die bekannte Kartenansicht dazuzustellen, wenn es nicht darum geht, die geografische Lage von Regionen oder Orten genau zu beschreiben. Im rechten Beispiel geht es ja um die Verteilung der Wahlpersonen, die völlig anders zusammengesetzt wird, als es die Größen der Bundesstaaten implizieren.

In *Abb. 4.25* ist die Verzerrung der Werte im Vergleich der beiden US-Bundesstaaten Alaska und Hawaii am deutlichsten zu erkennen. Während in der politischen Karte die Größe der Fläche von Alaska ungefähr das Hundertfache von Hawaii ausmacht, entsendet Hawaii überraschenderweise 1/3 mehr Wahlpersonen, da es sogar doppelt so viele Einwohner zählt.

Werden beide Visualisierungen einander gegenübergestellt, so fällt auf, dass die Demokraten unter Präsident Obama 2012 zwar mit großem Vorsprung gewonnen haben *(unten rechts)*, in der politischen Darstellung sieht das jedoch komplett anders aus *(unten links)*. Das Auge sieht hier ein verzerrtes Verhältnis von fast 1/3 Vorsprung für die Republikaner als Ergebnis der Wahl.

Kartogramme müssen häufig selbst erstellt werden, es gibt nur selten Vorlagen dafür. Beim Anlegen ist darauf zu achten, dass sich die Lage der einzelnen Elemente (hier Quadrate) so gut wie möglich an der geografischen Lage orientiert, auch wenn das nicht immer gelingen kann. Es erleichtert den Lesern:innen, sich im Kartogramm zurechtzufinden. Wer den Blick auf die stark bevölkerte Ostküste in den USA richtet, dem fällt auf, dass diese im Kartogramm plötzlich sehr viel mehr Platz einnimmt. Es kann daher etwas dauern, bis die beste Verteilung herausgearbeitet ist.

Abb. 4.24

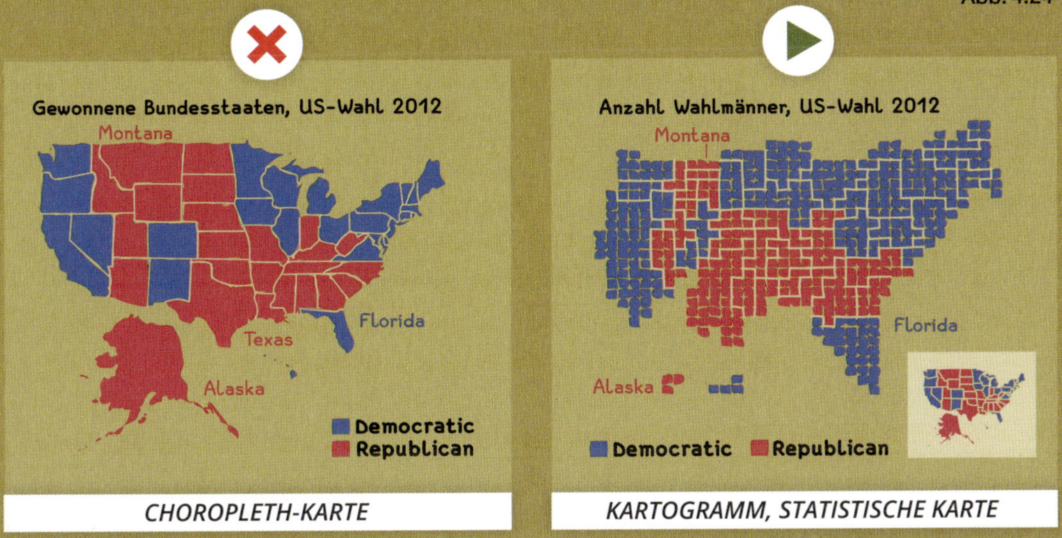

Abb. 4.25

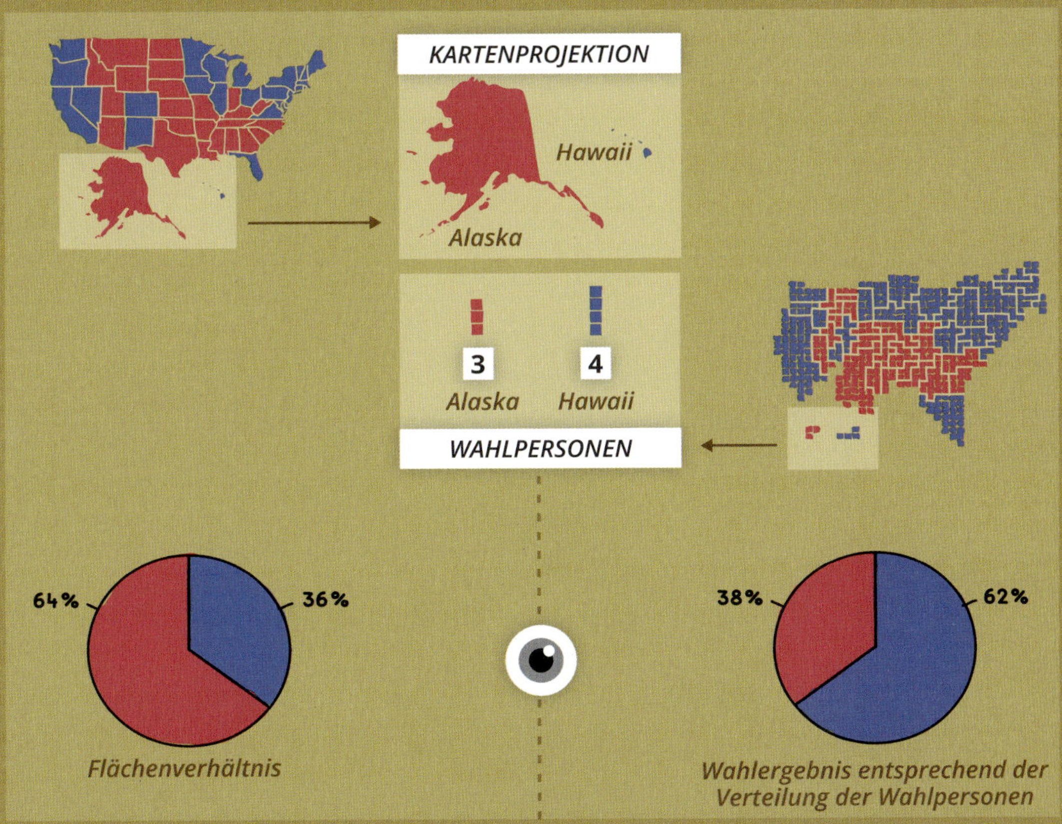

KAPITEL 5

Formale Kriterien

5.1 **Kurz: Die Gestaltgesetze** **144**
5.2 **Leserichtung ohne Nummern** ... **146**
5.3 **Leserichtung mit Nummern** **148**
5.4 **Visuelle Ebenen** **150**
5.5 **Zeitstrahl** **152**
5.7 **Fehlende Visualisierung** **154**
5.8 **Angeschnittene Wertachsen** **156**
5.9 **Logarithmische Skalen** **158**
5.10 **Säulen oder Balken** **160**
5.11 **Säulen mit Zusatzelementen** **162**
5.12 **Unterschiedliche Skalierung** **164**
5.13 **Unterschiedliche Darstellungen** **166**
5.14 **Beschriftungen zuordnen** **168**
5.15 **Zahlenformate** **170**
5.16 **Piktogrammsprache** **172**
5.17 **Piktogramme und Klischees** **174**
5.18 **Informationsträger** **176**
5.19 **(Zu große) Symbole auf Karten** **178**
5.20 **Irritierende Nummerierungen** ... **180**
5.21 **Positionsanzeiger (Locator) richtig einsetzen** **182**
5.22 **Statistische Daten in Karten** **184**
5.23 **Diagramme und Karten** **186**
5.24 **Flächenvergleiche auf Karten** ... **188**
5.25 **Bestimmte und unbestimmte Pins auf Karten** **190**
5.26 **Dichten und Routen in Karten** ... **192**
5.27 **Choropleth-Farbverläufe** **194**
5.28 **Choropleth-Farbabstände** **196**
5.29 **Farbsemantik (Empfinden)** **198**
5.30 **Farbcodes in Tabellen** **200**
5.31 **Farbbezug** **202**

5.1 KURZ: DIE GESTALTGESETZE

In diesem Buch werden des Öfteren die Gestaltgesetze thematisiert oder ausdrücklich darauf Bezug genommen. Daher einmal kurz die wichtigsten Gestaltgesetze zusammengestellt, die vor allem auch in der Infografik zur Geltung kommen. Diese Aufzählung ist nicht abschließend und soll nur bewusst machen, welche grafischen Wirkweisen besonders bei der Visualisierung von Daten auftreten können, um störende und nicht intendierte Effekte beim Gestalten zu vermeiden.

Selbst wenn alle grafischen Regeln eingehalten werden, greift nach wie vor die Willkür der Betrachter:innen: 52 Denkfehler, denen wir jeden Tag wider besseren Wissens erliegen

»Die Kunst des klaren Denkens«

(DTV)

1. **Ähnlichkeit:** Gleiche oder ähnlich aussehende Elemente bilden eine Einheit. Farbe überwiegt alle anderen Eigenschaften wie Größe, Form, Muster, Position.
2. **Nähe (überwiegt Ähnlichkeit):** Nahe beieinanderliegende Elemente werden als zusammengehörig wahrgenommen.
3. **Prägnanz:** Wir nehmen am ehesten die Formen wahr, die wir am einfachsten aus einer Gestalt ableiten können.
4. **Geschlossenheit:** Offene Formen versuchen wir geistig zu schließen und nehmen diese auch eher als geschlossen war.
5. **Kontinuität:** Sobald Linien erkannt werden, folgt das Auge diesen Linien auf dem einfachsten Weg.
6. **Gemeinsames Schicksal:** Dieselben Veränderungen erzeugen eine Einheit und dominieren andere Gestaltgesetze.
7. **Gemeinsame Region:** Elemente in umschlossenen Gebieten werden als zusammengehörig empfunden. Mehrere Gruppenzugehörigkeiten sind möglich; ist stärker als Ähnlichkeit und Nähe.
8. **Verbundenheit:** Verbundene Objekte werden als Einheit wahrgenommen. Mehrere Gruppenzugehörigkeiten sind möglich. Verbundenheit überwiegt Ähnlichkeit und Nähe.
9. **Figur-Grund-Trennung:** Wir versuchen, unser Wahrnehmungsfeld schnellstmöglich in Vorder- und Hintergrund zu trennen, sobald wir ein Objekt erkennen (bes. Weinglas).
10. **Bewegung:** Kontinuierliche Veränderung von Objekteigenschaften entlang einer Linie wird als Bewegung interpretiert.
11. **Erfahrung:** Bekannte Objekte werden auch stark abstrahiert erkannt. Die Wahrnehmung ist jedoch von der Umgebung und der individuell gesammelten Erfahrung abhängig.
12. **Übersummenhaftigkeit:** Die Gesamtheit aller Elemente kann mehr ergeben als die reine Summe der Einzelteile.

54 ‹ Gestaltgesetze › 168 104 ‹ Rezeption › 154 132 ‹ Wahrnehmung › 150

Abb. 5.1

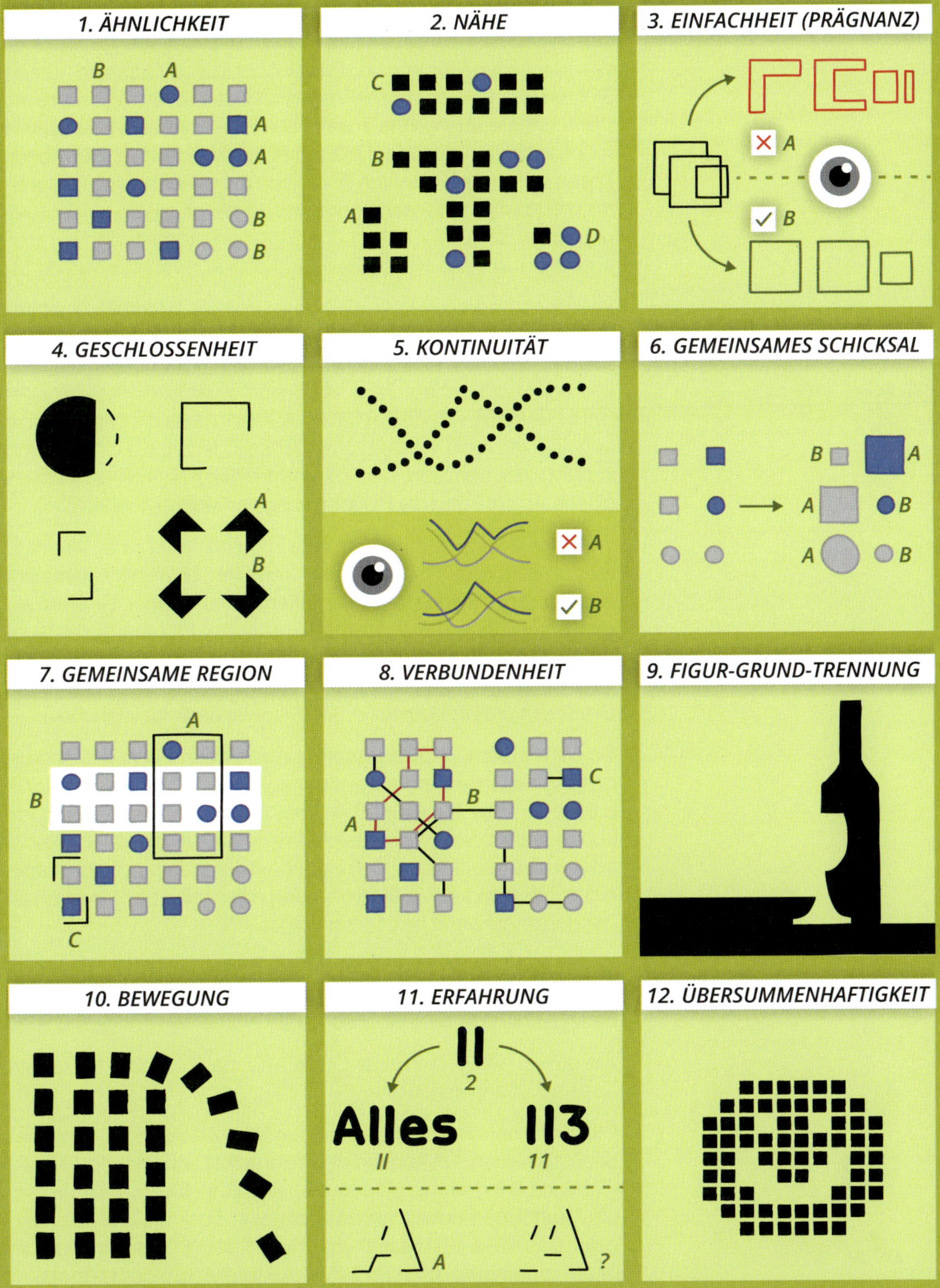

1. ÄHNLICHKEIT
B
A
A
A
B
B
2. NÄHE
C
B
A
D
3. EINFACHHEIT (PRÄGNANZ)
A
B
4. GESCHLOSSENHEIT
A
B
5. KONTINUITÄT
A
B
6. GEMEINSAMES SCHICKSAL
B
A
A
B
A
B
7. GEMEINSAME REGION
A
B
C
8. VERBUNDENHEIT
C
B
A
9. FIGUR-GRUND-TRENNUNG
10. BEWEGUNG
11. ERFAHRUNG
2
Alles
113
II
11
A
?
12. ÜBERSUMMENHAFTIGKEIT

5.2 LESERICHTUNG OHNE NUMMERN

Wer die Leserichtung einer Grafik nicht durch Nummern unterstützen will, kann auch mit Pfeilen arbeiten. Allerdings sollte die Leserichtung auch ohne zusätzliche Elemente so eindeutig wie möglich erkennbar sein. Üblicherweise wandert der Blick beim Lesen in Europa intuitiv von links oben nach rechts unten. Je weiter man sich von dieser Konvention entfernt, desto eindeutiger und klarer sollte der Ablauf angelegt sein, sodass die Betrachter:innen nicht darüber stolpern und dadurch verwirrt werden.

»Hey Jude« der Beatles mit Pfeilen, aber ohne Nummern

cutt.ly/hey_jude

Allerdings bedeutet ›Lese-Richtung‹ in einer Infografik nicht immer, dass die Betrachter:innen von einem bestimmten Punkt aus starten müssen und an einem bestimmten Punkt enden werden. Wo eher hingeschaut wird, lässt sich zwar beeinflussen, aber nicht steuern. Es bedeutet daher vielmehr, dass die Grafik so klar angelegt ist, dass die Betrachter:innen jederzeit die Orientierung in der Grafik behalten, den Zusammenhang überblicken, die logische Abfolge und die Hauptaussage erkennen können.

In *Abb. 5.2* wird deutlich, wie eine Infografik trotz eines klar definierten Farbcodes immer noch komplett unleserlich gestaltet werden kann. Während auf der *linken Seite* in beiden Grafiken ein ziemliches Chaos herrscht – trotz der vielen Richtungspfeile – ist der Aufbau *auf der rechten Seite* mit genau denselben Elementen plötzlich vollkommen klar und selbsterklärend, obwohl die Grafiken nicht die konventionelle Erzählreihenfolge einhalten!

So selbstverständlich die Anordnungen im Ergebnis der Überarbeitung aussehen, so aufwendig kann es manchmal sein, eine solche formale Struktur zu finden. Gerade der Konzeptphase kommt daher eine besondere Aufmerksamkeit zu. Als Grafiker:in lassen sich die tollsten Elemente basteln und visuell ausgestalten, doch wenn die Grundaufteilung oder -idee nicht stimmt, ist der ganze Aufwand fast schon vergeblich.

In der Grafik *oben rechts* konnten die Pfeile zudem noch wesentlich verkleinert werden. Das allein ist bereits ein gutes Zeichen, dass der richtige Weg eingeschlagen wurde. Wir erinnern uns:

»Je größer die Pfeile in einer Grafik sind, desto schlechter könnte das Layout angelegt sein.«

Pfeile müssen aber nicht nur als ergänzende Auszeichnung eingesetzt werden. Oft können die Pfeile selbst als Bestandteil in die Grafik integriert werden, indem sie, wie z.B. in *Abb. 5.3 links unten,* als Plattformen anlegt werden, die sich über die Seite schlängeln. Das wirkt interessant, zeigt gleichzeitig eindeutig, wie die Grafik zu lesen ist, und dient als Strukturelement des Layouts.

110 ‹ Farbe › 154 | 122 ‹ Konzept › 150 | 110 ‹ Lesefluss › 148 | 72 ‹ Pfeile

Abb. 5.2

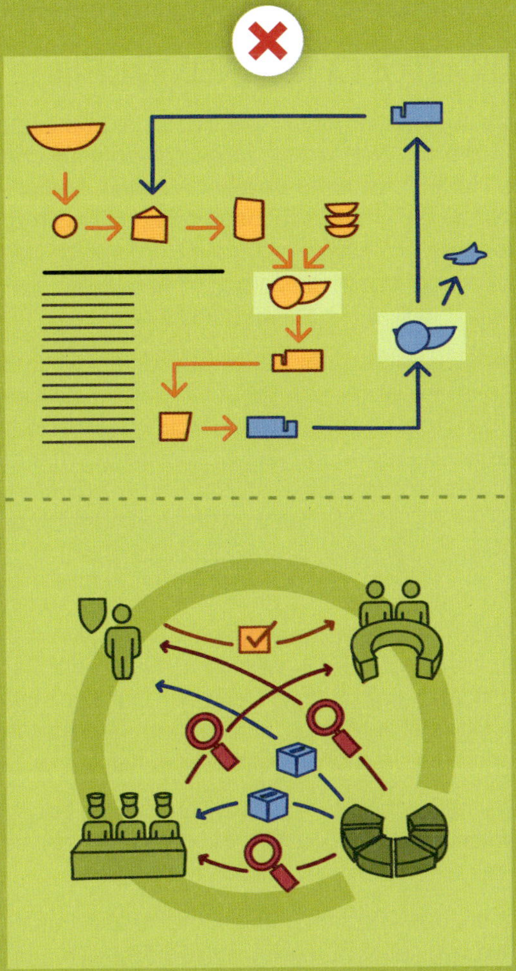

Abb. 5.3

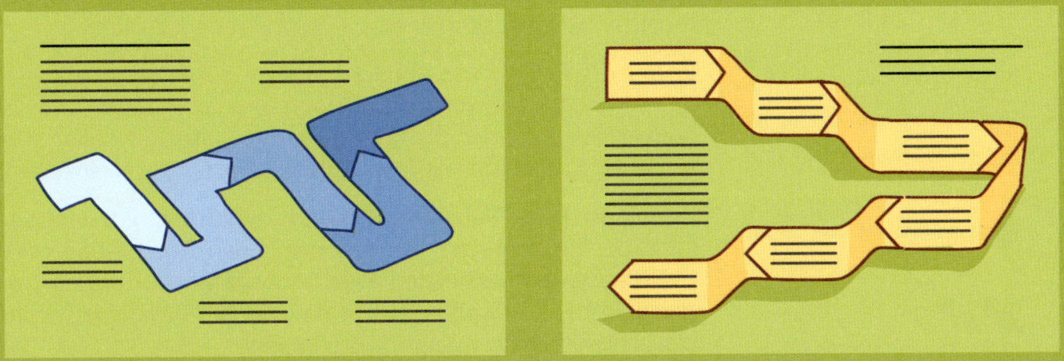

5.3 LESERICHTUNG MIT NUMMERN

Besonders bei der Visualisierung eines Ablaufs oder einer schrittweisen Erklärung sollte viel Wert auf die möglichst einfache und klare Organisation der Einzelschritte geachtet werden. Manchmal benötigt es etwas Zeit, um die richtige Anordnung finden zu können, aber je weniger Ablenkung durch die Suche nach den nächsten Informationen entsteht, desto mehr können sich Betrachter:innen auf den Inhalt der Grafik konzentrieren.

Wenn die Grafik noch in andere Sprachen übersetzt werden soll, hilft ein einfacher Aufbau und eine einfache Leserichtung, da z.B. andere Textlängen leichter integriert, oder, wie im Arabischen, der Aufbau von rechts nach links leichter umgebaut werden kann!

Chaos in der Grafik verursacht automatisch Chaos im Kopf und dieses Chaos zu ordnen, ist für die Betrachter:innen unangenehm. Wir gehen unnötigen geistigen Anstrengungen eher aus dem Weg, die Belohnung (einen neuen Sachverhalt zu verstehen) fällt vergleichsweise niedrig aus. Daher ist eher zu erwarten, dass die Betrachter:innen eine nachlässige Struktur in der Grafik einfach übergehen und sie erst gar nicht weiter anschauen.

Ein der Realität entnommenes, aber abstrahiertes Beispiel sehen wir in *Abb. 5.4*. Ohne dass die einzelnen Elemente an sich verändert wurden, ist die untere Grafik einfach zu lesen, die Betrachter:innen können sich voll und ganz auf den Inhalt konzentrieren. Das obere Beispiel verursacht schon beim Betrachten Kopfschmerzen, denn die Leserichtung ist vollkommen unklar.

Die grünen Pfeile (nicht Bestandteile der Grafiken an sich) zeigen den bestmöglichen Lesefluss an und selbst im besten Fall ist es extrem schwierig, die Grafik *oben* gedanklich zu sortieren.

Am einfachsten ist es, den üblichen und gelernten Leserichtungen zu folgen. Dann beginnt die Erzählung also links oben, hört rechts unten auf und es werden oft nicht einmal Nummern benötigt, denn so lesen wir jeden Tag Texte. Dem Uhrzeigersinn (oder entgegen) können wir auch gut folgen. Darüberhinaus sind zwar auch noch viele andere Erzählflüsse möglich, diese müssen dann jedoch besonders deutlich gekennzeichnet werden. Nur wenn sie leicht nachzuvollziehen sind, richtet sich die ganze Aufmerksamkeit der Leser:innen auf den Inhalt der Grafik.

Im *unteren Beispiel von Abb. 5.5* sind zwei alternative Leserichtungen abgebildet, wobei die eine von links unten startet und die andere sich entgegen dem Uhrzeigersinn aufbaut. Insofern das eindeutig zu erkennen ist, lässt sich das problemlos so anlegen.

Es müssen keine Nummern verwendet werden, um die Reihenfolge der Elemente zu verdeutlichen. Auch Buchstaben oder Pfeile lassen sich einsetzten. Allerdings sollte ein Grundsatz bedacht werden: Je größer die Pfeile in einer Grafik sind, desto schlechter ist diese vermutlich organisiert!

94 ‹ Beschriftung › 152 92 ‹ Erzählreihenfolge › 152 146 ‹ Lesefluss › 170

Abb. 5.4

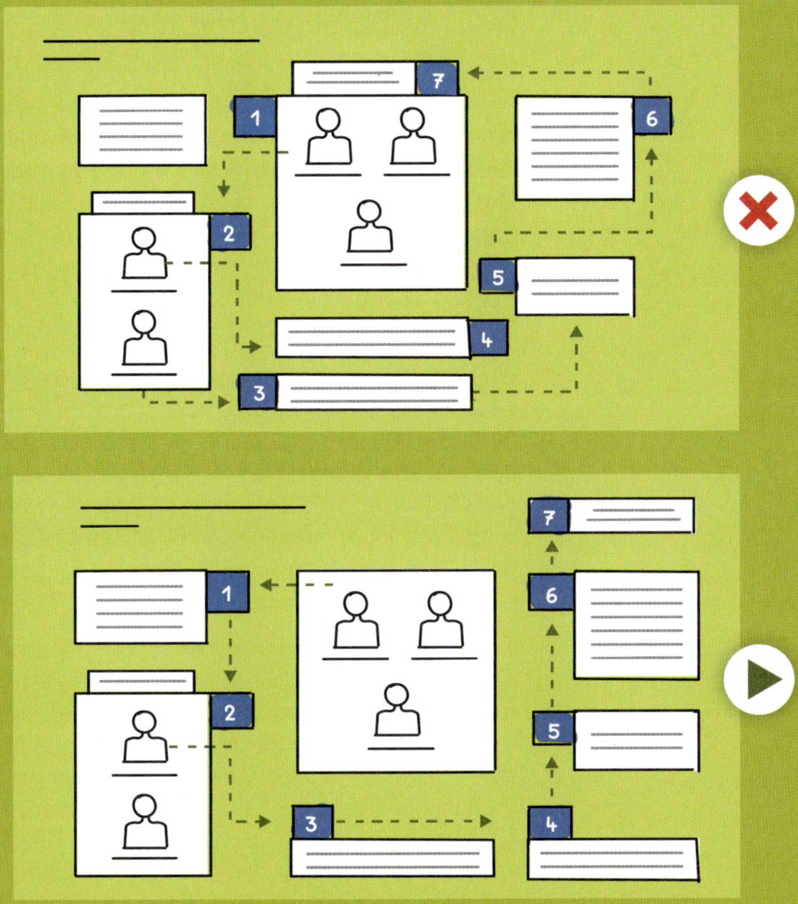

Abb. 5.5

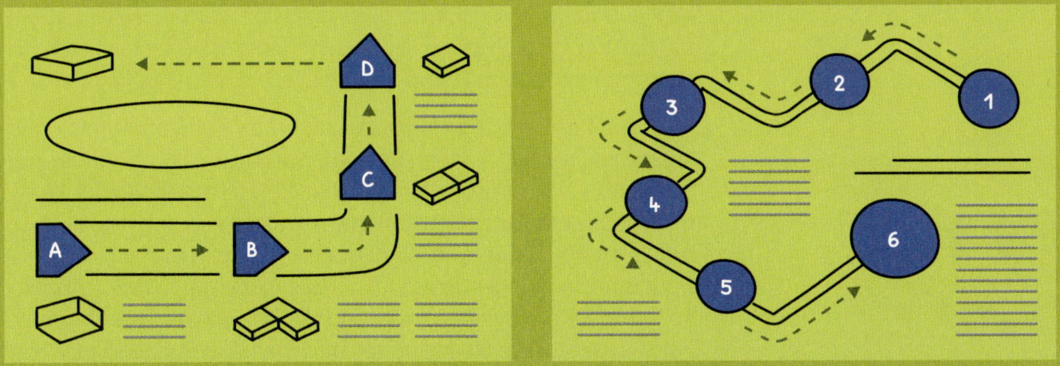

5.4 VISUELLE EBENEN

Informationen können grafisch auf verschiedenen Ebenen angeordnet werden, wodurch sich eine Informationshierarchie ergibt, die den Betrachter:innen hilft, schnell alle Informationen der Hauptaussage zu finden. Auch hier gibt es wieder den Bezug zur Gestalttheorie, in diesem Fall zum Prinzip der Prägnanz oder der Figur-Grund-Trennung. Alle Informationen, die nicht zur Hauptaussage (der Figur) zählen, sollten auf verschiedenen visuellen Ebenen in den Hintergrund treten und eindeutig als z.B. vertiefende Angaben unterscheidbar gemacht werden.

Eine gelungene Informationshierarchie eröffnet den Betrachter:innen so auch die Möglichkeit, dass sie sich leicht in der Grafik ›bewegen‹ können. Sie haben ein hohes Maß an Orientierung und wissen jederzeit, was wichtig, untergeordnet oder nachgelagert ist. In *Abb. 5.6* zeigt die linke Seite, was passiert, wenn diese Hierarchie nicht angelegt wird. Alle Objekte sind annähernd gleich groß und farbintensiv. Um den Leser:innen den Aufbau zu erklären, werden viele und kontrastreiche Pfeile benötigt.

Um eine funktionsfähige Informationshierarchie anzulegen, werden für verschiedene Ebenen eine Reihe formaler Aspekte definiert: die Größe, in der Elemente dargestellt werden, die Farbigkeit, Kontraste oder die Art der Darstellung (z.B. 2D oder 3D). Diese Aspekte entscheiden, auf welcher visuellen Wahrnehmungsebene sich ein Element später einordnet. Die wichtigste Eigenschaft ist sicherlich die Größe eines Objekts. Je größer es ist, desto mehr drängt es die Anderen automatisch zur Seite und sich selbst in den Vordergrund. Ein hoher farblicher Kontrast und eine aufwendige Gestaltungstechnik (z.B. als detailreiches 3D-Rendering) zahlen auf diese Hervorhebung ebenfalls ein. In *Abb. 5.7* wird das als »1. Visuelle Ebene« bezeichnet.

Zusatzinformationen, wie z.B. Funktionsbeschreibungen, austauschbare Features oder Größenvergleiche, würden nun viel kleiner und grafisch reduzierter umgesetzt werden. Beispielsweise wären diese Grafiken als zweidimensionale Linienzeichnungen angelegt und mit maximal zwei Farbtönen eingefärbt.

Kommentare, erklärende Prozessschritte, Zeitabläufe oder Einsatzmöglichkeiten wären dann Informationen, die auf einer dritten Ebene angeordnet wären. Diese könnten beispielsweise nur noch in einer Farbe oder farblos angelegt sein, sie wären nicht mehr liniert, sondern flächig gestaltet und mit noch kleinerer Schriftgröße ausgewiesen. So lässt sich die Grafik mühelos schrittweise erschließen, während die Betrachter:innen zu jedem Zeitpunkt genau wissen, wo sie sich thematisch befinden.

68 ‹ Informationshierarchie 146 ‹ Konzept 144 ‹ Wahrnehmung › 156

Abb. 5.6

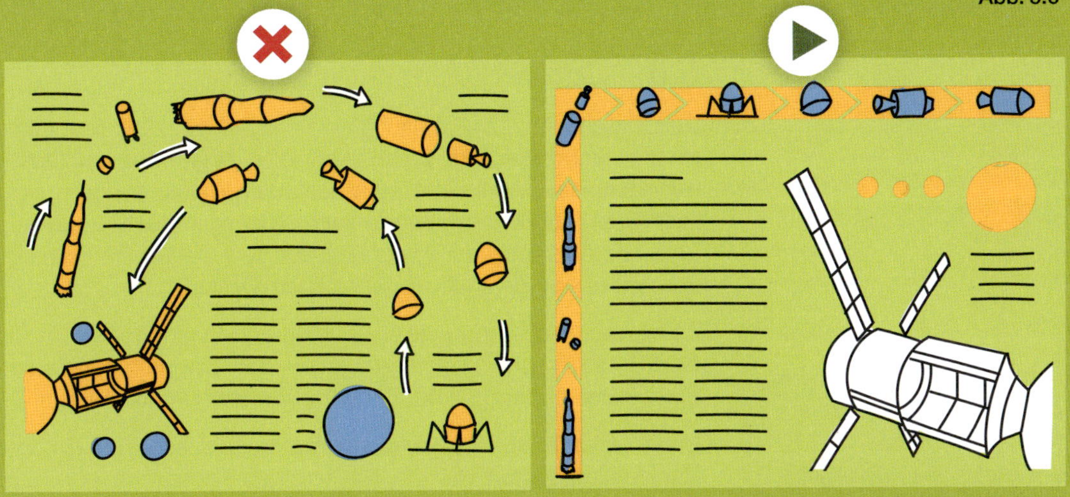

Abb. 5.7

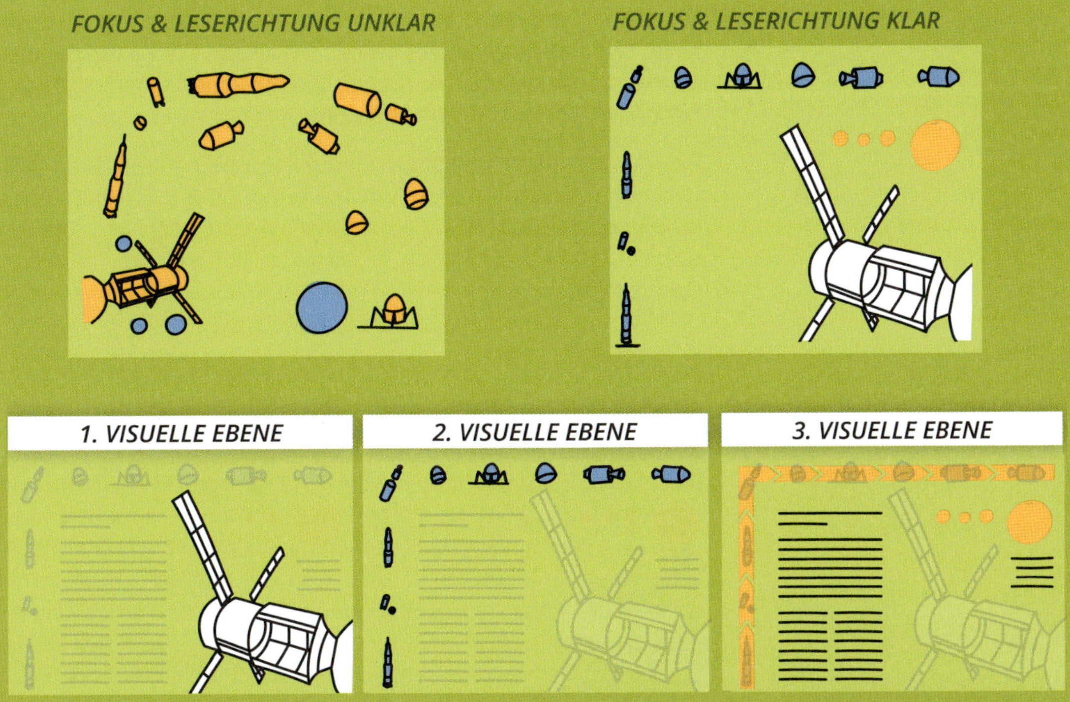

Die Hauptinformation ist kontrastreich und groß

Zusatzinformationen mit einem einfachen Farbcode (maximal 2 Farben) und wesentlich kleiner dargestellt

Hintergrundinformationen mit sehr wenig Farbe oder farblos und sehr klein

Ein komplexes Zeitband typografisch perfekt umgesetzt. Eine Kombination aus Stapeldiagramm und Heatmap (von Suren Makkar)

cutt.ly/zeitband

5.5 ZEITSTRAHL

Der zeitliche Ablauf gibt häufig eine mögliche Erzählreihenfolge einer Visualisierung vor. Diese wird oft an einem Zeitstrahl festgemacht, der dabei nicht linear verlaufen muss, sondern sich auch über das Blatt schlängeln kann. Wichtig ist dabei dann nur, dass die Abstände der Ereignisse auf dem Zeitstrahl weiterhin den zeitlichen Abständen entsprechen müssen!

Es ist ungünstig, wenn die Zeitpunkte anders angeordnet sind, als z.B. die Beschriftungen gelesen werden. Dadurch gerät auch die zeitliche Ordnung in der Erinnerung leicht durcheinander.

Daher ist es für die Betrachter:innen wichtig, dass sie die richtige Reihenfolge so gut wie möglich erahnen können. In *Abb. 5.8* sind zwei Möglichkeiten abgebildet, wie Missverständnisse umgangen werden können. Zunächst ist es von Vorteil, wenn der Zeitstrahl grafisch an sich nicht dasselbe Aussehen hat wie die Zuführungen der Beschriftungen. Das kann bereits durch eine andere Farbigkeit erreicht werden, damit sich Strukturelemente, Zeitpunkte und Informationen klar voneinander trennen. *Oben links* wird die Reihenfolge dadurch visuell verändert, dass Texte und Bilder auf unterschiedlichen Seiten der Zeitmarke angeordnet werden können, sodass die optische Reihenfolge wieder der zeitlichen Abfolge entspricht.

Es erfordert manchmal etwas Geduld, um die bestmögliche Verteilung zu finden, vor allem wenn drei oder mehr Ereignisse auf sehr engem Raum zusammentreffen. Auf keinen Fall sollte jedoch versucht werden, wie im mittleren Beispiel, die Zuführungen seitlich zu verlängern. So verlieren sie noch mehr die Verbindung zum eigentlichen Zeitpunkt des Ereignisses.

Eine Idee besteht darin, statt einer Linie als Basis für den Zeitstrahl diesen mit eine Art ›Zeitband‹ zu ersetzen. Bei Zeitstrahlen sind die Zuführungen oft den Beschriftungen im Weg.

Bei einem ›Zeitband‹ kann dezent im Hintergrund ein Zeitraster angelegt und so auf die störenden Zuführungen verzichtet werden. Das benötigt kein bisschen mehr Raum im Layout, eröffnet dafür aber die Möglichkeit, die Zeitpunkte flexibler zu platzieren und auf die störenden Zuführungen zu verzichten, die die Verteilung an einer Linie so schwierig machen. Aber auch hier muss die visuelle Reihung dem Verlauf der Zeitpunkte entsprechen.

In *Abb. 5.9* wird das noch einmal verdeutlicht. Während *links* die Wahrnehmung der Ereignisse von der zeitlichen Abfolge abweicht, bleibt diese Reihenfolge *auf der rechten Seite* auch visuell erhalten, das Zeitband ist wesentlich leichter zu lesen.

Abb. 5.8

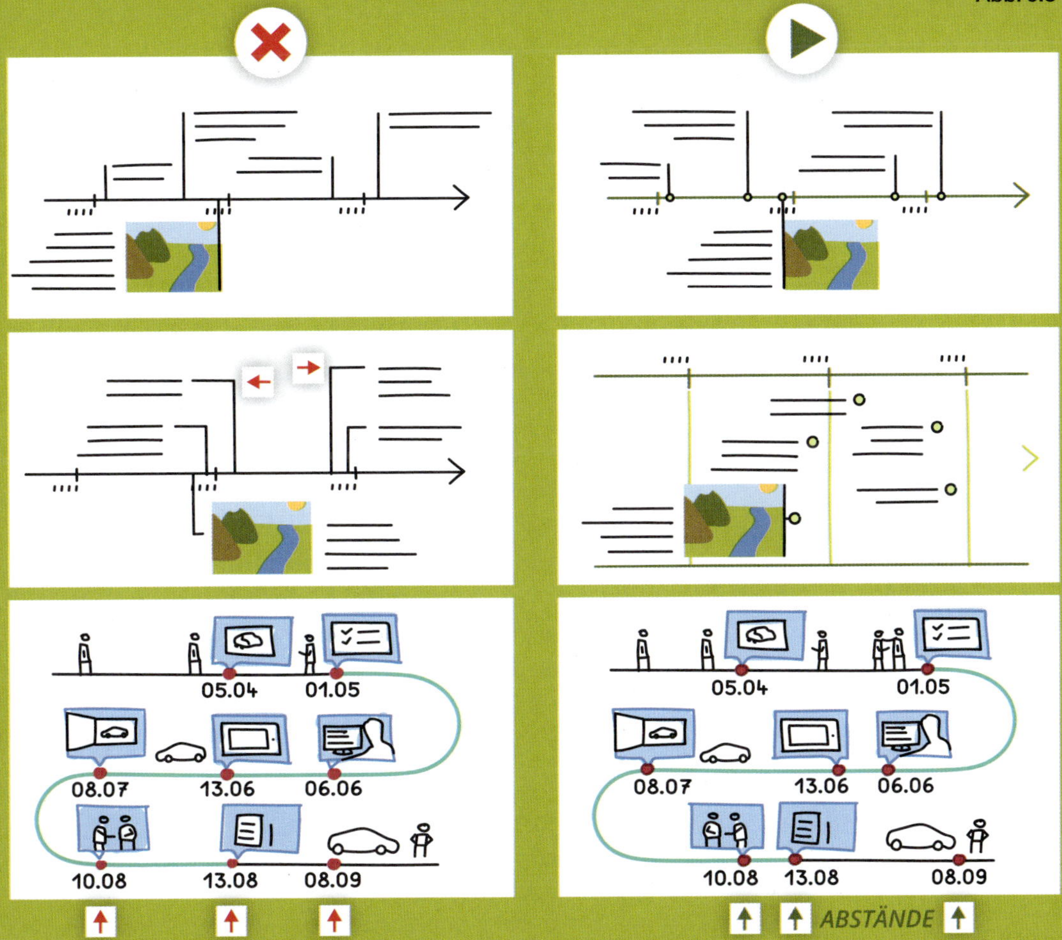

05.04
01.05
08.07
13.06
06.06
10.08
13.08
08.09
05.04
01.05
08.07
13.06
06.06
10.08
13.08
08.09
ABSTÄNDE

Abb. 5.9

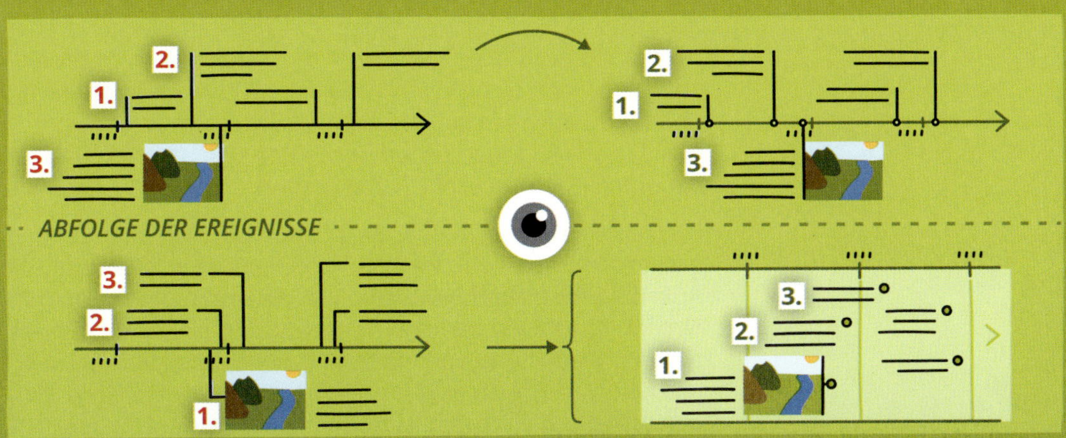

1.
2.
3.
ABFOLGE DER EREIGNISSE

5.6 FEHLENDE VISUALISIERUNG

In den Weiten des Internets finden sich unzählige sogenannte ›Infografiken‹, deren einzige Gemeinsamkeit mit diesem Begriff die Verwendung möglichst vieler Zahlen auf einer möglichst kleinen, grafisch gestalteten Fläche ist. Die reine Kombination von Zahlen und Illustrationen stellt aber noch keinen visuellen Mehrwert dar, solange die grafischen Elemente nicht genutzt werden, um die verborgenen Relationen auch optisch zu übersetzten.

Die Illustration wird selbst zur Visualisierung (von Raj Kamal)

cutt.ly/visualisierung

Nicht selten passiert es unbewusst dabei sogar, dass die grafischen Elemente die Zahlen auch noch optisch verfälschen, da unser Verstand selbstständig versucht, eine Verbindung zwischen räumlich benachbarten grafischen Elementen und Zahlen herzustellen. Das bedeutet, dass alle Elemente von uns sofort als Träger konkreter Informationen interpretiert werden, sobald sich Zahlen und Text mit grafischen Objekten mischen.

Wenn Flächen wie in *Abb. 5.10* nur als Schmuckelemente eingesetzt werden, entstehen aber nicht nur gefährliche Fehlinterpretationen. Was nicht passt, versucht das Gehirn leider auch ungefragt passend zu machen, um kognitive Dissonanzen, also inhaltliche und visuelle Widersprüche, so schnell wie möglich aufzulösen. Im *oberen linken* Beispiel sieht das Auge z.B. ›Balken‹, die nur dazu gedacht sind, die Parteien mit ihren korrespondierenden Parteifarben zu hinterlegen. Da die Farbbalken aber sehr massiv sind, sich so in den Vordergrund drängen und diesen auch noch eindeutige Werte zugeordnet sind, interpretiert das Gehirn umgehend, dass die grafischen Objekte Visualisierungen wären, und schließt irrtümlich daraus, dass die Größe der Balken diese Werte dann wohl auch repräsentieren würde.

Dies lässt sich darauf zurückführen, dass optische Informationen wesentlich schneller im Gehirn verarbeitet werden (können) als abstrakte Zahlen. Bilder werden von unserem Verstand aber gleichzeitig auch als zuverlässiger und vertrauenswürdiger eingestuft. Kommt es nun zum Widerspruch zwischen Zahlenwert und Bild, wird zunächst das Bild als Bezugspunkt herangezogen. Die tatsächlichen Zahlen werden bei den meisten Leser:innen vom Gehirn also einfach übergangen.

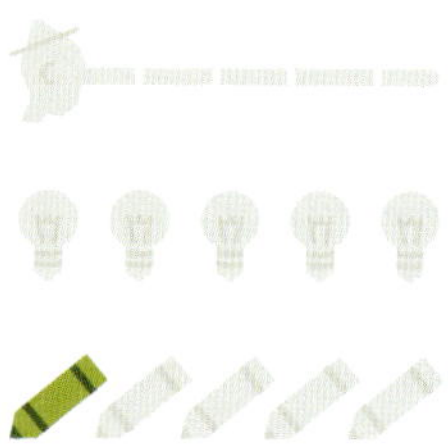

Im *unteren* Beispiel wurde die Möglichkeit, die Informationen schnell erfassbar zu machen, dagegen ›nur‹ versäumt. In *Abb. 5.11* wird deutlich, wie eine Visualisierung sofort weiterhilft. *Rechts unten* kann das Gehirn anhand nur einer Zahl fast alle anderen Werte bereits antizipieren! In der Originalgrafik *links* sehen alle Werte gleich groß aus. Es ist trotz vieler grafischer Elemente mühsam, sich die Relationen zu erschließen.

146 ‹ Farbe › 162 102 ‹ Flächen › 194 144 ‹ Rezeption › 158 108 ‹ Visualisierung

Abb. 5.10

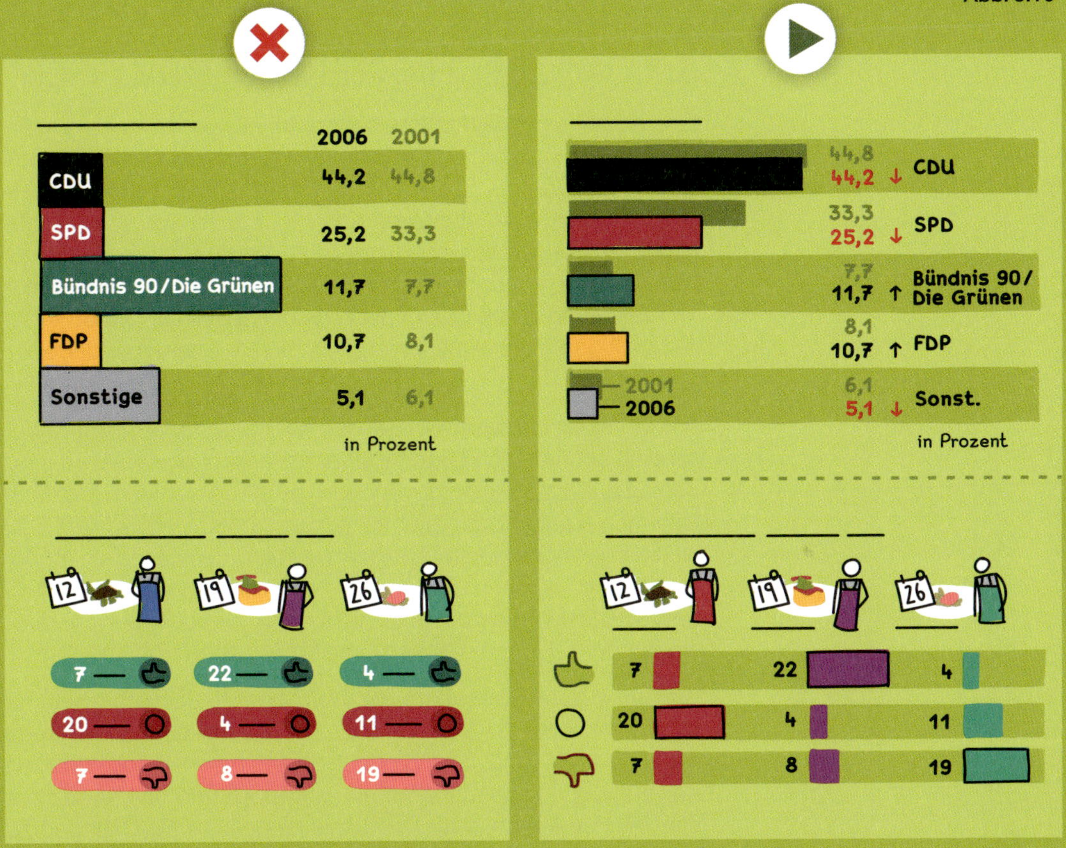

Abb. 5.11

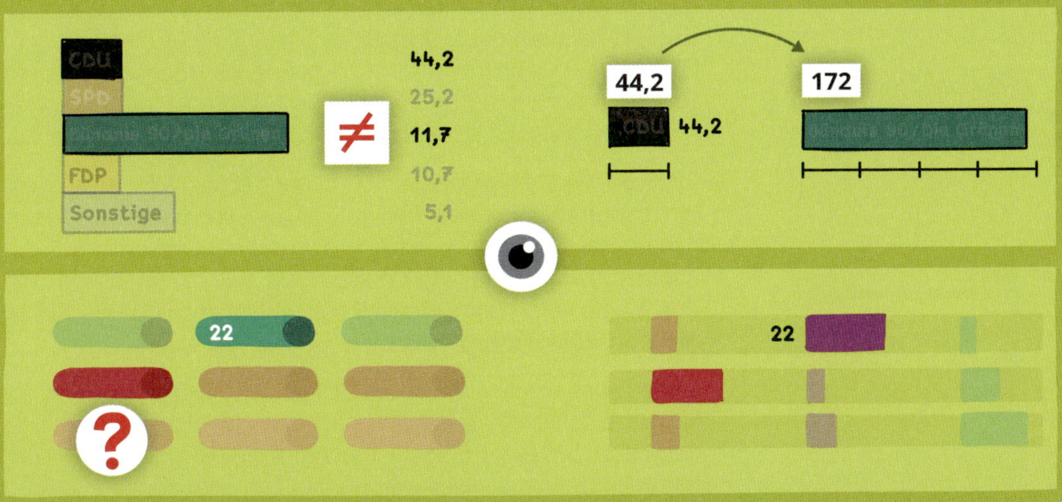

5.7 ANGESCHNITTENE WERTACHSEN

Eine einfache und verlockende Möglichkeit, um ›zu kleine‹ Unterschiede in Diagrammen hervorzuheben, scheint das Beschneiden der Wertachse zu sein. Mit einem Klick wird aus einer langweiligen Linie eine interessante Kurve, die oft schier Unglaubliches zu belegen scheint. Leider tritt dieses Phänomen immer wieder ausgerechnet im journalistischen Umfeld auf. Eine einfache Erklärung ist hier dann auch recht schnell zur Hand: »Aber die ›richtigen‹ Zahlen stehen doch direkt am Diagramm dabei!«

Generell lässt sich zum einen feststellen, dass das Gehirn aufgrund seiner historischen Genese bildhafte Informationen wesentlich schneller und nachhaltiger als geschriebene Worte und Zahlen aufnimmt, und zum anderen gilt: Wenn es keinen großen Unterschied gibt, dann gibt es keinen großen Unterschied! Das ist die eigentliche Nachricht. Wenn sich aus den Daten ein großer Unterschied ableiten lässt, dann muss eben genau diese Ableitung visualisiert werden, aber nicht die dafür nur indirekt verantwortlichen Zahlen, die diesen Unterschied eben nicht belegen.

Was aber geschieht, wenn die Wertachse beschnitten wird, ist sehr gut in *Abb. 5.13* verdeutlicht. Die eigentliche Visualisierung der Daten, die Zahlen leichter zugänglich machen soll, wird von den zugrunde liegenden Werten entkoppelt und das Auge sieht ein völlig anderes Größenverhältnis, als es die Beschriftung zu beschreiben versucht. Ein Widerspruch in der Wahrnehmung, den das Gehirn nicht auflösen kann. Testen Sie selbst, was passiert. Schauen Sie sich das Diagramm *links unten* kurz an, schließen Sie die Augen und versuchen Sie wiederzugeben, welches Bild Sie im Kopf haben. Sprechen Sie sich noch einmal vor, dass es sich um das Verhältnis 42 zu 48 handelt und überprüfen sie das Bild noch einmal, an das Sie sich erinnern? Es bleibt bei dem Bild, das ein Verhältnis von 1:3 zeigt. Kognitiv können Sie dieses Bild leider nicht mehr ändern. Der Test wird noch prägnanter, je mehr Tage zwischen Betrachtung und Erinnerung vergehen.

Eine von vielen Möglichkeiten zur Lösung dieses Problems ist es, die ursprünglich unverzerrte Grafik abzubilden und einen Teilbereich herauszuzoomen. Jetzt wird zum einen weiterhin der Zusammenhang der Zahlen bewahrt und gleichzeitig lassen sich durch eine vergrößerte Darstellung die Unterschiede deutlicher machen, wie in *Abb. 5.12 auf der rechten Seite* zu sehen ist.

Es hilft auch nicht, wenn auf der linken Seite des Diagramms ein kleiner Schnittblitz eingezeichnet wird. Das mag zwar eine freundlich gemeinte Entschuldigung der Grafiker:innen im Vorfeld sein, die Verhältnisse werden dadurch aber nicht korrigiert.

152 ‹ Beschriftung › 158 138 ‹ Manipulation › 164 25 ‹ Wahrnehmung › 34

Abb. 5.12

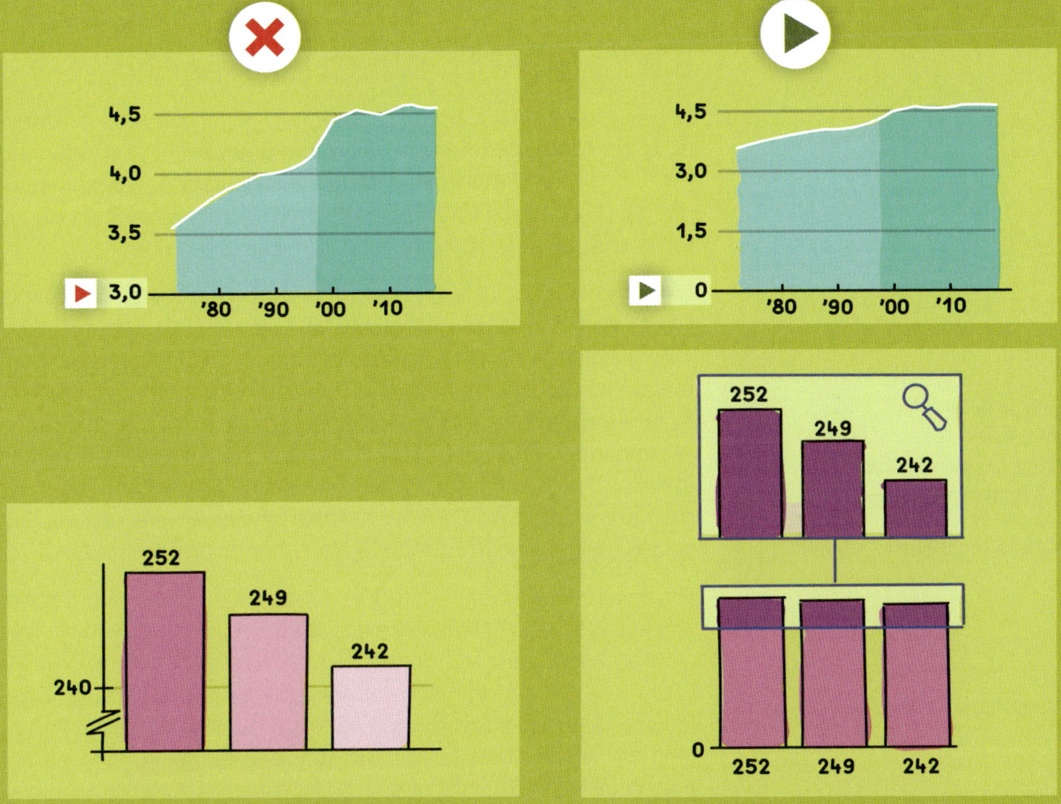

Abb. 5.13

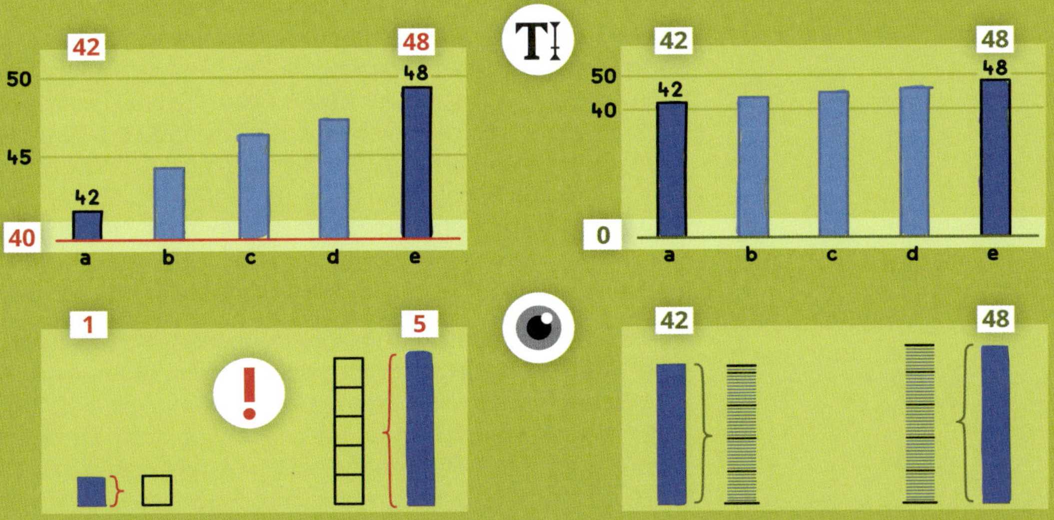

5.8 LOGARITHMISCHE SKALEN

Logarithmische Skalen in Diagrammen stiften oft starke Verwirrung. Im Alltag sammelt kaum jemand bewusst Erfahrungen damit. Und wenn Expert:innen darauf zurückgreifen, vergessen sie oft, die Diagramme für ihre Leser:innen so zu gestalten, dass die Kernaussage daraus auch direkt kommuniziert wird.

Das Grundproblem ist: Die meisten Menschen können logarithmische Skalen oft nicht interpretieren:

cutt.ly/logarithmus_verstehen

Noch ein wichtiger Hinweis: Logarithmische Skalen fangen nie bei »0« an.

In *Abb. 5.14 links* ist ein typisches Diagramm mit logarithmischer Wertachse zu sehen. Obwohl die Überschrift andeutet, eine »Verdopplung« zu visualisieren, ist das im Diagramm durch unterschiedliche Beschriftungsfehler unkenntlich gemacht. Die erste Irreführung besteht darin, die Leser:innen mit der absoluten »Anzahl« der Produkte allein zu lassen. Das schickt sie bereits auf eine falsche Fährte, denn eine absolute »Anzahl« erwartet man automatisch in Form einer linear skalierten Wertachse. Dagegen stellen logarithmische Skalen eher relative Werte dar.

Die zweite Irreführung besteht in der angekündigten »Verdoppelung« in der Überschrift, die im Diagramm unsichtbar wird. Was sichtbar wird, sind standardmäßig z.B. die Schritte »10«, »100« und »1000«, die damit scheinbar nichts zu tun haben und dass jeweils die Hälfte davon ungewöhnlich auf der Wertachse markiert ist. Auch wenn es korrekt angelegt ist, so können es nur Expert:innen selbst interpretieren. Also was ist zu tun?

Oben rechts handelt sich um exakt dieselbe Darstellung, nur mit einer anderen Beschriftung. Zunächst impliziert bereits der Hinweis »Wachstum« im Diagramm, dass es sich gerade nicht um eine lineare Betrachtung absoluter Werte handelt. Der weit wichtigere Schritt besteht jedoch darin, dass die Wertachse in ihren beschrifteten Schritten die Überschrift visuell einlöst. Anstatt sie wie *links* in mathematischer Weise zu beschriften, werden nun die Achsenwerte hervorgehoben, die eine Verdoppelung in der Nähe der eingetragenen Werte beschreiben. Die grün gestrichelte Linie im Hintergrund unterstützt das zusätzlich, indem die »Verdopplung« so auch noch in der Diagrammfläche verortet wird. Das Raster könnte man belassen, regelmäßig abgeändert entsteht die Verwirrung für die Betrachter:innen durch die logarithmische Aufteilung aber erst gar nicht mehr! Die Hervorhebung eines beispielhaften Zeitraums trägt weiter zum Verständnis bei.

In *Abb. 5.15* werden die Unterschiede linearer und logarithmischer Wertachsen deutlich. Lineare Skalen können ein explosives Wachstum nicht mehr darstellen. Kleine Werte gehen ›unter‹, große Werte steigen scheinbar immer noch sehr stark an, selbst wenn das Wachstum fast stagniert. *Rechts* sieht man diese eintretende Stagnation der Vermehrung auf den ersten Blick.

156 ‹ Beschriftung › 160 140 ‹ Diagramme › 160 154 ‹ Rezeption › 166

Abb. 5.14

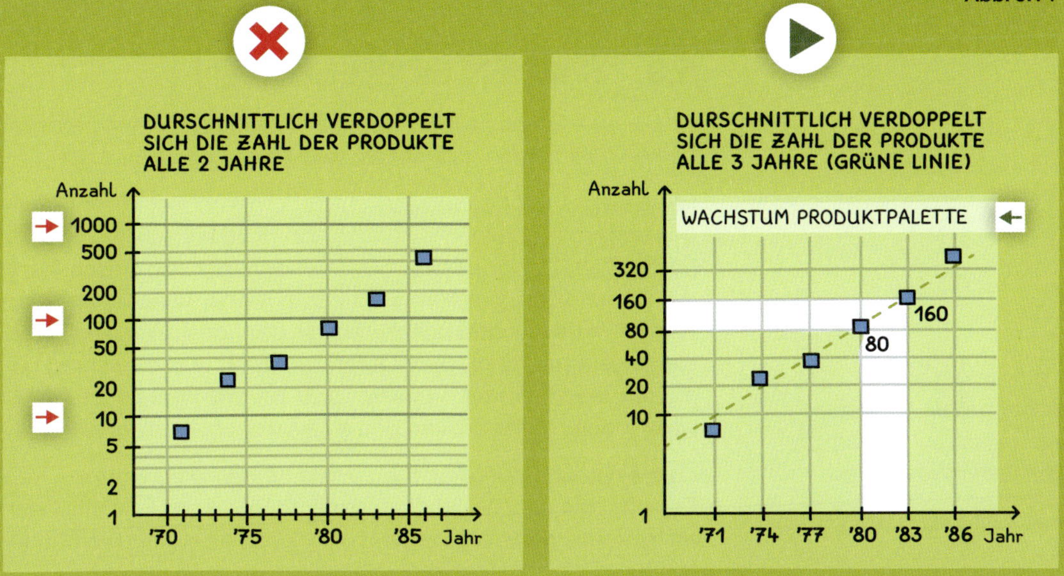

Abb. 5.15

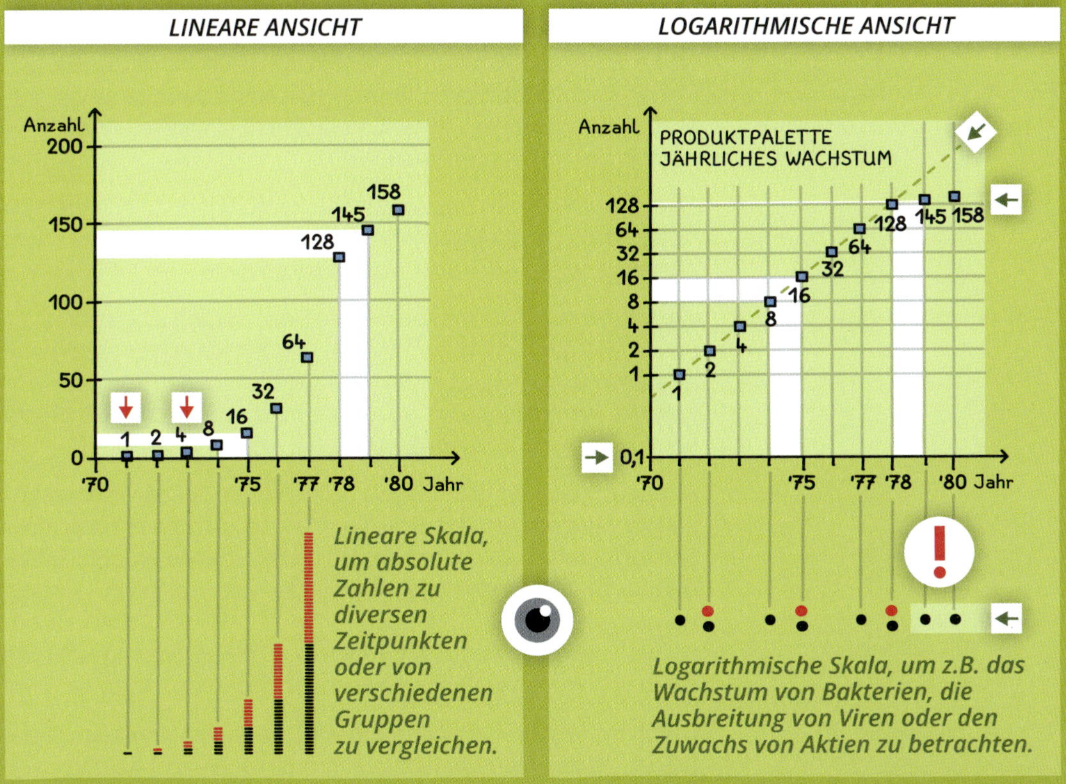

5.9 SÄULEN ODER BALKEN

Eine simple Frage stellt sich immer wieder kurz: Nimmt man nun Balken oder Säulen und gibt es dafür feste Regeln?

Feste Regeln gibt es tatsächlich nicht, nur robuste Empfehlungen und diese schauen wir uns in *Abb. 5.16* kurz an. Nur in ganz besonderen Design-Ausnahmefällen lässt sich die Beschriftung der Säulen schräg stellen. Wird z.B. mit einer künstlichen Perspektive im Layout gearbeitet, kann es sein, dass sich dieses Gestaltungsprinzip dann auch aufgreifen lässt, und die schräg gestellten Beschriftungen passen sich perfekt ins Layout ein. In allen anderen Fällen sollten Säulen als Balken angelegt werden.

Balken und Säulen lassen sich manchmal auch kreativ ganz anders einsetzen.

cutt.ly/balkenersatz

Zum einen steht deutlich mehr Platz für das Diagramm zur Verfügung, zum anderen können sogar mehrzeilige Beschriftungen an Balken angebracht werden, ohne dass es störend wirkt oder die Zuordnung einschränkt.

Während sich Balken daher eher für qualitativ unterschiedliche Gruppen eigenen, sind Säulen unbedingt anzuwenden, wenn es sich um einen sequenziellen, z.B. zeitlichen Verlauf handelt.

Wir verbinden mit der Anordnung links und rechts eher »vorher« und »nachher«. Begriffe wie »oben« und »unten« passen weder semantisch zu zeitlichen Dimensionen noch inhaltlich. Es gibt keinen nachvollziehbaren Grund, warum es dann plötzlich grafisch angebracht sein sollte. Es entspricht einfach nicht der Perzeption der Betrachter:innen.

Selbst bei zeitlichen Betrachtungen kann es jedoch schnell passieren, dass der zur Beschriftung benötigte Platz bei Säulen nicht ausreicht, wie in *Abb. 5.17 auf der linken Seite*.

Anstatt dann gar in eine senkrechte Beschriftung zu verfallen, die so gut wie gar nicht mehr gelesen werden kann (vor allem nicht an Bildschirmen), lassen sich Zeitangaben ohne Probleme aufsplitten. Am einfachsten ist es natürlich, wenn die Zeitschritte kontinuierlich sind, dann lässt sich mit ›von – bis‹ arbeiten.

Aber auch bei unregelmäßigen Zeitschritten gibt es einfache Lösungen. *Auf der rechten Seite* wurden die zeitlichen Komponenten Tag, Monat und Jahr einfach in drei Ebenen aufgeteilt. Dadurch ist es sogar gelungen, die sich störend ständig wiederholenden Beschriftungselemente (z.B. die Jahre) zu beseitigen und eine wesentlich ruhigere, klarere Gesamtgestaltung zu erreichen, die auch noch wesentlich leichter zu lesen ist.

Durch die leichte Farbabstufung wird die Unterscheidbarkeit der beiden Jahre unterstützt, das Diagramm aber nicht gestört.

158 ‹ Beschriftung › 168 138 ‹ Daten › 166 158 ‹ Diagramme › 166 152 ‹ Zeit › 192

Abb. 5.16

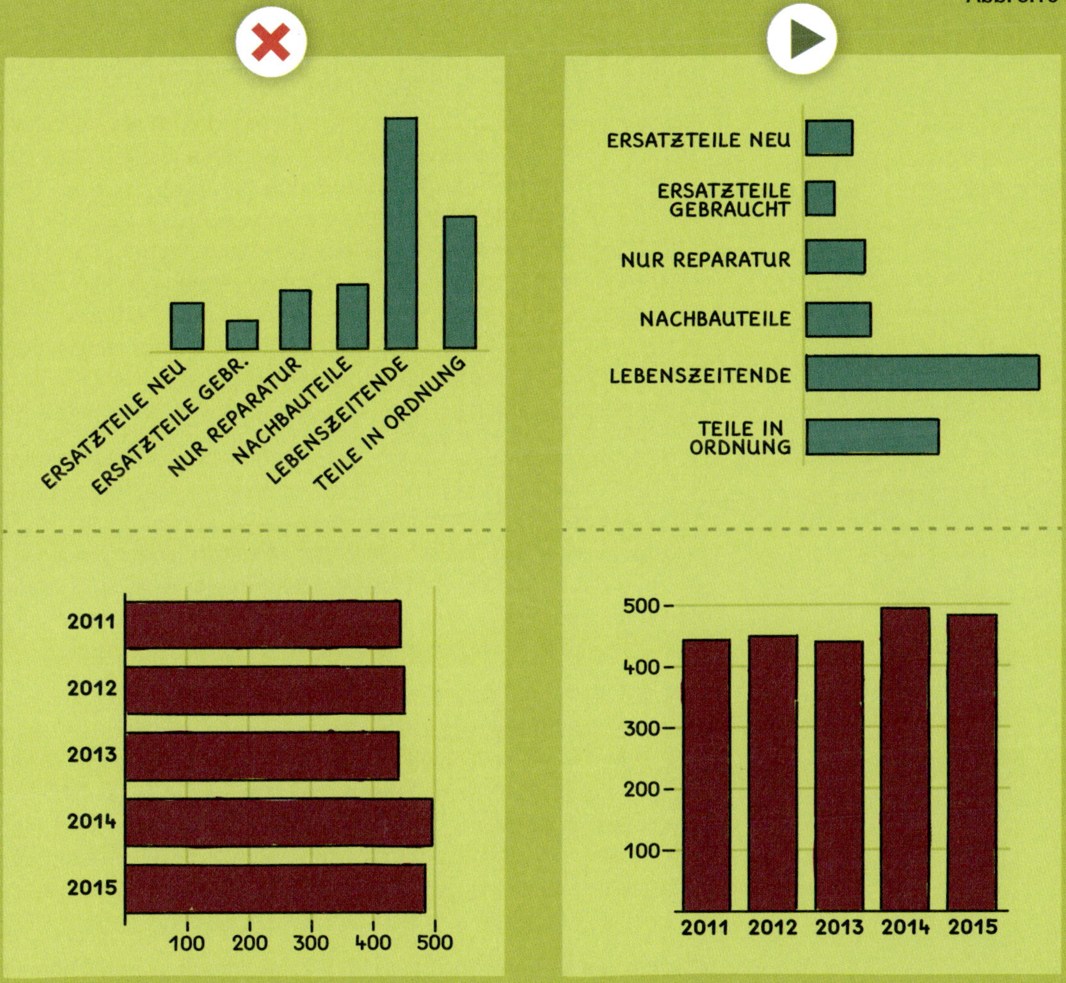

Abb. 5.17

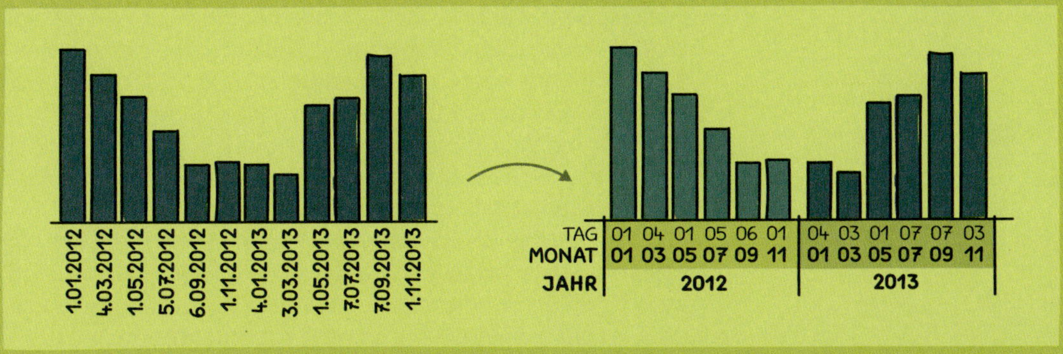

5.10 SÄULEN MIT ZUSATZELEMENTEN

So elementar Beschriftungen auch für jede Informationsvisualisierung sind, sie sollten auf keinen Fall einen Einfluss auf die Wahrnehmung der visualisierten Werte nehmen. Wird die Beschriftung aber z.B. mit der gleichen Fläche hinterlegt wie die visualisierte Säule (oder der Balken) darüber, so ergeben sich für das Auge sofort irritierende Fehlinterpretationen, da die Farbe eine dominante Eigenschaft ist, um unterschiedlichste Elemente als zu einer Gruppe zugehörig zu definieren. Aus der Hintergrundfläche der Beschriftung und der Fläche der Visualisierung wird optisch plötzlich ein falscher gemeinsamer Gesamtwert.

In *Abb. 5.18* fällt auf, was passiert, wenn sich die Beschriftung mit der Visualisierung vermengt. Die Hintergrundflächen der letzten Säule *auf der linken Seite* sind sogar höher als der Wert selbst. Anstatt 5 Einheiten sieht das Auge so einen ›Gruppenwert‹ in der Höhe von 13 Einheiten. Der Fehler wirkt sich relativ gesehen also größer aus, je kleiner die Werte sind. Rein optisch betrachtet, wird das gesamte Diagramm dadurch verzerrt.

Soll auf die Hintergrundflächen aus stilistischen Gründen partout nicht verzichtet werden, dann besteht wie *auf der rechten Seite* noch die Möglichkeit, die Beschriftung deutlich von den Säulen abzugrenzen. Laut dem Gesetz der Nähe in der Gestalttheorie überwiegt irgendwann die Distanz zwischen Säulen und Beschriftung und diese werden als getrennte Gruppen erfasst. Zu empfehlen ist es dennoch nicht. Anzustreben wäre die präziseste Lösung, Visualisierungskompromisse sollte man meiden.

Neben der Vermeidung von schmucken Hintergrundflächen ist es wichtig, darauf zu achten, dass die visualisierten Werte nicht durch gestalterische Zusatzelemente verdeckt oder unkenntlich gemacht werden.

Dies passiert häufig, wenn Diagramme mit weiteren grafischen Elementen bestückt werden, vielfach um sie einfach nur optisch aufzupeppen. Hier ist in der Gestaltung Aufmerksamkeit gefragt, um zu erkennen, ab wann diese Zusatzelemente die Visualisierung behindern oder auch verfälschen. *Abb. 5.19* zeigt, was passiert, wenn diese Elemente die Säulen überlagern, hier z.B. Piktogramme für 3 verschiedene zugeordnete Personen. Durch das Überlagern ist nicht mehr erkennbar, welchen Wert die Säulen nun beschreiben. Es sieht sogar so aus, als wären die Piktogramme direkter Bestandteil jeder Säule. Aber die Spitze der Säulen, die entscheidenden Stellen für das Diagramm, sind nicht mehr zu erkennen. Ab diesem Moment ist es kein Diagramm mehr, sondern nur noch eine irreführende Illustration!

154 ‹ Farbe › 164 96 ‹ Piktogramme › 172 156 ‹ Wahrnehmung › 164

Abb. 5.18

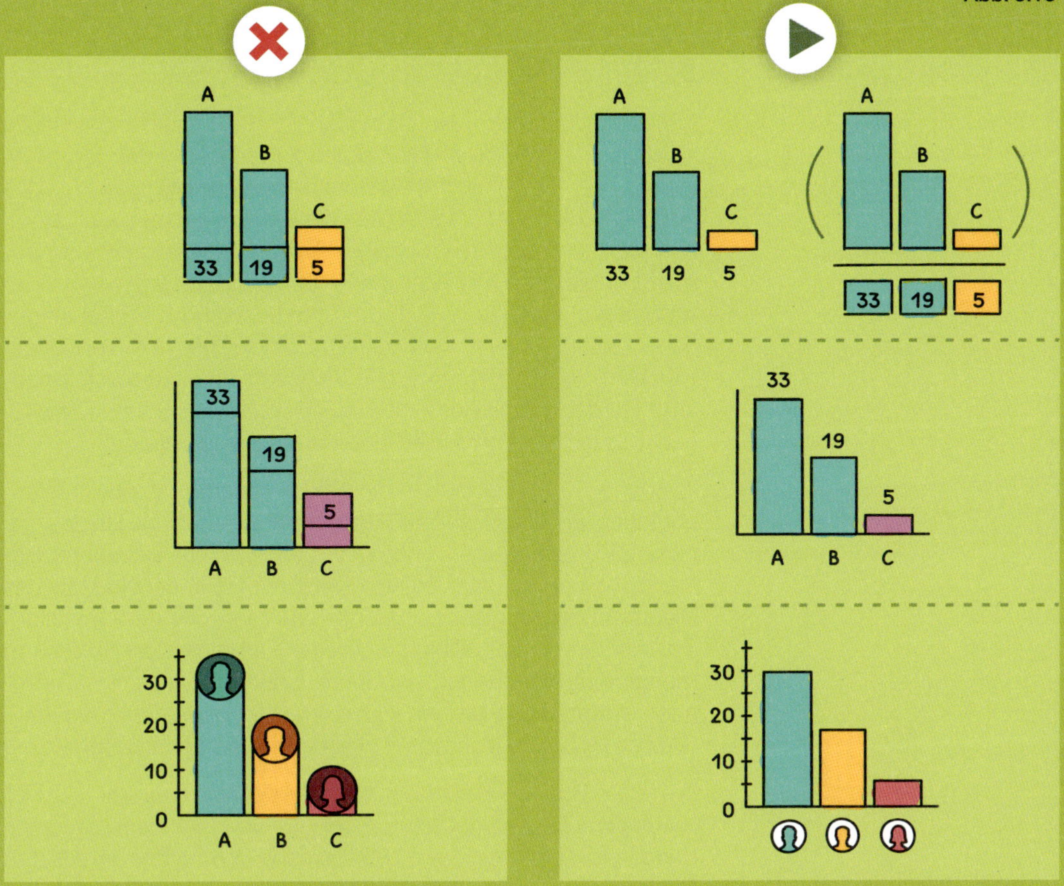

Abb. 5.19

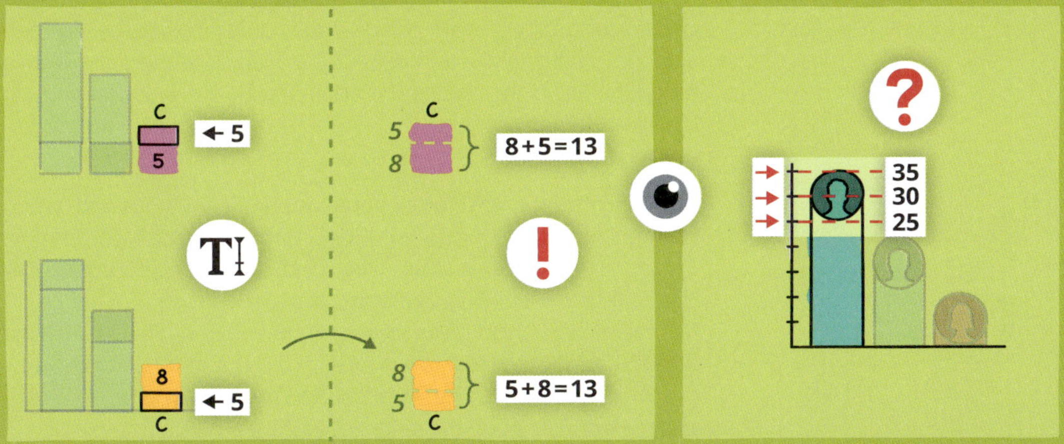

5.11 UNTERSCHIEDLICHE SKALIERUNG

In einem Überblick über die wichtigsten Kennzahlen ist häufig nicht viel Platz für Visualisierungen oder es fehlt an der Zeit, diese individueller umzusetzen. Allerdings besteht die Gefahr, dass sich verschiedene Diagramme, die sich direkt nebeneinander befinden, ungewollt vermischen. Am wichtigsten ist daher immer, bei gleichen Einheiten auch die gleichen Dimensionen zu verwenden! Handelt es sich um unterschiedliche Wertekategorien, sollten Unterschiedliche Darstellungsformen verwendet werden oder die Diagramme zumindest unterschiedlich eingefärbt werden, damit Betrachter:innen sofort den Eindruck gewinnen, es werden unterschiedliche Parameter visualisiert.

In *Abb. 5.20 links* bestehen die beiden Diagramme aus Freelancer:innen und angestellten Arbeitskräften. Optisch ist das gar nicht zu unterscheiden und dann stellt sich bei genauerer Betrachtung heraus, dass es weit weniger Freelancer sind, als das Diagramm einem glauben machen will. Hier wirkt das Gestaltgesetz der Ähnlichkeit, Objekte gleicher Farbe werden als zusammengehörig verstanden, wodurch ihnen von unserem Gehirn auch automatisch gleiche Eigenschaften zugewiesen werden. Gleiche Höhen müssen auch gleiche Dimensionen bedeuten.

Im *rechten oberen* Beispiel wurden die beiden Diagramme visuell durch zwei Farben getrennt, wodurch sich nun insgesamt eine detaillierte Aufteilung nach Geschlecht und Status ergibt. Die Diagramme sind dadurch inhaltlich dichter, aber gleichzeitig wesentlich einfacher und richtiger zu lesen.

Lässt sich als Farbcode aber keine weitere Farbe zur Hand nehmen, dann bietet eine andere Textur Abhilfe. Anstatt die Säulen *unten* in beiden Fällen vollflächig anzulegen und so optisch zu gruppieren, wurden die rechten Säulen als gestapelte Linien dargestellt und sofort weiß das Gehirn: Unterschiedliche Formen sind unterschiedliche Einheiten. Zur Hervorhebung der Werte empfiehlt es sich, die strahlendste Farbe heranzuziehen. Ein dunkles Element kann zwar manchmal optisch weiter im Vordergrund stehen, das ist aber eher die Ausnahme als die Regel.

In *Abb. 5.21* ist noch einmal genauer erklärt, was passiert, wenn unterschiedliche Dimensionen für Daten verwendet werden, die in dieselbe Wertekategorie fallen und optisch eine Gruppe bilden. Während die Beschriftung zwar die richtigen Werte beziffert, sieht das Auge ganz andere Dimensionen. Die zusätzliche Farbe macht sofort klar, dass es sich um unterschiedliche Gruppen handeln muss. Die Anpassung der Dimensionen bei gleichen Werten ist auch mit einer zusätzlichen Farbe notwendig.

162 ‹ Farbe › 166   156 ‹ Manipulation › 178   162 ‹ Wahrnehmung › 170

Abb. 5.20

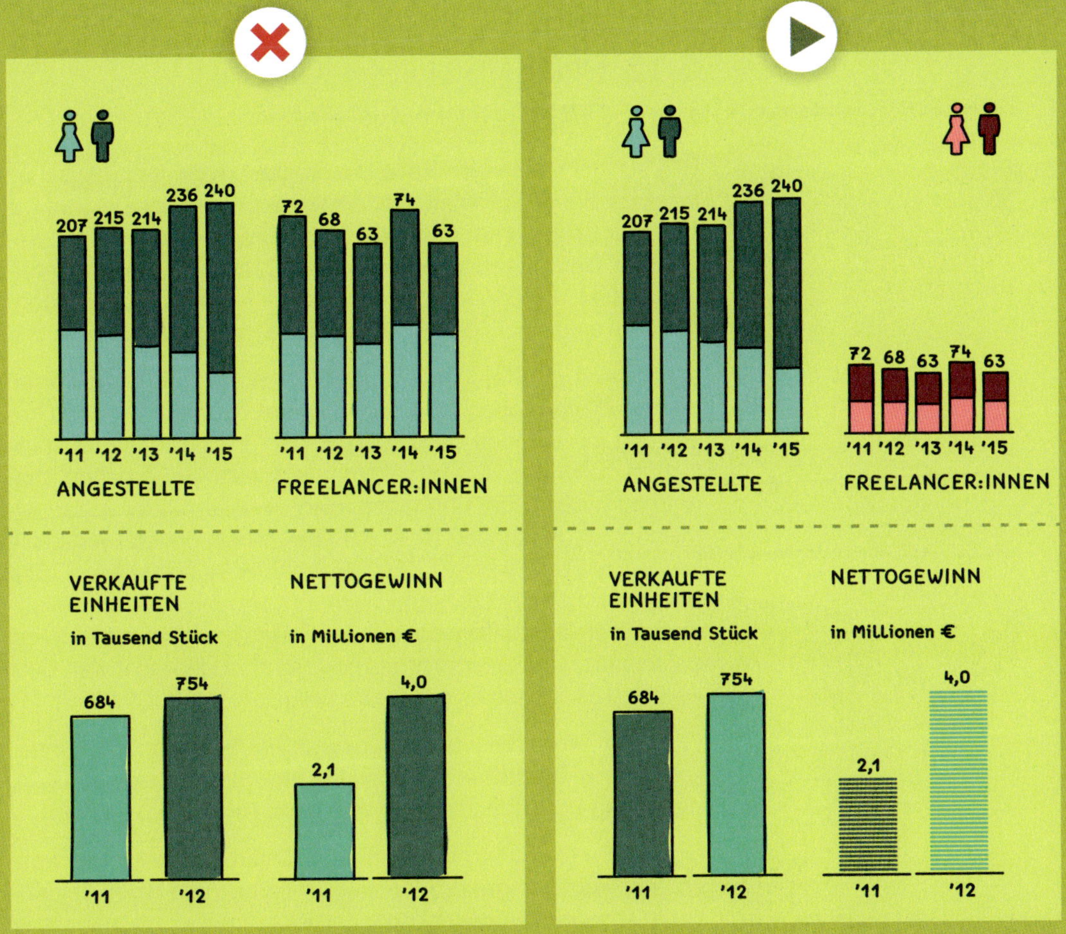

Abb. 5.21

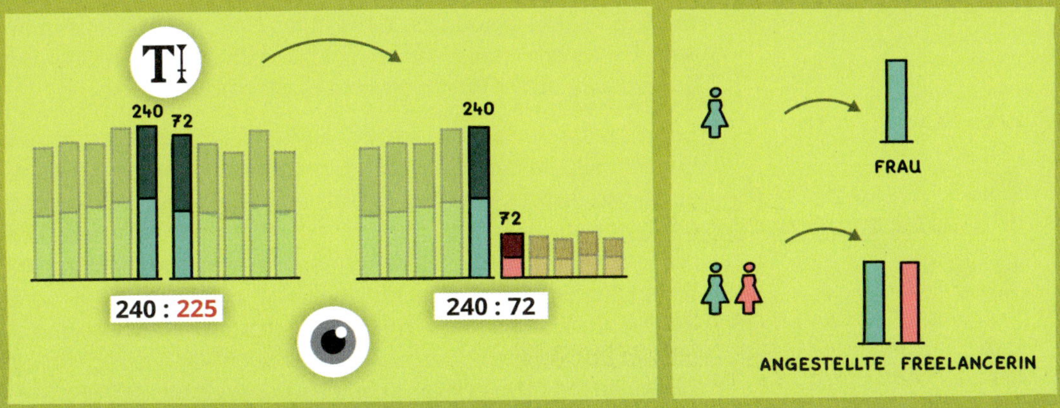

5.12 UNTERSCHIEDLICHE DARSTELLUNGEN

Wie auf der vorherigen Seite besprochen, kann es zu falschen Interpretationen kommen, wenn zu viele gleichartige Diagramme auf einer Seite gemischt werden. Selbst wenn diese Fehler umgangen werden, machen es gleiche Visualisierungen unterschiedlicher Kategorien den Betrachter:innen nahezu unmöglich, sich an die richtigen Dimensionen erinnern zu können.

Auch wenn die Kategorien unterschiedliche Farben aufweisen und die Dimensionen stimmen, so sorgt die gleichförmige Umsetzung für unnötige Verwirrung. Es ist für die Betrachter:innen extrem schwierig zu vermeiden, dass sich die gleichen Diagrammformen in der Erinnerung nicht annähern oder sogar vermischen. Wohlgemerkt nicht, weil die Zahlen optisch verfälscht wiedergegeben werden. Die Betrachter:innen können sich schlicht nicht mehr erinnern, welcher Chart eine bestimmte Rubrik dargestellt hat: Entweder erinnern sie sich nicht mehr richtig daran, welcher Überschrift das Diagramm zugeordnet war, oder welche Verhältnisse es genau darstellte, wie in *Abb. 5.23*.

Welches Diagramm war noch einmal welche Kategorie? Unterschiedliche Darstellungsformen helfen den Betrachter:innen, diese Frage zu vermeiden und sich genau erinnern zu können.

Ein kleines Detail ist die veränderte Einfärbung beim quadratischen Mengendiagramm. Anstatt die Farben von hell nach dunkel zu sortieren, wurde die helle Farbe als Trenner zwischen zwei Werten eingesetzt. Dadurch wird das Verhältnis zwischen diesen Werten betont und alle drei werden besser wahrgenommen.

Generell ist die Auswahl der verschiedenen Diagramme jedoch nicht beliebig oder zufällig *(Abb. 5.22)*. Jede Diagrammform eignet sich als Visualisierung nur für eine Auswahl bestimmter Daten, z.B. ist der blaue Donut ein gutes Beispiel für dessen Einsatz. Für Mehrheitsverhältnisse sind Donuts und Torten ideal, um anzuzeigen, ob ein Wert oder eine Gruppe über 50 % liegen.

Für dieselbe Aussage wäre ein Balkendiagramm vollkommen ungeeignet, da sich hier absolute Unterschiede sehr gut beschreiben lassen, aber keine relativen Mehrheiten. Das wiederum lässt sich im *unteren* Vergleich zwischen dem orangenen Donut und dem gleichfarbigen Balkendiagramm gut erkennen. Im Tortendiagramm sind die Unterschiede zwischen »23 %« und «25 %« überhaupt nicht mehr auszumachen. Im Balkendiagramm sind solche Verhältnisse immer noch klar unterscheidbar. Die weiße Hintergrundfläche dient als Referenz für »100 %«.

35 ‹ Daten › 34 160 ‹ Diagramme › 186 164 ‹ Farbe › 174 158 ‹ Rezeption › 174

Abb. 5.22

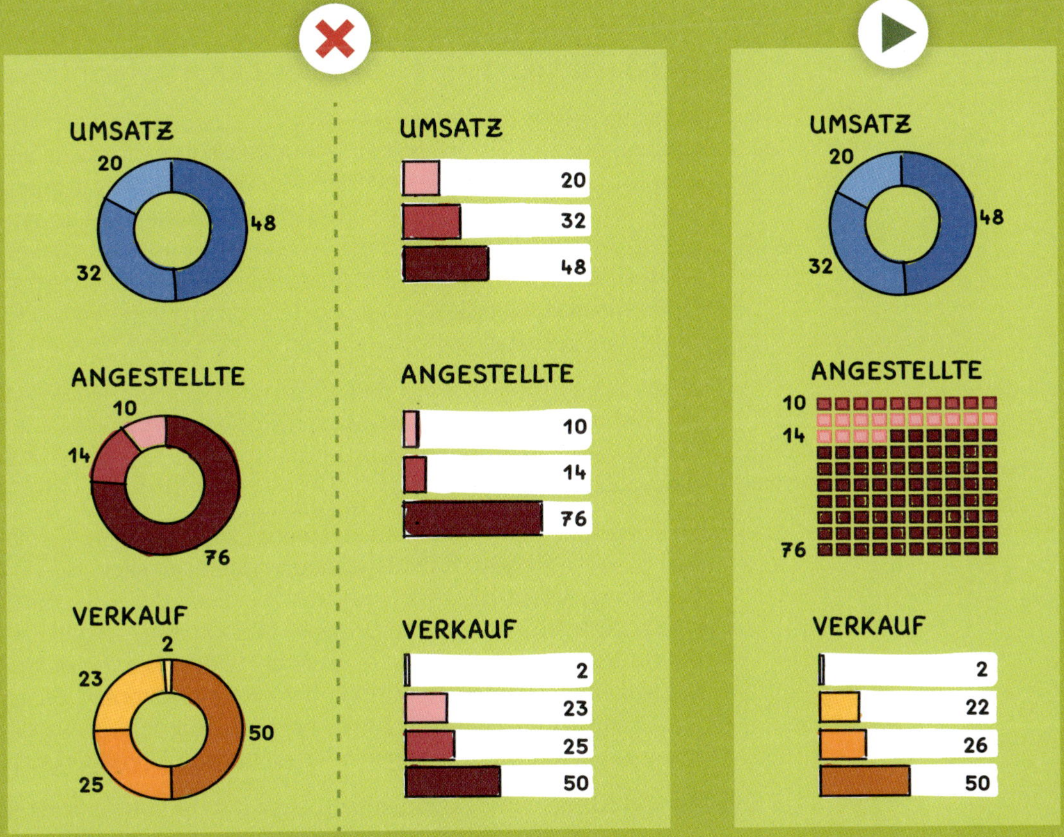

Abb. 5.23

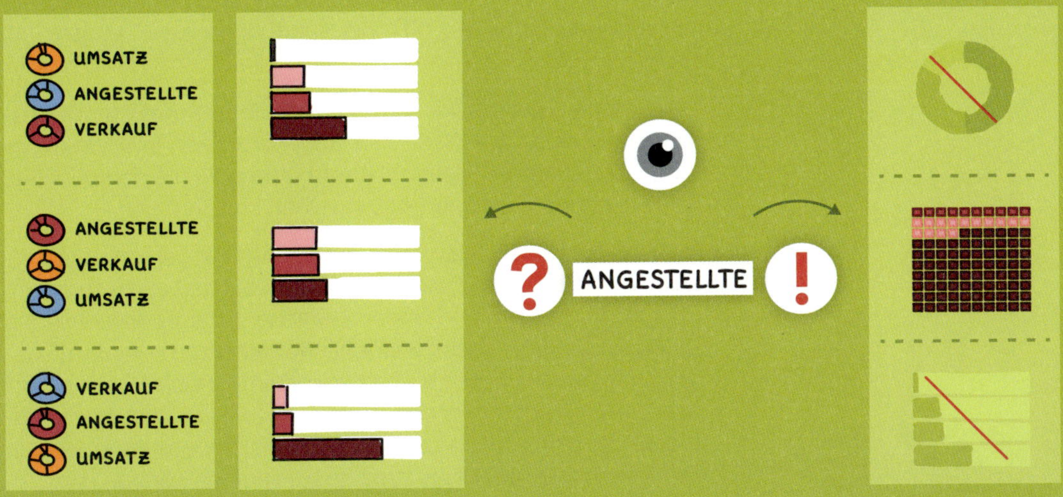

5.13 BESCHRIFTUNGEN ZUORDNEN

In Infografiken sollten immer so wenig Zusatzelemente wie möglich und nur so viele wie nötig verwendet werden. Umso deutlicher fällt der Fokus auf die eigentlich visualisierten Informationen. Beschriftungen sind solche notwendigen Zusatzelemente der grafischen Visualisierungen und auch sie sollten optisch so weit wie möglich in den Hintergrund treten. Ein maßgeblicher Faktor dafür, wie stark eine Beschriftung in den Vordergrund rückt, sind die Verbindungslinien zwischen Texten und Objekten.

Je unruhiger diese angelegt sind, desto mehr drängen sie sich in der Wahrnehmung auf, auch wenn sie gleichzeitig schlecht zu verfolgen sind. In *Abb. 5.24* sind einige Beispiele abgebildet, die das genauer erläutern.

Im Balkendiagramm sind *links* sehr viele Linien eingezogen, die gleichzeitig noch viele Richtungsänderungen beinhalten. Bei der Gestaltung war es dem:der Grafiker:in wichtiger, drei Kategorien in gleichen Abständen untereinander anzuordnen, anstatt die Gesamtwirkung der Grafik im Auge zu behalten. Dadurch wirken die einfachen Balken nun unnötig unruhig und komplex. Es ist auch schwierig, im Kopf die Zahlen richtig zuzuordnen. Das Beispiel *rechts oben* kommt sogar komplett ohne Zuführungen aus.

Ähnlich ist es im Beispiel darunter. *Links* führt die aufwendige Linienführung ebenfalls sogar zu einer schlechteren Lesbarkeit.

Die Entscheidung *rechts* daneben, die Zuführungen so kurz wie möglich anzulegen und dabei neben senkrecht und waagerecht nur noch in zwei fest definierten (und an der Grafik orientierten) Winkeln zu arbeiten, beruhigt die gesamte Grafik auf der Stelle. Es hilft ebenfalls sehr, wenn die Linien immer an der Mitte der Objekte ansetzen, und oft sind Rundungen als Übergang bei Richtungsänderungen der Linien weniger ablenkend als Ecken.

Im *untersten* Beispiel wiederholen sich diese Prinzipien. Die Zuführungen sind zwar nicht starr und mit spitzen Winkeln angelegt, aber auch die organischeren Formen vermeiden unnötige Schlenker und vermeiden jegliche Überschneidungen.

In *Abb. 5.25* wird erklärt, warum auf Zuführungen oft ganz verzichtet werden kann. Zwei wesentliche Gestaltgesetze stellen sicher, dass die Elemente eindeutig mit der richtigen Beschriftung in Verbindung gebracht werden. Werden Zuführungen eingesetzt, gibt es zwei Faustregeln: Es werden nur feste Winkelschritte (z.B. 45-Grad) verwendet, und bei Torten und Donuts wird immer in der Mitte der Segmente angesetzt, sodass die Linien am Berührungspunkt in Richtung des Mittelpunkts zeigen.

168 ‹ Beschriftung › 180 144 ‹ Gestaltgesetze › 202 66 ‹ Linien › 238

Abb. 5.24

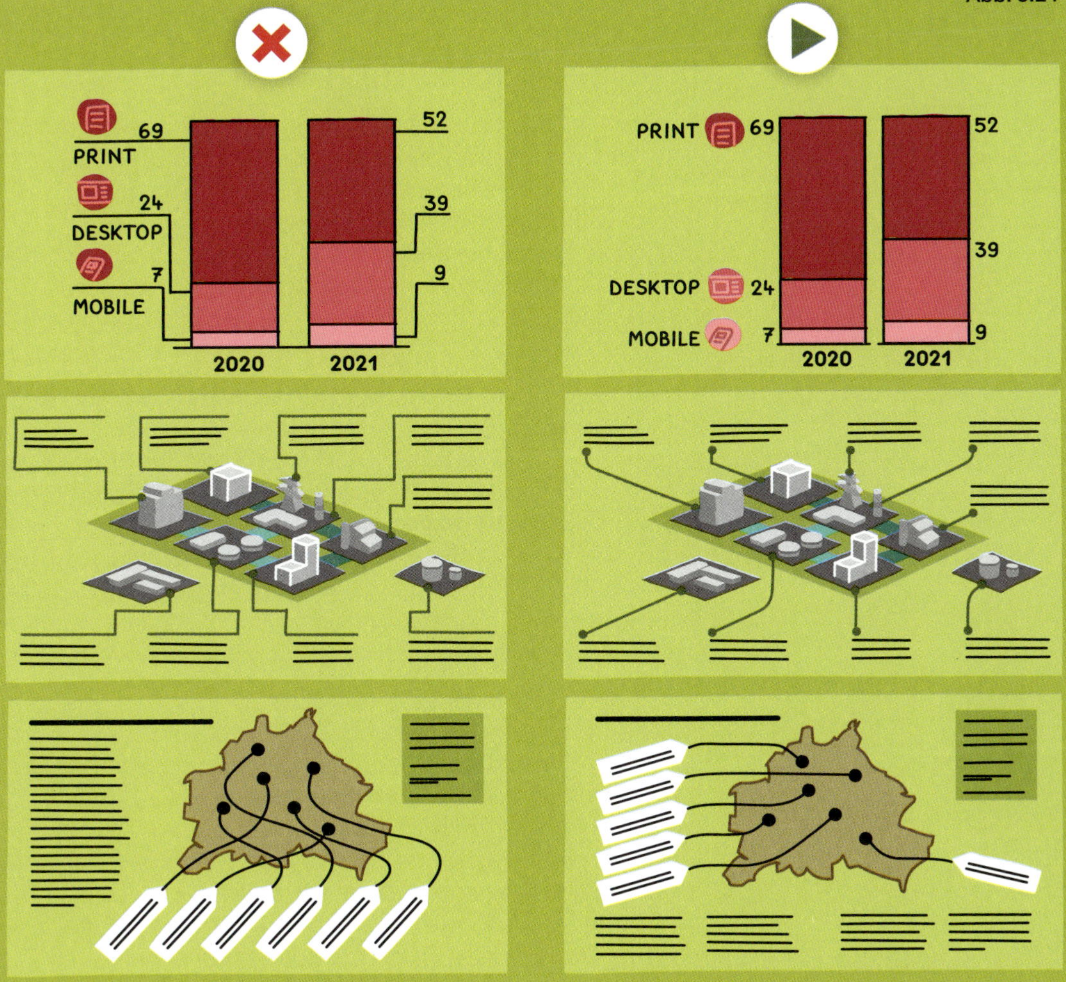

Abb. 5.25

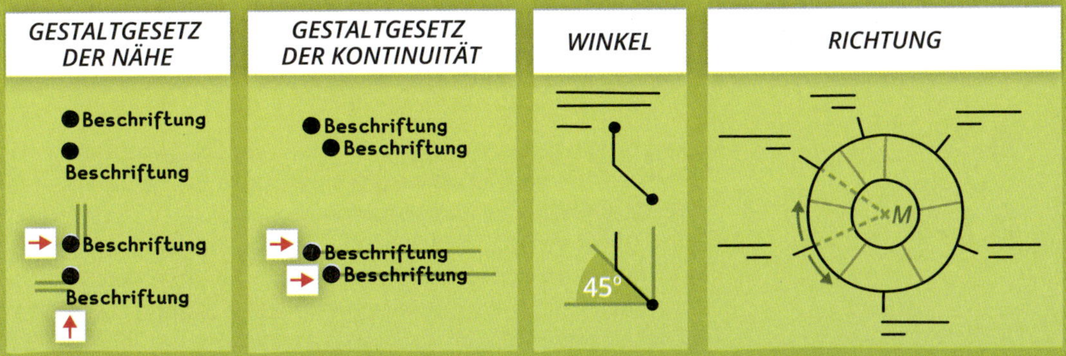

5.14 ZAHLENFORMATE

Ein kaum beachtetes Kapitel im Umgang mit Infografiken ist ausgerechnet der Einsatz von Zahlen, und das, obwohl es bei Infografiken meist gerade um die Visualisierung von numerischen Werten geht. Wie so oft scheint das Bekannte selbstverständlich und keiner genaueren Betrachtung notwendig. Dabei kann der bewusste Einsatz von Zifferformaten nicht nur Fehlinterpretationen vermeiden, sondern die Lesbarkeit bestimmter Informationen entscheidend fördern oder erhöhen.

In *Abb. 5.26* ist ein Beispiel zur US-Wahl 2021, das von einer Veröffentlichung aus »Der Spiegel« inspiriert ist. Wer einen ersten kurzen Blick auf die *linke* Grafik wirft, wird vielleicht anstatt auf die Balken zunächst auf die Zahlen schauen. Was unmittelbar im Gehirn ankommt, ist die Information, dass die obere Zahl kürzer ist und damit kleiner sein muss als die mittlere längere Zahl, die hervorsticht. Ein Trugschluss, der einen Widerspruch zu den Balkenlängen schafft. Erst bei genauem Hinschauen lässt sich erkennen, dass die oberste Zahl die größte ist. Welcher Information soll das Gehirn nun trauen und woraus resultiert der Fehler?

Schauen wir auf die *rechte obere* Grafik, ergibt sich kein Widerspruch. Woran liegt das? Es liegt an der Art der Ziffern, die verwendet wurden: *Links* wurden proportionale Ziffern eingesetzt, *rechts* nicht proportionale. Das bedeutet, die linken Ziffern haben unterschiedliche Breiten proportional zur Ziffernbreite, wie bei den Buchstaben einer proportionalen Schrift. Eine schmale Ziffer, z.B. die »1«, läuft erheblich schmaler als eine breite Ziffer, z.B. eine »0«. Proportionale Ziffern eignen sich daher gut, um sie in einem Fließtext einzusetzen, aber nicht, um sie mathematisch miteinander zu vergleichen. Dann sollten alle Ziffern die gleiche Breite aufweisen, sodass entsprechende Stellenwerte direkt übereinanderstehen, wie z.B. die Ziffern für »Einer-Millionen«.

Damit das gut funktioniert, sollten Zahlen auch dieselben Nachkommastellen aufweisen, wie im Beispiel darunter gut zu erkennen ist. Nur so lassen jene sich in einer Spalte gut und schnell miteinander vergleichen. Fehlende Tausender-Trennzeichen erschweren die Lesbarkeit von Zahlen darüber hinaus deutlich.

Neben den Versalziffern gibt es auch noch die Minuskel- oder Mediävalziffern. Letztere weisen ähnlich den Buchstaben Unter- und Oberlängen auf und integrieren sich in Texte wesentlich harmonischer. Versalziffern stechen dagegen immer sofort heraus und wirken ähnlich der Auszeichnung von Worten durch Versalien *(Seite 60)*. Wer typografisch versiert ist, kann beide Zifferntypen einsetzen, so wie im Beispiel *rechts unten* zu sehen.

148 ‹ Lesefluss › 180 60 ‹ Typografie 164 ‹ Wahrnehmung › 176

Abb. 5.26

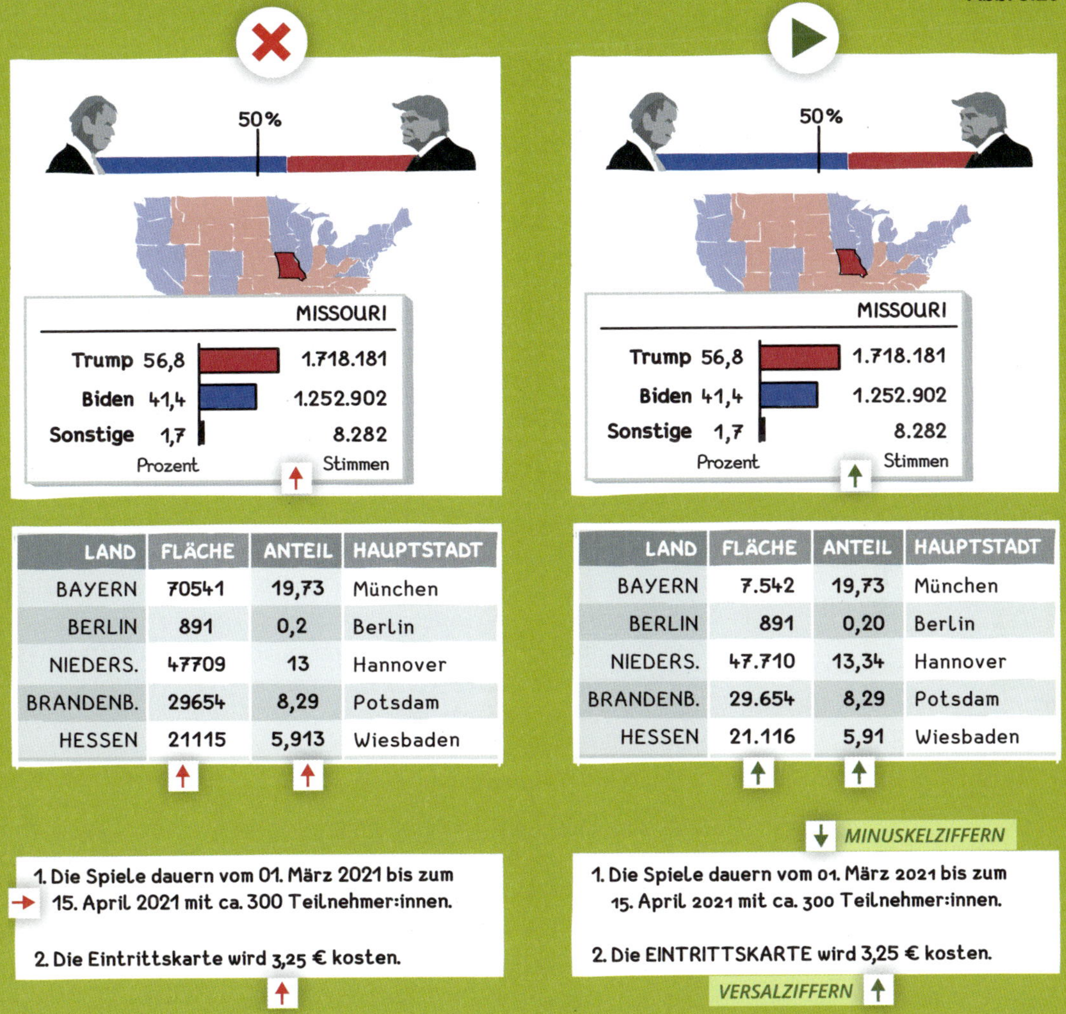

Abb. 5.27

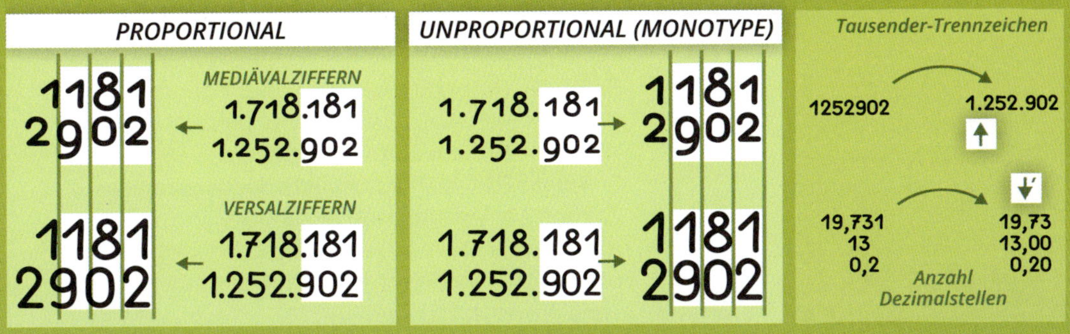

5.15 PIKTOGRAMMSPRACHE

Geschichten, die Piktogramme schrieben:

»Grimms Märchen ohne Worte« (von Frank Flöthmann)

cutt.ly/ohne_worte

»Das Leben in 5 Sekunden« (von Civaschi, Milesi)

cutt.ly/5_seconds

Der Aufwand, um verschiedene Piktogramme (Piktos) zu entwerfen, wird oft unterschätzt, obwohl es vergleichbar mit der Erstellung von Schriftsätzen ist. Es ist wie der Entwurf einer ideografischen Schrift, ähnlich den Hieroglyphen oder der Keilschrift. Gelungene Piktos können viele Aufgaben in einer Infografik übernehmen und diese wesentlich vereinfachen, indem textliche Inhalte in Bildzeichen ausgelagert werden. Sie können dabei wie bildliche Überschriften fungieren, sie können Rubriken definieren oder erzählerische Anker setzen. Während es für die Typografie viele Regelwerke, historische Ableitungen sowie ein spezialisiertes Designfeld gibt, ist die Gestaltung von Piktogrammen immer noch »Learning by Doing« und läuft oft leider nur nebenher.

Ohne klare Vorgaben werden aber häufig unterschiedliche Gestaltungsregeln in derselben Piktogramm-Reihe angewendet, wodurch die Piktos inkonsistent werden und ihre Visualisierungskraft verlieren. Genauso wie niemand jemals unterschiedliche Schrifttypen in einem Wort mischen würde, sollten Piktogramme mit unterschiedlichen Eigenschaften auch nicht in einer Gruppe zusammengefasst werden, wie in *Abb. 5.28* zu sehen ist. Zunächst scheinen die Piktos *auf der linken Seite* zusammenzugehören, das liegt aber nur an der einheitlichen Farbe.

Wer ein bisschen genauer hinschaut, entdeckt vollkommen unterschiedliche Gestaltungsprinzipien, die sich sogar widersprechen. *Auf der rechten Seite* sind dieselben Piktos in einheitliche Gestaltungssysteme überführt, wodurch diese sofort prägnanter, eindeutiger und harmonischer werden.

Um einheitliche Piktos definieren zu können, sollten zunächst einige erste Ideen visualisiert werden. Bevor dann die Umsetzung startet, werden zunächst einige gestalterische Prinzipien definiert, um die skizzierten Piktos zu konsolidieren und gleichzeitig eine Basis für weitere zu schaffen. Die Beantwortung einiger Fragen hilft, das Gestaltungssystem einzugrenzen. In *Abb. 5.29* sind das, *links oben* beginnend, im Uhrzeigersinn:

› Für welche Linienstärke(n) entscheidet man sich?
› Sollen die Piktogramme farbig oder monochrom sein?
› Gestaltet man diese zweidimensional oder in 3D?
› Ist die Darstellung normal oder invers?
› Sollen die Piktos eher abstrakt oder detailliert sein?
› Werden sie flächig oder liniert angelegt?
› Ist die Formensprache eher rund oder eckig?
› Ist der Strich technisch oder kalligrafisch?

… und ähnliche Aspekte.

162 ‹ Piktogramme › 174

Abb. 5.28

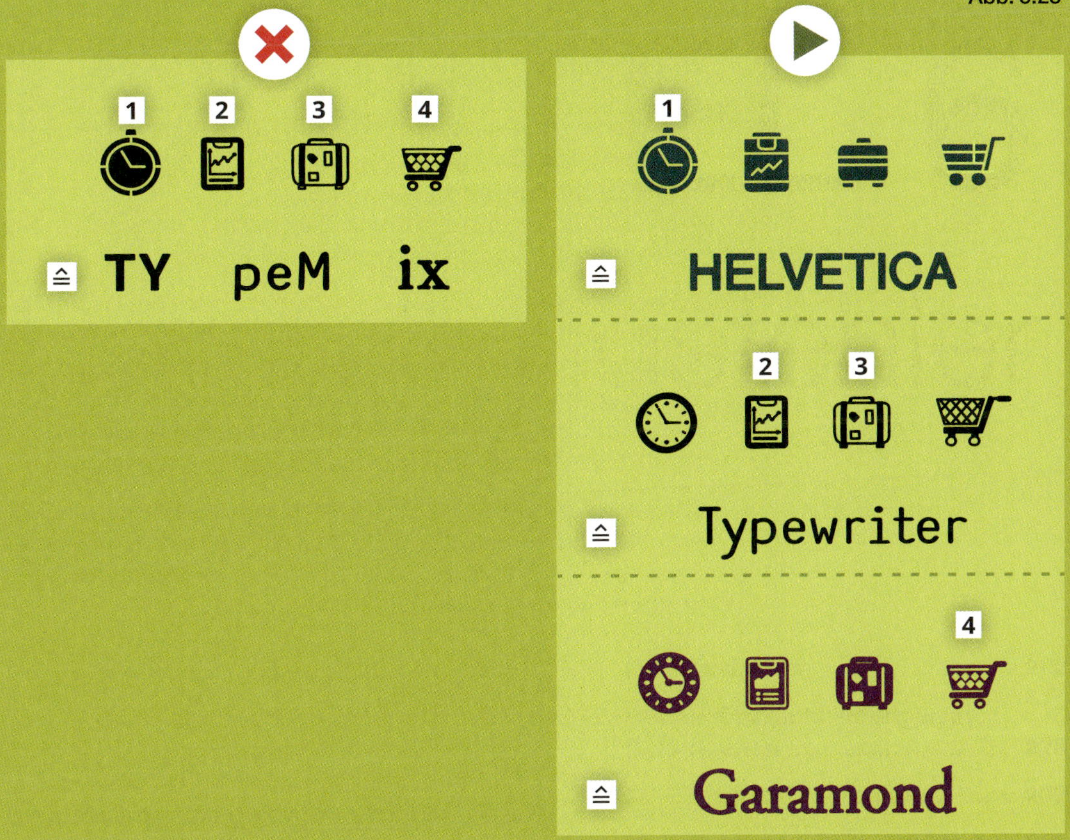

Abb. 5.29

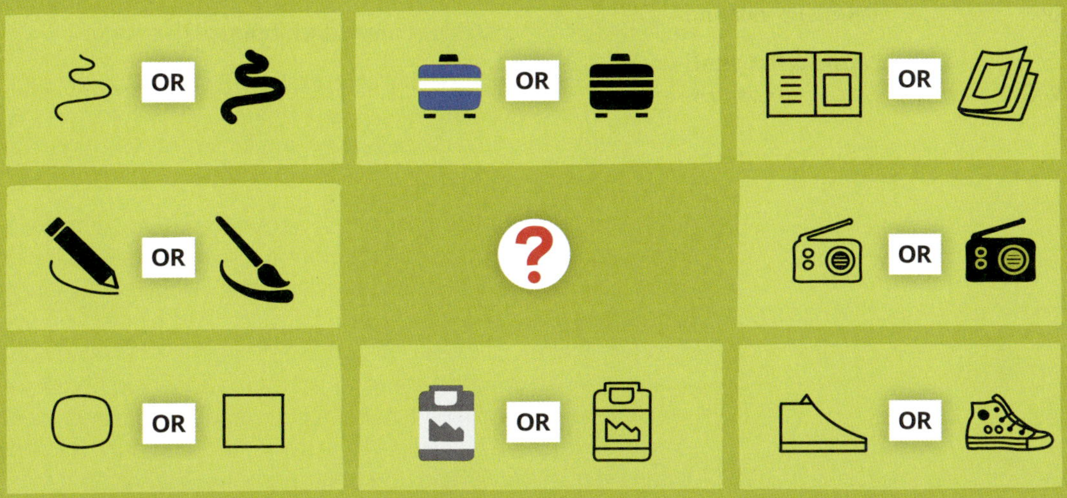

5.16 PIKTOGRAMME UND KLISCHEES

Gerade die vereinfachte Symbolsprache, die ohnehin mit einem Verlust der Eindeutigkeit verbunden ist, sollte sich unbedingt an kognitiven Konventionen und vertretbaren Klischees orientieren *(Abb. 5.30)*. Wer das nicht beachtet, riskiert, dass selbst das bestgemachte Piktogramm inhaltlich nicht erkannt wird.

Es gibt drei wesentliche Eigenschaften, die beim Entwurf im Fokus bleiben sollten: die Form, die Farbe und der Grad der Reduktion oder Verallgemeinerung. Farbe und Form hängen im Verständnis vorwiegend von kulturellen Konventionen ab. Der Reduktionsgrad bestimmt, wie selbsterklärend ein Piktogramm ist. Je mehr Symbol es wird, desto unpräziser wird es inhaltlich.

Fangen wir mit der Farbe an. Farben stehen nicht einfach nur für sich, sie sind kulturell geprägt. Positive Dinge sind außer in der Liebe nie rot, Wachstum ist eher grün als gelb (Blätter im Herbst) und einen Aufbruch sieht man selten schwarz.

Um zu verstehen, wie wichtig die Farbpsychologie ist, können Sie sich die beiden Beispiele in *Abb. 5.31 oben* einmal anschauen und stoppen, wie schnell es Ihnen gelingt, alle »Blau«, »Grün« und »Rot« zu zählen. Obwohl die Worte eindeutig zu lesen sind, macht es die Farbe allein unglaublich schwierig, den Inhalt richtig zuzuordnen. Wären die beiden Flächen größer und mit noch mehr Worten bestückt, würde es *links* fast nicht mehr gelingen, alle Farbworte ohne Fehler richtig zu erfassen und zu zählen.

Ein praktisches Beispiel dazu wären ein falsch eingefärbter Button in einem User Interface. Auch Warnzeichen, die positiv aussehen, werden vermutlich übersehen oder fehlinterpretiert. Allein diese falsche farbliche Konnotation kann also bereits in ungewollten Bedienungsfehlern und Handlungen resultieren.

Der zweite Faktor, der nicht nur von der Gestaltung abhängt, sondern ebenso von der kulturellen Prägung, ist die Form. In diesem Kontext ist damit die Entscheidung für ein bestimmtes Objekt gemeint, um diesen symbolisch einzusetzen.

Analogien sind die Grundlage für Piktogramme. Vor dem Bildschirm zu sitzen, wird zum Piktogramm für »Arbeit«. Es ist nicht »die Arbeit« an sich illustriert, sondern eine Begleiterscheinung von »Arbeit«, die auf »die Arbeit» hinweist: »Arbeit« ist wie vor dem Bildschirm zu sitzen. Piktogramme werden häufig eingesetzt, um einen visuellen Anker zu liefern, einen Aspekt hervorzuheben oder um textliche Inhalte anzudeuten. Sie können dazu dienen, Textteile zu ersetzen. Wenn sie schlecht erkannt werden, stiften sie aber Verwirrung und lenken dann vom Inhalt ab.

166 ‹ Farbe › 182 172 ‹ Piktogramme › 176 166 ‹ Rezeption › 198

Abb. 5.30

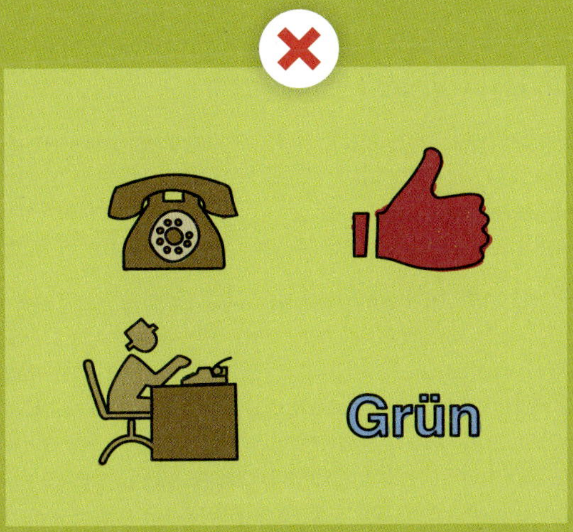

Abb. 5.31

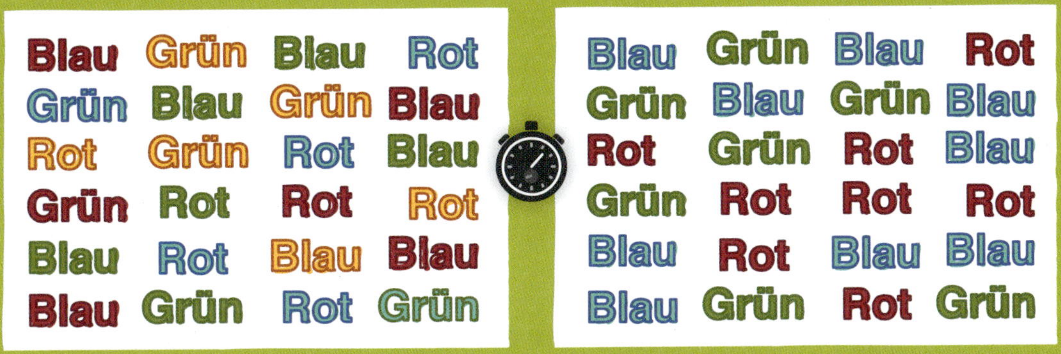

John Ridley Stroop, Stroop-Effekt

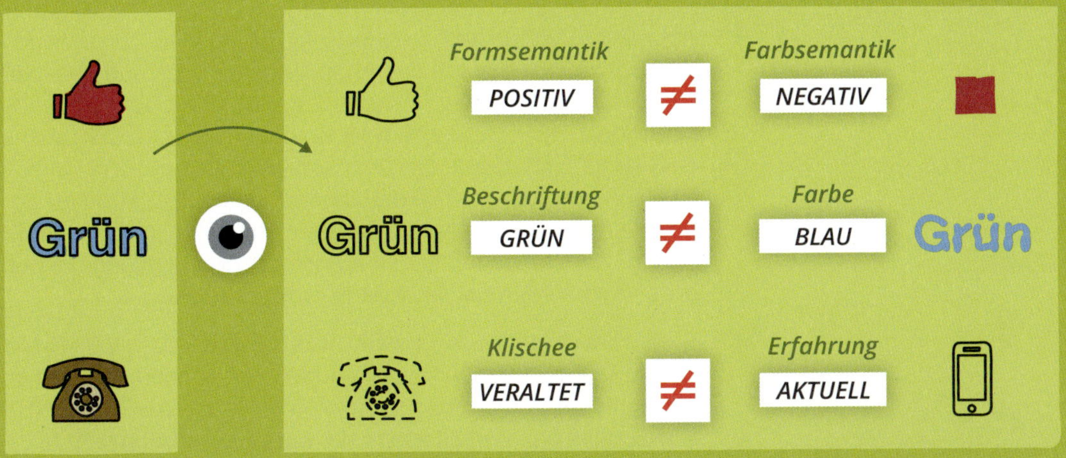

5.17 INFORMATIONSTRÄGER

Häufig kommen grafische Elemente leider nur als Illustrationen in Infografiken zum Einsatz, während die beschrifteten Verhältnisse in den Grafiken unberücksichtigt bleiben. So verschenken sie einen immensen Teil ihrer funktionalen Möglichkeiten *(Abb. 5.32)*.

Das ist in dreifacher Hinsicht von Nachteil. Als Erstes wird versäumt, dass noch mehr Informationen des Texts auf den viel schnelleren visuellen Wahrnehmungskanal ausgelagert und die Gesamtgrafik dadurch erheblich vereinfacht wird. Zweitens bleiben z.B. die Piktogramme damit weiterhin abstrakt und nur sehr allgemein. Drittens können die Infografiken deshalb unerwarteterweise sogar komplexer werden, als sie es allein mit reinem Text wären. Denn nur der Text enthält ja die Informationen, sodass die vereinfachten Illustrationen unter Umständen visuell sogar widersprüchlich sind. Sobald nämlich Daten und Bilder in einer Darstellung gemischt werden, vermutet das Gehirn, dass alle Elemente in einer Grafik, egal ob Illustration, Balkenelement oder Piktogramm, einen Informationswert tragen, der für den Kontext relevant ist. Es versucht zu entschlüsseln, welcher das sein könnte und so ist der Blick oft abgelenkt auf der Suche nach den Informationen, die in den Illustrationen gar nicht zu finden sind.

Werden die Zahlen allerdings bereits anhand der Grafiken visuell in den Illustrationen (in diesem Fall einfachen Piktogrammen) interpretiert, sind den Betrachter:innen die Verhältnisse oft schon durch den ersten Blick klar, noch bevor sie irgendwelche Zahlen oder Texte gelesen haben, und die Infografik wird wesentlich leichter zugänglich. Da das Gehirn optische Informationen wesentlich schneller interpretiert als z.B. Text, den es erst noch entschlüsseln muss, sollten Illustrationen (z.B. Piktogramme) genutzt werden, um Informationen in diese Bilder auszulagern.

Abb. 5.33 zeigt deutlich, welche Informationen im vorliegenden Fall ausschließlich durch das Auge aufgenommen und unmittelbar verstanden werden. *Auf der linken Seite* lässt sich mit den Illustrationen zwar die Rubrik oder Kategorie andeuten, um die es gerade geht, aber allein der Umstand, dass immer nur ein einzelnes Element betrachtet wird, muss erst durch die Zahlen richtiggestellt oder gar widerlegt werden: ein unnötiger kognitiver Schritt, der die Betrachter:innen beim Lesen genauso unnötig anstrengt und den sie daher oft einfach übergehen.

Stellen Sie sich vor, Sie müssten sich später einmal an die Grafik erinnern. Schließen Sie kurz die Augen und erinnern Sie sich an die rechte Seite. Ohne nachzudenken sehen Sie z.B. 2,5 Tassen! Super, denn das war die Information, die Sie behalten sollten!

76 ‹ Illustration   174 ‹ Piktogramme › 178   170 ‹ Wahrnehmung › 198

Abb. 5.32

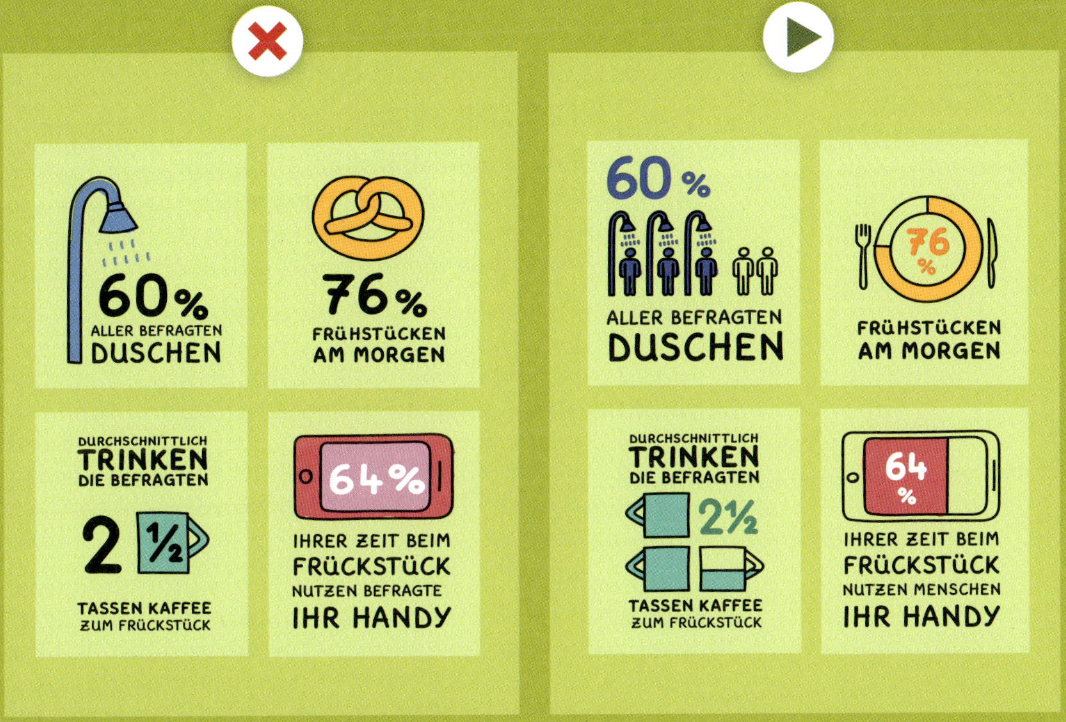

Abb. 5.33

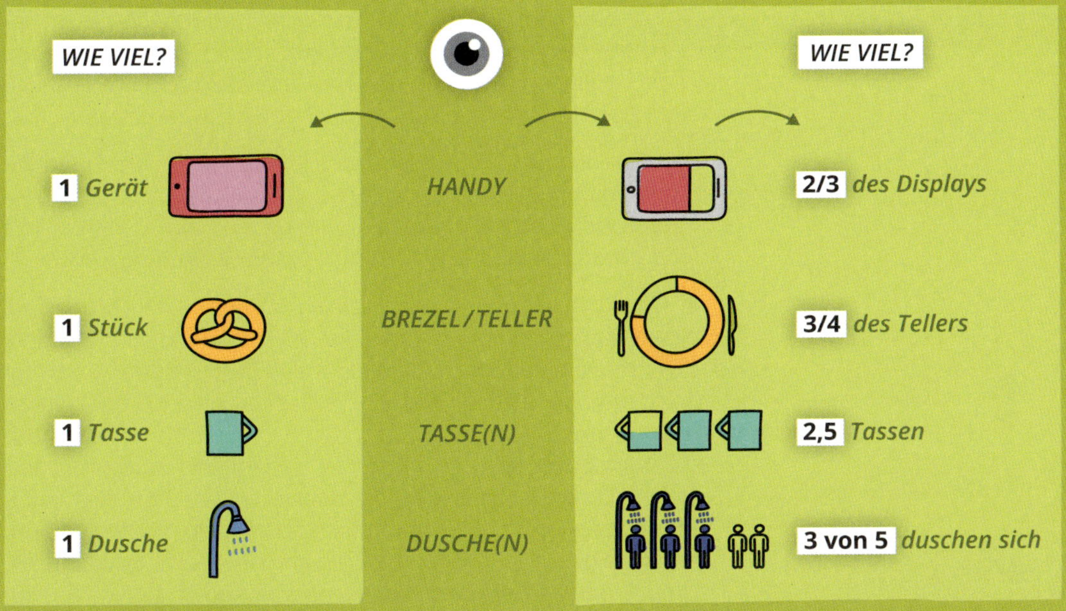

5.18 (ZU GROSSE) SYMBOLE AUF KARTEN

Karten dienen vor allem der räumlichen Orientierung und werden nur sehr selten als rein optische Illustrationen eingesetzt. Das Hauptanliegen ist es, eine möglichst genaue Beschreibung der geografischen Lage eines Zusammenhangs zu geben.

Der Einsatz von Symbolen auf Karten ist dabei sehr beliebt, aber oft nicht zielführend. Die Symbole können wichtige Informationen auf der Karte verdecken oder allein durch ihre Größe die tatsächlichen Dimensionen der symbolisierten Flächen über- oder untertreiben. Häufig sehen Karten dadurch viel dramatischer aus, als die wirklichen Umstände eigentlich sind. Durch Überlappungen auf engem Raum können die Informationen zudem sehr unleserlich werden.

Abb. 5.34: Die großen Brandsymbole *auf der linken Seite* sehen zwar sehr bedrohlich aus, passen also durchaus zum Inhalt der Karte, aber anstatt einen präzisen Überblick zu geben, wo diese genau liegen, repräsentieren sie extrem unterschiedlich große und geformte Flächen. Die konkreten Formen und genauen Positionen der betroffenen Gebiete sind durch die symbolische Zuweisung nicht mehr lokalisierbar. In diesem Fall ist der Zweck der Karte zumindest fraglich, denn wenn sich die Angaben darin ohnehin fast nicht zuordnen lassen, schrumpft die Aussage auf die Feststellung zusammen, dass es im Westen 4 Brandzonen gibt.

Auf der rechten Seite wurde dieselbe Karte diesmal um die Nachteile der linken Version bereinigt. Das Brandsymbol wurde in die Legende verfrachtet und die Karte kann nun die eindeutigen Lagen und Formen der betroffenen Flächen aufzeigen.

Ein weiterer Nachteil des Einsatzes von zu vielen und zu großen Symbolen auf Karten ist, dass dadurch viele wichtige Zusatzinformationen einfach überdeckt werden könnten, die eigentlich für das Verständnis der Informationen von Bedeutung sind.

In *Abb. 5.35 auf der rechten Seite* soll eigentlich der Hinweis auf einige Baustellen gegeben werden. Zusätzlich zu der Tatsache, dass die sich einander überlappenden Warnschilder gar nicht richtig verortet werden können, verdecken sie auch ausgerechnet den wichtigsten Aspekt der Karte. Ortsfremde wissen nicht, dass unter den ganzen Schildern eine Stadt ›vergraben‹ liegt und welche Umgehungsstraßen die Baustellen betreffen oder nicht. Es ist nicht notwendig, vollkommen abstrakt zu werden und nur Punkte einzusetzen. Ein wesentlich kleineres Symbol kann unter Umständen als Reduktion bereits optimal ausreichen.

140 ‹ Karten › 180 164 ‹ Manipulation › 184 176 ‹ Piktogramme › 222

Abb. 5.34

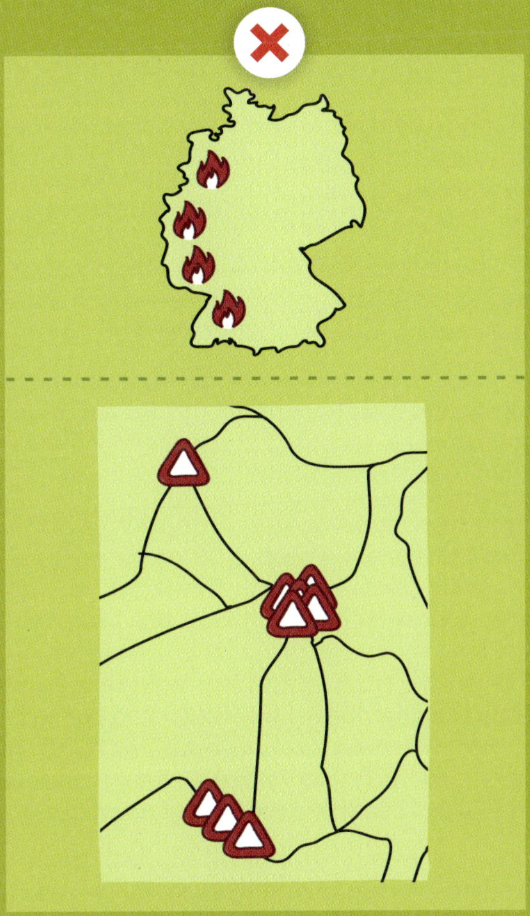

Abb. 5.35

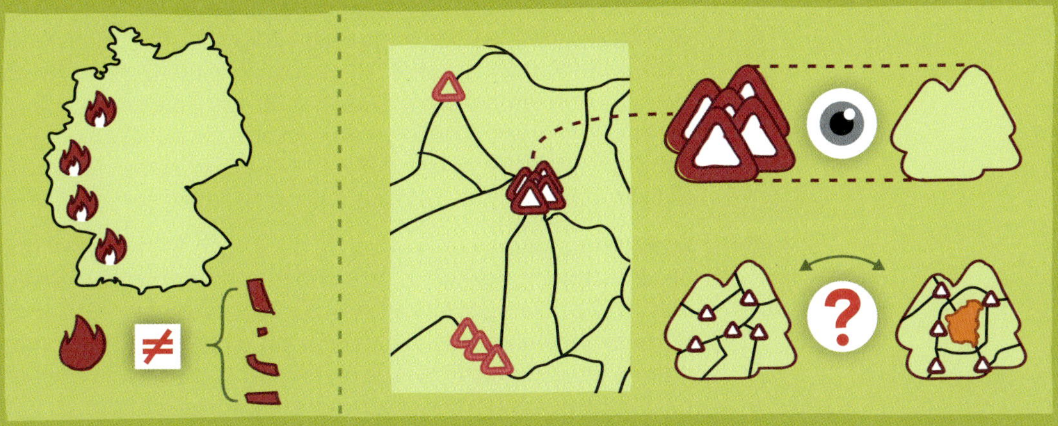

5.19 IRRITIERENDE NUMMERIERUNGEN

Die Nummerierung von Elementen basiert auf der Grundidee des schnellen Findens, aber nicht des langen Suchens. Es ist von Vorteil, wenn das grafisch unterstützt werden kann. Wie ist nun das Vorgehen, damit dieses Ziel auch erreicht wird?

Schauen wir uns dazu *Abb. 5.36* an. Wir werden sehen, dass die Reihenfolge in der begleitenden Legende unterschiedlich angelegt sein muss, je nachdem, was vermittelt werden soll und wie.

Was immer gleich bleibt, ist die Organisation der Nummern in der Karte. Egal für welchen Fall, die Nummerierung folgt am besten der im jeweiligen Kulturkreis vorherrschenden Leserichtung, in Europa von links oben nach rechts unten.

Wer eine Nummer in der Karte sucht, kann diese jederzeit schnell auch geografisch zuordnen, was in *Abb. 5.37* noch einmal verdeutlicht wird. Im linken Beispiel sind die Zahlen aufgrund der chaotischen Anlage schwer zu finden. Es lässt sich kaum merken, wo die eine Nummer lokalisiert war, sobald die nächste gesucht wird. Im rechten Bild erschließt sich fast automatisch, wo eine entsprechende Nummer in der Karte liegt, denn der Farbverlauf im Hintergrund unterstützt das Finden zusätzlich. Gibt es in der Karte mehrere Provinzen oder Regionen, lässt sich diese Einfärbung für den Zahlenhintergrund zur Orientierung nutzen.

Auch wenn sich die Nummern in den Karten so am besten immer in einer festen Reihenfolge gliedern, muss das für die Legende nicht unbedingt gelten. Das hängt davon ab, ob die Legende selbst gleichzeitig noch eine infografische Funktion erfüllt.

Im *unteren Beispiel in Abb. 5.36* zeigt sich, was damit gemeint ist. Hier ist die Farblegende für die Choropleth-Karte in ein Ranking der 16 Bundesländer integriert. Dieses Ranking ist jetzt nicht nach den Nummern in der Karte aufgebaut, sondern nach den Farbwerten, wodurch die Reihenfolge der mit Buchstaben markierten Farbfelder zunächst chaotisch wirkt. Geht es für die Betrachter:innen nun aber darum, z.B. das drittplatzierte Bundesland zu finden, orientieren sie sich also zunächst an der Reihenfolge. Wenn sie wissen, »Platz 11» ist Buchstabe »B«, ist sofort klar, dass er in der Karte ganz oben zu finden sein muss.

Es kommt also bei der Anordnung der Legendennummern darauf an, ob die Legende in eine andere Information eingebettet und dieser untergeordnet ist oder für sich steht. Dann kann die Sortierung der Legendennummerierung durchaus chaotisch anmuten, erfüllt gleichzeitig aber ihren Zweck, die damit verknüpften Elemente schnell finden zu können, viel besser.

168 ‹ Beschriftung › 196   178 ‹ Karten › 182   110 ‹ Layout › 186   170 ‹ Lesefluss › 208

Abb. 5.36

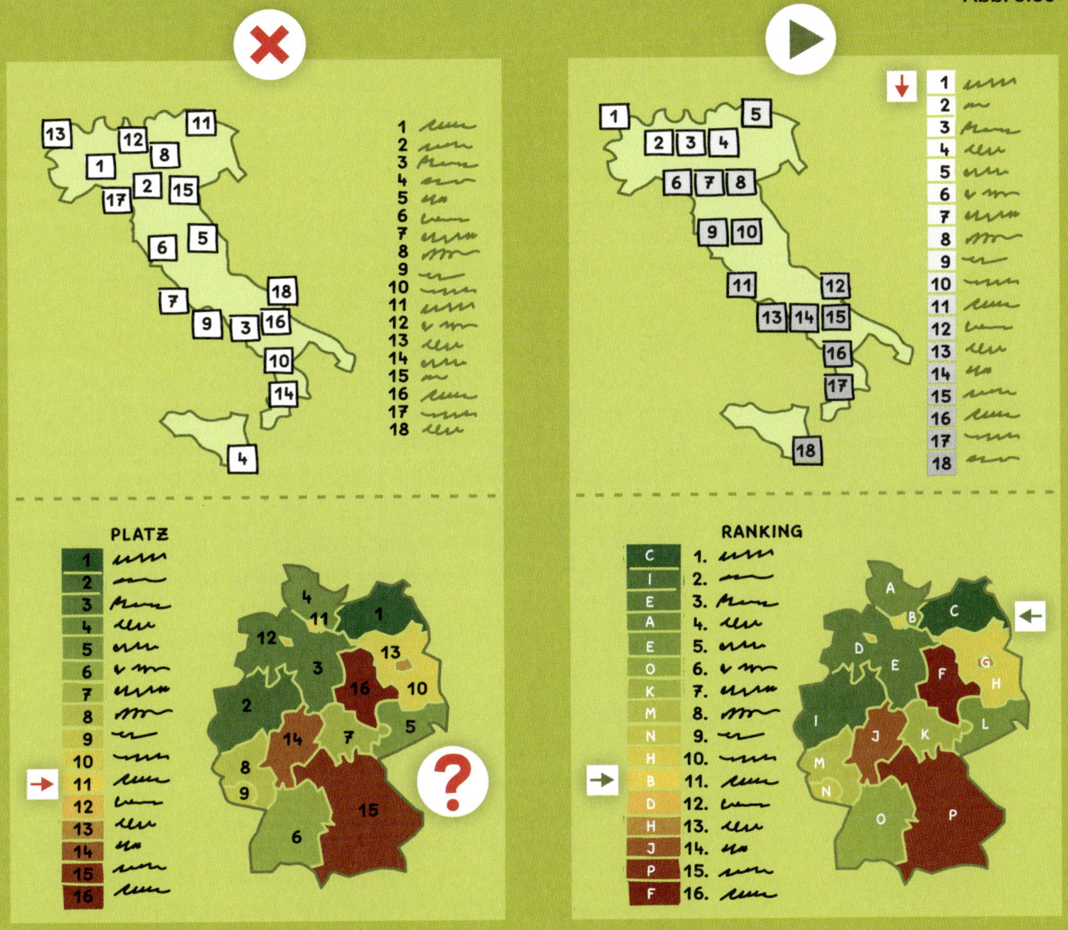

Abb. 5.37

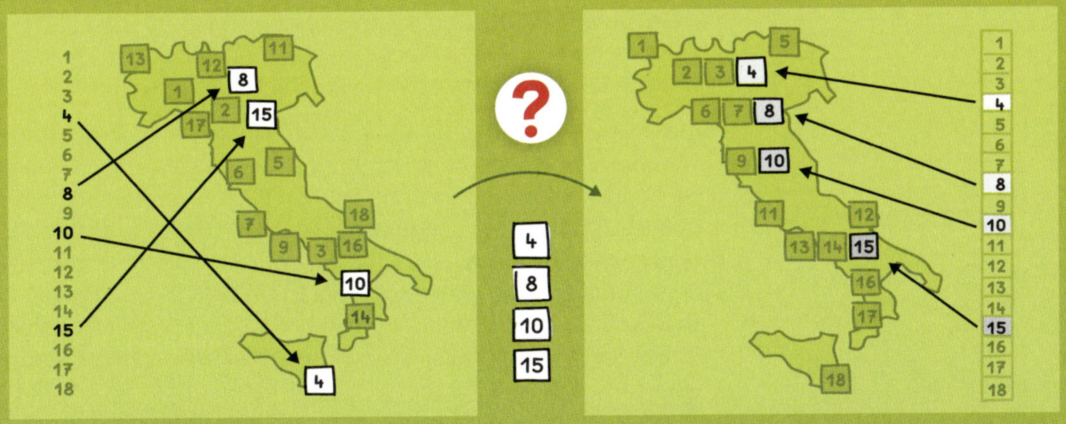

5.20 POSITIONSANZEIGER (LOCATOR) RICHTIG EINSETZEN

Bei der Verwendung von Karten passieren immer wieder zahlreiche Fehler, obwohl oder vielleicht sogar, weil die meisten Menschen heute fast tagtäglich durch die zahlreichen Navigationsapps mit Karten in Berührung kommen. Der Umgang erscheint uns daher geradezu selbstverständlich.

So ganz ohne Locator, weißt du, wo Nordkorea liegt?

cutt.ly/nordkorea

Dieses subjektive Empfinden führt auf diese Weise immer wieder zu vollkommen falschen Grundannahmen. Wer schon einmal in der richtigen Straße angekommen ist, aber im falschen Ort, weiß vielleicht, wovon ich spreche. Karten dienen der Orientierung oder Navigation und erfordern daher eine besondere Präzision. Sie sollen dazu dienen, Positionen schnell und einfach zu identifizieren und den Suchaufwand maximal reduzieren. Es ist daher besonders wichtig, dass keine Ungenauigkeiten in der Zuordnung gleicher Elemente entstehen und sich z.B. eindeutig bestimmen lässt, wo ein Ausschnitt im globaleren Zusammenhang genau liegt.

Den Anfang der Fehlerkette machen daher die Positionsanzeiger. Sie dienen dazu, einen kleineren Ausschnitt in einen größeren geografischen oder politischen Zusammenhang einzubetten, der bekannt ist. Je kleiner der betrachtete Ausschnitt ist, desto wichtiger ist es, zu definieren, wo dieser genau zu verorten ist (Welt, Land, Bezirk etc.). Nur wenige wissen vielleicht, wo die Insel Kreta genau liegt, aber deutlich mehr Menschen werden vermutlich die grobe Lage Griechenlands in Europa im Kopf zuordnen können.

In *Abb. 5.38* sind einige Beispiele dafür zu sehen, welche Fehler mit einem Locator unterlaufen können, wenn Form, Farbe oder Lage einzelner Elemente nicht genau übereinstimmen. Im ersten Beispiel ist z.B. der Locator fast quadratisch, der tatsächliche Ausschnitt dann jedoch rechteckig. Es ist also unklar, welcher Bereich tatsächlich vergrößert betrachtet wird.

Das mittlere Beispiel zeigt das zuvor erwähnte Kreta, aber irrtümlich wird auf dem tatsächlichen Kartenausschnitt der verwendete Farbcode missachtet und aus der dunkelgrün vergrößerten Fläche wird eine graue Landmasse, die sich politisch nicht mehr richtig zuordnen lässt. Und so wandert das griechische Kreta ganz subtil und unbemerkt in türkischen Besitz. Ein Umstand, der durchaus zu beträchtlichen diplomatischen Verstimmungen führen kann, je nachdem, wo die Karte ihre Verwendung findet.

In *Abb. 5.39* sind die Fehler noch einmal hervorgehoben.

174 ‹ Farbe › 186 180 ‹ Karten › 184

Abb. 5.38

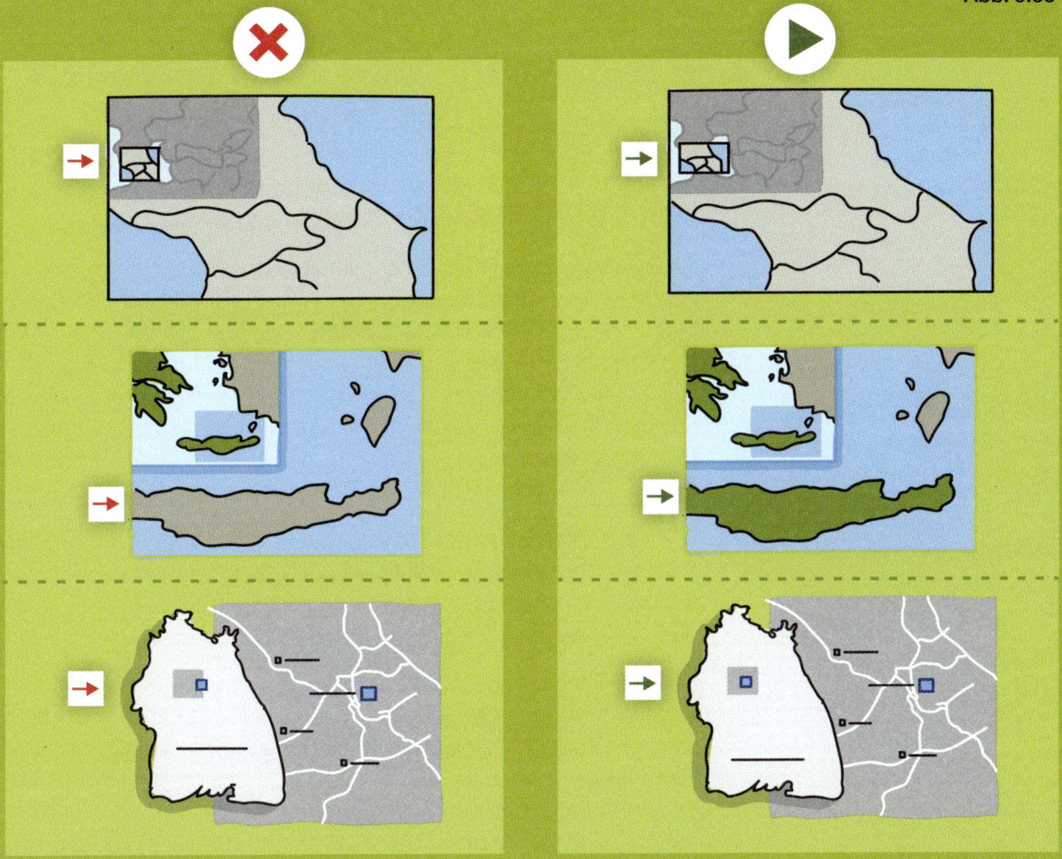

Abb. 5.39

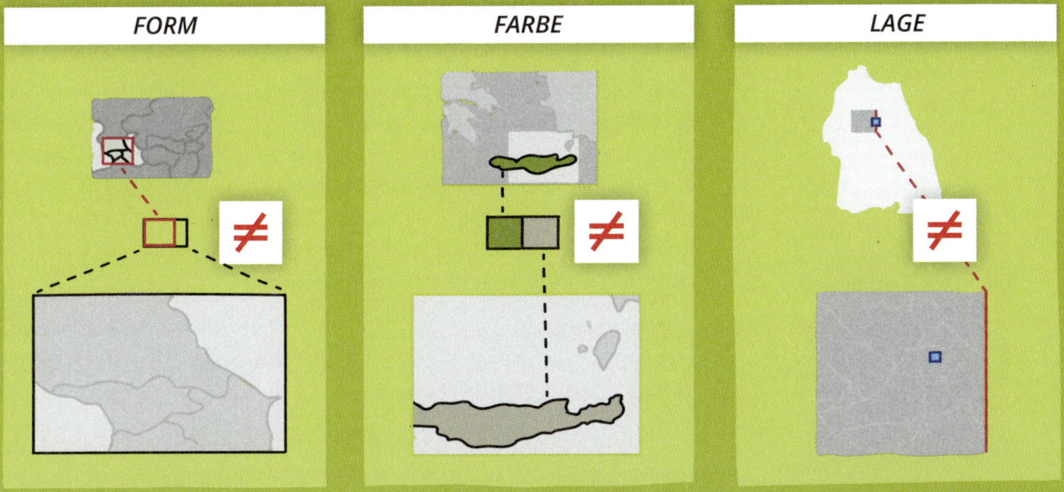

5.21 STATISTISCHE DATEN IN KARTEN

Geografisch-basierte Karten mit statistischen Daten zu belegen, ist sehr verlockend und kann durchaus auch hilfreich sein, allerdings hängt es sehr davon ab, welche Daten auf der Karte abgebildet werden sollen, und in welcher Form.

Sehr schwierig wird es, wenn Häufigkeiten in Bezug zu ihrer lokalen Verortung eintragen und dabei mehrere Werte z.B. in einer Fläche gesammelt werden. Während sich z.B. die Werte über einem Punkt (z.B. einer Stadt) sehr groß ansammeln können, muss ein Weg gefunden werden, wie diese Ansammlung ihren räumlichen Bezug behalten kann, ohne im Verhältnis zur Kartenfläche den Eindruck zu erwecken, das gesamte Land wäre von den Auswirkungen betroffen.

Sehr gelungene Visualisierung geografisch lokalisierter Corona-Todesfälle und deren Entwicklung über die Zeit

cutt.ly/spiegel_coronatote

In *Abb. 5.40 links* wird klar, was damit konkret gemeint ist. Die Kreise repräsentieren Häufigkeiten, die sich direkt auf ihren Mittelpunkt beziehen. Für die Betrachter:innen sieht es allerdings so aus, als wäre ganz Frankreich von den Mengen bedeckt.

Es hilft, sich zu verdeutlichen, dass die Dimensionierung dieser statistischen Visualisierungen rein subjektiv erfolgt. Je nachdem, welche Grundskalierung gewählt wird, können die Aussage der Karte beeinflusst und so Meinungen manipuliert werden. Die Spannbreite reicht von harmloser Information bis zur hysterischen Überzeichnung. Daher hilft es, sich bewusst zu machen, welche Werte in den Kreisdiagrammen miteinander verglichen werden. Je weiter die Gesamtzahl, die ein Kreis repräsentiert, in einer Region auch verstreut ist, desto besser sind diese Werte für den angestrebten Vergleich geeignet. Je punktueller das Auftreten der Häufigkeiten jedoch ist, beispielsweise wenn alle Werte sich ausschließlich auf Städte beziehen würden, desto weniger geeignet sind sie für einen Flächenvergleich auf einer Karte.

Dass die roten Flächen die Karte überlappen, ist also eine rein gestalterische Entscheidung der Grafiker:innen. Egal ob gewollt oder unbeabsichtigt, die Information wird dadurch maßgeblich interpretiert und die Erzählung verändert. In *Abb. 5.41* wird das noch einmal erläutert. Soll hier wirklich eine dramatische Übertreibung der Werte dargestellt werden oder ist es das eigentliche Anliegen, möglichst neutral zu informieren?

Selbst *auf der rechten Seite* sind die Kreise insgesamt nun zwar kleiner dargestellt, aber immer noch völlig beliebig zur geografischen Fläche in Bezug gesetzt!

Egal wie man es macht, diese Darstellung bleibt ein ungünstiger Kompromiss, der nur in 3D etwas besser aufgelöst werden kann.

166 ‹ Daten › 200 178 ‹ Manipulation › 188 182 ‹ Karten › 186 104 ‹ Vergleich › 188

Abb. 5.40

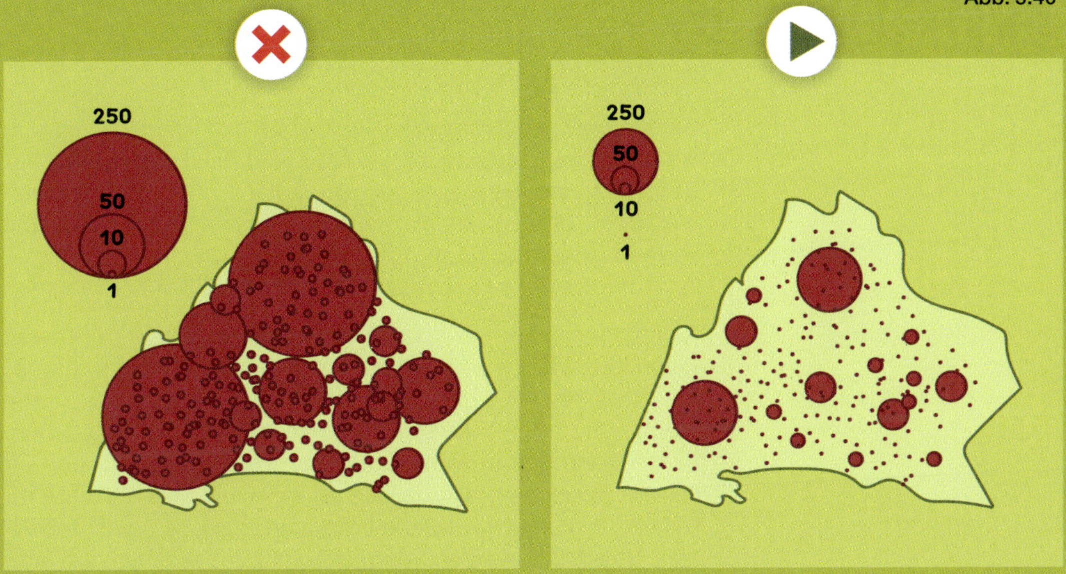

Abb. 5.41

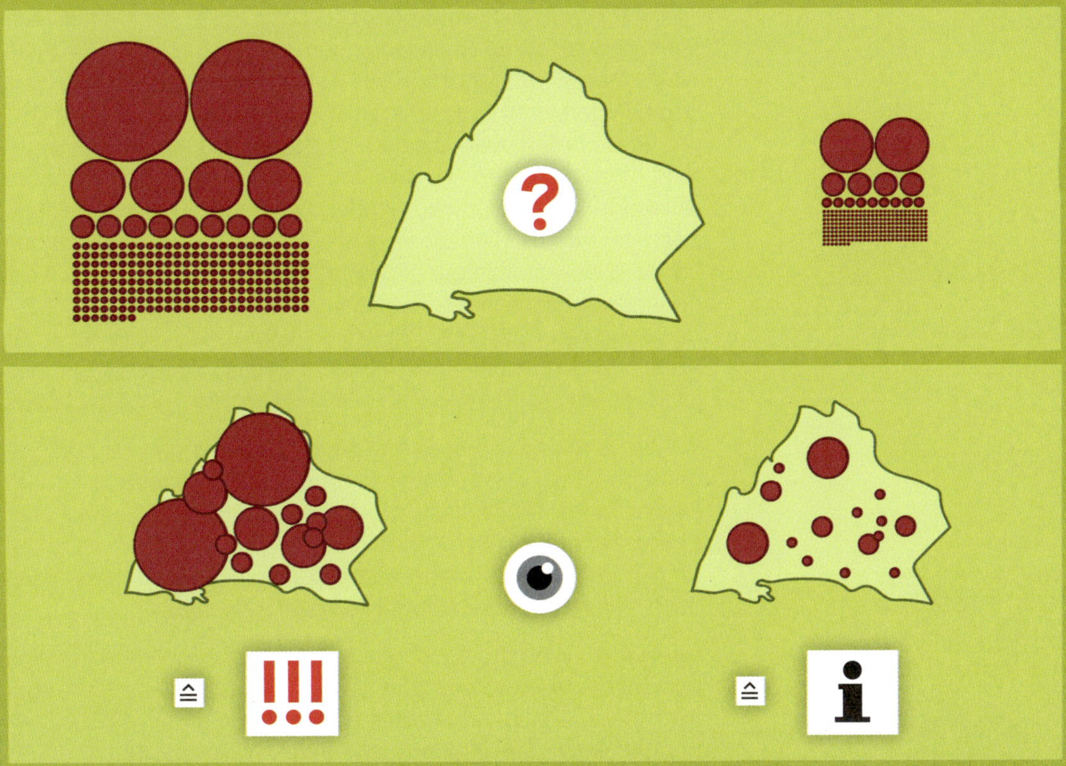

5.22 DIAGRAMME UND KARTEN

Gerade bei Ländervergleichen laden politische Karten – die sich auf politische Regionen, Infrastruktur und Siedlungsgebiete beschränken und keine zusätzlichen geografischen Informationen enthalten – oft dazu ein, die manchmal großen freien Flächen mit Vergleichsdaten zu füllen. Eine scheinbare »Win-win-Situation«, in der man zwei Fliegen mit einer Klappe schlägt.

Allerdings erweist sich dieses Vorhaben meist als trügerisch. Wenn jede Menge Kleinstdiagramme in die Länderflächen gepresst werden, wird das Lesen der Grafik extrem erschwert. Die Diagramme lassen sich so kaum mehr miteinander vergleichen, da sie keine gemeinsame Grundlinie mehr aufweisen, und oft passen sie auch nicht in die Flächen kleinerer Länder. Das ganze Layout wird unruhig und alle Diagramme müssen auch redundant beschriftet werden. Gute Infografiken zeichnen sich aber auch besonders dadurch aus, dass sie die notwendigen Zusatzelemente, wie Beschriftungen etc., auf das Nötigste beschränken. Je mehr Elemente in einer Infografik eingesetzt werden, desto mehr lenken diese vom eigentlichen Inhalt ab.

Die Lösung sieht eher so aus wie in *Abb. 5.42 auf der rechten Seite*. Hilfreich ist es, sich bei einer politischen Karte auch einer passenden qualitativen Einfärbung der Länder zu bedienen *(Seite 143)*. Diese Farbgebung kann in den Hintergründen zu den *oben* aufgereihten Diagrammen eingesetzt werden oder die Diagramme werden direkt mit dem entsprechenden Farbton eingefärbt, wie im *unteren* Beispiel. Der Vorteil wird schnell klar: Alles ist exakt miteinander vergleichbar. Es werden nur wenige Auszeichnungen der Wertachse benötigt und die Zuordnung zu den Ländern ist weiterhin gut gegeben. Sogar bei Ländern, die nicht nebeneinander, sondern direkt untereinander liegen. Je nachdem, wie der Ausschnitt der Karte geformt ist, eignet sich die Aufreihung unter der Karte vielleicht besser. Ausschlaggebend ist, dass alle Diagramme in so wenig Reihen wie möglich stehen.

In *Abb. 5.43* wird noch einmal darauf eingegangen, wie die Sache gelagert ist, wenn nur eine Farbe bei der Gestaltung zur Verfügung steht. Hier könnte möglicherweise ein Farbverlauf zum Einsatz kommen. Bei mehr als 6 Farbwerten sind die Farbabstufungen jedoch nicht mehr eindeutig unterscheidbar, dann kann auch eine Nummerierung weiterhelfen *(Seite 143)*.

Soll nur ein Wert pro Land miteinander verglichen werden, dann besteht die Möglichkeit, auf eine Heatmap zurückzugreifen, aber auch hier können sich Probleme mit den Größenverhältnissen der Länderflächen ergeben *(genaueres auf Seite 200)*.

Abb. 5.42

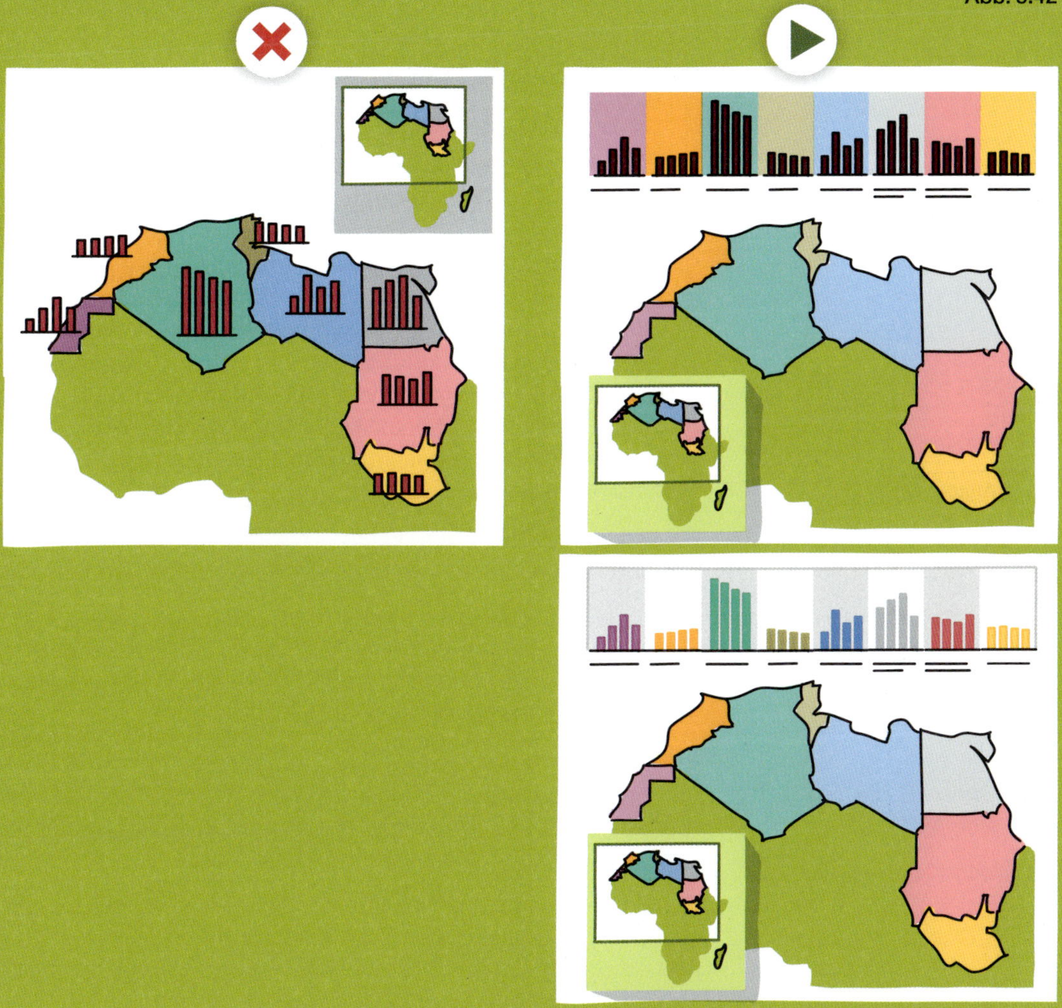

Abb. 5.43

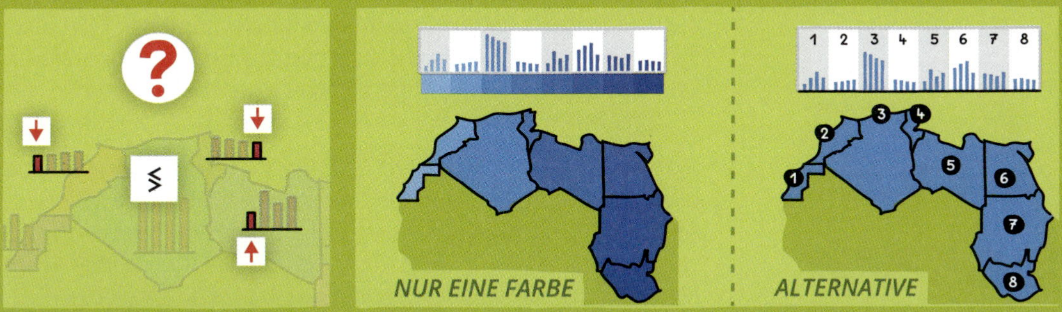

5.23 FLÄCHENVERGLEICHE AUF KARTEN

Um eine Kugeloberfläche auf einem Rechteck darzustellen, wird ein Projektionsverfahren benötigt. Eine der gebräuchlichsten Karten-Projektionen ist dabei die Mercator-Projektion, die bei Seekarten ihre Anwendung findet oder bei kleinräumigen Karten an Land. Ihr Nutzen als Weltkarte ist jedoch mehr als fraglich. Vielleicht wird sie so gerne verwendet, weil sie schön ›kompakt‹ aussieht – ungeachtet der völlig verzerrten Pole. Zudem kommt sie einem europazentrierten Weltbild sehr entgegen, da diese Projektion Staaten flächenmäßig umso stärker übervorteilt, je weiter sie vom Äquator entfernt liegen. Viele Staaten in Südamerika und Afrika werden im Vergleich dazu viel zu klein dargestellt.

Das Problem dabei: Die Mercator-Projekton ist nur bedingt winkel- und längentreu, aber weder flächen- noch streckentreu.

Dennoch wird sie immer wieder gerne völlig falsch eingesetzt, um z.B. ausgerechnet Größen von Ländern (oder Distanzen) miteinander zu vergleichen. Das passiert vermutlich am häufigsten aufgrund kartografischer Unkenntnis.

In *Abb. 5.44* werden die extremen Unterschiede der beiden Flächenvergleiche zwischen Russland und Afrika sichtbar. Das Verhältnis ist in den beiden Projektionen fast entgegengesetzt. In der Realität beträgt es aber ca. 1:1,76 für Afrika.

Sobald bestimmte Eigenschaften verglichen werden, wird zuerst die dafür geeignete Projektion benötigt. Sollen also Flächen verglichen werden, ist eine flächentreue Projektion wie z.B. die Gall-Peters-, Mollweide- oder Goode-Projektion anzuraten.

Außer der Goode-Projektion haben viele flächentreue Karten den Nachteil, dass sie die Formen ebenfalls erheblich verzerren. Sie garantieren aber zumindest, dass die Flächeninhalte der Länderformen im richtigen Verhältnis zueinander dargestellt werden!

Was damit gemeint ist, zeigt *Abb. 5.45*. Der Flächeninhalt desselben Quadrats (weiße Outline) wird auf der normalen Mercator-Projektion immer größer, je weiter es sich vom Äquator entfernt. Das Quadrat bei Position 1 passt bereits geschätzte 8-mal in das Quadrat bei Position 3.

Bei der Gall-Peters-Projektion verformt sich das Quadrat an sich auch sehr stark, es ist sogar schon am Äquator völlig verzerrt. Aber: Der Flächeninhalt der drei Quadrate an den Positionen 1–3 *auf der rechten Seite* bleibt immer gleich. Flächengrößen (nicht Flächenformen!) lassen sich damit also eindeutig vergleichen.

Viele Infos zu verschiedensten Projektionen

cutt.ly/radical_carto

Diagramm-Vergleich bekannter Projektionen

cutt.ly/projektion_vgl

Verschiedene Projektionen und Mittelpunkte interaktiv testen und verschieben

cutt.ly/projektionen_testen

Abb. 5.44

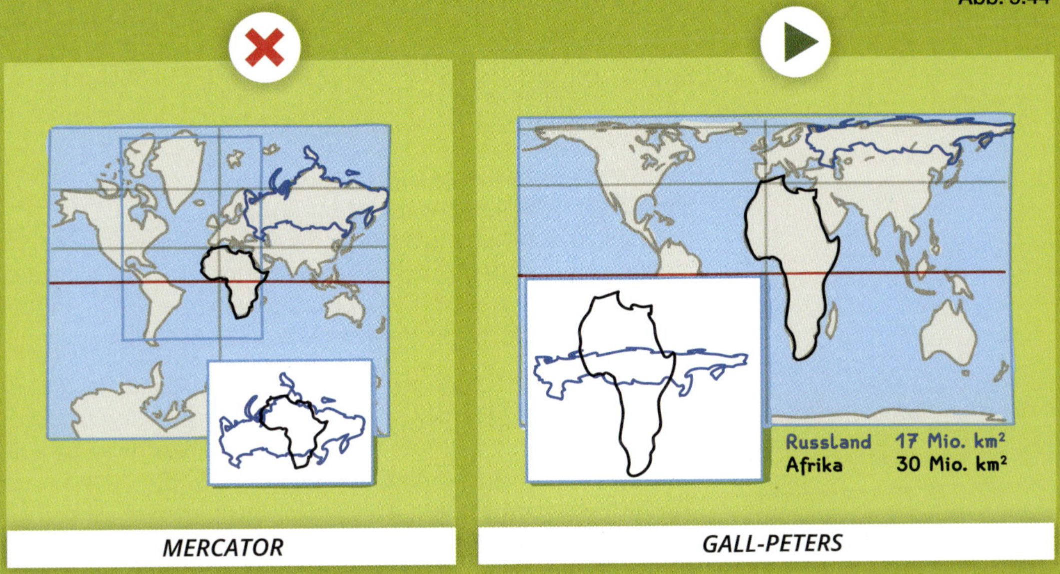

Abb. 5.45

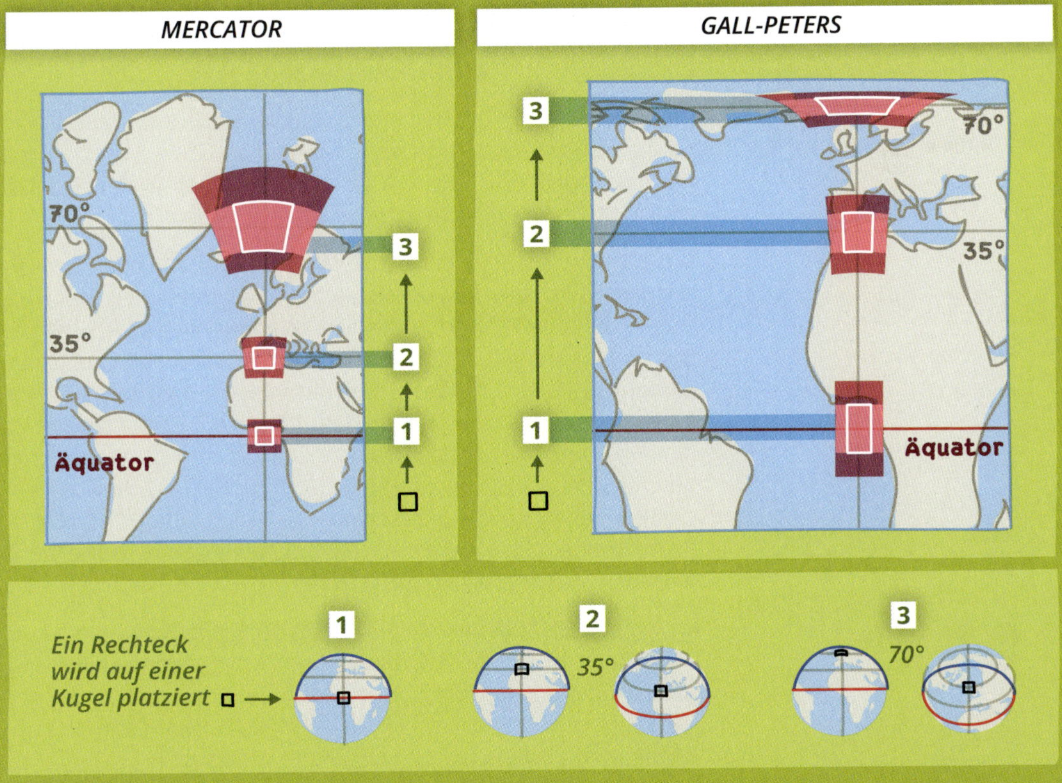

5.24 BESTIMMTE UND UNBESTIMMTE PINS AUF KARTEN

Um Karten (vor allem online) übersichtlicher zu gestalten, empfiehlt es sich, die Karten nicht mit unzähligen, einzelnen bestimmten Pins zu überfluten, was leider häufig so umgesetzt wird. Es macht Sinn, zwischen verschiedenen Pins zu unterscheiden. Bestimmte Pins sind z.B. Symbole, die durch eine Spitze eindeutig auf einen Punkt auf der Karte verweisen *(Abb. 5.46 links unten)*.

Beispiel Hai-Radar

ocearch.org/tracker/

Unbestimmte Pins dagegen sind immer eine Ansammlung bestimmter Pins, die allerdings nur sehr grob einer Region zugeordnet sind. Je kleiner die Karte, desto mehr unbestimmte Pins sollten auf ihr erscheinen *(mittleres Beispiel Abb. 5.46)*. Wenn die Karte im Print genutzt wird, könnten in einem zweiten, vergrößerten Ausschnitt die tatsächlichen Ortsangaben der bestimmten Pins zu finden sein. Online würden sich beim Zoom in die Karte die unbestimmten Pin-Gruppen in bestimmte Pins auflösen.

Unbestimmte Pins, die, wie erwähnt, eine Gruppe von eindeutigen Pins zusammenfassen, müssen von diesen genauso eindeutig zu unterscheiden sein. Sobald es nicht mehr klar ist, welcher Pin für welche Angaben steht, kommt es zu unterschiedlichen Interpretationen und führt dann zu Fehlern in der Zuordnung durch die Betrachter:innen.

Die Unterscheidung zwischen eindeutig und unbestimmt wird häufig von Grafikern:innen nicht bewusst gemacht. Welche Form herangezogen wird, scheint oft eher eine ästhetische anstatt eine funktionale Entscheidung gewesen zu sein.

Auf der rechten Seite in Abb. 5.46 sind die eindeutigen Umsetzungen zu sehen, die keine weiteren Interpretationen mehr zulassen. Ein bestimmter Pin als Sammlung mehrerer Pins ist daher nicht komplett ausgeschlossen. Sind alle Pins auf einen eindeutigen Ortspunkt bezogen, bedeutet es, dass sich alle Pins tatsächlich an diesem Ort befinden. Würde der Kartenausschnitt durch Zoomen vergrößert werden, würden sich die verschiedenen Pins dann z.B. an unterschiedlich Plätzen in einer Stadt finden können. Solange unterschiedliche Pins gleichzeitig auf einer Karte verwendet werden, ist es empfehlenswert, diese auch farblich voneinander zu unterscheiden.

Im rechten Beispiel in Abb. 5.47 sieht der Pin mit der »4« so aus, als wäre er eine präzise Ortsangabe. Womöglich ist damit eine diffuse Gruppe gemeint, die meisten Betrachter:innen würden wahrscheinlich jedoch zu der Interpretation neigen, die 4 Gruppenelemente wären wohl an einem Ort lokalisiert.

188 ‹ Karten › 192

Abb. 5.46

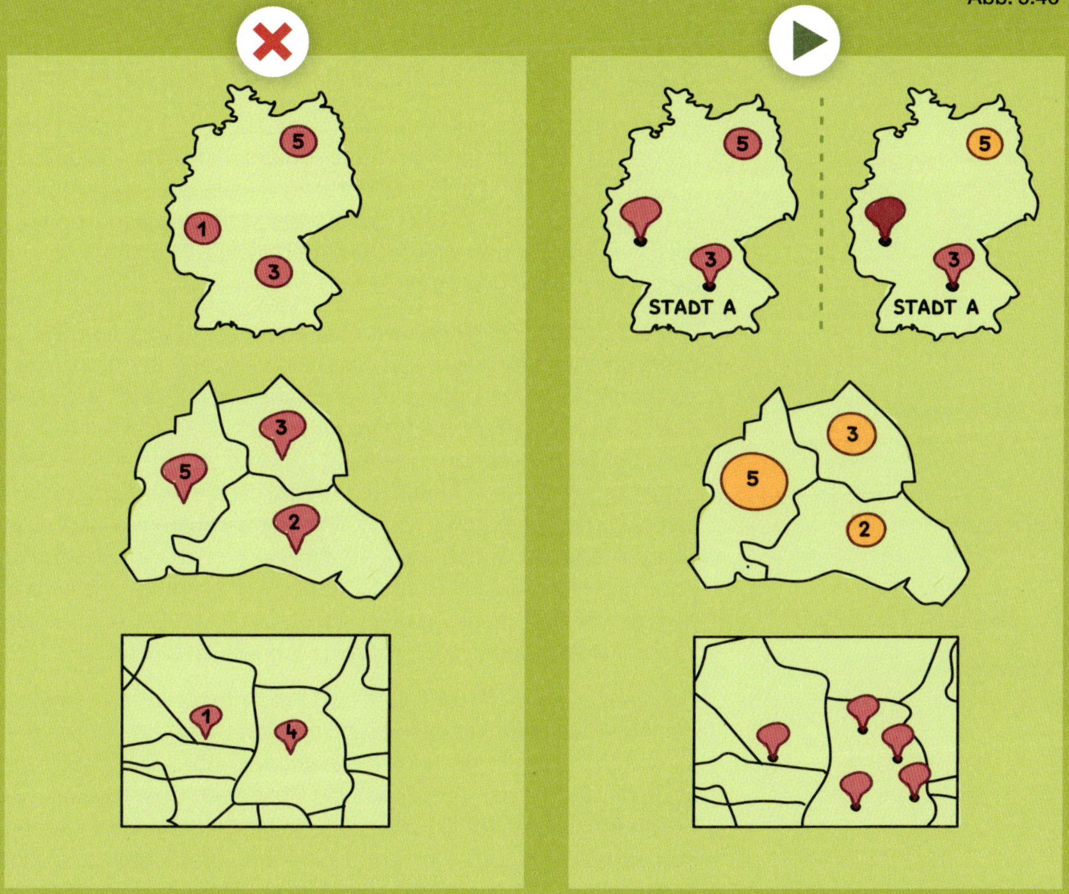

Abb. 5.47

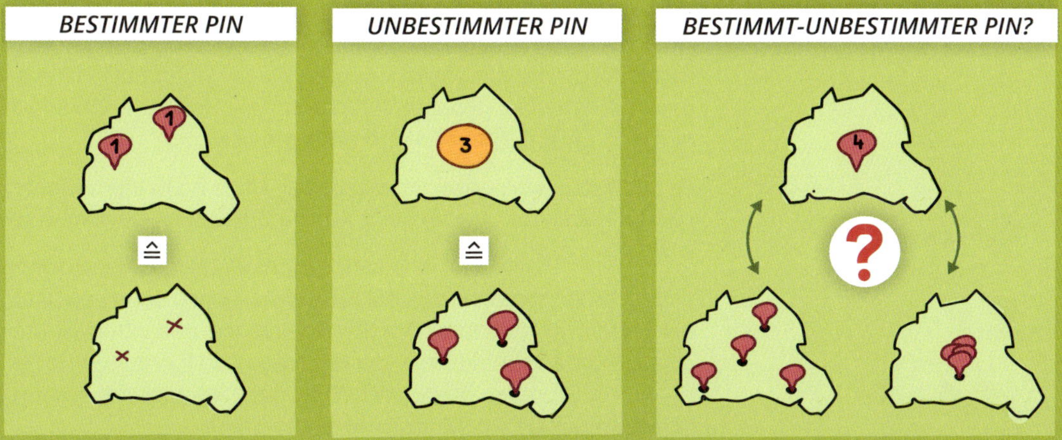

5.25 DICHTEN UND ROUTEN IN KARTEN

Immer wieder sehr beliebt ist der Versuch, die Dichte des internationalen Verkehrsaufkommens unterschiedlicher Verkehrs- oder Transportmittel auf einer Karte zu visualisieren. In der Hälfte der Fälle wird dann jedoch genau das nicht gemacht, obwohl dies in dramatischen Worten exakt so in der Überschrift angedeutet wird. Aber warum?

Verkehrsmittel sind im relativen Vergleich zum Erddurchmesser gesehen sehr, sehr klein. Um eine halbwegs seriöse Information zu vermitteln, ist am ehesten eine Darstellung geeignet, wie sie in *Abb. 5.48 auf der rechten Seite* umgesetzt ist. Diese ist informationstechnisch gesehen zumindest näherungsweise richtig, dennoch dürften die verschiedenen Punkte, die die Schiffe repräsentieren, immer noch viel zu groß sein, aber wenigstens müssen sie ja zumindest zu sehen sein. Gleichzeitig ist diese Darstellung aber natürlich höchst unspektakulär und eventuell daher aus dem gleichen Grund völlig ungeeignet, um als großer Aufmacher, z.B. auf einer Doppelseite in einem Magazin, zu dienen.

Int. Schiffsverkehr (auch wenn die Schiffe etwas groß geraten sind)

marinetraffic.com

Das Gleiche mit Flugzeugen

flightradar24.com

Der Denkfehler – vielleicht auch die Unkenntnis – ist, dass anstatt der Aufenthaltspunkte der verschiedenen Schiffe zu einem bestimmten Zeitpunkt *(Beispiel ganz unten in Abb. 5.49)*, also anstelle der Dichte der verschiedenen Positionen über die Zeit, die gesamten Routen als durchgezogene Linien dargestellt werden und visuell der Eindruck entsteht, als wären alle Routen zu einem bestimmten Zeitpunkt vorhanden *(oberes Beispiel)*.

Zugegeben, das wirkt visuell sehr dramatisch, hat mit der Darstellung einer Verkehrsdichte aber absolut nichts gemeinsam.

Es entspricht einem schematischen Verkehrsnetz, allerdings ohne physische Verkehrswege, und ist keine momentane Zustandsaufnahme der Verkehrsmittel. Einige der Routen dauern Stunden, andere Tage oder Wochen. Die einen Strecken werden regelmäßig, vielleicht täglich, andere Wege nur monatlich befahren. Auf den einen Routen verkehren viele Schiffe, andere werden nur von einzelnen Tankern befahren usw.

Je nachdem, was gezeigt werden soll, ist es besonders wichtig, sich im Klaren darüber zu sein, welche Darstellung gewählt wird!

Im *mittleren* Beispiel ist eine sehr selten genutzte Umsetzung zu sehen, in der zwischen den beiden Darstellungen *oben und unten* ein Mittelweg gefunden wurde. Anstatt die gesamten Routen einzuzeichnen, werden z.B. nur die Wege und Richtungen in den nächsten Stunden dargestellt. Das sieht interessant aus und überdramatisiert die Wirklichkeit nicht zu sehr.

Abb. 5.48

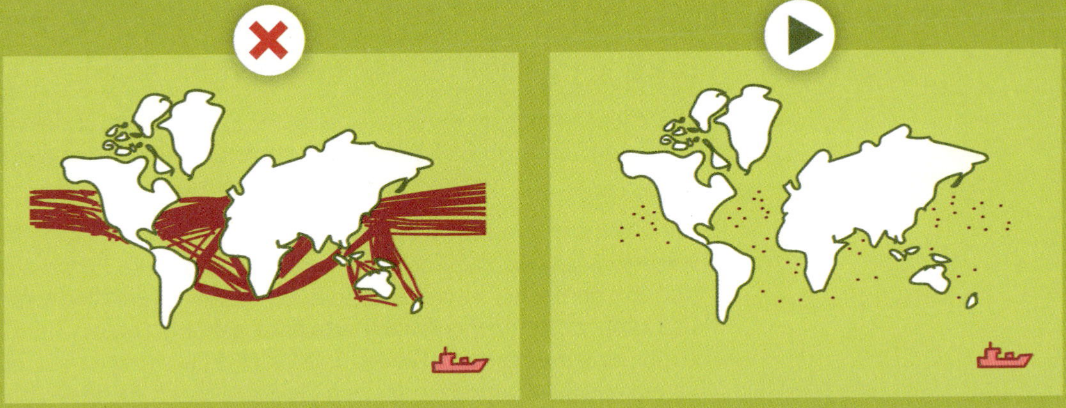

Abb. 5.49

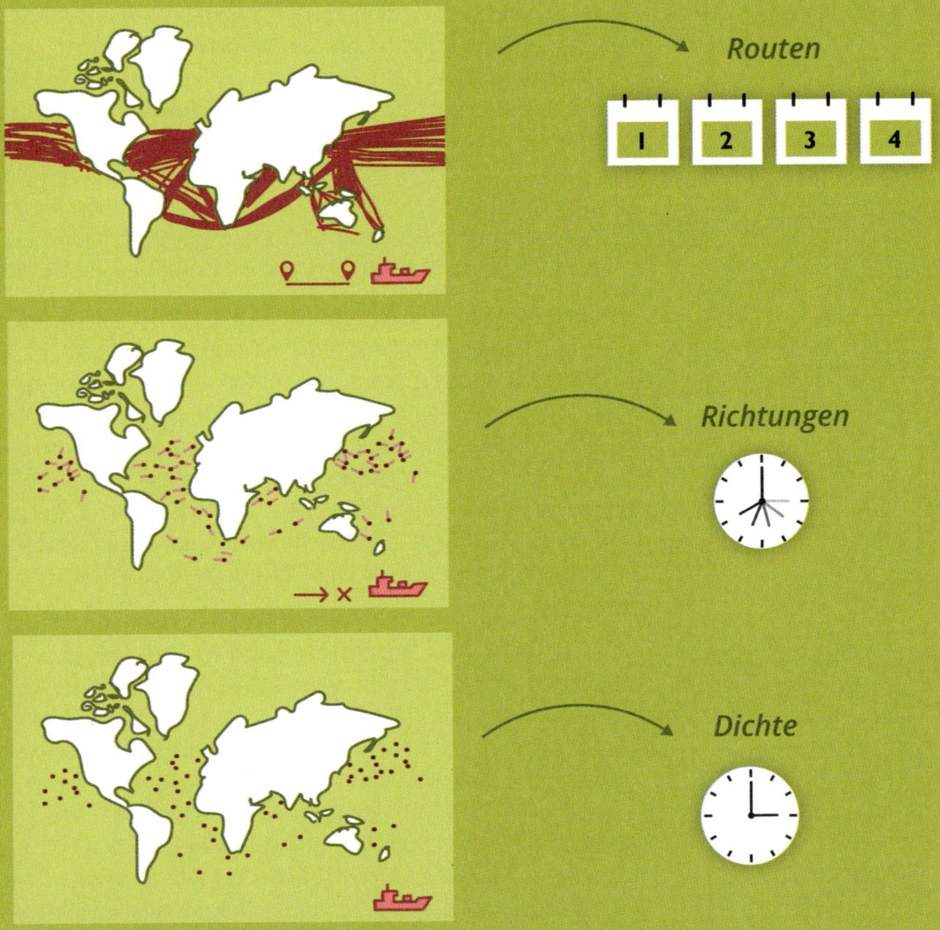

5.26 CHOROPLETH-FARBVERLÄUFE

Was macht eine gute Karte zu einer guten Karte? Wenn sie leicht zu interpretieren ist! Es ist ein recht simples Kriterium, das allerdings gleichzeitig genauso aussagekräftig ist.

Bei Choropleth-Karten wird die Veränderung einer Variablen in vordefinierten Flächen oder Regionen durch eine Farbskala sichtbar gemacht. Je präziser diese Farbskala interpretiert werden kann, desto besser ist die Karte gelungen. Egal ob eine Skala mit einem Farbwert definiert wird, der z.B. einzig in seiner Farbintensität moduliert, oder sich die Skala durch mehrere Farben und ihre Abstufungen definiert. Am wichtigsten ist, dass sich die höchsten und schwächsten Werte eindeutig trennen und erkannt werden können, und die Abstufungen dazwischen eine sinnvolle, visuelle Annäherung dieser beiden Extreme darstellen.

Es gibt einige Farbverläufe oder Abstufungen in Karten, die sich bewährt haben.

colorbrewer2.org

In *Abb. 5.50 auf der linken Seite* ist dies nicht gegeben. Oben liegen die beiden höchsten Farbwerte in ihrem Dunkelwert nahezu identisch zusammen, sie verschwimmen fast, während die anderen drei Werte dagegen extrem abbrechen. Zwischen Grau, Gelb und Hellrot gibt es keine nachvollziehbare Steigerung. Die Farben sehen eher aus wie unterschiedliche Kategorien und nicht wie größer werdende Werte. Bei der *unteren* Karte ergibt die Reihenfolge der Helligkeiten keinen Sinn und für Temperaturen fehlt der steigernde Charakter der Farbskala. Die Mitte erscheint als ein Maximum, so ist die Karte unverständlich.

Ganz anders *auf der rechten Seite*. Selbst mit den völlig unterschiedlichen Farbtönen im *unteren rechten* Beispiel (nach »Qualität« getrennt, aber in der »Helligkeit« sequenziell geordnet) ergibt sich eine sinnvolle, farbliche Steigerung der Werte. *Unten* können eindeutig die kalten von den warmen Regionen aufgrund der Farbigkeit unterschieden werden. Es ist von Vorteil, wenn bei der Wahl des Farbcodes daher auch thematisch die passenden Farben ausgewählt werden. »Blau« für kalte Temperaturen erscheint passend, »Lila« für Dürregebiete eher nicht.

Es ist nicht einfach, selbst einen Farbverlauf anzulegen, besonders wenn eine Karte umgesetzt werden soll, die nicht in bestimmte Werteklassen aufgeteilt ist, sondern einen durchgängigen Verlauf als Grundlage hat. In *Abb. 5.51* ist ein typisches Momentum zu sehen: Bei der Interpolation zwischen zwei Werten haben wir am Start und Ende zwei kräftige Farbtöne, »Blau« und »Grün«, aber der Übergang dazwischen wirkt schmutzig und stellt keine gute Abstufung dar, weil die drei Farbkanäle sehr ungünstig ineinander umgewandelt werden. *Rechts* sind unterschiedliche Arten von Farbabstufungen gezeigt (*Seite 198*).

154 ‹ **Farbe** › 222 25 ‹ **Flächen** › 34 192 ‹ **Karten** › 196

Abb. 5.50

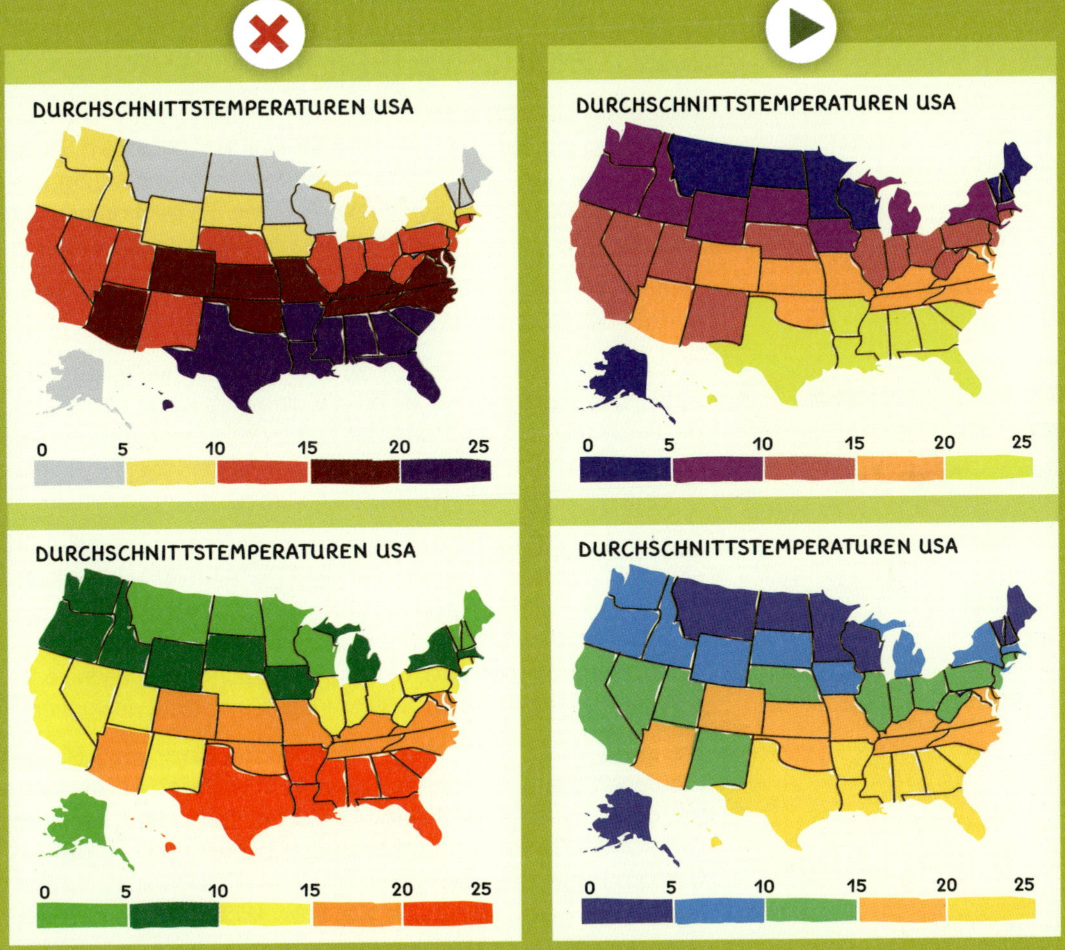

polar

Abb. 5.51

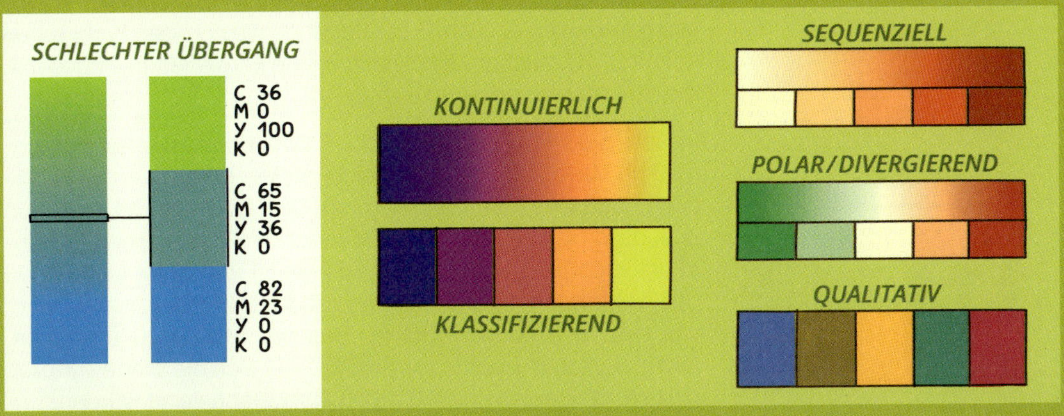

5.27 CHOROPLETH-FARBABSTÄNDE

Wurde ein passender Farbverlauf für die Choropleth-Karte gefunden, so gibt es noch eine weitere Hürde zu meistern. Diese scheitert oft aber an der ungenügenden Programmierung aller (dem Autor bekannten) GIS-Anwendungen. Es geht darum, wie die Farbwerte der Farblegende der Karte zugewiesen werden.

Naheliegend ist es, einen Farbverlauf anzulegen und die Werte entlang der gesamten Wertebreite abzutragen.

Herkömmliche Klassifikationen von Werten in Karten

cutt.ly/choropleth_farbe

Das Ergebnis kann in *Abb. 5.52 oben links* betrachtet werden. Außer den Extremwerten ist es auf diese Weise oft unmöglich, die Farbwerte aus der Karte der Legende konkret zuzuordnen. Es lässt sich nur ungefähr schätzen, aber dann verfehlt die Visualisierung ihren Zweck, die Informationen genau zu vermitteln.

Besser wird die Karte, wenn die Werte in Stufen oder Klassen eingeteilt werden. In diesem Fall wird der Farbverlauf in gleichgroße Abschnitte aufgeteilt und diesen wird ein Farbwert aus dem Farbverlauf zugewiesen, der ebenfalls in regelmäßigen Abständen entnommen wird. Optisch geht kaum Information verloren, stattdessen ist damit die eindeutige Zuweisung gewonnen!

Wenn die Werte sehr unregelmäßig verteilt sind, wie z.B. das Blau *oben* bei Alaska, das nur einen Wert umfasst, ist ein Nachteil, dass sich so ein viel kleinerer Teil der Farbpalette über den Großteil der Werte verteilt. Manchen Grafiker:innen ist das ein Dorn im Auge, denn sie hätten gerne eine gleichmäßigere Einfärbung der Karte, obwohl die Werte ungleichmäßig verteilt sind.

Wie im *unteren linken* Beispiel wird dann z.B. zu einer »quantilen« oder »unsteten« Verteilung gegriffen. Alle Werte werden z.B. in möglichst gleich große Mengen gepackt und einer Farbe zugewiesen, egal wie breit diese Mengen dann über die Werteskala gestreut sind. Hier findet sich dann auch der entscheidende Programmierfehler: Anstatt in der Legende die richtigen Farbbreiten kenntlich zu machen, wird einfach eine Farblegende eingesetzt, die eine lineare Verteilung suggeriert!

In *Abb. 5.53* wird das verdeutlicht. Wenn das Auge eine gleichmäßige Verteilung von z.B. gleich großen Farbfeldern sieht, die auch noch eine Farbabstufung ergeben, geht das Gehirn davon aus, dass diese Farbfelder auch gleichmäßig über einen Zahlenstrahl verteilt sind. Wenn das nicht so ist, muss die Legende in den Breiten angepasst werden, sodass nachvollziehbar wird, wie hier vorgegangen wurde. Das nur textlich zu erwähnen, reicht nicht aus. *Rechts* wird erklärt, wie sich die Werte verteilen und wie die beiden Farblegenden daraus abgeleitet wurden.

180 ‹ Beschriftung › 208 194 ‹ Farbe › 198 196 ‹ Karten › 242

Abb. 5.52

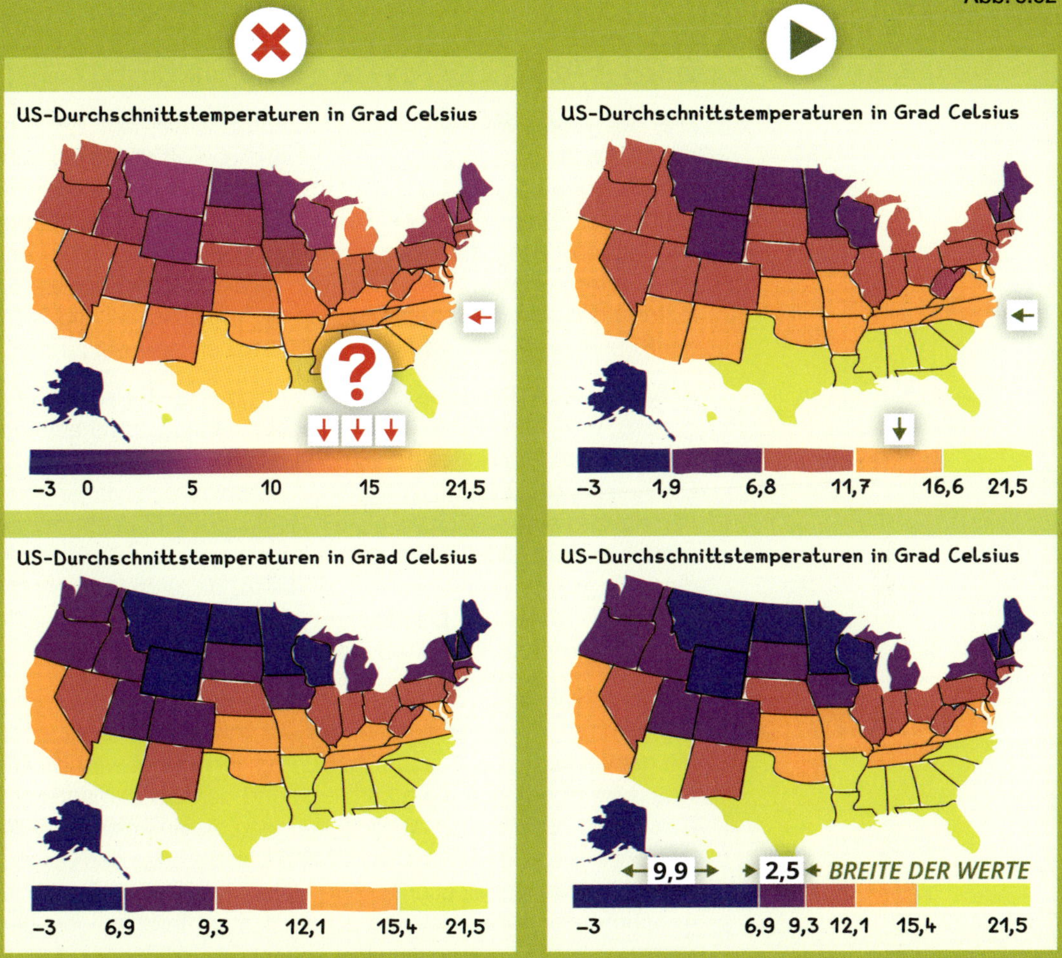

Abb. 5.53

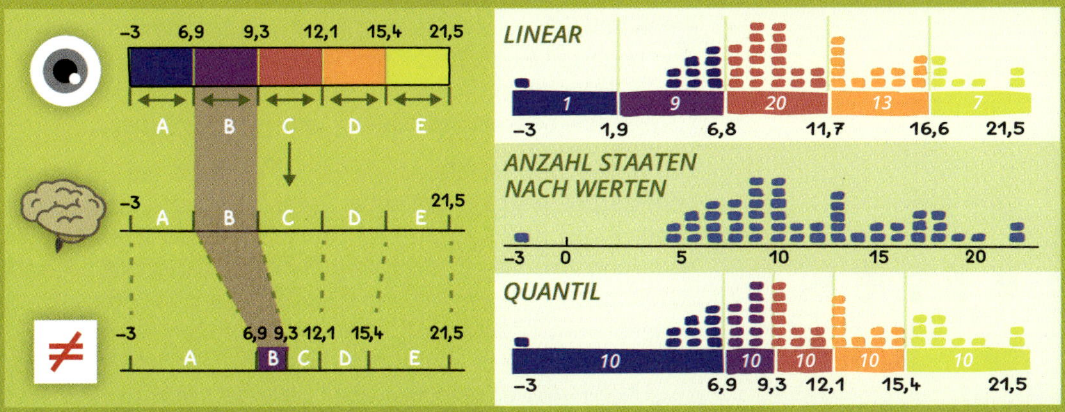

5.28 FARBSEMANTIK (EMPFINDEN)

Die Zuweisung von Farben ist ein zentrales Element zur Verständlichkeit von Infografiken. Dabei ist diese oft durch die entsprechenden Vorgaben aus dem Corporate Design deutlich eingeschränkt. Stehen nur zwei Farben zur Auswahl, so dient eine der Farben häufig als ›Auszeichnungsfarbe‹. Sobald mehr als zwei Farben eingesetzt werden, setzt bereits die Wirkweise z.B. kulturell geprägter Farbbedeutungen ein und es ist wichtig, sich der Konsequenz von Farb(ton)-Kombinationen bewusst zu sein.

Schauen wir die Beispiele in *Abb. 5.54* einmal an. Es ist sehr ungünstig, wenn eine Farbe in einem bestimmten Zusammenhang (Erdkugel) anders eingesetzt wird, als es uns die Erfahrung lehrt. Die Ansicht des Globus ist hier sehr ungewöhnlich, daher können auf den ersten Blick die blauen Regionen nicht richtig zugeordnet werden. Das Gehirn geht automatisch davon aus, dass diese Regionen Wasserflächen darstellen, dadurch lassen sich allerdings die riesigen Landflächen (das eigentliche Meer) nicht erklären, die intuitiv in den grauen Bereichen verortet wären.

Dazu kommt, dass wir Auszeichnungen eher mit hellen oder leuchtenden Farben verbinden. *Auf der linken Seite* ist es aber die dunkelste Farbe, die zur Markierung verwendet wird (Blau), was unserer empfundenen Farblogik und der Farbsemantik widerspricht. *Auf der rechten Seite* springen die ausgezeichneten Regionen sofort ins Auge. Selbst wenn sich die Lage des Globus nicht ohne weitere Beschriftungen klären lässt, ist die kognitive Annahme der Wasserflächen sofort richtig. Teilaussagen der Karte werden auf den ersten Blick schon viel stärker antizipiert.

Das zweite Beispiel ist ähnlich. Noch bevor die Betrachter:innen genau wissen, worum es geht, haben sie »Ost« und »West« schon qualitativ positiv und negativ eingeordnet, obwohl das dem Inhalt zuwiderläuft. Eine Wertung sollte gar nicht erfolgen, aber die Farbkombination ist so stark kulturell geprägt, dass sie sich für eine neutrale Unterscheidung nicht eignet. *Auf der rechten Seite* gibt es keine ähnlich geprägte Beziehung zwischen »Blau« und »Gelb«. Eine bessere Farbwahl für die beiden Gruppen.

Das *untere* beispielhafte Meinungsbild ist durch die Einfärbung bereits nicht mehr interpretierbar. Zwar lassen sich die verschiedenen Antworten *links* unterscheiden, aber dass es eine polare Verteilung zwischen Zustimmung und Ablehnung gibt, ist nicht zu erkennen. Hier wird jetzt die zuvor unpassende Farbsemantik benötigt, um positive und negative Antworten schnell unterscheiden zu können. In *Abb. 5.55* ist zudem noch die Beziehung zwischen Helligkeit der Farbe und Größe der Werte erwähnt.

196 ‹ Farbe › 200 174 ‹ Rezeption › 202 176 ‹ Wahrnehmung › 228

Abb. 5.54

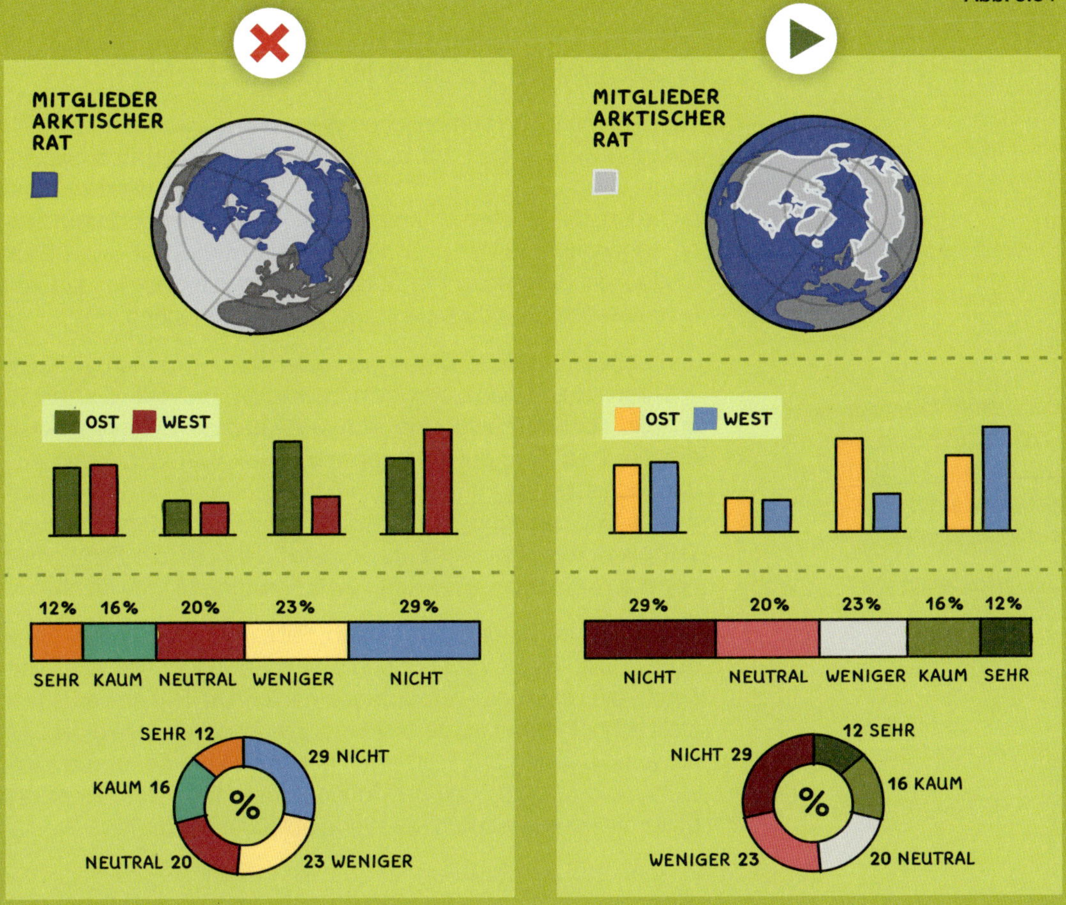

Abb. 5.55

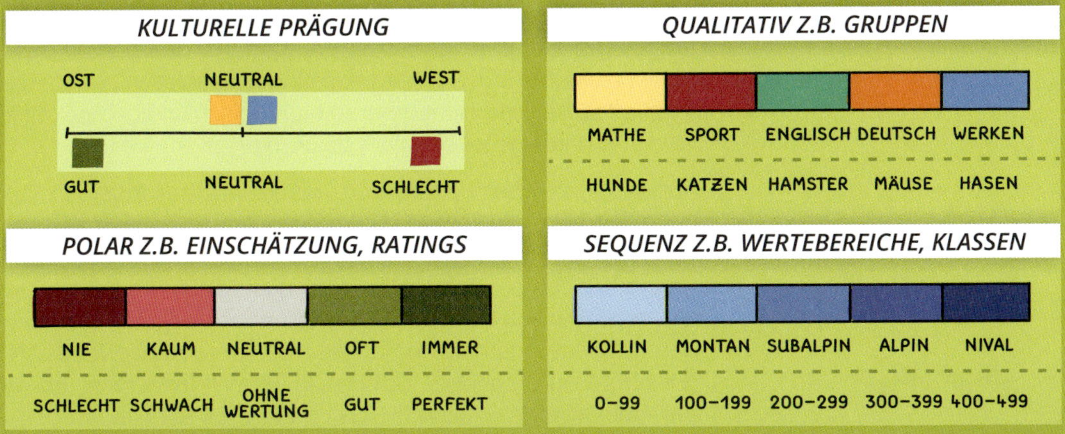

5.29 FARBCODES IN TABELLEN

Tabellen mit vielen numerischen Werten sind zwar eine sehr hilfreiche Angelegenheit, oft aber auch schwierig zu überblicken. Damit Tendenzen und Entwicklungen erkennbar werden, kann es helfen, die Tabellen entsprechend der Werte einzufärben. Diese sogenannten Heatmaps können manchmal auf einen Blick eindeutige Schwerpunkte aufzeigen und die Tabelle dadurch schneller oder überhaupt erst interpretierbar machen.

Quantitative Heatmaps des »The Wall Street Journal« zur Wirksamkeit von Impfungen, mit einem individuellen, sehr ausgeklügelten Farbcode

cutt.ly/heatmaps

Je nachdem, welche Daten visualisiert werden sollen, müssen Tabellen unterschiedlich eingefärbt werden. Handelt es sich z.B. um ein Ranking, also eine sich verändernde Reihenfolge, so empfiehlt es sich, auf eine spezielle qualitative Einfärbung aus unterschiedlichen Farbtönen zurückzugreifen (*Seite 198*). Handelt es sich dagegen um quantitative Daten, z.B. Bewertungen, Temperaturen oder erreichte Punkte, dann ist ein Farbverlauf normalerweise über einen oder zwei Farbtöne hinweg dienlich.

Abb. 5.56 behandelt die beiden Fälle. Auf den ersten Blick scheint die Tabelle *rechts oben* fast misslungen, wer aber versucht, die einzelnen Platzierungen ganz ohne Text zu verfolgen, stellt schnell fest, dass es leicht möglich ist. Wäre der Fokus z.B. nur auf die ersten drei Platzierten gelegt, würde die Tabelle auch weniger ›bunt‹ und noch deutlicher zu lesen sein. Das hier ist der Extremfall, wenn wirklich alle Werte ablesbar sein sollen.

In *Abb. 5.57 auf der linken Seite* ist ein möglicher Farbverlauf bei quantitativen Werten dargestellt. Es gibt zwei Möglichkeiten: Entweder wird ein stufenloser Farbverlauf gewählt. Dieser erzeugt einen feingliedrigen Übergang zwischen den Farbtönen und die Heatmap wirkt ruhiger. Allerdings können hier nur noch die Maximalwerte eindeutig abgelesen werden, alle anderen Werte sind kaum richtig zu interpretieren. So ist die Heatmap also nur zur Übersicht gedacht. Oder es werden feste Stufen für festgelegte Wertebereiche definiert. Das hat den Vorteil, dass sich nun alle Werte in der Heatmap eindeutig ablesen lassen. Die Farbverteilung wirkt nicht ganz so harmonisch und genau, dafür lässt sich damit gegebenenfalls deutlich präziser arbeiten.

Auf der rechten Seite wird erklärt, warum eine besondere Einfärbung für einige qualitative Tabellen benötigt wird. Damit z.B. der Verlauf von Platzierungen über einen betrachteten Zeitraum hinweg gut sichtbar wird, sollte eine quantitative Farbskala mit einem qualitativen Helligkeitsverlauf gemischt werden. So lassen sich die Werte innerhalb der Tabelle nicht nur eindeutig voneinander abgrenzen, sondern gleichzeitig schnell feststellen, ob es Auf- oder Absteiger gibt (z.B. »G« in *Abb. 5.56 oben rechts*).

184 ‹ Daten › 216 198 ‹ Farbe › 202 88 ‹ Tabelle › 238 25 ‹ Visualisierung › 34

Abb. 5.56

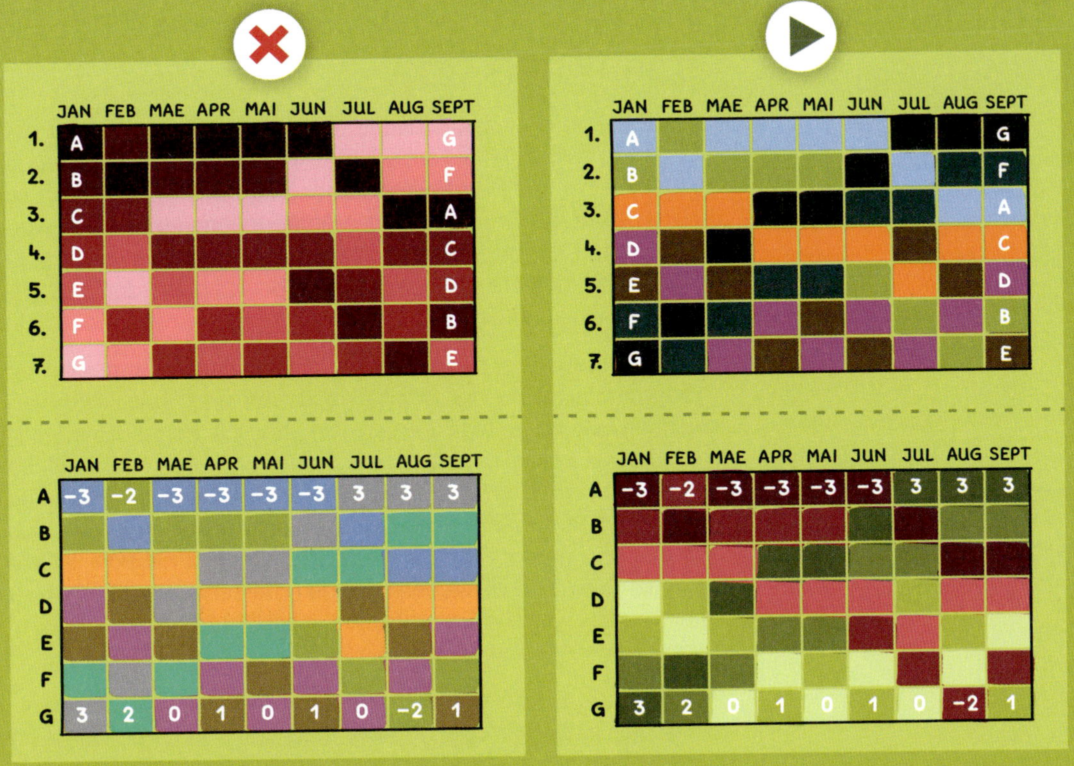

Abb. 5.57

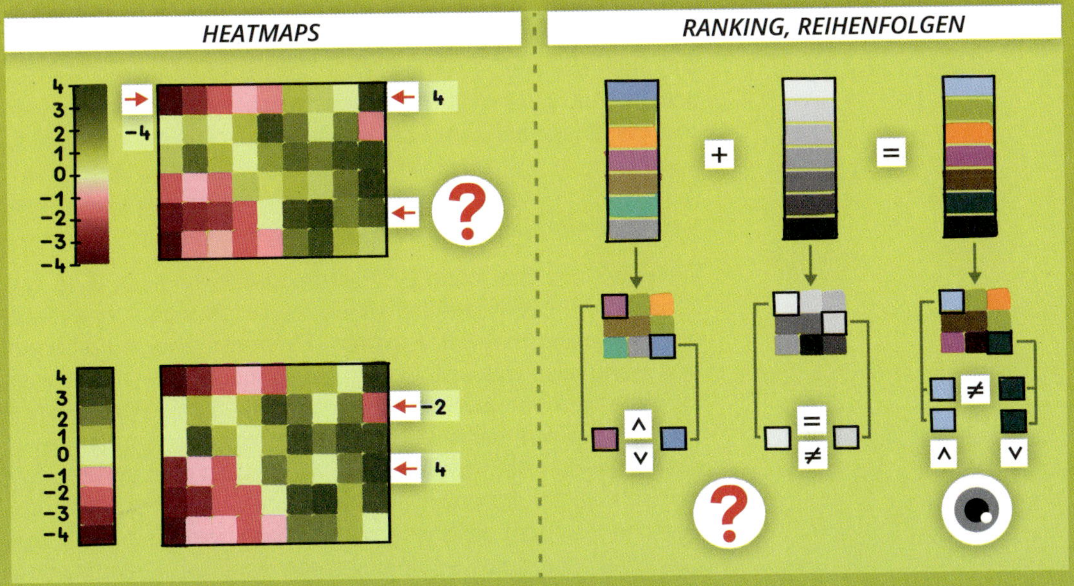

5.30 FARBBEZUG

Die Gesetze der Gestalttheorie treffen besonders in Bezug auf die Infografik zu. Die Farbe nimmt dabei eine herausragende Funktion ein, die Form, Größe und Textur überlagert, wenn es darum geht, ob Objekte als zusammengehörig empfunden werden. D.h., Objekte können vollkommen unterschiedlich aussehen, wenn mehrere die gleiche Farbe besitzen, werden sie dennoch als eine gemeinsame Gruppe wahrgenommen *(Abb. 5.59)*.

Dieser Umstand ist besonders wichtig, wenn mit verschiedenen Diagrammen auf einer Fläche gearbeitet und gleichzeitig versucht wird, so wenige Farben wie möglich einzusetzen. Entscheidend ist die grundlegende Frage, ob Farbe funktional so eingesetzt wird, um nur bestimmte herausragende Werte zu kennzeichnen oder ob eine Gruppe damit definiert wird. Beides gleichzeitig gelingt nicht, und es ist auch nicht hilfreich, für die Elemente ein und derselben Gruppe unterschiedliche Farben zu verwenden. Gleiche Farbe heißt für das Auge gleiche Gruppe, verschiedene Farben automatisch unterschiedliche Gruppen.

Was passiert, wenn Farbe irreführend eingesetzt wird, verdeutlicht die Grafik *links oben in Abb. 5.58*. Die rote Farbe wurde im Säulendiagramm zur Auszeichnung des negativen Werts verwendet, während dieselbe Farbe dann im Tortendiagramm dazu dient, ein zweites Team abzugrenzen. Verstärkt durch die räumliche Nähe rücken nun aber alle roten Flächen zu einer Gruppe zusammen und für das Auge entsteht der Eindruck, der negative Wert würde zu Team B gehören.

Der *untere* Bereich zeigt den Wahrnehmungseffekt, wenn zu viele Farben eingesetzt werden, irrtümlich in der Annahme, die Beschriftungen (eventuell die Vereinsfarben) würden sich besser von der Grafik trennen. Für das Auge kann es dann sogar so aussehen, als würde es sich um 4 verschiedene Gruppen handeln. Dadurch werden die Informationen ungenauer und Fehlinterpretationen werden so gefördert anstatt vermieden.

Wenn wir uns das letzte Beispiel *links unten in Abb. 5.58* anschauen, so sieht zunächst alles so aus, als wäre hier einfach nichts anderes möglich gewesen. Es steht nur eine Farbe zur Verfügung, also was soll daran nicht stimmen? Sollten mit einer Farbe jedoch verschiedene Elemente unterschiedlich gekennzeichnet werden, dann muss im Diagramm vor allem auf einen ausreichenden Kontrast geachtet werden. Es geht darum, sich Verhältnisse schnell erschließen zu können. Je näher Farbwerte beieinanderliegen, desto eher werden sie sogar als zusammengehörig empfunden oder Unterschiede nicht wahrgenommen.

200 ‹ Farbe › 236 168 ‹ Gestaltgesetze › 206 198 ‹ Rezeption › 214

Abb. 5.58

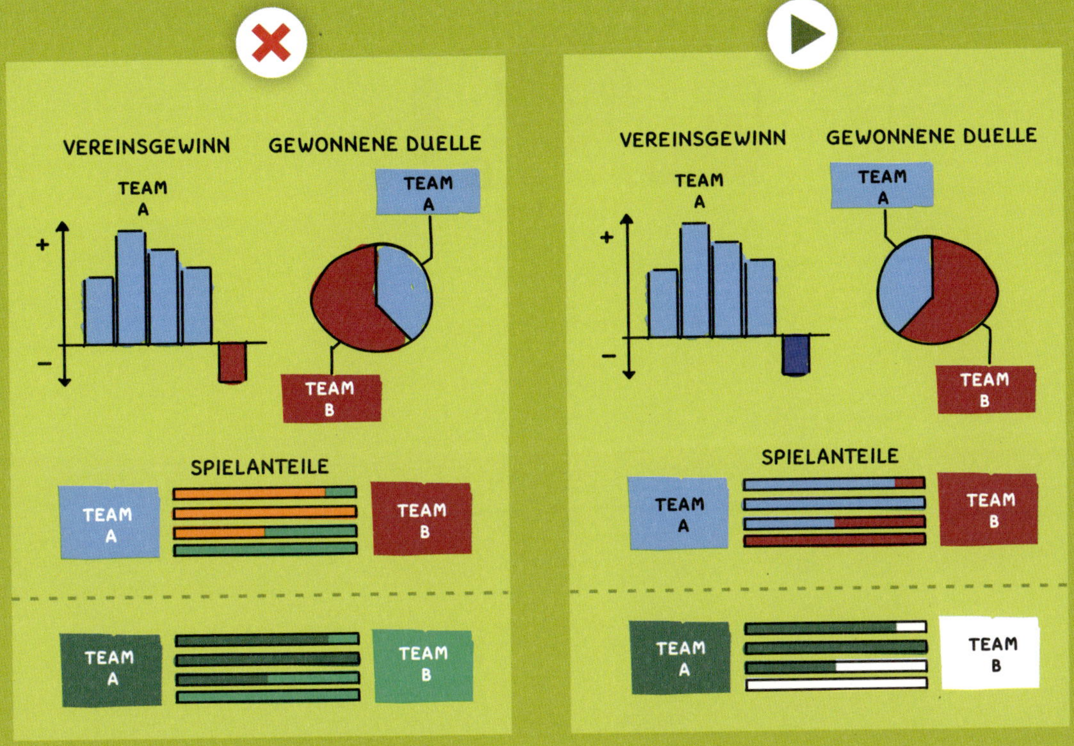

Abb. 5.59

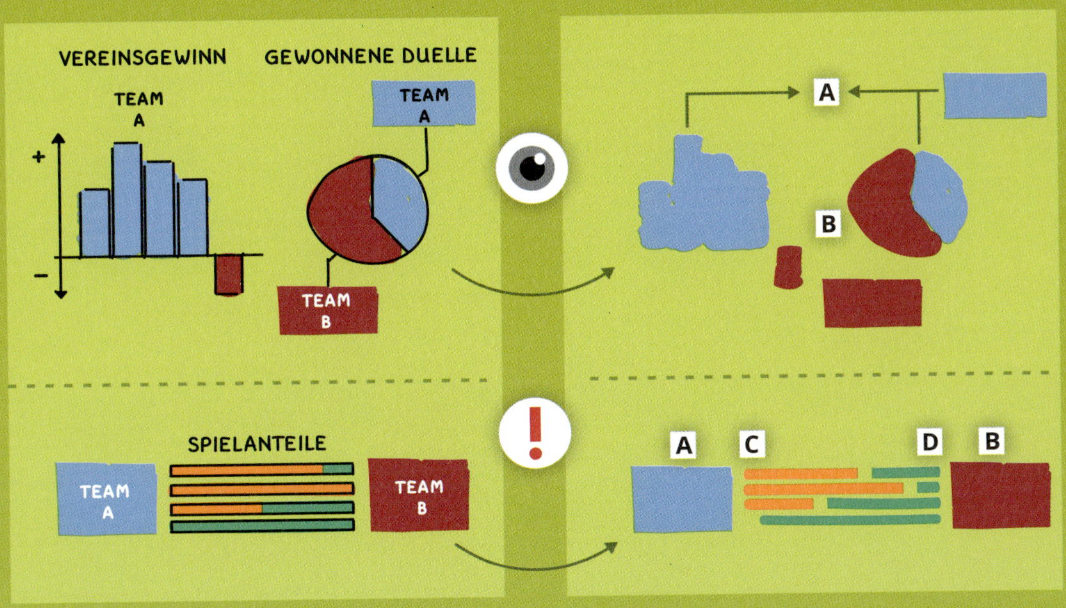

KAPITEL 6

Darstellungsfehler

6.1 Frei erfundene Diagramme 206

6.2 Tortenausrichtung 208

6.3 Gestapelte Werte 210

6.4 Diagrammverfremdung 212

6.5 Gebrochene Balken 214

6.6 Meinungsbilder & Umfragen 216

6.7 Verteilungsvergleiche 218

6.8 Radialdiagramme 220

6.9 Falsche Flächendiagramme 222

6.10 Voronoi- und Treemaps 224

6.11 Dreiecksbalken 226

6.12 Flächenüberschneidungen in Diagrammen 228

6.13 3D-Effekte in Diagrammen 230

6.14 Diagramme in 3D-Perspektive .. 232

6.15 3D-Würfel 234

6.16 Zusatzelemente 236

6.17 Tabellen 238

6.18 Tag oder Word Clouds 240

6.19 Einzelteile benötigen zuerst einen Kontext 242

6.1 FREI ERFUNDENE DIAGRAMME

Wer wünscht sich das nicht: neue Diagramme, die nicht so abgegriffen sind wie die manchmal öde und langweilig anmutenden Balken, Torten und Säulen. Etwas mit mehr Pepp, womit sich die Leute hinter dem Ofen hervorlocken lassen.

Dieses Ansinnen ist vollkommen verständlich und nachvollziehbar. Es ist mühsam, aus dem immer gleichen, beschränkten Werkzeugkasten schöpfen zu müssen. Leichter fällt es da mit modernen, emotional ansprechenden Charts. Wer daher den Versuch unternimmt, etwas ganz Neues zu erfinden, sollte zwei Sachen unbedingt bedenken:

Ständig aktualisierte Sammlung der abgefahrensten Sinnlos-Infografiken der Welt – die Tagesschau ist auch mit von der Partie

viz.wtf

1. Die Anforderungen an das Diagramm sollten klar definiert sein. Es hilft, wenn die Gestaltgesetze Beachtung finden *(Seite 144)* und Klarheit über mögliche Fehlerquellen herrscht, damit sich gezielt gegensteuern lässt.
2. Wer ein neues Diagramm erfunden hat, sollte vor dem Feiern zuerst eine Antwort auf die Frage geben, warum bisher noch keine:r diese Lösung gefunden hat? Es kann sein, dass es eine absolut außergewöhnliche Entdeckung ist. Naheliegender ist leider in der Vielzahl der Fälle die Antwort: weil es so einfach schlicht nicht funktioniert *(Abb. 6.1)*!

Einige weitere Beispiele aus dem infografischen Gruselkabinett, bei denen die ›Entwickler‹ diese beiden Grundsätze leider nicht befolgt haben, sind *inks in Abb. 6.1* aufgeführt.

Zugegeben ›besser aussehen‹ hat eine sehr individuelle Interpretationsbasis, aber neu sind diese Beispiele auf jeden Fall. Das *obere* Beispiel zeigt schon einmal direkt, worum es geht. Dabei ist auch völlig egal, ob 70 % am Ende noch tatsächlich 70 % sind. Genug ist irgendwann genug und das Diagramm zeigt, dass es jetzt wirklich genug ist, da hilft keine Erbsenzählerei mehr.

Im *mittleren* Beispiel schmelzen die Prozente der »Gruppe 2« zu kleinen Balkenresten zusammen, während die linken Balken sich in vollem Saft präsentieren. So ist zumindest auf den ersten Blick klar, welche der beiden Gruppen die schlechte Seite ist.

Und das *unterste* Beispiel ist in seiner Konsequenz dann zumindest nicht mehr zu übertreffen. Der vernachlässigbare zweite Teil des Vergleichs ist einfach gar nicht mehr zu sehen. Selbst wenn die Urheber:innen sich des Gestaltgesetzes zur Geschlossenheit *(Seite 144)* bewusst waren, hier wurde es zu weit getrieben.

Die Beispiele *rechts* stellen keine gestalterischen Endpunkte dar. Sie sollen eine andere Basis sein, auf der sich aufbauen lässt.

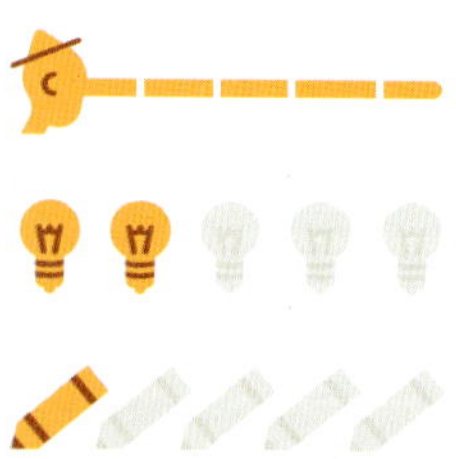

Abb. 6.1

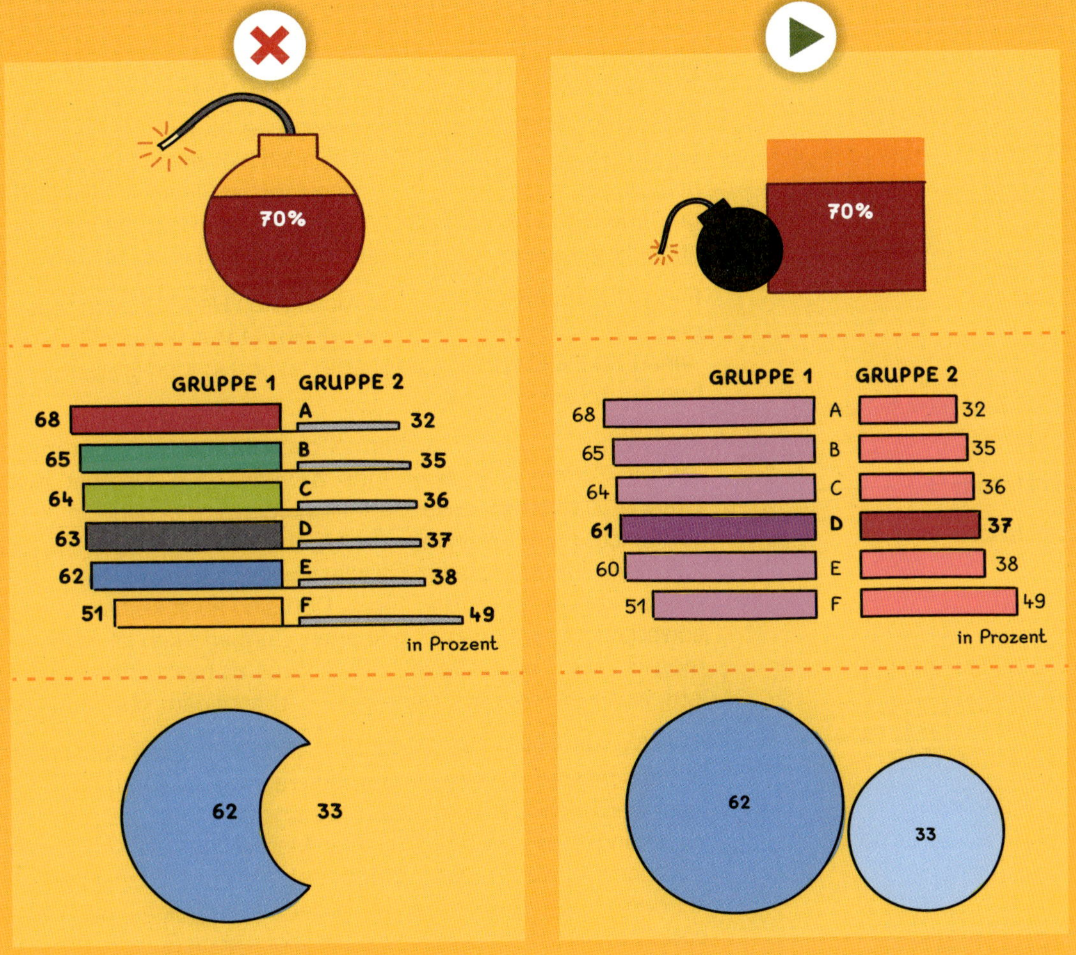

70%
GRUPPE 1
GRUPPE 2
68
65
64
63
62
51
A
B
C
D
E
F
32
35
36
37
38
49
in Prozent
62
33
70%
GRUPPE 1
GRUPPE 2
68
65
64
61
60
51
A
B
C
D
E
F
32
35
36
37
38
49
in Prozent
62
33

Abb. 6.2

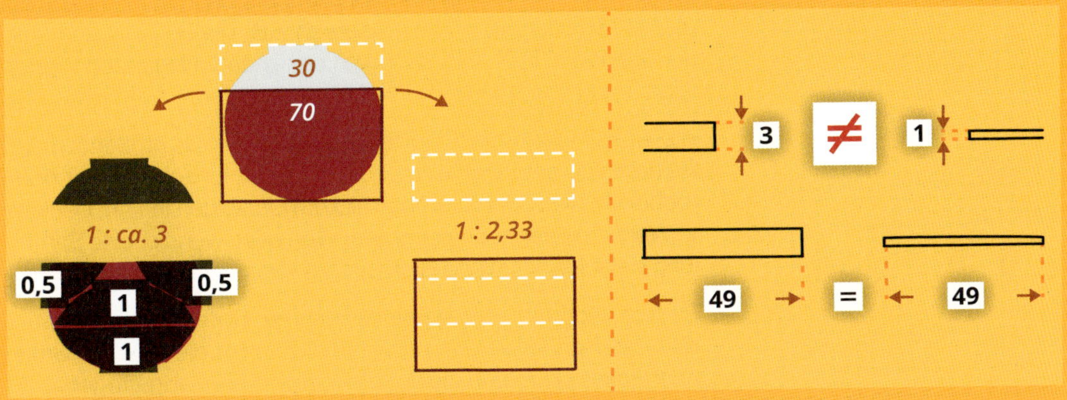

30
70
1 : ca. 3
0,5
0,5
1
1
1 : 2,33
3
≠
1
49
=
49

6.2 TORTENAUSRICHTUNG

Auch wenn Torten einfach aussehen und es wirkt, als könnten wir alle sie richtig umsetzen, gibt es auch hier einige Dinge zu beachten, die häufig daneben gehen *(Abb. 6.3)*. Auch Grafikprogramme sind unterschiedlich gut auf diese »Basisdiagramme« abgestimmt, daher ist es besser, die Grundregeln zu kennen.

Fangen wir in *Abb. 6.4* mit der wichtigsten Regel an: Torten zeigen Teilmengen immer bezogen auf ein Ganzes und somit immer genau 100 % (italienisch per cento, »von Hundert«), also eben hundert Teile von Hundert.

Die zwei präzisesten jemals erstellten Tortengrafiken

cutt.ly/torte_1

cutt.ly/torte_2

Als Zweites sollte die Faustformel bedacht werden, nicht mehr als 5–6 Segmente in einer Torte zu verwenden. Das hat zwei Gründe. Zum einen lassen sich kleinere Werte ohnehin in einer Torte nicht mehr miteinander vergleichen. Hier wird z.B. besser zu einem Balkendiagramm gegriffen, wenn unbedingt alle Werte präzise abgelesen werden sollen. Dort sind auch kleinste Unterschiede noch eindeutig zu erkennen. Zum anderen ist es kaum möglich, mehr als 6 Werte noch sinnvoll zu beschriften, vor allem, wenn die kleinsten Werte dicht gedrängt ganz oben stehen.

Wichtig: Mit Torten lassen sich vor allem Aussagen besonders gut abschätzen, ob einer oder mehrere Werte zusammen mehr oder weniger als 50 % erreichen. Sie sind also ideal, z.B. um Zustimmungswerte darzustellen oder Mehrheiten von Koalitionen sichtbar zu machen. Völlig ungeeignet sind Torten dagegen, um Tendenzen sichtbar zu machen, oder als Vergleich eines zeitlichen Verlaufs verschiedener Werten *(siehe auch Seite 80)*.

Damit die Abschätzung einer Mehrheit auch gut funktioniert, ist es sinnvoll, Torten meistens bei 12 Uhr zu starten. Imaginäre waagerechte und senkrechte Linien lassen sich für uns am besten abschätzen. In seltenen Fällen, wenn sich z.B. ein sehr großer und ein sehr kleiner Wert gegenüberstehen, kann eine Torte gedreht werden, wenn sich dadurch z.B. die Beschriftung besser anbringen lässt. Bei sehr weit auseinanderliegenden Werten leidet dann auch die Lesbarkeit nicht darunter.

Als letzte Regel sollten Tortensegmente in eine größensortierte Reihenfolge gebracht werden. Der größte Einzelwert liegt oben rechts an, die anderen ordnen sich im Uhrzeigersinn an. Der letzte Wert kann dennoch der größte Wert sein, wenn er eine Sammlung vieler kleiner Werte ist, meist als »Sonstige« beschriftet.

Es gibt auch hier eine kleine Ausnahme: Sollen z.B. zwei Gruppen miteinander verglichen werden, so wird die eine der Größe nach links herum und die andere rechts herum abgetragen.

196 ‹ Beschriftung › 210 206 ‹ Diagramme › 210 180 ‹ Lesefluss › 216

Abb. 6.3

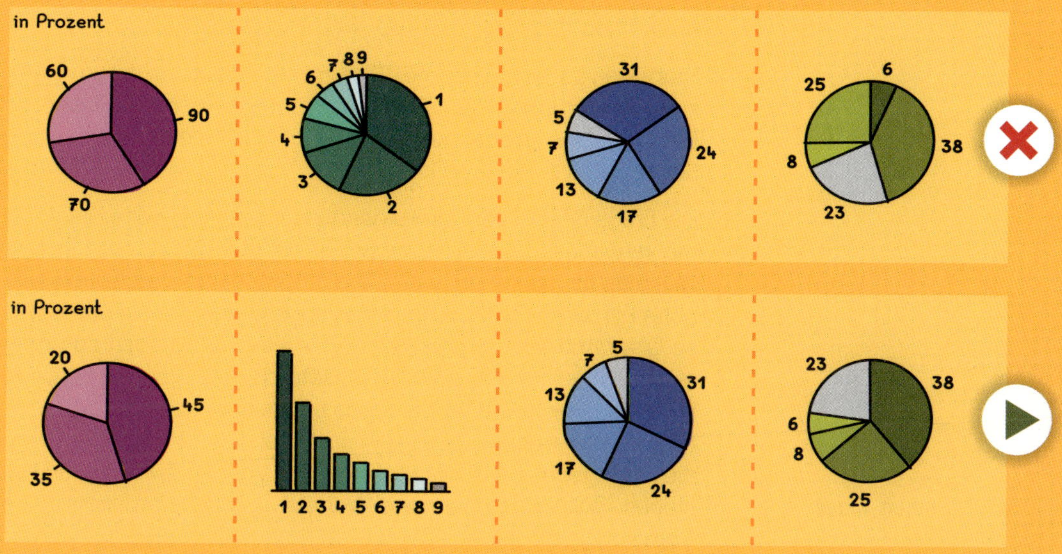
in Prozent
60
90
70
1
2
3
4
5
6
7
8
9
31
24
17
13
7
5
25
6
38
23
8
in Prozent
20
45
35
1 2 3 4 5 6 7 8 9
5
7
13
31
17
24
23
38
6
8
25

Abb. 6.4

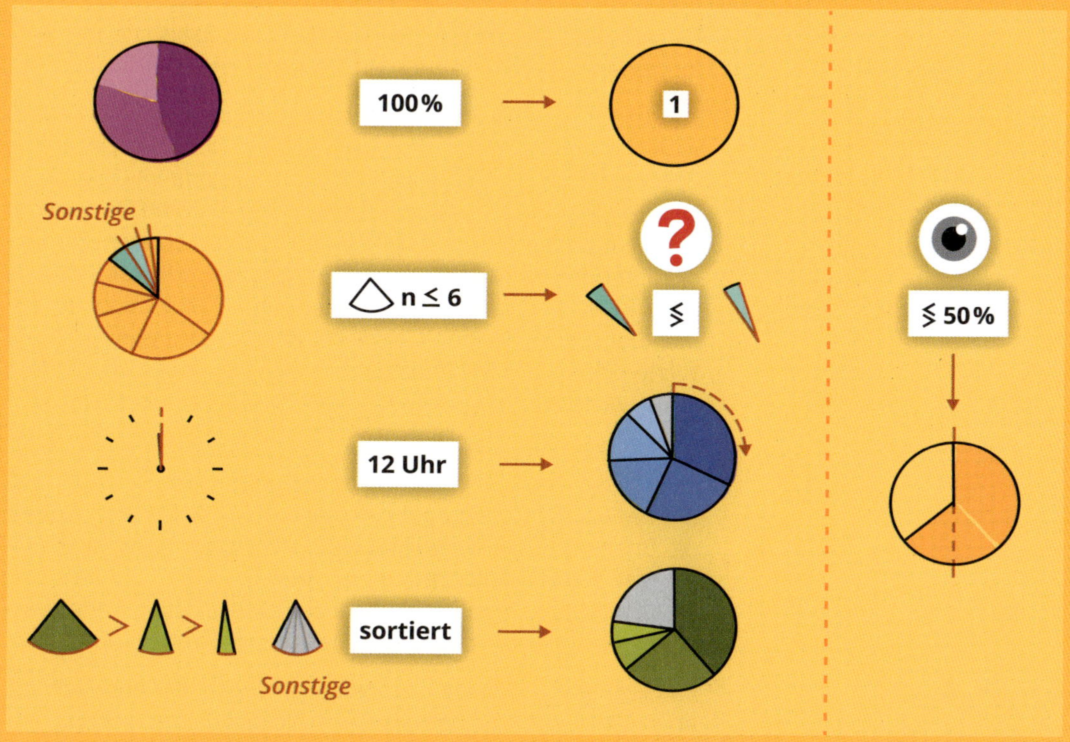
100%
1
Sonstige
n ≤ 6
≶
12 Uhr
sortiert
Sonstige
≶ 50%

6.3 GESTAPELTE WERTE

Stapelsäulen sind beliebte Werkzeuge, wenn es darum geht, z.B. Altersgruppen, verschiedene Produkte einer Firma oder unterschiedliche Teilmengen einer Gruppe und deren Entwicklung über die Zeit zu beobachten.

Die Frage lautet nur: Warum genau werden gestapelte Diagramme verwendet? Die einfache wie absurde Antwort muss lauten: weil man es kann (und sich von der kompakten Darstellung eine hohe Effizienz erhofft). Ansonsten spricht leider wenig dafür, diese Diagrammform einzusetzen oder weiter am Leben zu erhalten. Egal welche Alternativen in Betracht gezogen werden, alle muten besser geeignet an als das scheinbar kompakte Stapeldiagramm. Aber es gibt eine Ausnahme, die sich gut eignet, und die ist gegeben, wenn Stapelsäulen aus genau zwei Werten bestehen. Sobald mehr als zwei Werte abgebildet werden, wird ein Stapeldiagramm schlichtweg nicht mehr interpretierbar.

Außergewöhnliches Beispiel der »The New York Times«, wie gestapelte Balken auch funktionieren können

cutt.ly/einnahmen_musik

Leider werden in den aktuellen Programmen keine alternativen Darstellungen angeboten und auch in der Literatur findet sich dazu bisher nichts. Daher sollen in *Abb. 6.5* zwei Möglichkeiten aufgezeigt werden, wie auf demselben zur Verfügung stehenden Raum eine wesentlich bessere Darstellung gelingen kann.

Es gibt zwei Alternativen, da jeweils unterschiedliche Betrachtungsweisen der Werte zugrunde liegen können.

Im *oberen* Beispiel liegt der Schwerpunkt auf der Gesamtentwicklung der einzelnen »Firmen« pro Jahr über den gesamten Zeitraum hinweg, nicht ohne jedoch die Gesamtentwicklung im Hintergrund aus dem Auge zu verlieren. Im *unteren* Beispiel dagegen liegt der Fokus auf dem genauen Vergleich aller »Firmen« pro Jahr. Es handelt sich also um eine andere Sortierung, die sich auch in einer anderen Achsenbeschriftung und Legende bemerkbar macht. Beiden Beispielen ist zu eigen, dass sich alle Werte eindeutig miteinander vergleichen lassen. Es spricht also nichts weiter für die Verwendung des alten Stapeldiagramms.

In *Abb. 6.6* werden die Probleme, die das linke Stapeldiagramm verursacht, noch einmal genauer beleuchtet. Einzig die Säulen auf der Grundlinie sind gut miteinander zu vergleichen. Sobald die Ebene darüber betrachtet werden soll, lässt sich eigentlich bereits keine Aussage mehr treffen. Ganz anders im *rechten Beispiel unten*. Selbst bei den allerkleinsten Werten wird noch erkennbar, welche Säulen kleiner und welche größer sind.

Farblich lassen sich die Gruppen eventuell besser auszeichnen, aber selbst mit den Originalfarben funktioniert es so schon gut.

208 ‹ Beschriftung › 212 208 ‹ Diagramme › 212 192 ‹ Zeit

Abb. 6.5

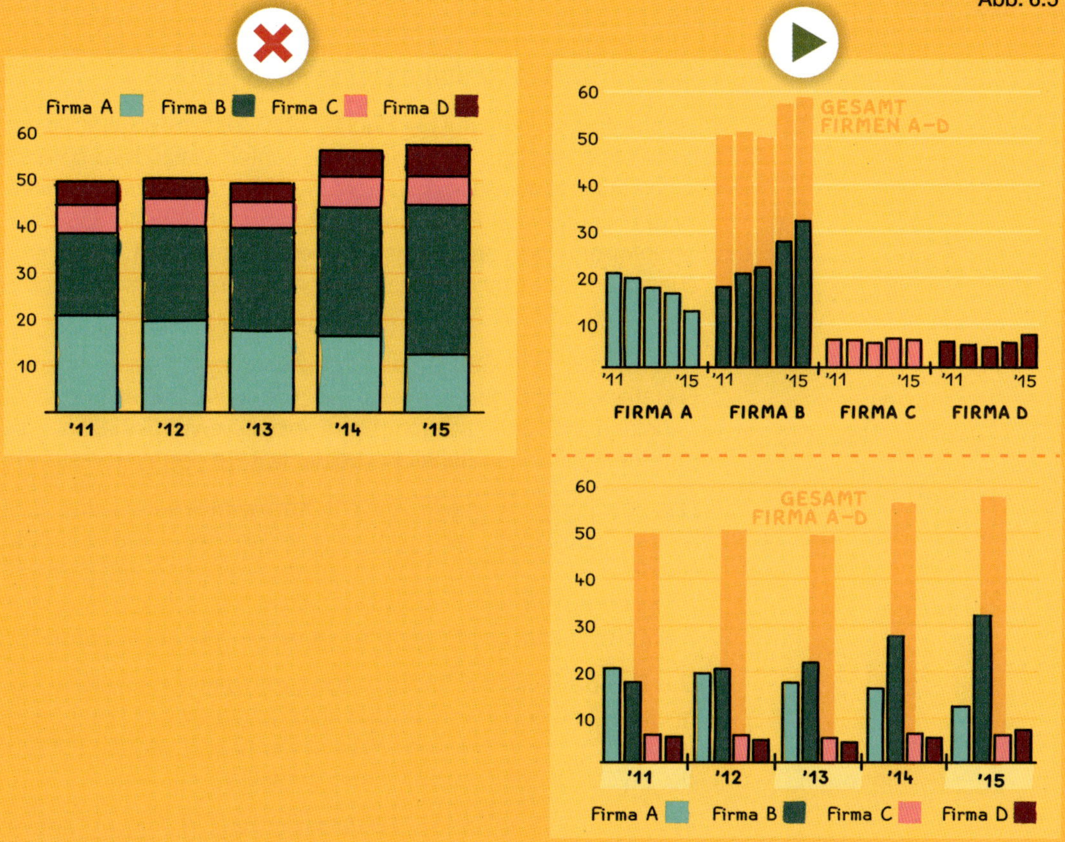
Firma A
Firma B
Firma C
Firma D
60
50
40
30
20
10
'11
'12
'13
'14
'15
GESAMT FIRMEN A–D
'11
'15
FIRMA A
FIRMA B
FIRMA C
FIRMA D
GESAMT FIRMA A–D
'11
'12
'13
'14
'15
Firma A
Firma B
Firma C
Firma D

Abb. 6.6

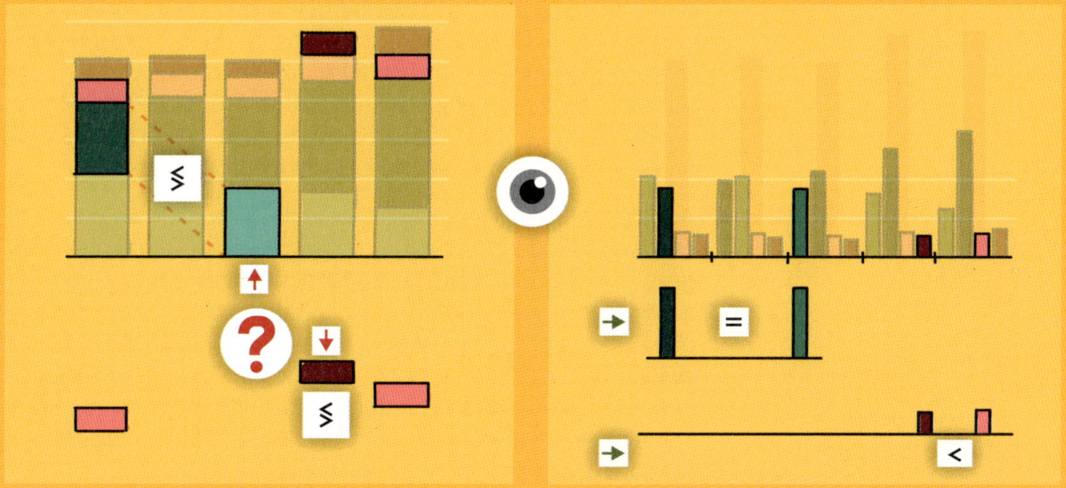
=
<

6.4 DIAGRAMMVERFREMDUNG

Die Kreativität kennt auf der Suche nach Gestaltungsalternativen keine Grenzen. Wichtig ist darauf zu achten, dass die ursprüngliche Funktion eines Designs nicht verloren geht. In der Infografik ist die Funktion der Form stark übergeordnet. In erster Linie sollen Informationen präzise visuell übermittelt werden. Wenn eine ausgefallene Gestaltung das Ablesen der Werte aber unmöglich macht, wird dieses Ziel klar verfehlt und ist ungeeignet.

Eine Möglichkeit, Säulen aufzubrechen, ist es, sie in einzelne Bausteine aufzulösen, also eine Art Zwitter aus Säulen und Mengendiagramm zu erzeugen. Beim Arbeiten mit Einheiten oder Schritten sollten die Bausteine bestenfalls für den Wert 1 stehen.

Das lässt sich womöglich nicht bewerkstelligen. Dann sollten es zumindest einfache Teilmengen sein, wie z.B. alle 0,1 / 0,5 / 1 / 2 / 5 / 10 etc. Einheiten. Das ermöglicht den Betrachter:innen später auch nachzuvollziehen, wie sich das Ergebnis zusammensetzt, bspw. wenn sie es selbst nachzählen wollen.

Das Beispiel in *Abb. 6.7 links* wurde zum Thema »Digitalisierung« gestaltet und sollte wohl durchs Netz schwirrenden Datenpaketen ähneln. Leider hat sich während der Gestaltung die Struktur der Säulen dadurch etwas zu sehr aufgelöst.

Wie in der dazugehörigen Erklärung in *Abb. 6.8 oben* gezeigt, wird durch die sich auflösende Säulenstruktur nicht mehr klar, wo die Säule insgesamt endet. Einige der obersten Würfel berühren schon den Wert »46«, die untersten stehen dagegen noch bei »42«. Das ist aber nicht das einzige Problem.

Schauen wir uns an, wie viele Einheiten ein Würfel eigentlich darstellt, so ergibt sich der überraschende unendliche Bruchwert »0,66...«. Das ist extrem ungünstig, da sich dieser Würfel quasi überhaupt nicht in irgendwelche sinnvollen Zwischenwerte aufteilen lässt. Als Vorschlag zur Verbesserung dieses Beispiels wurde ein Würfel mit »0,5« Einheiten definiert. Damit lässt sich ein ähnlicher Effekt erreichen, der aber eindeutig ablesbar ist.

Auch bei den einzelnen, rosafarbenen Säulen wurden unerklärlicherweise für den Wert »11« ganze »15« Säulensegmente herangezogen. Das funktioniert nicht für eine einzelne Säule, und wird schlimmer, je mehr Säulen miteinander verglichen werden. Denn das Auge sieht – bewusst oder unbewusst – einen Widerspruch zwischen »11« Einheiten und »15« Strichen. Tauchen Widersprüche zwischen Visualisierung und Beschriftung auf, spricht man von einer kognitiven Dissonanz, und diese führt unweigerlich zu Fehlinterpretationen bei einigen Betrachter:innen.

210 ‹ Beschriftung › 220   210 ‹ Diagramme › 214

Abb. 6.7

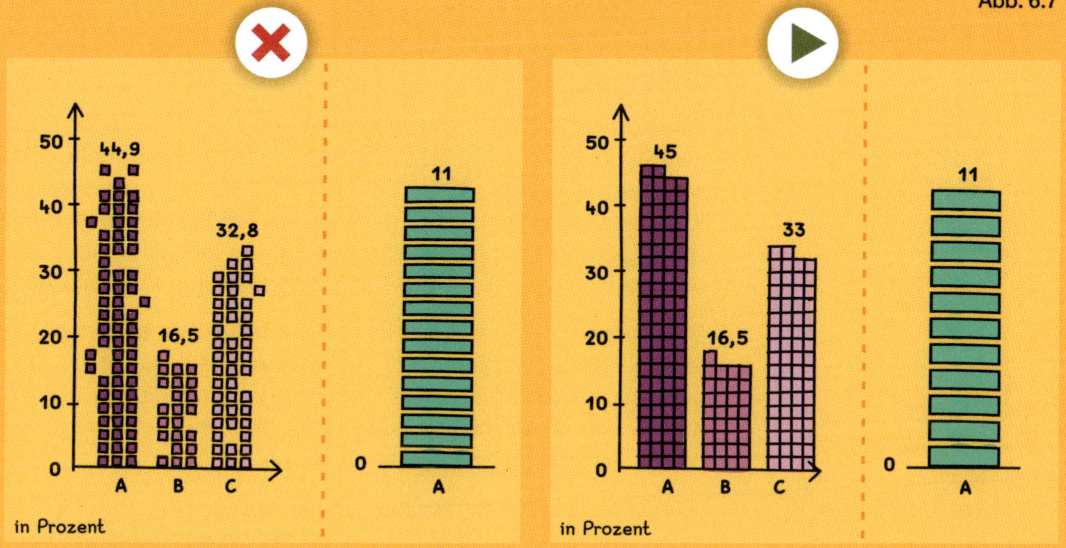

50
40
30
20
10
0
44,9
16,5
32,8
A
B
C
in Prozent
11
0
A
45
16,5
33
A
B
C
in Prozent
11
0
A

Abb. 6.8

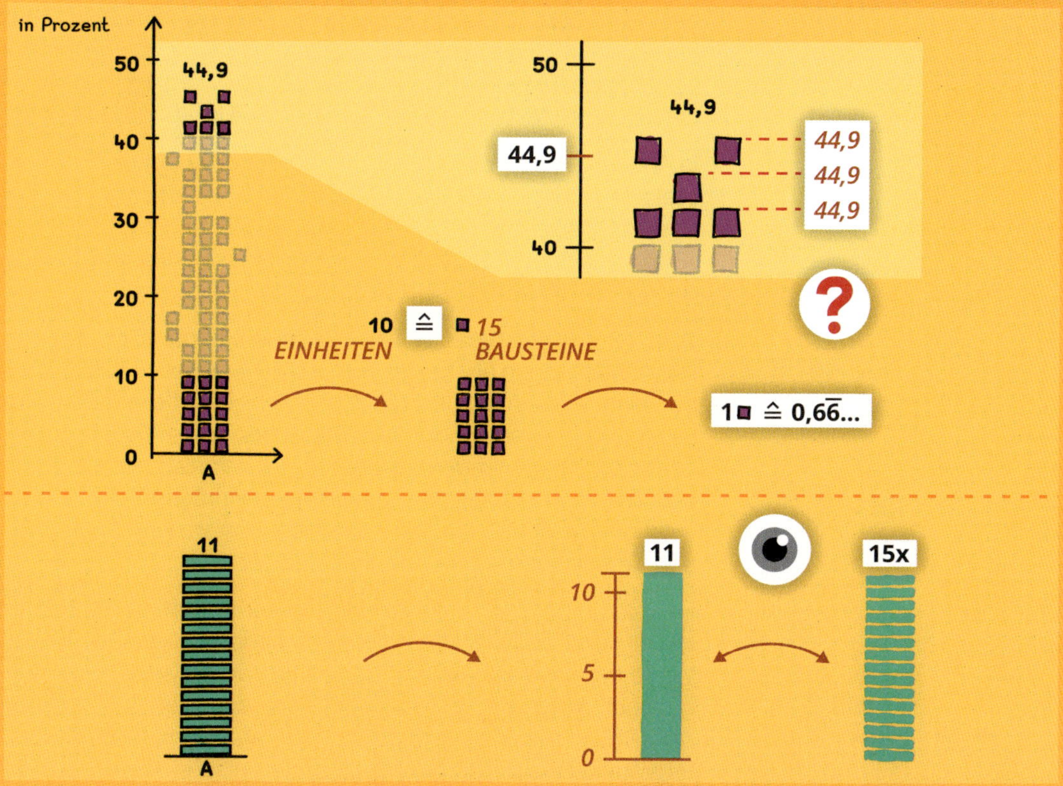

in Prozent
50
40
30
20
10
0
44,9
A
50
44,9
44,9
40
44,9
44,9
44,9
10 ≙ 15
EINHEITEN
BAUSTEINE
1 ≙ 0,66̅...
11
A
11
10
5
0
15x

6.5 GEBROCHENE BALKEN

Wenn Werte sehr weit auseinanderliegen, wird oft versucht, sie in Linien-, Säulen- und Balkendiagrammen irgendwie mehr oder weniger heimlich zu beschneiden, um sie noch irgendwie ins Diagramm zu ›pressen‹. Egal welches Verfahren hier wie im *linken oberen* Beispiel in *Abb. 6.9* angewendet wird (Blitz, Riss, Ausblenden etc.), die Werte werden dadurch immer verfälscht.

Zwar wäre es an dieser Stelle vielleicht hilfreicher, auf einen Flächenvergleich *(wie auf Seite 222 beschrieben)* zu setzen, wer jedoch unbedingt bei einem Balkendiagramm bleiben will, dem bieten sich unterschiedliche Möglichkeiten, um auch sehr große Wertunterschiede noch korrekt abbilden zu können.

Gebrochene Balken und noch viele Fehler mehr je Grafik, eine schlimmere Manipulation, als die Polizei erlaubt (direkt von der Polizei ...)

cutt.ly/datenmanipulation

Und es waren noch viele mehr

cutt.ly/polizei_archiv

Zur Lösung kann ein flexibles Band erzeugt werden, das sich dann beliebig falten kann. Die Länge des Balkens bleibt vollständig erhalten, es ist nur etwas schwieriger, diese Länge dann auch korrekt anzulegen. Gewöhnlich verfügen Vektorprogramme über die Möglichkeit, Pfadlängen berechnen zu können.

Die einfachere Lösung ist, die überstehenden Balkenelemente aufeinanderzustapeln, sobald sie das Ende der Grafik erreicht haben. Im Beispiel in *Abb. 6.9 oben* entstehen so drei Balken mit jeweils 100 Einheiten, wodurch der Gesamtwert von »300« absolut präzise wiedergegeben wird und die Vergleichbarkeit zu den anderen Werten weiterhin voll gegeben ist.

In *Abb. 6.10* wird noch einmal verdeutlicht, zu welchen Fehlinterpretationen es kommt, die das Gehirn so nicht auflösen kann. Im *oberen* Beispiel ist es relativ klar. Die Beschriftung zeigt den Wert »300«, der jedoch im Diagramm mit einem durchtrennten Balken der Größe »100« dargestellt wird.

Welchen Wert sich das Gehirn nun merkt, hängt auch von den Betrachtern:innen ab. Menschen, die generell sehr zahlengetrieben sind, werden sich eventuell den Zahlenwert einprägen. Nur benötigen ausgerechnet diese Menschen keine Visualisierung. Alle anderen, die tendenziell eher visuell veranlagt sind, werden sich dagegen die falsche Balkenlänge einprägen. Hier hilft die ›richtige‹ Beschriftung dann auch nicht weiter, denn daran werden sie sich nach kurzer Zeit nicht mehr erinnern.

Im *unteren* Beispiel ist es noch etwas komplizierter. Hier sind im Hintergrund Balkenverbindungen angedeutet, die aber keine Werte transportieren sollen. Sie sind nur als optische ›Hilfslinien‹ gedacht. Aber welche Form stellt dann den Wert »300« genau dar? Prüfen Sie es einfach selbst und fragen sich, für welche Interpretation Sie sich im *unteren* Beispiel entscheiden würden.

212 ‹ Diagramme › 216 192 ‹ Manipulation › 220 202 ‹ Rezeption › 242

Abb. 6.9

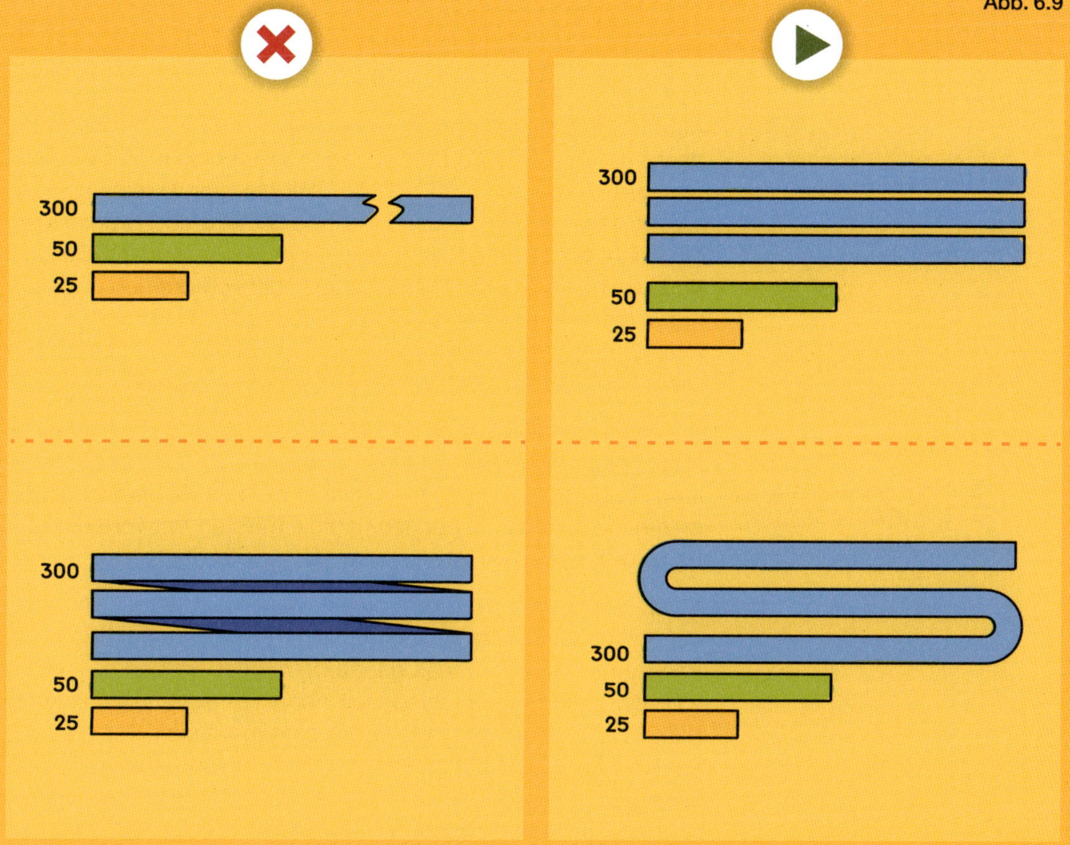

Abb. 6.10

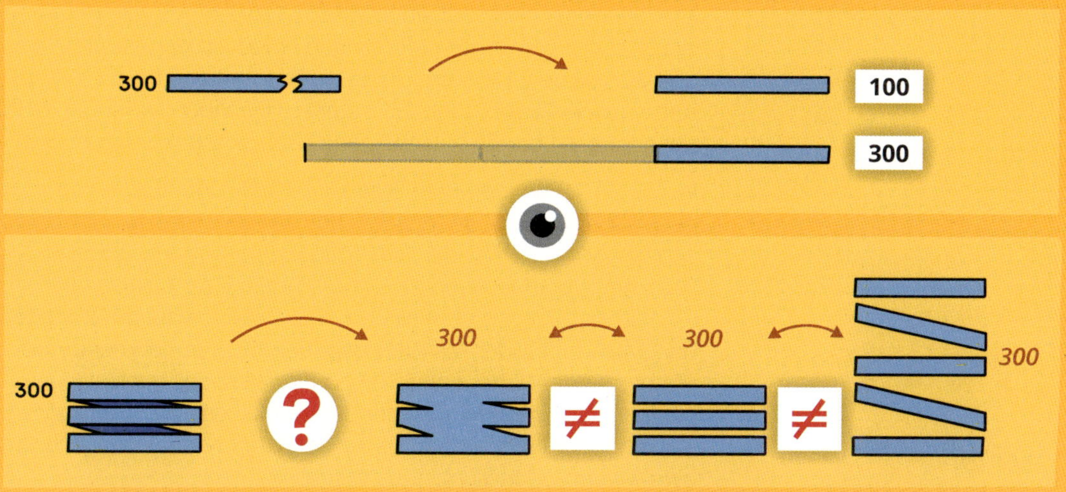

6.6 MEINUNGSBILDER & UMFRAGEN

Automatisch generierte Diagramme sind nicht immer per se die beste Lösung. Gerade bei Umfragen werden sehr oft Verteilungen, wie in *Abb. 6.11 links* dargestellt, die zwar an sich korrekt, jedoch sehr schwer zu lesen sind. Leider wird auch immer wieder eine qualitative Einfärbung *(Seite 198)* wie im Beispiel *oben links* gewählt, die für Meinungsbilder vollkommen ungeeignet ist. Vor allem sollten die Diagramme optisch und nicht alphabetisch sortiert werden, wie im *unteren* Beispiel bei demselben Diagramm, das entsprechend der Zustimmung gereiht ist.

Auf der linken Seite liegt die Betonung darauf, dass 100 % befragt wurden. Andere sinnvolle Aussagen zur Meinungsverteilung sind schwerer abzulesen. Dabei wäre es wichtiger, auf den ersten Blick sehen zu können, wo die meisten Antworten gegeben wurden und wie sie sich quantitativ genau verteilen.

Einen völlig anderen Weg gehen daher die beiden Ansätze *auf der rechten Seite*. Beide haben ihre Berechtigung. Wie so oft kommt es darauf an, was genau betrachtet werden soll. Ist es z.B. der Trend zu verschiedenen Aspekten eines Themenkomplexes, ist die *rechte, obere* Grafik extrem hilfreich. Auf den ersten Blick wird deutlich, wie sich Zustimmung und Ablehnung verteilen, auch Enthaltungen können deutlich besser abgelesen werden. Schwerer lassen sich Mehrheiten bei Einzelthemen erkennen. Die maximale Zustimmung (»Dunkelgrün«) und Ablehnung (»Weinrot«) sind auch kaum mehr vergleichbar.

Wer genau das zeigen will und nicht die Vergleichbarkeit untereinander, für den ist die Lösung darunter besser geeignet. Zur Darstellung von Mehrheiten sind Torten optimal, sogar Enthaltungen können damit sehr gut abgeschätzt werden. Vor allem lassen sich hier die gefestigten Meinungen eindeutig gegenüberstellen und vergleichen. Probleme kann die Beschriftung bereiten, wenn sich so viele Torten gegenüberstehen. Dennoch ist für die Wahl der richtigen Lösung entscheidend, was genau betrachtet wird.

In *Abb. 6.12* werden noch einmal die Vor- und Nachteile direkt gegenübergestellt. Je chaotischer die Anordnung ist, desto schwieriger wird es, die Balken lesen zu können. Wichtig ist, dass diese beiden Arten der Darstellung nur für polare, qualitative Wertverteilungen sinnvoll sind, d.h. für so etwas wie Umfragen und Meinungsbilder. Werden dagegen nicht zunehmende oder abnehmende Werte, sondern sequenzielle oder qualitativ unterschiedliche Gruppen miteinander verglichen, z.B. Kategorien, Schritte oder Noten, dann ist der nächste Abschnitt hilfreich, wo eine weitere Darstellungsform aufgezeigt wird.

200 ‹ Daten › 218 214 ‹ Diagramme › 218 208 ‹ Lesefluss › 218

Abb. 6.11

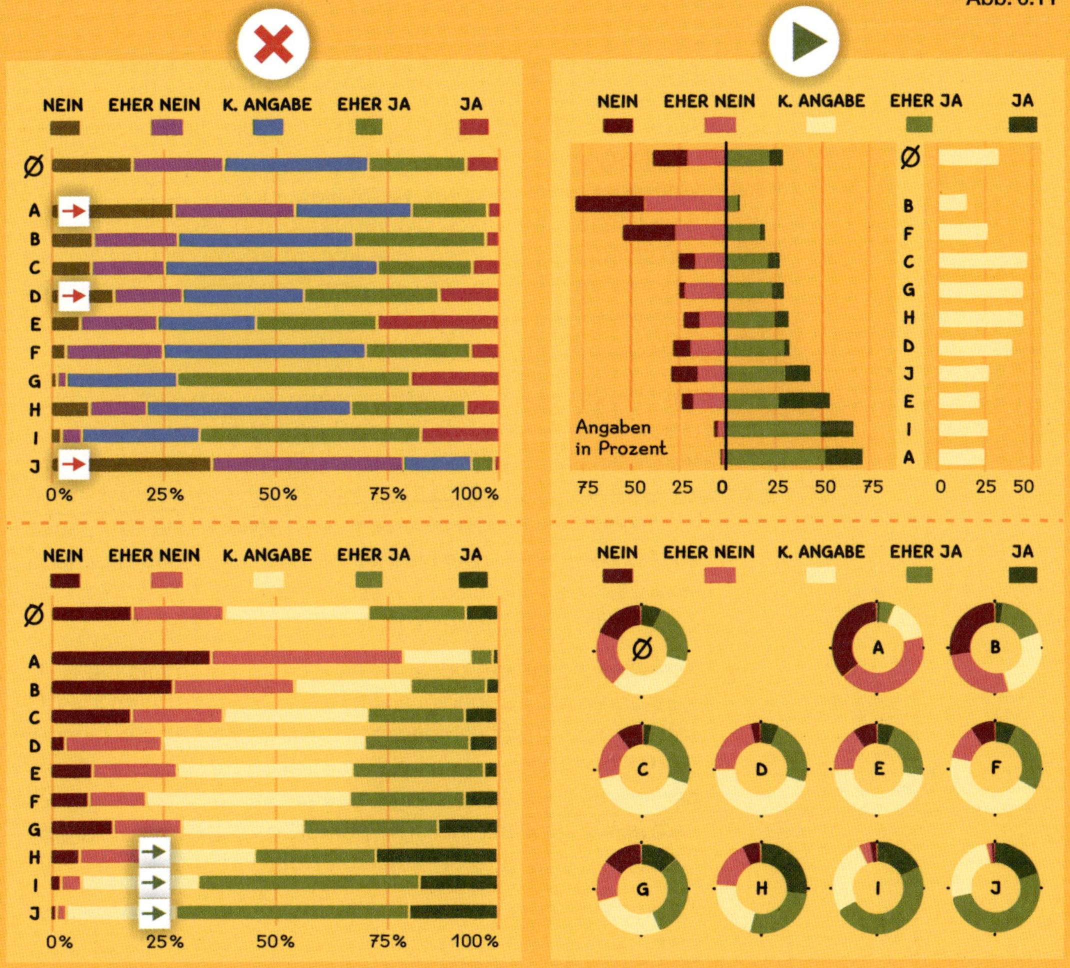

Abb. 6.12

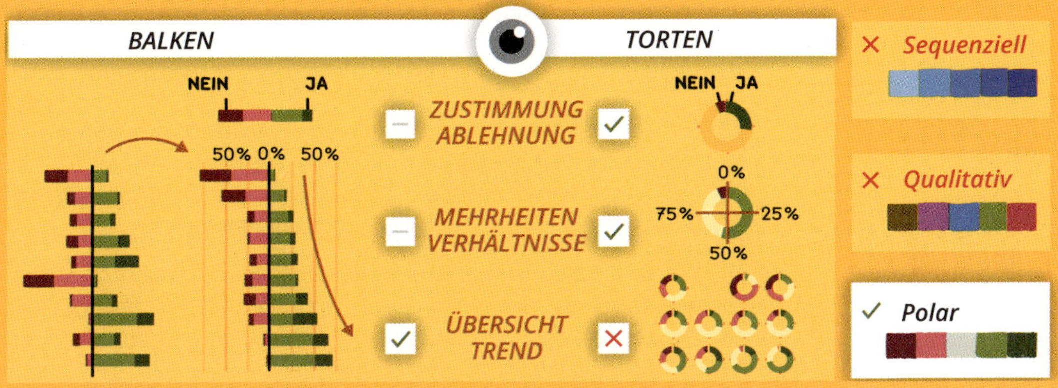

6.7 VERTEILUNGSVERGLEICHE

Anders als im vorherigen Abschnitt sind die Daten im vorliegenden Diagramm qualitativer Natur, d.h., es werden verschiedene Mitglieder einer Gruppe verglichen, in *Abb. 6.13 oben* z.B. Schulfächer oder *unten* die Verteilung von Vegetationszonen in verschiedenen Gebirgen. Hier kommt es also auf die Betrachtung der Verteilung in den einzelnen Kategorien an. Beispielsweise lässt sich so zeigen, in welchem Gebirge welche Vegetationszone am ausgeprägtesten ist.

Die strenge, auf 100 % ausgerichtete Zeilendarstellung *links* ist unlesbar. Sie wird *rechts oben* aufgebrochen und jede Rubrik für sich in Spalten gruppiert, indem die Balken mittig untereinander ausgerichtet werden. Das hat den Vorteil, dass die verschiedenen Bereiche näher zusammenrücken können und das Gesamtbild homogen wirkt. Der Nachteil ist, dass die Größen nur noch in einer Rubrikspalte relativ gut vergleichbar sind, aber nicht mehr in der Zeile. Einzelne Werte lassen sich kaum ablesen.

Wer alle Einzelwerte genau interpretieren will, muss die Balken links- oder rechtsbündig ausrichten. Dadurch bricht das Gesamtdiagramm optisch etwas auseinander, wirkt unruhiger und die 100 %-Summen sind noch schlechter zu erkennen. Anstelle der eindeutig unterschiedlichen Farbtöne kann ein gestufter Farbverlauf gewählt werden, gerade Kategorien wie Vegetationszonen gehen ja auseinander hervor (sind also sequenziell).

Keine der beiden Versionen ist für sich genommen besser oder schlechter, es kommt einfach darauf an, dass die Infografik auf die beabsichtigte Aussage getrimmt und die für den Zweck passende Variante gezielt auswählt wird.

In der *unteren Abb. 6.14* wird noch einmal gut nachvollziehbar, was sich auch hinsichtlich der generellen Lesbarkeit ergibt. *Links* wabern die Balken zu den verschiedenen Rubriken nur so durch das Diagramm. Es ist fast so, als wollten sie möglichst nicht erfasst werden. Sollen zwei Werte in einer Kategorie verglichen werden, ist das aus dem Diagramm heraus unmöglich.

Rechts gelingt es innerhalb eines Blickes, alle Balken einer Antwort sofort einzuschätzen. Schräge Vergleiche wie *links* kann das Auge kaum erfassen. Übereinander angeordnete Balken sollten daher immer zueinander ausgerichtet werden.

Wer eher eine Umfrage mit quantitativen Aussagen darstellen will, sollte sich den vorhergehenden Abschnitt anschauen, denn die empfohlene Darstellung weicht deutlich von den Lösungen auf dieser Seite ab.

216 ‹ Daten 216 ‹ Diagramme › 220 216 ‹ Lesefluss

Abb. 6.13

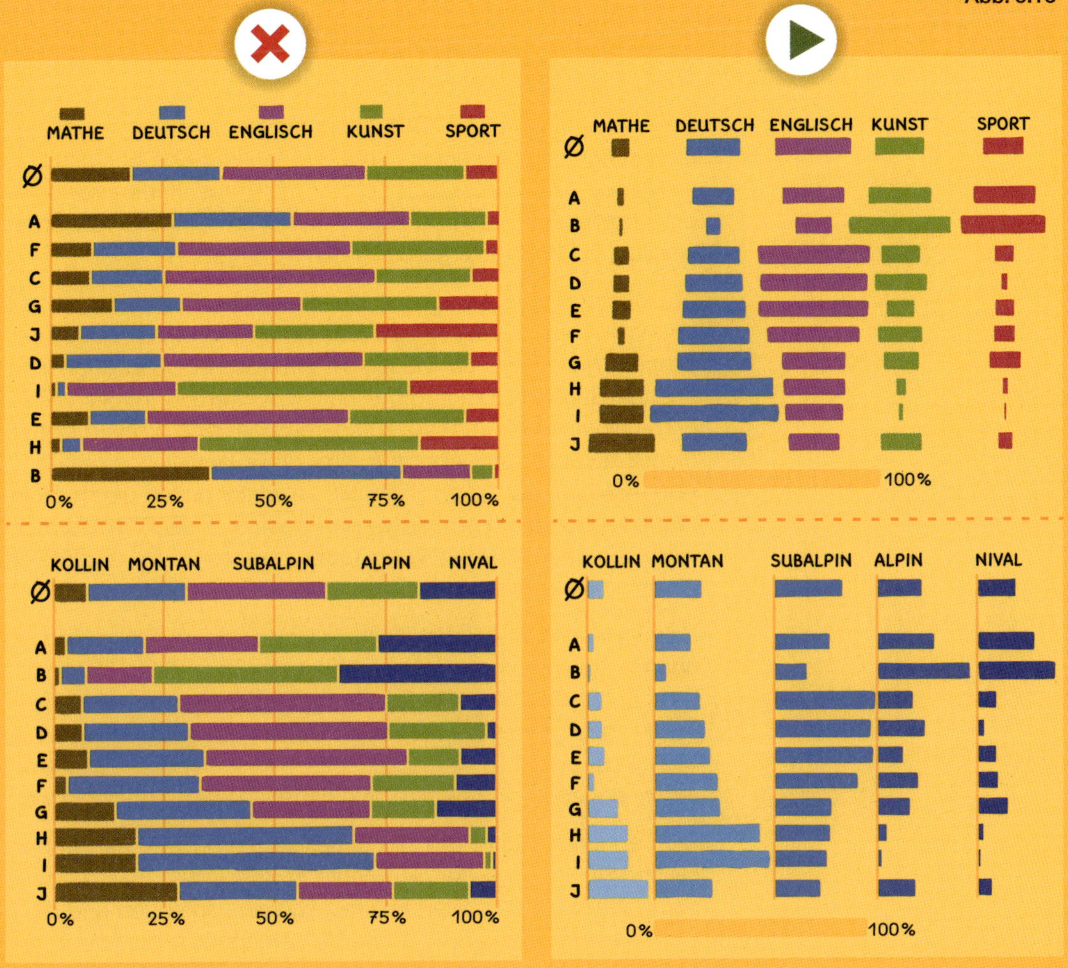

Abb. 6.14

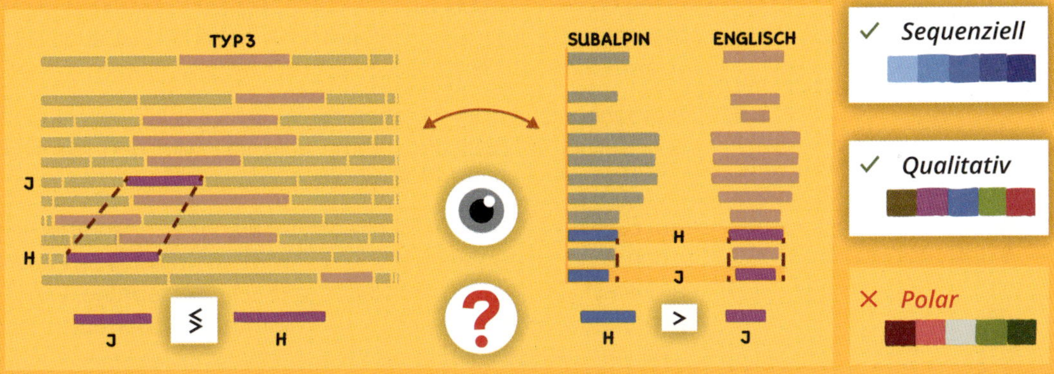

6.8 RADIALDIAGRAMME

Schneckendiagramme und sogenannte Sunburst-(in diesem Zusammenhang am ehesten mit Sonnenstrahlen übersetzt)Darstellungen sehen sicherlich sehr modern aus, haben nur einen entscheidenden Nachteil: Egal in welcher Form sie verwendet werden, ein Größenvergleich ist damit unmöglich!

Alle Werte werden verzerrt und verlieren den Bezug zueinander und vor allem den Bezug zu den Daten. Auch ineinander verschachtelte Torten, auf denen im Grunde die oben angesprochenen Sunburst-Diagramme basieren, werden immer wieder gerne eingesetzt, um Platz zu sparen oder eine größere Datendichte anzudeuten. Aber für alle drei Darstellungsformen in *Abb. 6.15 auf der linken Seite* gilt: Je weiter außen gleich große Werte liegen, desto größer werden diese überzeichnet. Verrückt wird es dann dort, wo völlig unterschiedliche Werte plötzlich gleich groß visualisiert werden.

Das Sonnenstrahl-Diagramm *ganz unten links* im selben Bild hat noch weitere Nachteile, die auch mit der Darstellung zu tun haben: Zum einen sind die Einzelwerte untereinander nicht mehr vergleichbar, da es zu viele sind. Optisch sehen z.B. die Werte »15«, »16« und »19« ziemlich identisch aus. Im Balkendiagramm *rechts* daneben sind diese Werte dagegen klar unterscheidbar.

Zum anderen taucht hier ein genereller Fehler auf: nämlich die falsche Reihenfolge der Segmente in den Torten. Diese sollten immer beim größten Wert im Uhrzeigersinn anfangen und dann immer kleiner werden, was die Vergleichbarkeit der Werte fördert. Genaueres zum Thema Torten zeigt *Seite 208*.

Ein drittes Problem ist die eher chaotische Beschriftung der Segmente, welche die Lesbarkeit verschlechtert. Je ruhiger die ›notwendigen‹ Bestandteile einer Infografik angelegt sind, desto mehr können sich die Betrachter:innen auf die Darstellung konzentrieren und werden nicht unnötig abgelenkt. Natürlich geht die Kompaktheit dadurch verloren, aber genau die ist auch das Problem, wenn mit einem Diagramm zu viel gewollt wird.

Vergleichbar ist *rechts* daneben ein Vorschlag, bei dem die Verschachtelung in zwei Diagramme aufgelöst wird und die sich auch sinnvoll und vollständig beschriften lässt.

Abb. 6.16 erklärt, warum von diesen Diagrammen abzuraten ist. In den linken Beispielen sind gleiche Werte verschieden groß dargestellt. Im rechten Vergleich sind unterschiedliche Werte dann erstaunlicherweise gleich groß. Um das besser erkennen zu können, wurden die Balken dazu einmal ›abgewickelt‹.

Abb. 6.15

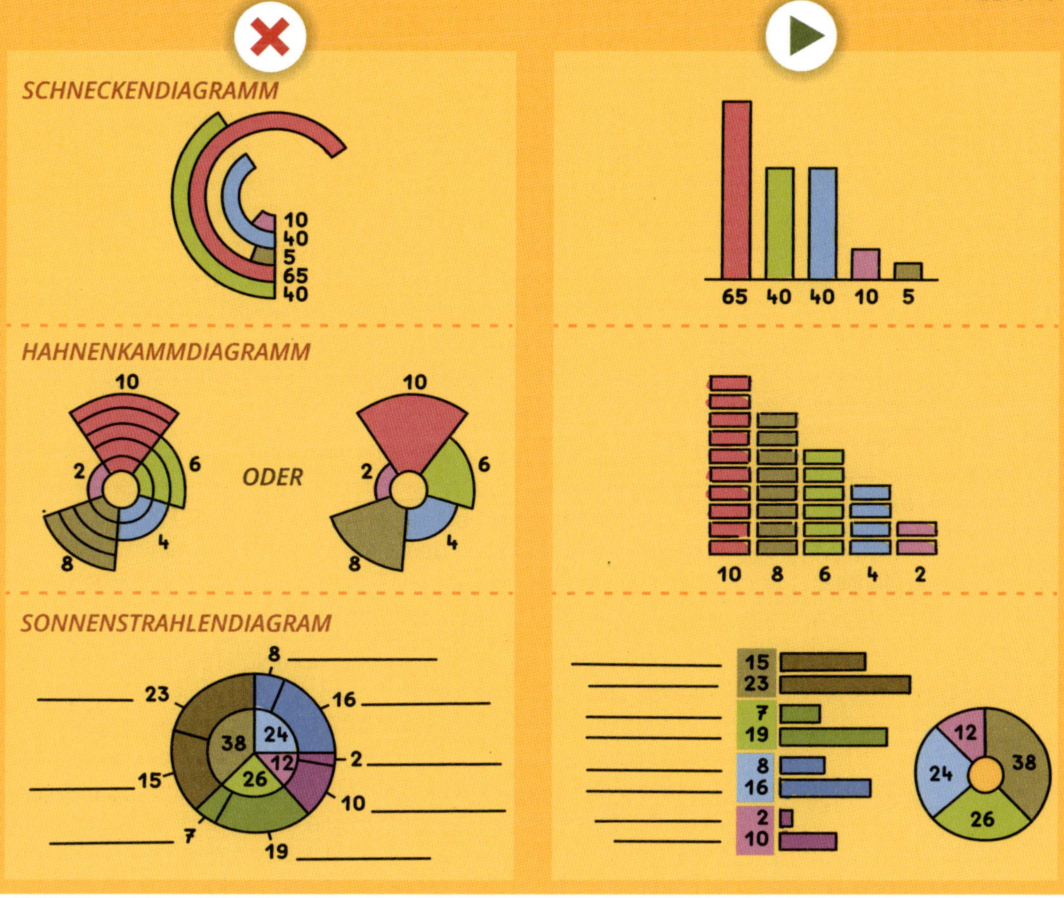

Abb. 6.16

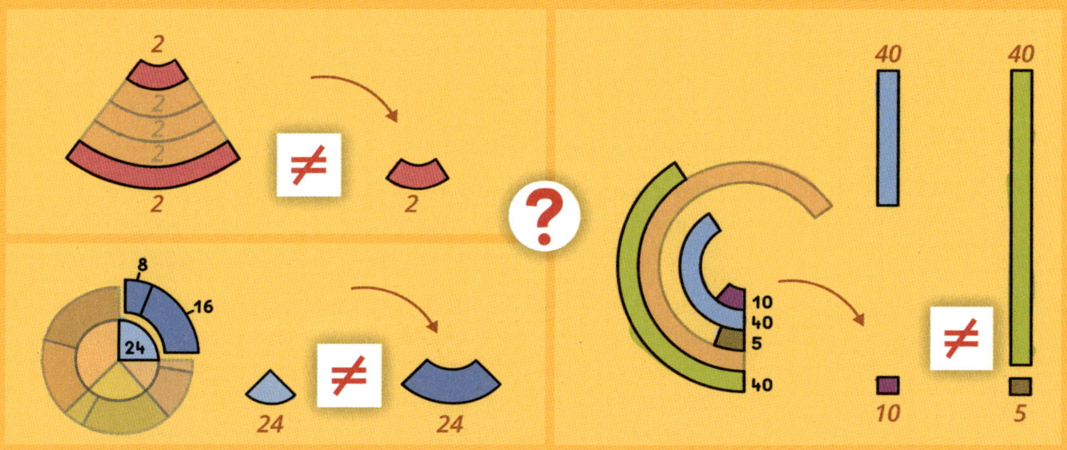

6.9 FALSCHE FLÄCHENDIAGRAMME

Ein Mengendiagramm als Alternative zu einem Flächenvergleich – das Foto im Hintergrund funktioniert ausnahmsweise sehr gut

cutt.ly/diamond_princess

Ein weit verbreiteter Fehler ist es, bei der Erstellung von Flächenvergleichen die falsche Berechnung der resultierenden Flächen heranzuziehen und die Größenunterschiede exponentiell zu verzerren. Exponentiell bedeutet, dass der Fehler immer größer wird, je größer der Zahlenunterschied ist. In *Abb. 6.17* lässt sich das erahnen. Während der Unterschied bei »1« und »2« noch moderat ausfällt, scheint er bei »5« geradezu zu explodieren. Tatsächlich ist die lila Scheibe *links oben* 4-mal so groß und nicht 2-mal, wie beschriftet. Bei der grünen Scheibe beträgt es dann schon das 25-Fache anstatt das 5-Fache.

Leider bieten auch viele Programme für ›Profis‹ eine falsche Berechnung an, ohne dass es sofort auffällt. Selbst im Grafik-Standardprogramm »Adobe Illustrator« werden die Flächen im Diagrammtool teils falsch berechnet! Es ist also Vorsicht geboten, wenn eine Visualisierung mit Flächen umgesetzt wird. Vertrauen in die Software ist gut, Kontrolle und Wissen ist immer besser!

Auch wenn es vielleicht ein wenig kompliziert anmutet, hier eine kurze Erklärung in *Abb. 6.18*, warum die Darstellungen oft verkehrt sind. So werden aus »5« Einheiten schnell plötzlich 25, wenn die Fläche sowohl in die Höhe als auch in die Breite um den vollen Wert gestreckt wird. Anstatt die Fläche also 5-mal größer zu machen, wird sie zuerst 5-mal in die Höhe skaliert und dann noch einmal 5-mal in die Breite. Das ist zwar relativ einfach umzusetzen, aber eben leider auch absolut verkehrt.

Da bei Flächenvergleichen (egal ob Würfel-, Kreis- oder z.B. amorphe Figurenflächen) der Wert immer zugleich in zwei Richtungen skaliert wird, muss der Zielwert für die Skalierung erst berechnet werden, um die richtige Höhe und Breite zu erhalten.

Wie in der *unteren Abb. 6.18* zu sehen, ist das gar nicht so schwer. Wichtig ist daran zu denken, dass bei allen Flächenvergleichen immer die Wurzel eines Werts gezogen werden muss. In dem konkreten Fall ist es die Wurzel von »5«. Auf zwei Dezimalen gerundet ergibt das »2,24«.

Im zweiten Schritt wird dieser Faktor nun mit der Höhe, die eine Einheit repräsentiert, multipliziert und schon ergibt sich daraus, wie groß die Würfelhöhe oder der Kugeldurchmesser sein muss.

Es ist egal, ob Würfel oder Piktogramme verwendet werden. Wenn verschiedene Flächengrößen visualisiert werden sollen, wird immer nur die Höhe des Basiswerts benötigt, der eine Einheit darstellt. Dieser wird mit der Wurzel des Zielwerts multipliziert, wodurch sich die Höhe der Vergleichsfläche ergibt.

220 ‹ Diagramme › 224 194 ‹ Flächen › 224 178 ‹ Piktogramme

Abb. 6.17

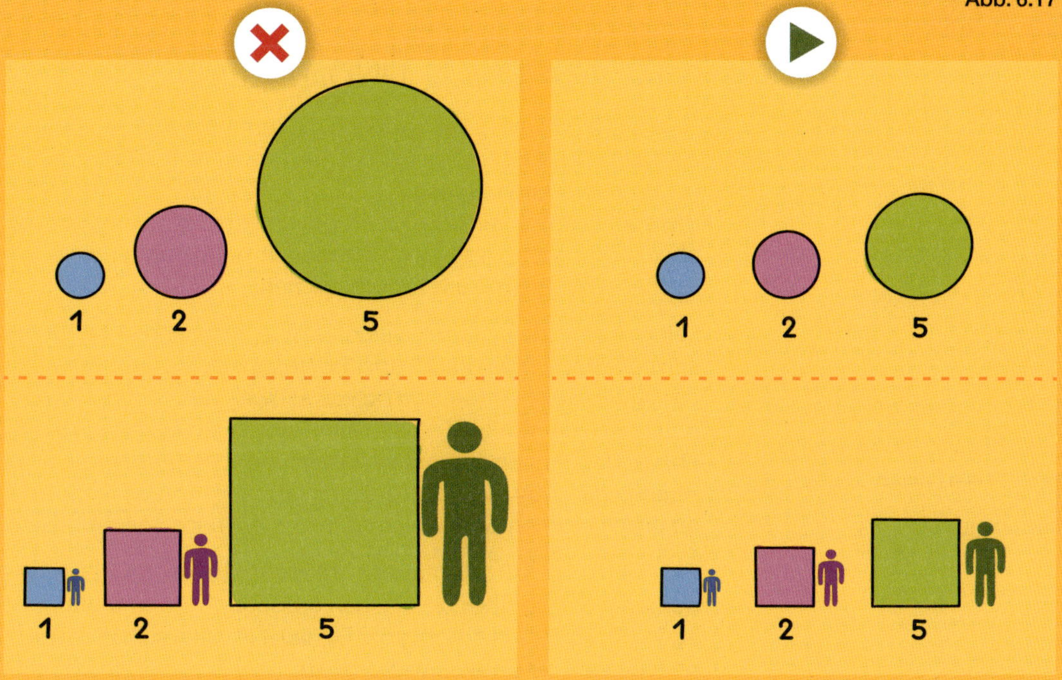

Abb. 6.18

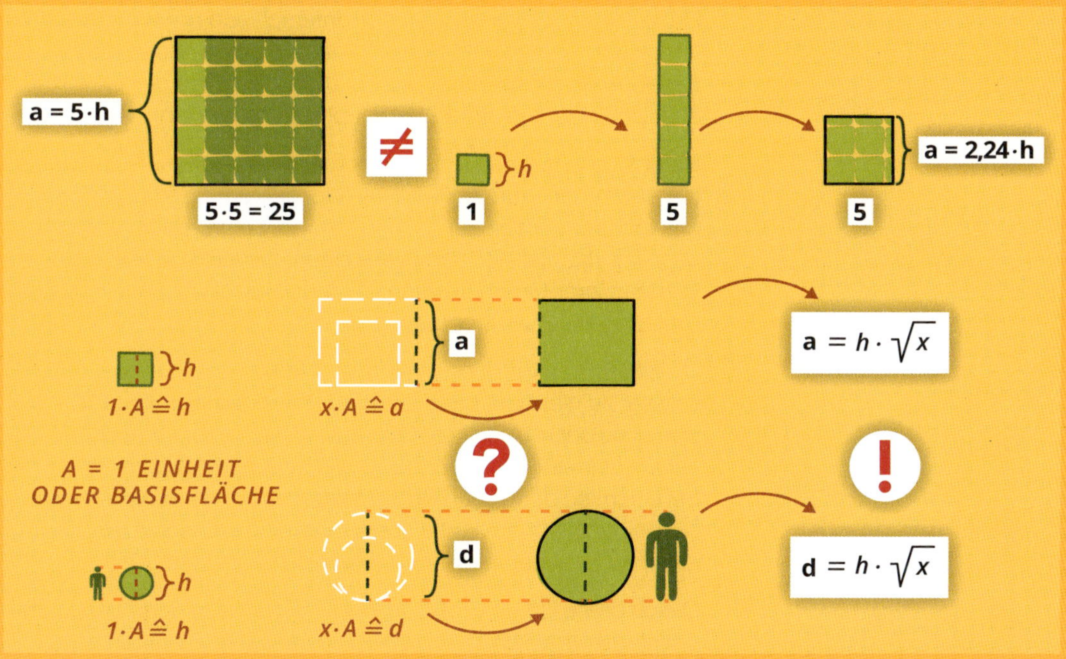

6.10 VORONOI- UND TREEMAPS

Treemaps sind ein beliebtes Mittel, um umfangreichere Gesamtmengen darzustellen. Anstatt auf die gewohnten Balken wird auf ein flächenfüllendes Mosaik zurückgegriffen. Es hat den Vorteil, dass es ziemlich einfach zu programmieren ist. Das bedeutet aber nicht, dass Treemaps daher auch gut geeignet sind, um Größenverhältnisse zu veranschaulichen!

Leider kann das Gehirn verschiedene Flächengrößen unterschiedlicher Formen kaum oder überhaupt nicht zueinander einordnen. Menschen tun sich bereits schwer, das richtige Verhältnis unterschiedlich großer, aber identischer Flächenformen richtig abzuschätzen. Am allerschwierigsten und völlig unmöglich in der Abschätzung der Größe sind allerdings unregelmäßig runde oder amorphe Flächenformen, wie sie in Voronoimaps vorkommen.

Die Standard and Poor's (S&P) 500 Unternehmen in einer riesen Finanz-Treemap

finviz.com/map.ashx

Es mag für den ein oder anderen interessant aussehen, aber was genau lässt sich über die Flächen aussagen? Sie sind bunt und irgendwie unterschiedlich groß. Genauer lässt es sich leider nicht abschätzen. Je unterschiedlicher die Formen sind, desto mehr schrumpft die Aussage der Grafik zu: Die Werte sind groß und womöglich klein. Treemaps eignen sich also nur als Übersicht für sehr, sehr grobe heterogene Mengen-Abschätzungen.

Wie *oben rechts in Abb. 6.19* ist es am besten, wenn eine Dimension immer gleich bleibt, z.B. indem alle Teilmengen dieselbe Höhe haben. Dann können die Unterschiede noch recht gut interpretiert werden. Plötzlich ist klar zu sehen, dass die blauen Bereiche ein bisschen größer sind als die Hälfte der Gesamtfläche. Das lässt sich *links* überhaupt nicht erkennen.

Bereits beim *unteren* Beispiel, bei dem nun regelmäßige Quadrate genommen wurden, wird es dagegen schon schwerer, diese miteinander vergleichen zu können. Bei der Voronoi-Grafik brauchen wir das gar nicht erst versuchen. Generell gilt: Je weiter die Werte in ihrer Größe auseinanderliegen, desto besser ist das für die Darstellung als Treemap.

In *Abb. 6.20* folgt noch einmal die ›Probe aufs Exempel‹. Es fällt schwer zu glauben, dass der blaue Block wirklich fast 20 % größer ist als der rote Balken. Obwohl wir hier sogar versuchen, zwei sehr regelmäßige Körper zu vergleichen, gelingt es nicht einmal bei einem so deutlichen Größenunterschied. Es ist nicht möglich, die beiden Flächen richtig gegeneinander abzuschätzen. Die nur leicht veränderten Formen verhindern das bereits!

Gleich breite Balken oder Quadrate eignen sich noch am besten, um sie zu vergleichen, wie im Bild *ganz unten* zu sehen ist.

222 ‹ Diagramme › 226 222 ‹ Flächen › 228

Abb. 6.19

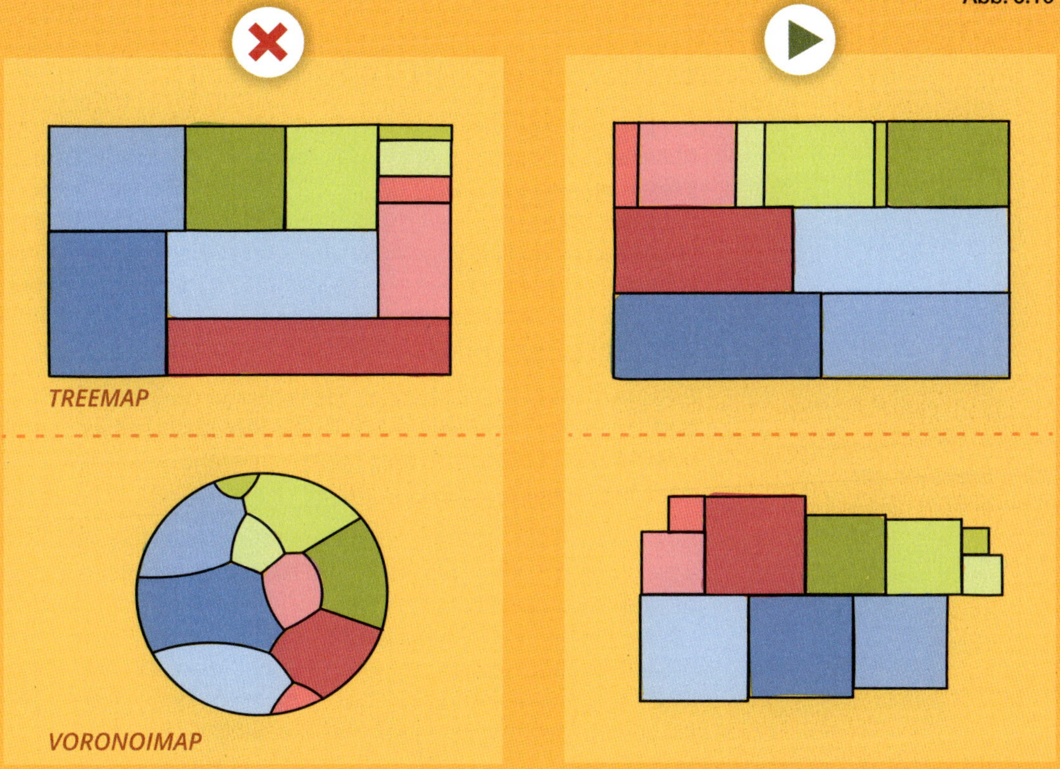

Abb. 6.20

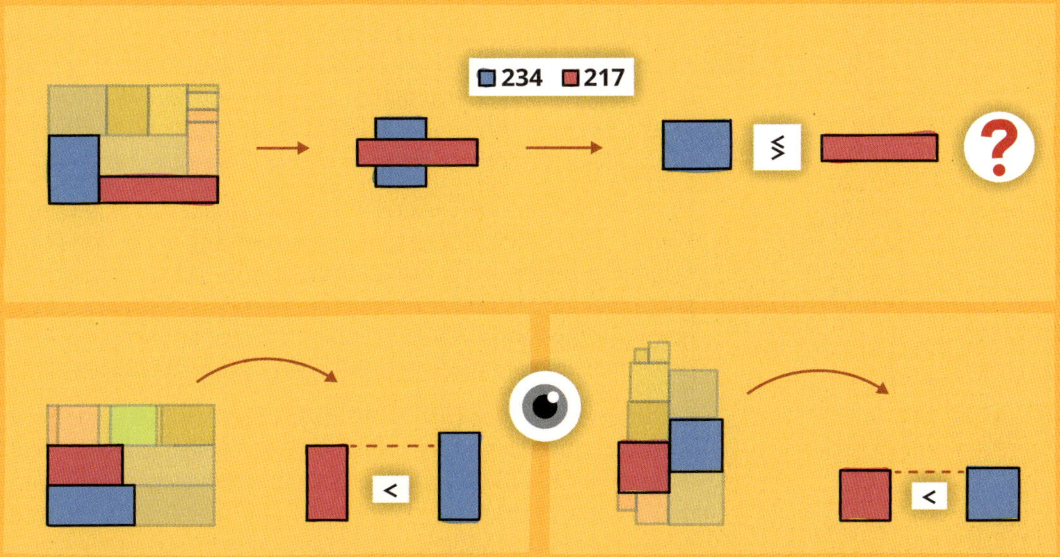

6.11 DREIECKSBALKEN

Die Entwicklung von Diagramm-Sonderformen stellt immer wieder einen verlockenden Anreiz dar, der viel infografisches Grundwissen abverlangt. Selbst die von Grafiker:innen meist verwendete Software warb einst mit dem etwas ambitionierten Einsatz von Eulen (ja richtig, Vögeln) anstelle von Balken und wie diese einfach im automatisierten Diagrammtool generiert werden konnten. Dass sich die innovative Eulentechnologie nicht durchgesetzt hat, zeigt große Parallelen zum Einsatz von Dreiecken.

Eine der wenigen Pyramiden-Grafiken, die funktioniert. Medaillenspiegel der Olympiade 2012 in London

cutt.ly/olympia_london

Es sollte bereits stutzig machen, dass die hier dargestellten Sonderformen, also Dreiecke *(Abb. 6.11)* oder noch besser dreidimensionale Pyramiden, zwar super spannend aussehen, sich dafür aber extrem wenige Referenzen finden lassen.

Schauen wir uns einmal in den Darstellungen in *Abb. 6.22* an, was passiert, wenn die Werte mit zunehmender Höhe immer schmaler werden. Von der Angabe 50 % erwartet man, dass ein Objekt immer in der Hälfte geteilt wird. Die beiden Hälften des großen Dreiecks oben sind jedoch sehr unterschiedlich angelegt. Die Visualisierung stimmt nicht mehr mit den Werten überein und der Fake-News-Faktor steigt erheblich.

Die gestreckten Dreiecke *darunter* sind zwar mathematisch richtig angelegt, als Visualisierung für einen Vergleich eignen sie sich dennoch nicht. Der Wert »5« hat auf allen Ebenen und in allen Dreiecken unterschiedliche Flächeninhalte. Ein Wert kann in einem eindeutigen Diagramm aber immer nur einer Darstellung entsprechen, aber welche soll jetzt die richtige sein?

Ganz rechts unten ist der Wert »30« einmal mit 6 Segmenten erzeugt und einmal durch ein Dreieck dargestellt. Sind die Höhen nun wirklich im Flächeninhalt identisch? Dieselben Werte wirken unterschiedlich und scheinen völlig unterschiedliche Mengen zu symbolisieren, auch wenn es identische Gesamtflächen sind.

Das Beispiel mit den Dreiecken lässt sich auf unzählige andere Formen übertragen. Es gibt kaum Umsetzungen, bei denen gewährleistet bleibt, dass alle Einheiten immer durch dasselbe visuelle Element repräsentiert werden. Natürlich muss nicht zu einem gewöhnlichen Säulendiagramm gegriffen werden. Auch dafür gibt es Alternativen, z.B. Mengendiagramme *(Seite 96)*.

Selbst ein neuartiges Diagramm zu erfinden, wirft oft mehr Probleme auf, als es löst. Zumindest muss die eigene Darstellung vorab ausführlich auf Herz und Nieren überprüft werden, ob sie infografischen Anforderungen standhält und alle Werte aus einer eindeutigen, unveränderlichen visuellen Einheit aufgebaut sind.

Abb. 6.21

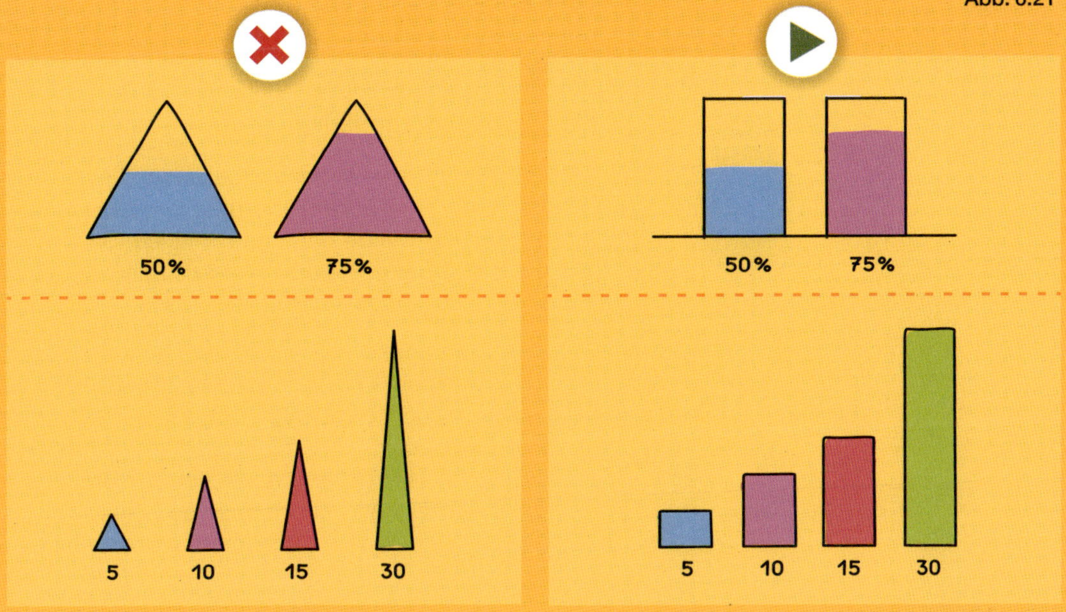

Abb. 6.22

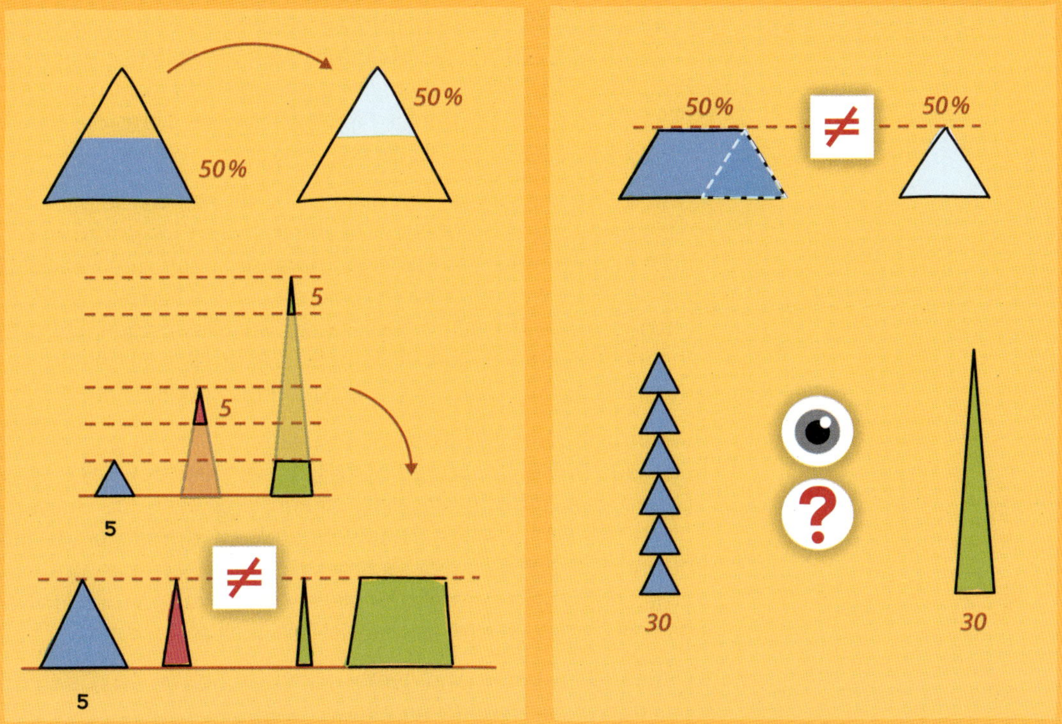

6.12 FLÄCHENÜBERSCHNEIDUNGEN IN DIAGRAMMEN

Bei sehr großen Unterschieden in den Daten ist es oft nötig, diese über Flächengrößen miteinander zu vergleichen. Z.B. könnten die kleinsten und größten Werte dann oft mit einem Säulendiagramm nicht mehr sichtbar abgebildet werden. Entweder wäre der größte Wert zu hoch oder der kleinste zu niedrig.

Während einfache Diagramme, die nur in eine Richtung skaliert werden, also z.B. nur in der Höhe, sehr präzise zu lesen sind, ist das bei Flächenvergleichen nicht mehr gegeben. Bei Säulen lässt sich schnell abschätzen, ob eine doppelt so hoch ist wie eine andere. Bei Flächenvergleichen verteilt sich der Größenunterschied auf zwei Achsen, und ein doppelt so hoher Wert ist dann nur ca. 1,4 Mal so hoch, was schlechter zu erkennen ist.

Da Flächenvergleiche aber mehr Raum benötigen als einfache Diagramme (Säulen, Balken, Torten oder Linien), ist die Versuchung groß, die Flächen ein wenig überlappen zu lassen, wenn der Platz eng wird oder es dynamischer wirken sollte. Dabei verändern sich optisch jedoch die Relationen der Flächen zueinander und es kann sogar passieren, dass gleich große Objekte ›verschluckt‹ werden, wie in *Abb. 6.24 ganz oben* zu sehen ist. Zwar sieht es toll aus, wenn die verschiedenen Kreise sich hintereinander aufbauen, das funktioniert aber ohnehin nur, wenn die Kreisgröße sich durch den Umfang ergibt und nicht durch die Fläche. Und auch da funktioniert es schlecht, wenn die Kreise nicht ausreichend unterschiedlich groß sind.

Sobald die kompletten Kreisflächen verglichen werden, ist das nicht mehr möglich. In *Abb. 6.24 unten* ist das Problem zu erkennen: Einzelne Kreise sind für das Auge nur noch zum Teil sichtbar. Auch wenn unser Gehirn generell über die Fähigkeit verfügt, unvollständige Formen selbsttätig zu vervollständigen (Gestalttheorie: Gesetz der Geschlossenheit, *Seite 144*), ist das bei geraden Flächen deutlich einfacher als bei gerundeten Formen.

Wenn sich nun aber auch noch mehrere Objekte gegenseitig überlagern, werden immer mehr Flächen überdeckt, die unser Gehirn kaum mehr auseinanderdifferenzieren kann. Die Gesamtgröße aller Kreise sowie die unvollständigen ›Kreisreste‹ werden nur noch bruchstückhaft wahrgenommen. Stellt man nur den größten Kreis als Referenz für alle anderen Kreise in den Hintergrund *(Abb. 6.23 unten rechts)*, ist das auch noch vertretbar.

Haben alle Flächen eine gemeinsame Grundlinie, so erleichtert das die Vergleichbarkeit ungemein.

224 ‹ Flächen › 236 206 ‹ Gestaltgesetze › 236 198 ‹ Wahrnehmung › 230

Abb. 6.23

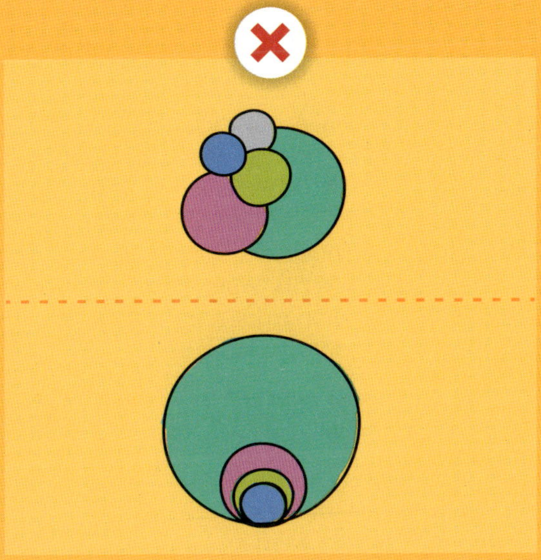

Abb. 6.24

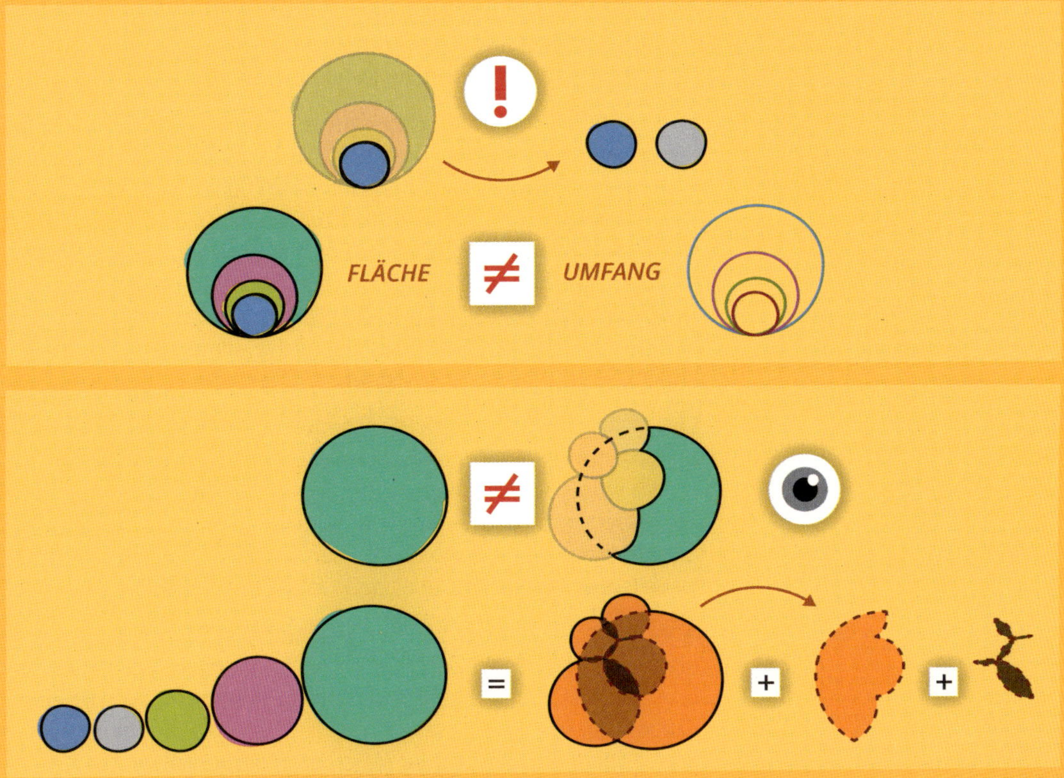

6.13 3D-EFFEKTE IN DIAGRAMMEN

Auf dreidimensionale Darstellungen zurückzugreifen, um die manchmal als ›langweilig‹ empfundenen Standarddiagramme ersetzen zu können, erfüllt auf den ersten Blick oft seinen Zweck und sieht gleich wesentlich spannender aus. Damit wird gefühlt jede Präsentation mit einem Handstreich optisch aufgewertet, denn viele »Office«-Programme wie z.B. Word, Excel oder Pages bieten diese Ein-Klick-Verschönerungsoptionen standardmäßig an, um simple Zahlenvergleiche optisch attraktiver zu gestalten.

Es gibt aber einen Grund, warum nicht alle Anwender die schicken 3D-Charts verwenden: Sie funktionieren meistens nicht!

Die Verhältnisse werden damit oft zweideutig und falsch dargestellt! Das liegt zum einen daran, dass durch die räumliche Darstellung die Werte häufig verzerrt werden, zum anderen aber auch daran, dass häufig niemand mehr genau sagen kann, welche Dimension nun die Zahlenwerte genau repräsentieren soll.

Auf der linken Seite in Abb. 6.25 ist beispielsweise nicht eindeutig geklärt, ob die Zahlen durch die Höhe der Säulen, deren Deckflächen oder gar das Volumen der einzelnen Segmente repräsentiert werden? Auch wenn es herkömmlicher aussieht, so sind die Dimensionen in den Diagrammen *auf der rechten Seite* immerhin zunächst eindeutig zu identifizieren.

In *Abb. 6.26* wird sehr schön erklärt, welche drei Dimensionen miteinander um die Interpretation der Leser:innen konkurrieren, wenn wir die beiden 3D-Darstellungen in verschiedene Perspektiven auflösen. Von oben nach unten sehen wir zunächst die Aufsicht, die räumliche Perspektive und zuletzt die frontale Vorderansicht. Alle Ansichten zeigen nun vollkommen unterschiedliche grafische Verhältnisse. Wenn ein Diagramm aber nicht eindeutig interpretiert werden kann, dann ist es irreführend und für eine Visualisierung gänzlich ungeeignet.

Das heißt nicht, dass alle 3D-Darstellungen generell für die Veranschaulichung jeglicher Zahlendimensionen vollkommen ungeeignet sind. Gerade bei sehr großen Unterschieden in den Verhältnissen hilft teilweise sogar explizit nur der Rückgriff auf 3D-Darstellungen *(Seite 234)*, damit die Größenunterschiede visuell überhaupt sichtbar abgebildet werden können.

Aber auch das ist nur sehr eingeschränkt möglich und funktioniert nur mit Würfeln und manchmal mit Kugeln, bei denen alle drei Dimensionen (Höhe, Breite, Länge) identische Werte haben. Nur so ist zumindest sichergestellt, dass alle Verhältnisse aus allen Blickrichtungen immer gleich groß dargestellt sind.

226 ‹ Diagramme › 232   220 ‹ Manipulation › 232   228 ‹ Wahrnehmung › 232

Abb. 6.25

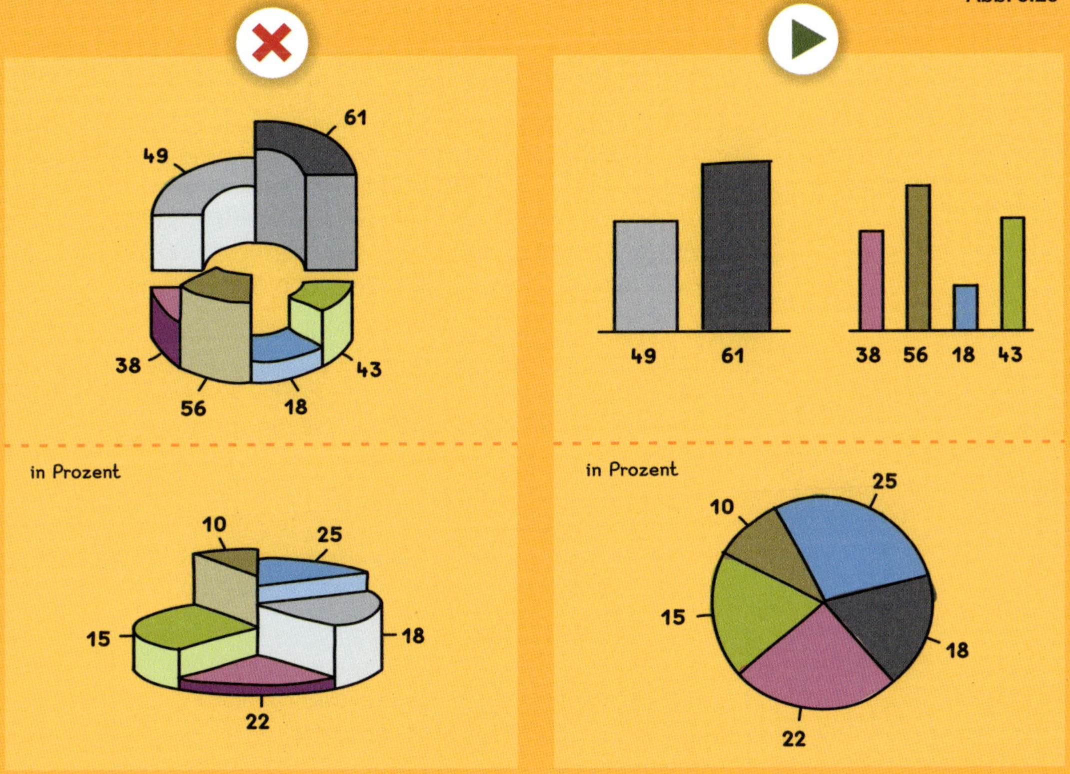

Abb. 6.26

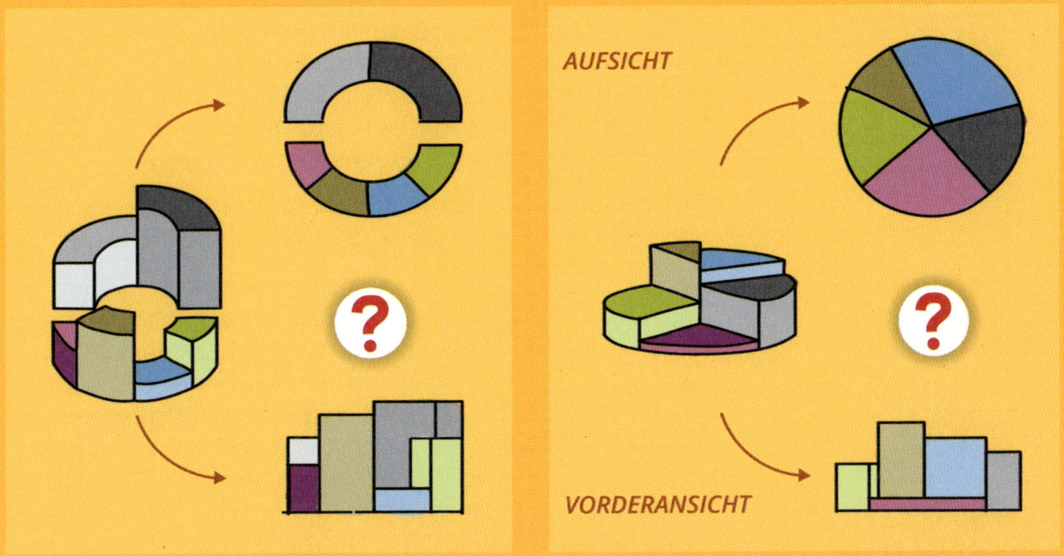

6.14 DIAGRAMME IN 3D-PERSPEKTIVE

Das zweite Problem bei der Verwendung von dreidimensionalen Diagrammen ist die unproportionale Verzerrung der Diagrammflächen durch die Fluchtpunktperspektive. Flächen erscheinen dann vorne viel größer oder umso kleiner als die zugehörigen Werte, je weiter sie im Raum nach hinten verschoben sind, und je nachdem, wie groß die perspektivische Verzerrung ist.

Bis zu einem gewissen Grad sind wir es gewohnt, perspektivische Verzerrungen selbstständig zu entzerren. Bei einem Foto einer Straße würden wir nie auf die Idee kommen, die Häuser wären unterschiedlich groß, nur weil sie im Hintergrund kleiner werden. Dafür benötigen wir aber zum einen Details, z.B. Fenster, damit wir die Größe auch hier richtig einschätzen können. Zum anderen gelingt uns das nur mit sehr geradlinigen Objekten. Details fehlen uns bei 3D-Diagrammen komplett. Kreissegmente sind z.B. viel zu unregelmäßig, damit unsere Erfahrung hier greift.

Mit abstrakten Objekten, deren Größe wir in der Realität nicht einordnen können, sind wir also eher überfordert. Dennoch bieten viele Programme diese ›schicke‹ Darstellung an, ohne dass geprüft wurde, ob das auch sinnvoll ist.

Abb. 6.28 zeigt, was genau passiert. Bei den Torten-Beispielen werden gleich große Flächen unterschiedlich groß dargestellt. Im rechten Beispiel wird das nach hinten ragende pinke Kreissegment, das eigentlich mehr als doppelt so groß ist wie das grüne Segment vorne, trotzdem kleiner wahrgenommen!

Links unten wird ebenfalls deutlich, wie die Position im Diagramm ein und desselben Wert unterschiedlich hoch und breit erscheinen lässt. Wird anstelle des Werts »1« hier der Wert »8« abgetragen, haben die Säulen plötzlich vollkommen andere Dimensionen. Obwohl die Werte eindeutig gleich sind, sind die grafischen Flächen durch die Verzerrung unterschiedlich groß.

Wenn Diagramme aber nicht mehr eindeutig sind, dann lassen sie sich auch nicht als präzise Visualisierungen einsetzen.

Das *untere rechte* Beispiel zeigt, wie es auch im 3D-Raum funktionieren kann, indem eine orthogonale Axonometrie verwendet wird, eine besondere Form der Parallelperspektive. Dazu gehören z.B. Isometrie, Dimetrie und Trimetrie *(Seite 234)*. Diese sehen manchmal etwas unnatürlich aus, lassen sich aber zumindest für Vergleiche heranziehen. Ein Nachteil bleibt, dass auch hier Flächen verdeckt werden können, wenn die Objekte überschneidend gezeichnet werden müssen. Der klare Vorteil ist, dass die Verhältnisse sich so immerhin korrekt abbilden lassen.

230 ‹ Diagramme › 236 230 ‹ Manipulation › 240 230 ‹ Wahrnehmung › 238

Abb. 6.27

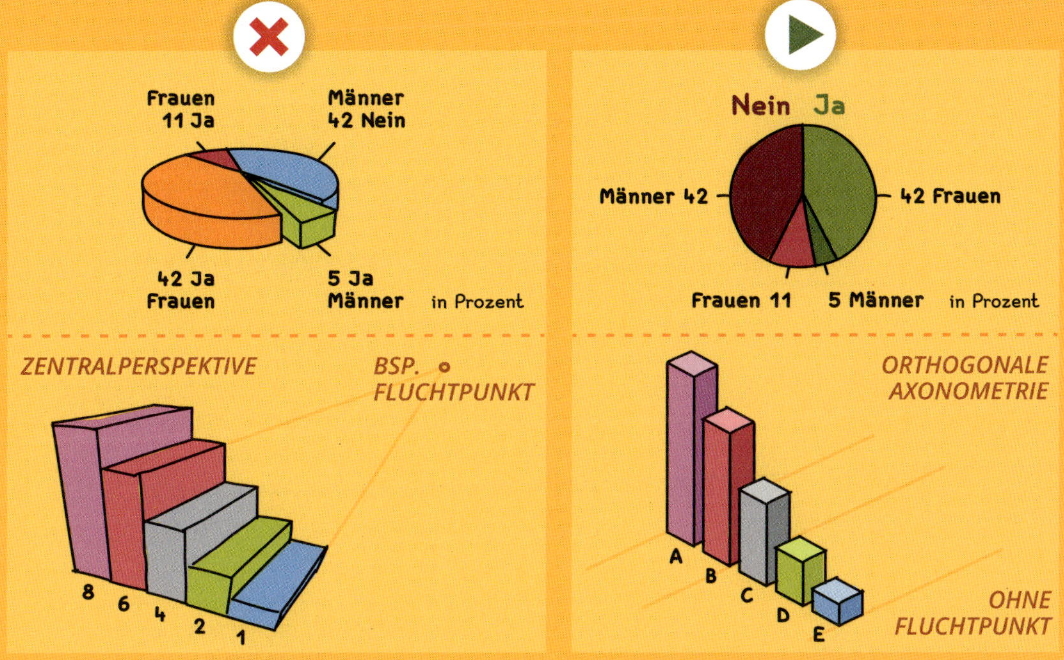

Abb. 6.28

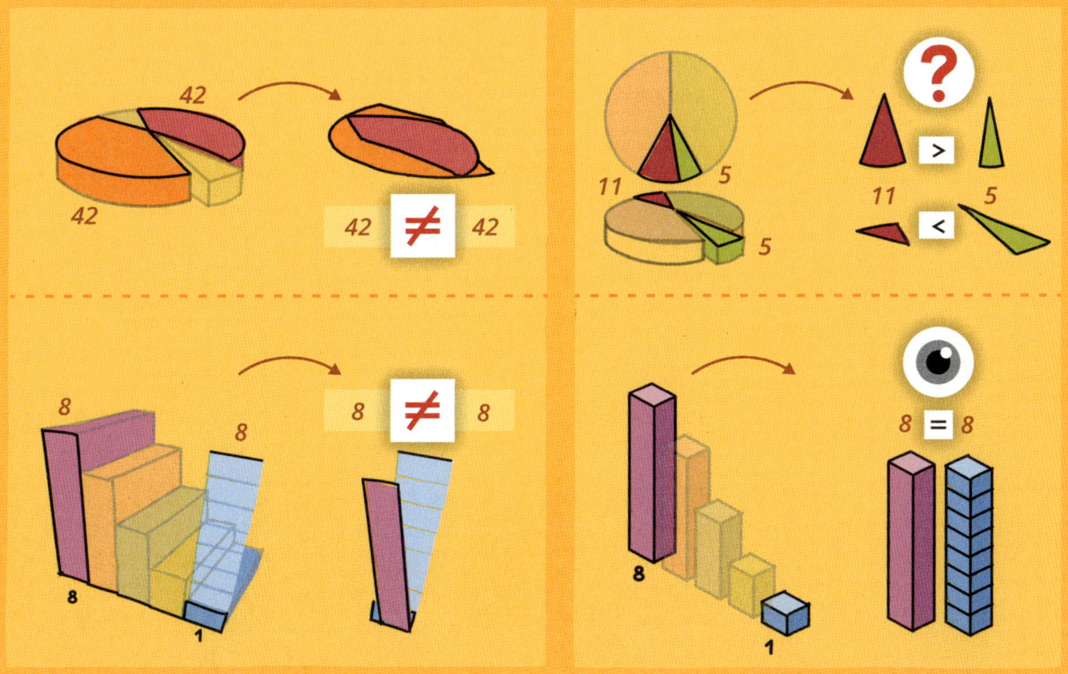

6.15 3D-WÜRFEL

3D-Vergleiche sind nicht per se ausgeschlossen, sondern manchmal auch notwendig, da alle 2D-Versuche, sehr große Zahlenunterschiede darzustellen, zu unbefriedigenden Ergebnissen führen können. In *Abb. 6.29 ist links* so ein Fall zu sehen.

Bei dem Versuch, die Süßwasservorkommen auf der Erde zu zeigen, kann im zweidimensionalen Raum nur mit einem Diagramm gearbeitet werden, aus dem zusätzlich noch eine Vergrößerung herausgezoomt werden muss, um den gewaltigen Unterschied zum Salzwasservorkommen überhaupt erfassen zu können. Mit Balken ließe sich nicht mehr arbeiten, da der Balken für das gesamte Wasserreservoir größer als die halbe Seite hoch sein müsste, um den Süßwasserwert noch erkennen zu können.

Damit der Vergleich ohne Vergrößerung auskommt, hilft also nur noch ein dreidimensionaler Vergleich, am besten mit Würfeln, da unterschiedlich große Kugeln schlechter miteinander zu vergleichen sind. Wie *rechts* zu erkennen ist, lassen sich so alle drei Größen sinnvoll und nachvollziehbar abbilden.

Bei einem 3D-Vergleich empfiehlt es sich, eine orthogonale Axonometrie (eine besondere Form der Parallelperspektive) anzuwenden, wie anhand von drei beispielhaften Projektionsmöglichkeiten in *Abb. 6.30*, zusammen mit den Vor- und Nachteilen, erklärt wird. Am überzeugendsten ist sicherlich die Trimetrie, auch wenn sie am schwierigsten zu zeichnen ist. Die am einfachsten zu zeichnende Parallelperspektive, die Isometrie, sieht vor allem in größeren Szenen jedoch optisch unangenehm aus.

Leider wird die Volumenberechnung oft fehlerhaft durchgeführt. *In der Mitte* ist das anhand von »0,5« Einheiten illustriert. Die rechte Darstellung zeigt einen viel zu geringen Wert. Der Vergleich funktioniert mit einem angeschnittenen Würfel *(dritter von links)* oft besser als mit einem zweiten, kleineren Würfel.

Als Eselsbrücke bei der Berechnung hilft es, daran zu denken, dass es bei dem Vergleich drei räumliche Dimensionen gibt, also wird die 3. Wurzel von einem Wert benötigt. Sollte eine Fläche mit zwei Dimensionen berechnet werden, wäre dazu analog unbedingt die 2. Wurzel eines Werts notwendig *(Seite 222)*.

Der Buchstabe »V« steht für das Volumen der Basiseinheit »1« und der Höhe »h«. Wird für ein Vielfaches des Grundvolumens die Höhe »a« (und damit auch Breite und Tiefe) eines entsprechenden Würfels gesucht, so findet sich dieser mit der Formel *rechts unten*. Ein halb so großer Volumenwürfel ergibt mit dieser Rechnung eine 0,79-Fach kleinere Höhe als der Basiswürfel.

Trimetrie einfach zeichnen aus » Anschauliche Analytische Geometrie«

cutt.ly/trimetrie_zeichnen

Kurzeinführung technische Perspektiven (von Lutz Dieffenbach)

cutt.ly/technisch_perspektiv

188 ‹ Vergleich

Abb. 6.29

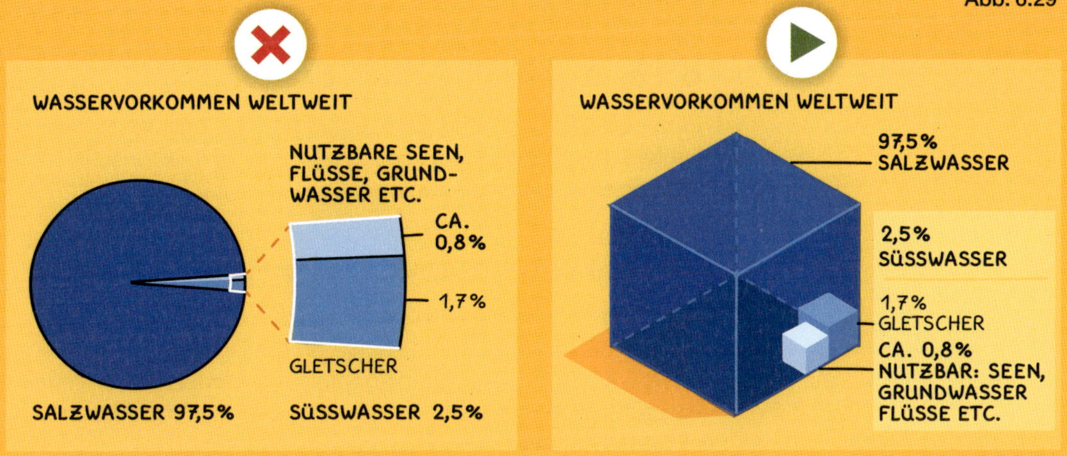

Abb. 6.30

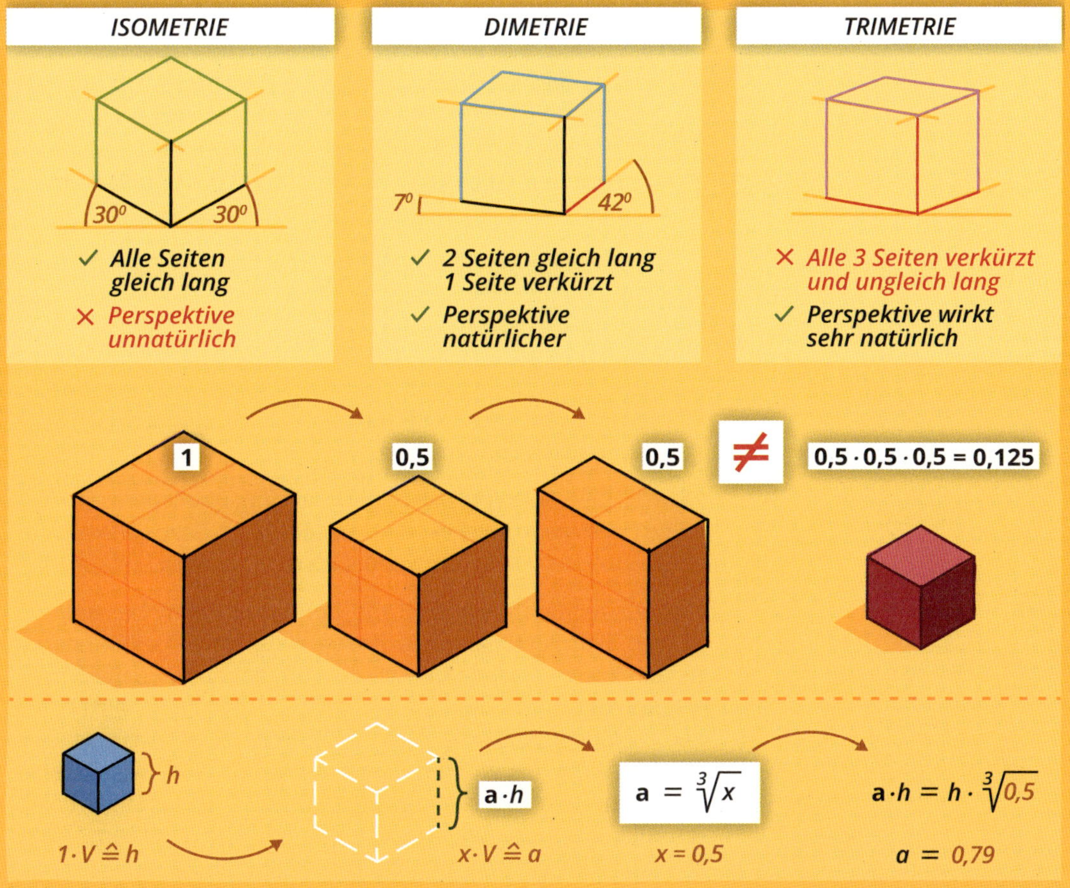

6.16 ZUSATZELEMENTE

Eine indirekte Ableitung der Gestaltgesetze legt nahe, dass im Umfeld einer Infografik keine grafischen Elemente verwendet werden sollten, die keine informationsdienliche Funktion erfüllen.

Durch das Gesetz der Figur-Hintergrund-Trennung *(Seite 144)* werden zunächst alle Elemente als Nicht-Hintergrund erkannt.

Durch das Gesetz der Ähnlichkeit werden ähnliche Objekte dann auch ähnlich interpretiert. D.h., wenn grafische Elemente identifiziert werden, die aussehen könnten, als würden sie ein Verhältnis darstellen, und wenn sich diese Elemente im Umfeld anderer Objekte befinden, die genau das tun, dann gehen wir logischerweise unbewusst sofort davon aus, dass es auch genauso ist. Wenn diese Elemente dann auch noch mit kurzen Texten kombiniert sind, lassen sie sich endgültig nicht mehr von den eigentlichen Visualisierungen unterscheiden.

In *Abb. 6.31 auf der linken Seite* wird klar, was damit gemeint ist. Im Liniendiagramm tauchen zwei Kreise auf, die mit kurzen Texten beschriftet sind. Wie es der Zufall will, haben die Zahlen darin auch noch dieselbe Dimension (Billionen). Es lässt sich fast gar nicht anders interpretieren, als dass die beiden Kreise aufeinander bezogen sein müssen und dass sie die numerische Relation widerspiegeln. Tatsächlich sind die Kreise aber nur grafische Flächen gewesen, um die Texte vom Diagramm zu trennen.

Im Beispiel darunter wirkt ein ähnliches Vorgehen sogar noch extremer. Durch die Betonung der Pfeile, die nur deshalb so unterschiedlich dick geworden sind, weil die Grafiker:innen die Texte darin unterbringen wollten, wandern diese auch noch optisch in den Vordergrund. Es fällt schwer, sich gegen den Eindruck zu wehren, dass die grünen Säulen auch viel deutlicher als die orangefarbenen ansteigen würden.

Obwohl die Säulen präzise abgebildet sind, überlagern die Pfeile diese Darstellung so stark, dass unser Gehirn dazu verleitet wird, es dennoch falsch zu rezipieren. Das ist zumindest erstaunlich.

Auf der rechten Seite sind die optischen Fallen beseitigt. Im *oberen* Beispiel wurden die Kreise komplett aufgelöst und die beiden Informationen räumlich deutlich getrennt. Es wäre möglich gewesen, den Info-Text auf seiner farbigen Fläche zu belassen. Solange nämlich nur ein Objekt verwendet wird und keine Vergleichsobjekte zu finden sind, so lange weiß unser Gehirn infografisch nichts weiter damit anzufangen und nimmt es so nur als illustratives Element war. Dass es trotzdem noch vom eigentlichen Inhalt ablenken kann, bleibt problematisch.

232 ‹ Diagramme › 240 202 ‹ Farbe 228 ‹ Flächen › 238 228 ‹ Gestaltgesetze

Abb. 6.31

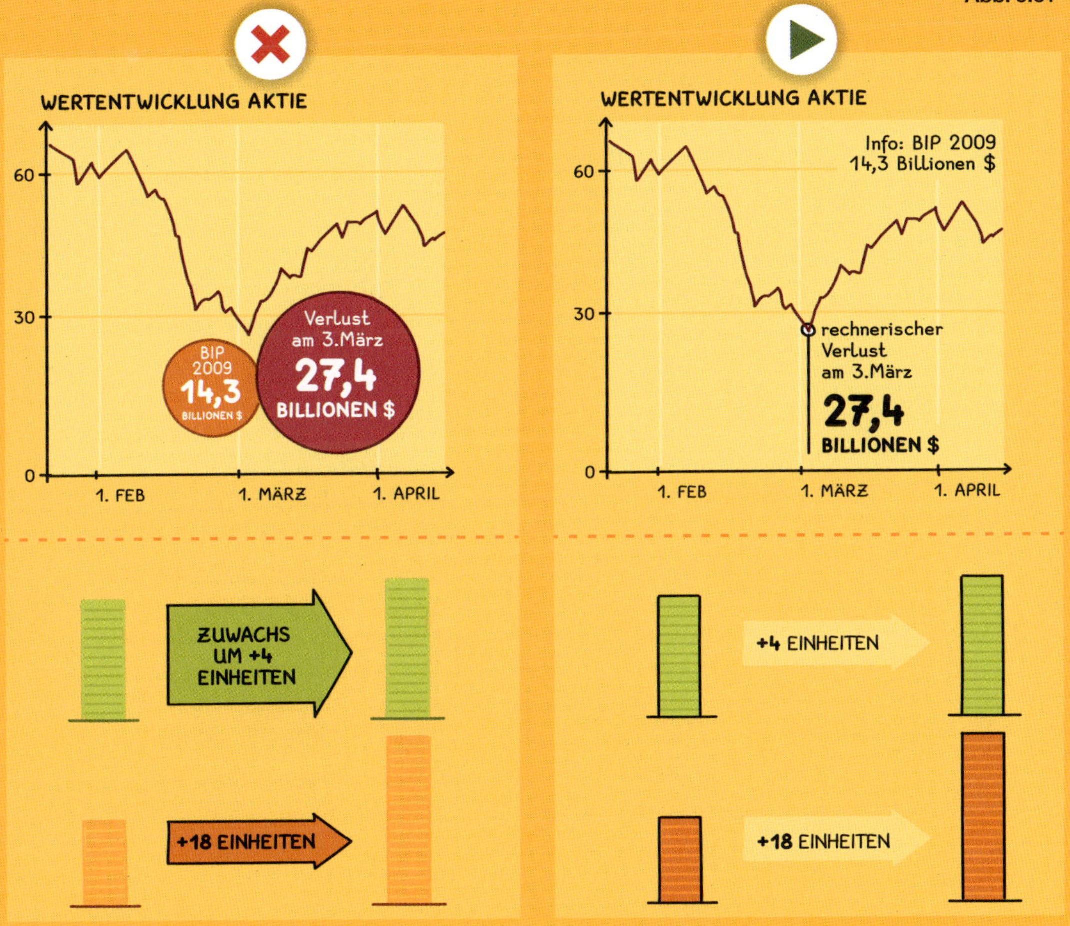

Abb. 6.32

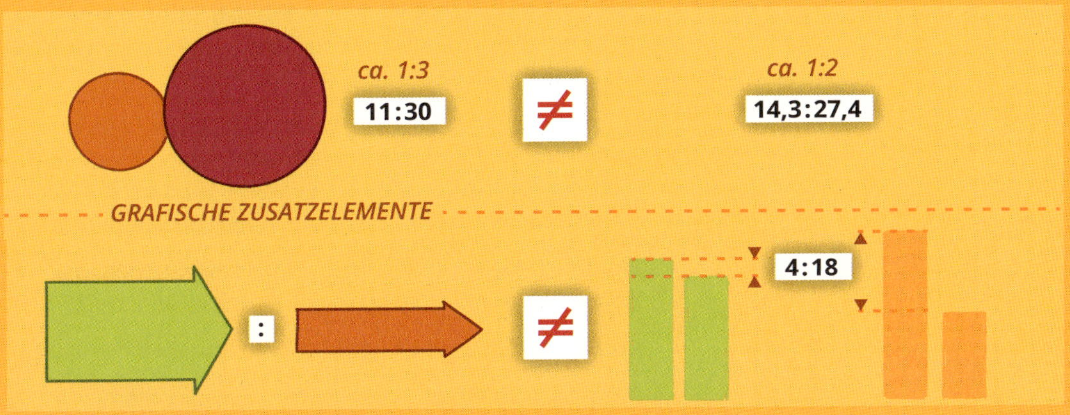

6.17 TABELLEN

Zu den eher unspektakulären infografischen Anwendungen gehören oft Tabellen, die jedoch gleichzeitig unabdingbar sind. Da Tabellen eine sehr hohe Informationsdichte aufweisen, ist es besonders wichtig, so wenig gestalterische Elemente hinzuzufügen wie möglich und die notwendigen Elemente mit eindeutigen Funktionsweisen zu versehen. Nur so gelingt es, eine Tabelle gut lesbar zu gestalten, durch den Text allein ist sie das meist nicht.

Was damit gemeint ist, illustriert *Abb. 6.33. links oben*. Die Tabelle besteht aus einem weißen Hintergrund und dominanten Trennlinien für Spalten und Zeilen. Das wirkt einerseits sehr grob, zum anderen werden Linien hier sowohl für Spalten als auch für Zeilen eingesetzt. In der Wahrnehmung wird eine schnelle Unterscheidung verhindert und die Tabelle sehr unruhig und dicht.

Werden einige Linien, z.B. die Zeilen, durch dezente Hintergrundflächen ersetzt, reduziert das die Anzahl an grafischen Elementen und schafft mehr Orientierung: Balken definieren Zeilen, Linien trennen Spalten. Die Zeilen lassen sich zusätzlich mit einem sehr leichten Grauton abwechselnd hinterlegen, dann ist die Tabelle am besten lesbar, auch bei mehr Spalten und Zeilen.

Ein weiterer Aspekt ist in *Abb. 6.33 in der Mitte* erkennbar. Symbole in Tabellen sind für die kleinen und oft breiten Zellen nicht gut geeignet, da sie sehr klein skaliert werden müssen, um noch in die Zellen zu passen. Informationen, die Symbole tragen, werden schwer lesbar und noch schwerer vergleichbar, wenn sie so weit auseinanderstehen. Das Ziel ist die Gestaltung einer möglichst lesbaren Tabelle, was dann erreicht wird, wenn möglichst der ganze Platz der Zelle, z.B. für farbliche Auszeichnungen, genutzt wird. Kontrastarme Symbole können die Flächen dennoch leicht überlagern, was besser lesbar ist und gut funktioniert.

Der letzte Aspekt betrifft die Ausrichtung des Texts, die die Lesbarkeit der gesamten Tabelle wesentlich beeinflusst. Folgende Daumenregeln haben sich bewährt:

- Die erste Spalte sollte man, wenn möglich, rechtsbündig ausrichten. Kurze Bezeichnungen stehen sonst weit von der zweiten Spalte entfernt. Die Tabelle wirkt dann unruhig und die Zeilenhaltigkeit beim Lesen wird beeinträchtigt.
- Entsprechend kann es hilfreich sein, zu versuchen, die letzte Zeile linksbündig auszurichten (nicht bei Zahlen).
- Ansonsten Text rechtsbündig oder mittig ausrichten.
- Zahlen rechtsbündig oder am Komma ausrichten.

Abb. 6.33

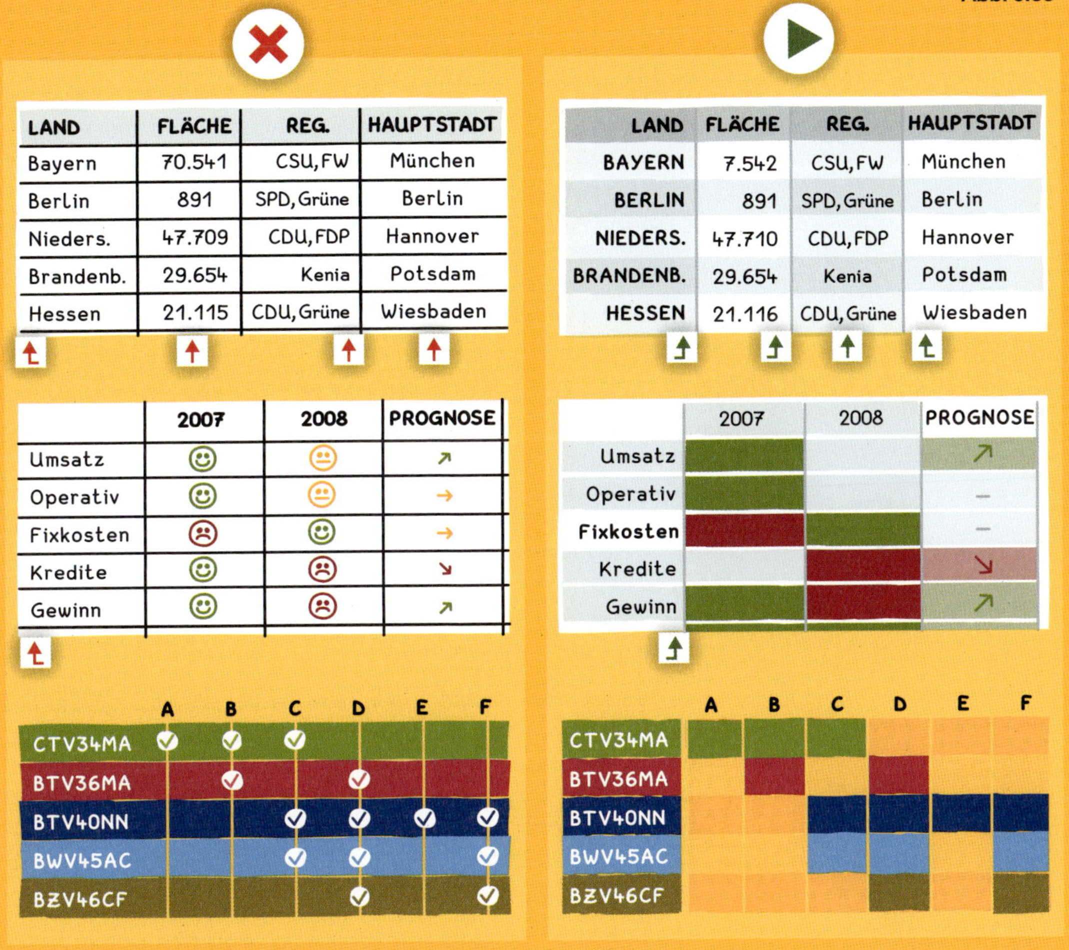

Abb. 6.34

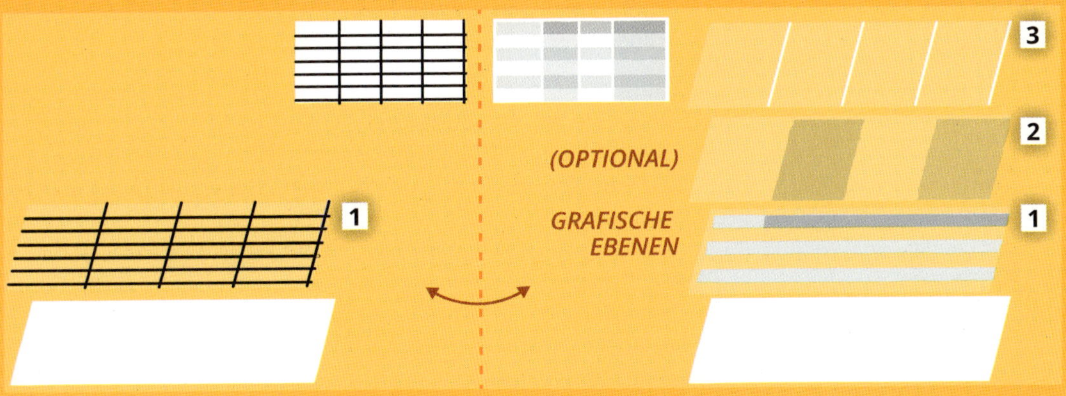

6.18 TAG ODER WORD CLOUDS

Tag Clouds (›Schlagwortwolken‹ laut Wikipedia) sind immer wieder sehr beliebt, um attraktive Relationen schnell und einmal ›ganz anders‹ darzustellen. Und auch wenn das gelegentlich wirklich sehr schön aussehen kann, so sind diese Grafiken leider nichts weiter als vollkommen irreführende Illustrationen, da sie die tatsächlichen Verhältnisse komplett verzerren. Wer als Organisation oder persönlich in einer Tag Cloud Erwähnung findet, kann nur hoffen, einen langen Namen zu haben …

Schauen wir uns zunächst *Abb. 6.35 links oben* an. Hier ist eine typische Tag Cloud zu sehen. In ihr wird angeblich das Bruttoinlandsprodukt mehrerer Länder miteinander verglichen. Während *auf der linken Seite* alle restlichen Länder, bezogen auf die USA, extrem abfallen, sieht die rechte Seite mit den beiden Entwurfsalternativen wesentlich ausgewogener aus. Zwar sind auch hier die USA deutlich die Nummer 1, aber China und Japan sind bei Weitem nicht so stark abgehängt. Und auch die anderen Länder sind wesentlich präsenter, wie z.B. Indonesien.

Im Beispiel *oben rechts* lassen sich die Verhältnisse anhand der Einheiten sogar nachzählen, auch wenn konkrete die Beschriftung fehlt. Allerdings führt die Aufteilung in kleine Quadrate auch dazu, dass zum Teil nicht sehr schöne Formen entstehen, die etwas verwinkelt ineinander verschachtelt werden müssen. Im *unteren* Beispiel mit den Kreisflächen lassen sich die Verhältnisse zwar nur grob abschätzten, insgesamt wirkt es so aber deutlich homogener.

Wie es nun zu der extremen Verzerrung, eigentlich schon Verfälschung kommt, wird in *Abb. 6.36* recht gut am Beispiel von Japan und den USA demonstriert. Da bereits die Ländernamen trotz der gleichen Schriftgröße ein Verhältnis von ca. 2:1 aufweisen, ist jeglicher Vergleich über die Ländernamen bereits von Anfang an um dieses Missverhältnis verzerrt. Werden die beiden Ländernamen vertauscht, ergibt sich mit den genau gleichen Daten logischerweise ein umgekehrt proportionales Missverhältnis.

Hinzu kommt, dass die Buchstaben in Tag Clouds einfach in der Schriftgröße angepasst werden. Das beutet aber auch, dass eine Größenänderung doppelt ausgeführt wird, nämlich eben in der Höhe und gleichzeitig auch in der Breite. Bei Verwendung anderer Ländernamen mit unterschiedlichen Namenslängen stimmt im Endergebnis überhaupt nichts mehr mit der Realität überein. Genauso gut hätten die Ländernamen dann auch nach Gefühl in der Größe skaliert werden können, was wahrscheinlich deutlich näher an der Wirklichkeit gelegen hätte. Tag Clouds dürfen infografisch daher einfach nicht verwendet werden.

236 ‹ Diagramme 232 ‹ Manipulation

Abb. 6.35

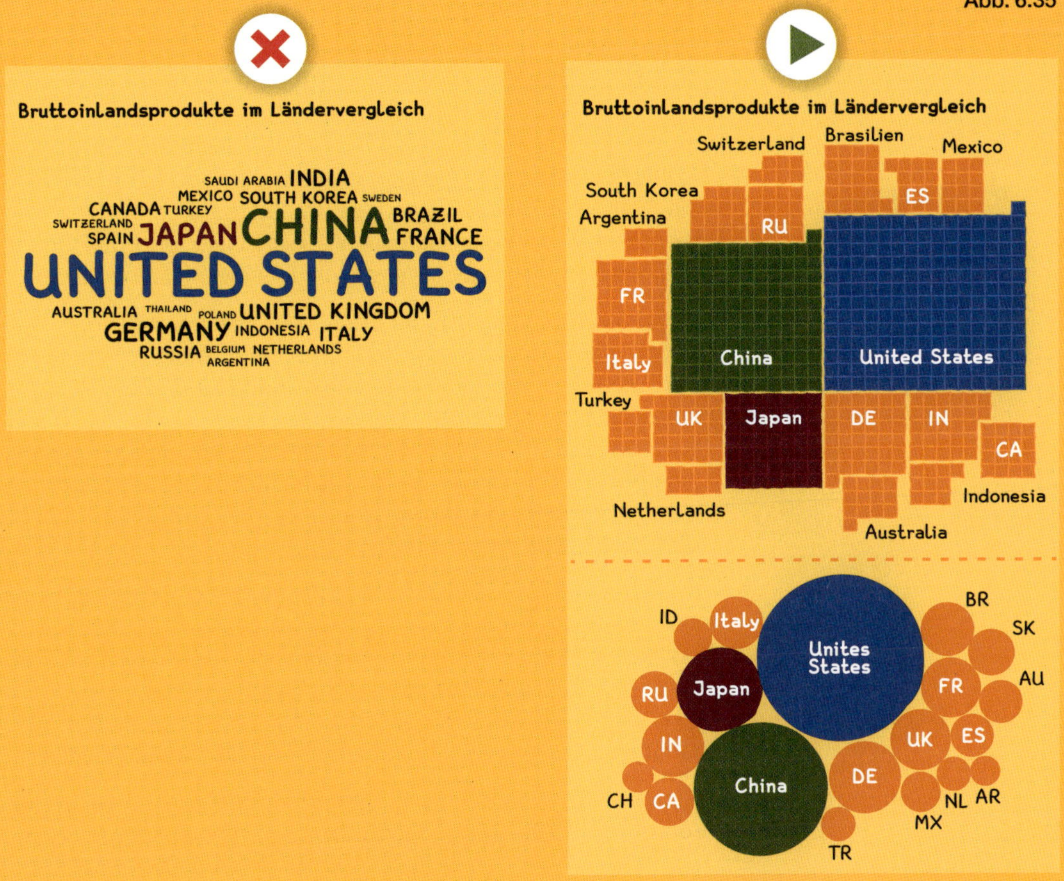

Abb. 6.36

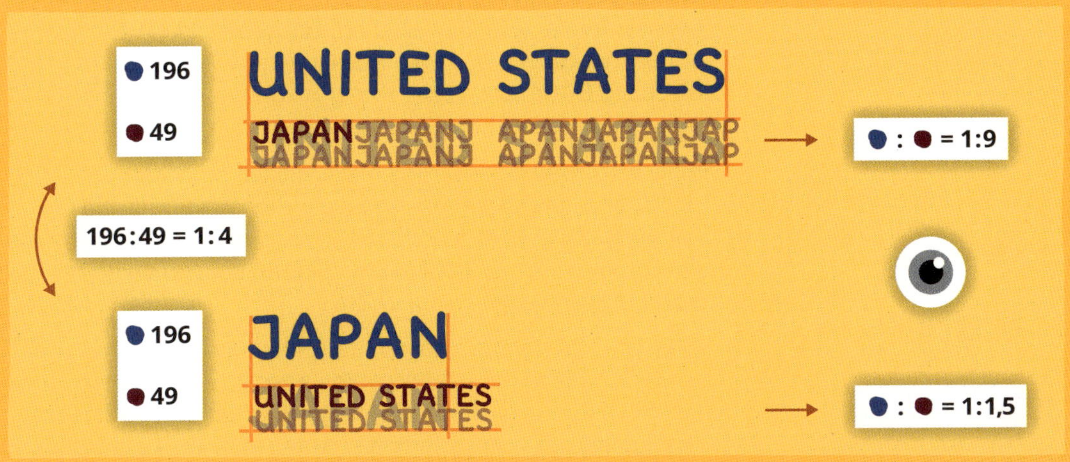

6.19 EINZELTEILE BENÖTIGEN ZUERST EINEN KONTEXT

»Zitate sollten nicht aus dem Zusammenhang gerissen werden«, ein Spruch, den viele Leute kennen. Letztendlich sind alle Elemente einer Infografik auch nur ›visuelle Zitate‹, und was für das geschriebene Wort gilt, gilt erst recht für eine erklärende Grafik.

Bevor in einer Infografik die Einzelteile ausführlich Betrachtung finden, sollte zunächst der ursprüngliche Kontext erwähnt werden, aus dem die Einzelteile entnommen sind. Das kann bei einem Kartenausschnitt die Verortung sein, wo sich dieser Kartenausschnitt auf dem Globus genau befindet, das kann bei einem Verdichter dessen Verortung im Motor sein oder eben bei der Darstellung unterschiedlicher Fleischstücke das Tier, aus dem diese entnommen werden.

Das ist notwendig, um den Betrachter:innen die Möglichkeit zu geben, die Informationen auch richtig einordnen zu können. Egal ob Fleischstücke oder Kartenausschnitt: Wer nicht weiß, wo er:sie sich befindet, weiß auch nicht, wohin es inhaltlich geht. Da sich unser Gehirn nicht mit ungelösten Rätseln zufrieden gibt, fängt es an zu spekulieren und trifft häufig die falsche Annahme.

Stammt die Schulter nun vom Rind, Schwein oder Hasen *(Abb. 6.37)*? Was witzig klingt, ist zunächst nicht zu erkennen, es gibt ja keinen Größenvergleich wie z.B. in der *Grafik rechts oben*.

Um nun den Zusammenhang zu klären, reicht oft schon eine reduzierte Silhouette aus. Es geht ja nicht darum, eine zweite Geschichte mit zu vielen Details zu eröffnen, sondern nur kurz zu beschreiben, wo sich die verschiedenen Einzelteile befinden.

In Kartenausschnitten ist es noch wichtiger, diese mit einem Lokator *(Seite 182)* zu versehen, da geografische Bezüge oft unbekannt sind. Z.B. ist der Ausschnitt der Karte für viele nicht eindeutig Südamerika oder Afrika zuzuordnen – wenn er überhaupt einem der beiden Kontinent zugeordnet würde *(Abb. 6.38)*.

Manchmal wird argumentiert, eine Ausnahme würde bei Karten bestehen, wenn diese über genügend charakteristische Orientierungspunkte verfügen würden, wie beispielsweise bekannte Orte, Verkehrsknotenpunkte oder Flüsse, anhand derer sich der Ausschnitt eindeutig zuordnen ließe.

Was ignoriert wird ist, dass unterschiedliche Menschen unterschiedliche Erfahrungsschätze aufweisen. Daher hilft ein Lokator immer weiter! Je leichter eine Infografik zu lesen ist, desto mehr Spaß haben die Betrachter:innen daran, sie sich zu erschließen.

Abb. 6.37

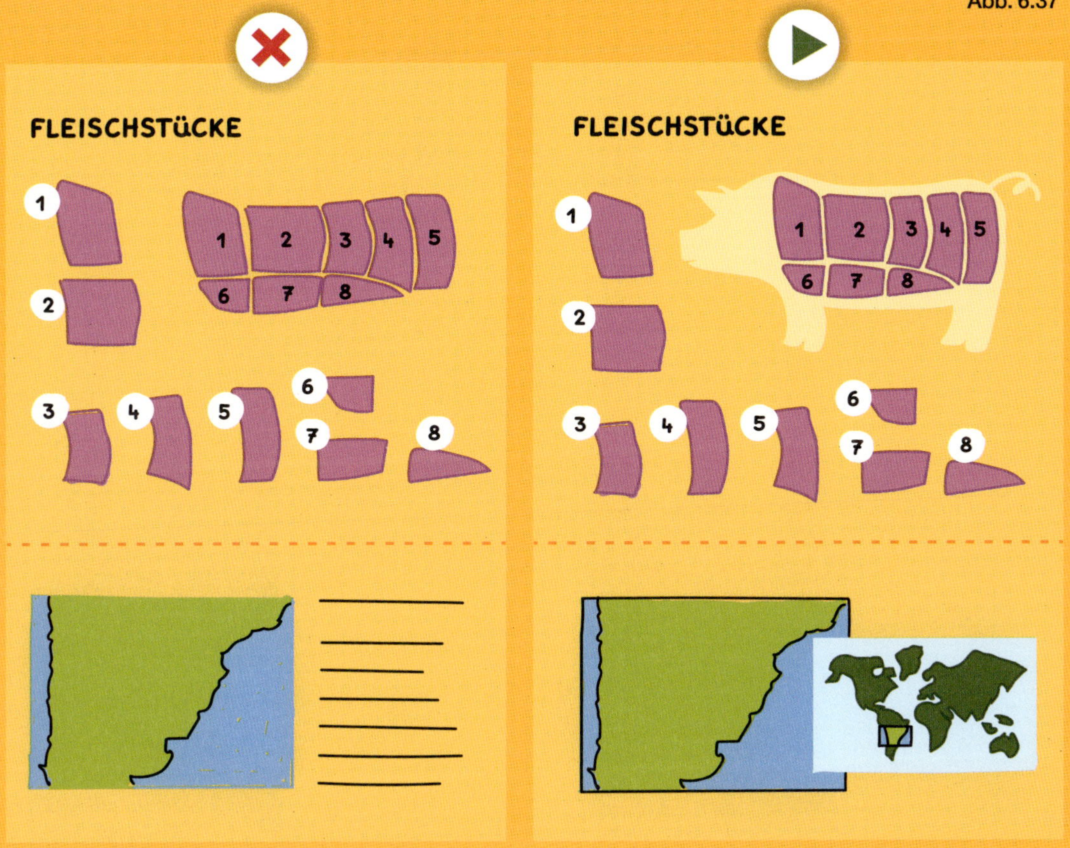

Abb. 6.38

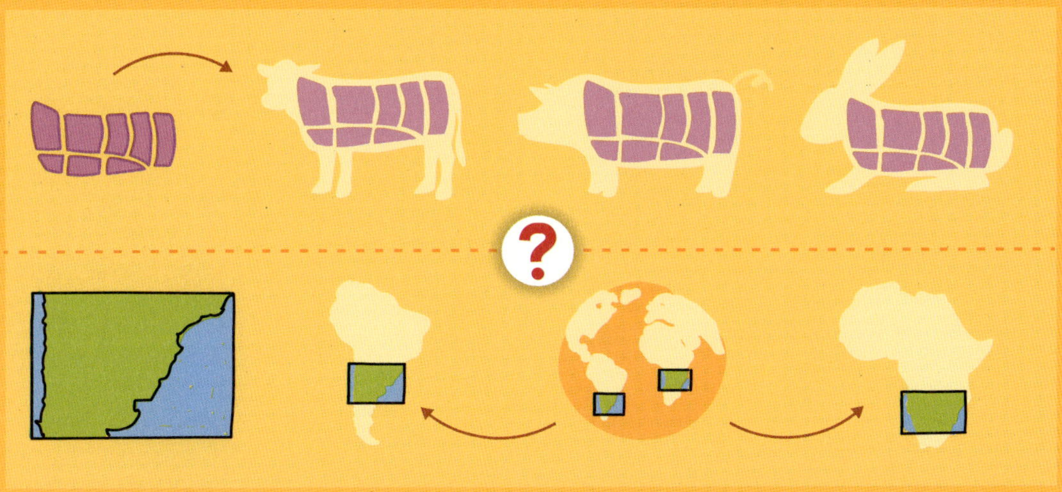

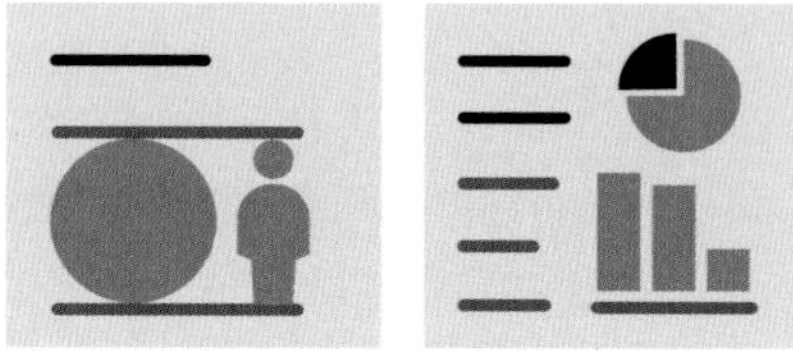

PRAXIS

Strategie-Visualisierung 246

Heatmap-Ranking 248

Veranschaulichung 250

Erklärfilm 252

Illustration (GEOID) 254

Logistik-Karte 256

Piktogramme 258

Größenvergleich 260

Rekonstruktion 262

Datenvisualisierung 264

Projekt-Visualisierung 266

Diagramm-Design-System 268

STRATEGIE VISUALISIERUNG

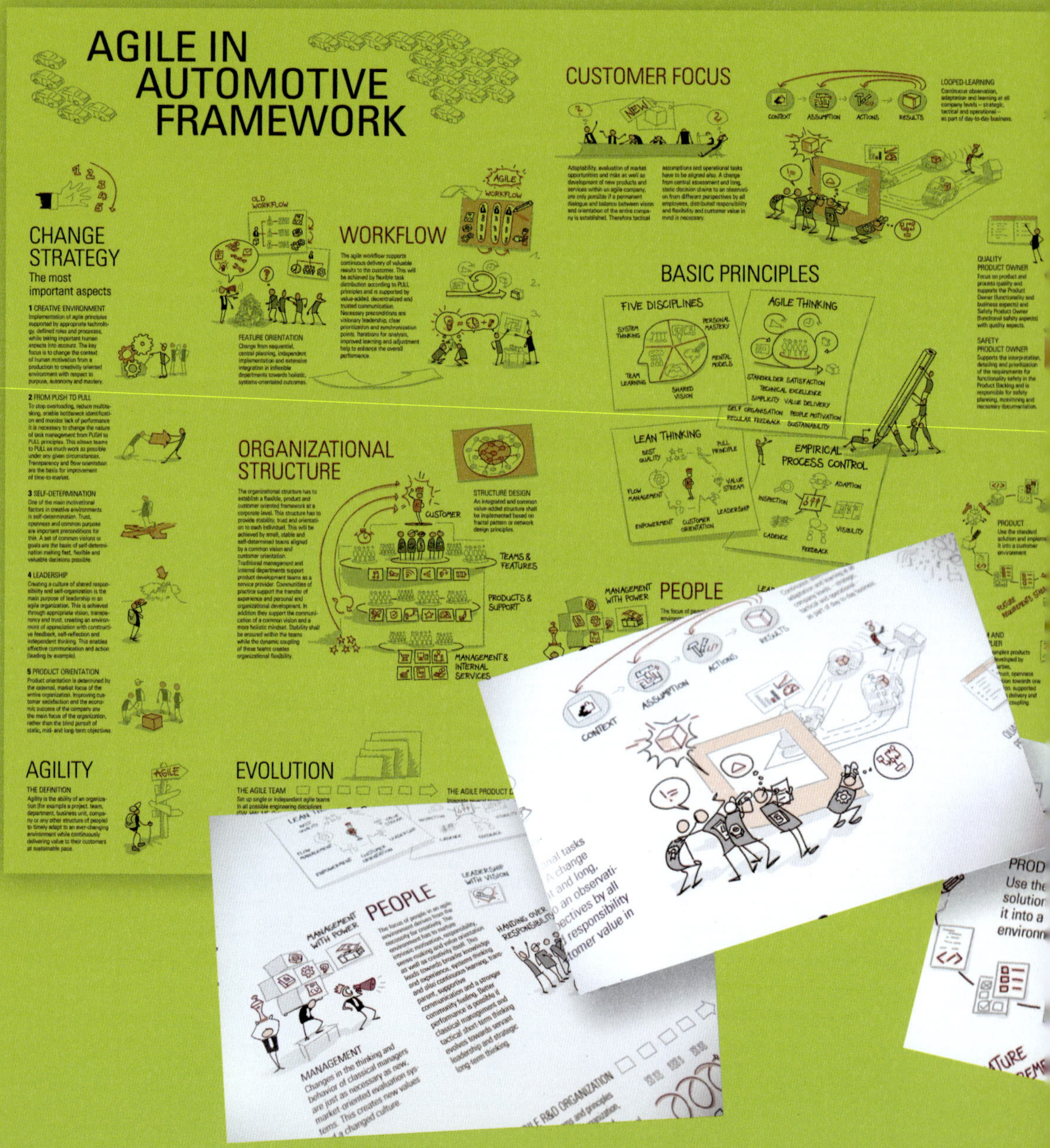

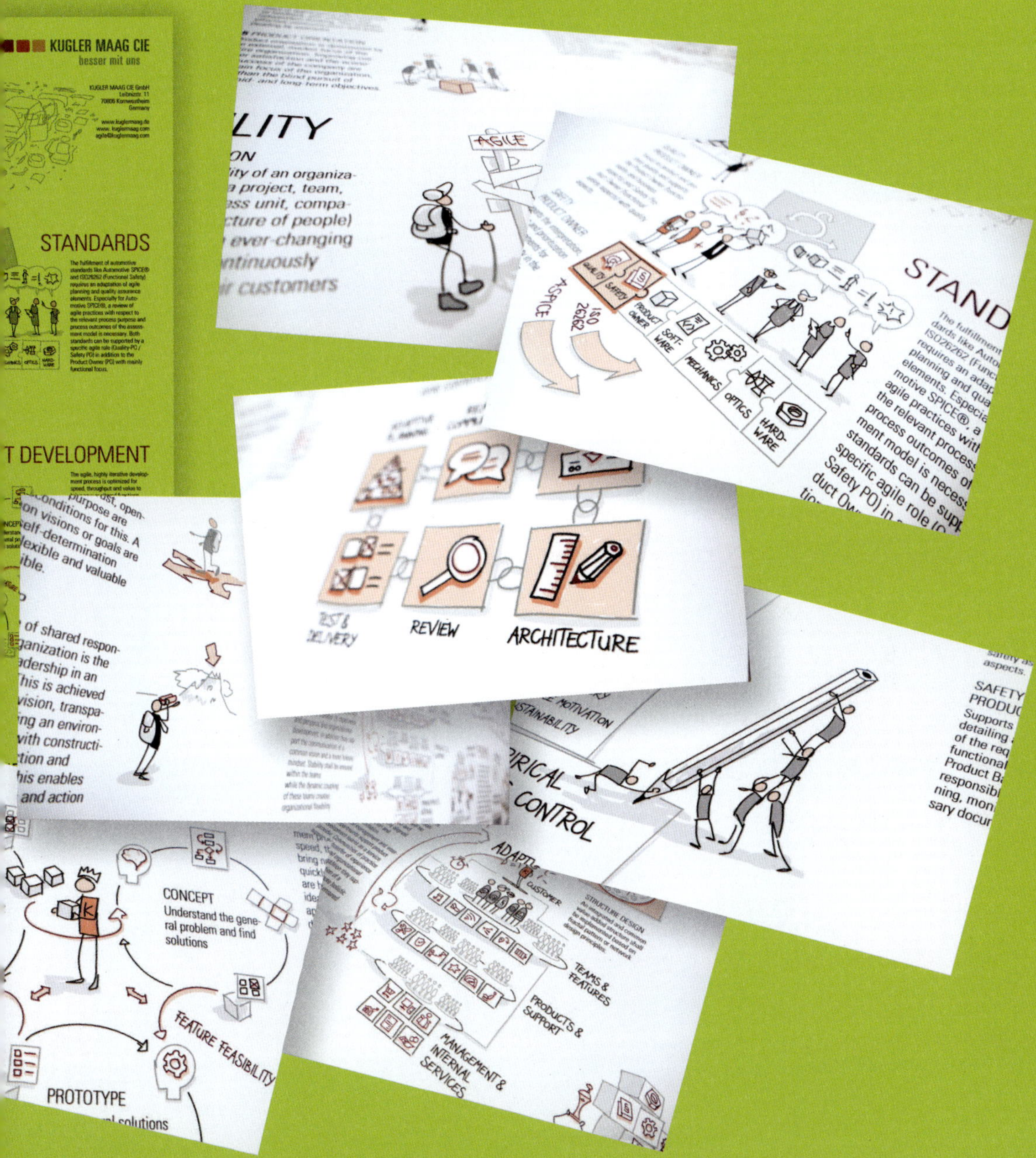
KUGLER MAAG CIE
besser mit uns
STANDARDS
T DEVELOPMENT
LITY
AGILE
ity of an organiza-
project, team,
ss unit, compa-
cture of people)
ever-changing
ntinuously
r customers
STAND
ASPICE
ISO 26262
QUALITY
SAFETY
PRODUCT OWNER
SOFT-WARE
MECHANICS
OPTICS
HARD-WARE
TEST & DELIVERY
REVIEW
ARCHITECTURE
CONTROL
SAFETY
PRODUC
CONCEPT
Understand the gene-
ral problem and find
solutions
FEATURE FEASIBILITY
PROTOTYPE
TEAMS & FEATURES
PRODUCTS & SUPPORT
MANAGEMENT & INTERNAL SERVICES
CUSTOMER

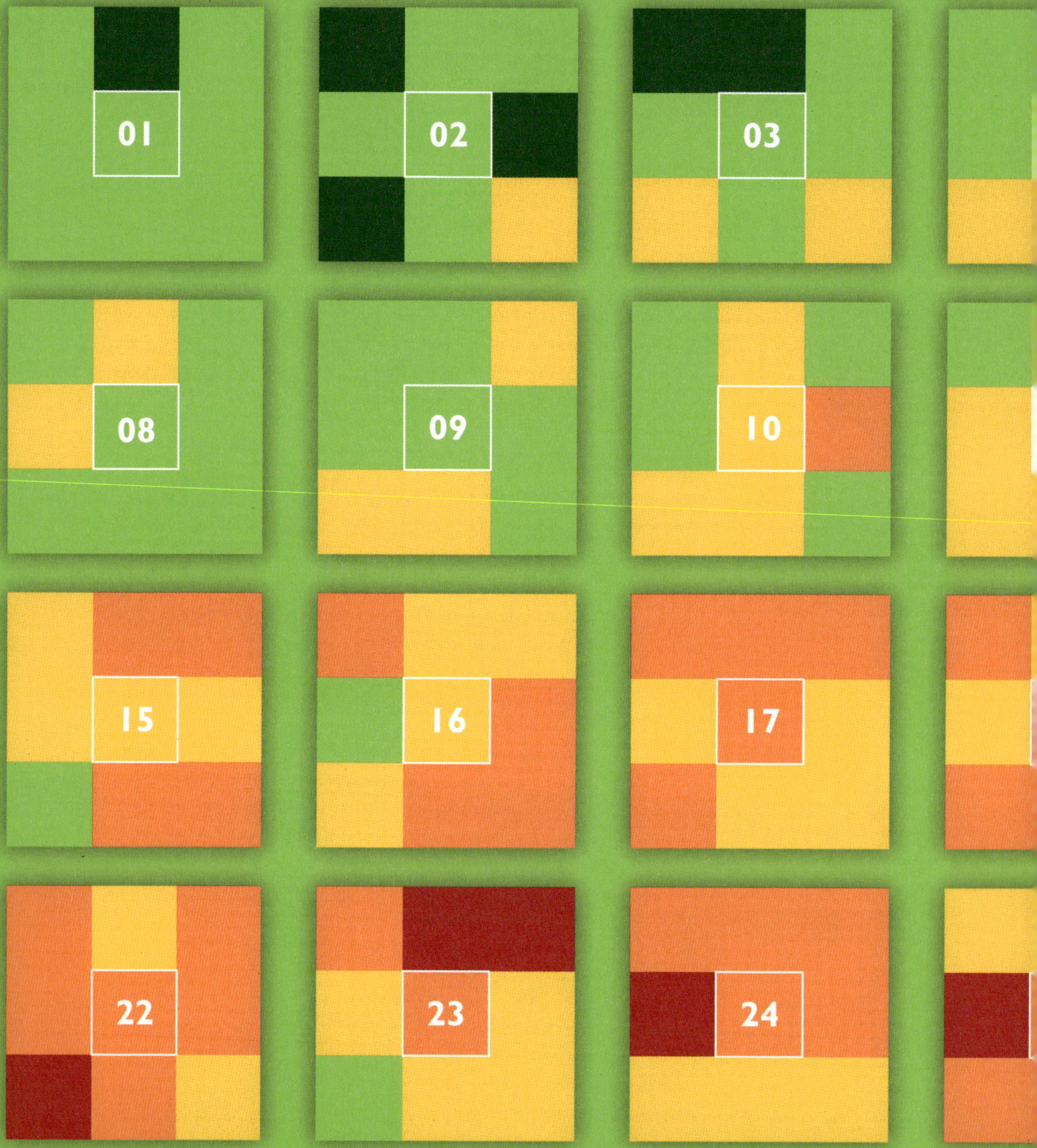
01
02
03
08
09
10
15
16
17
22
23
24

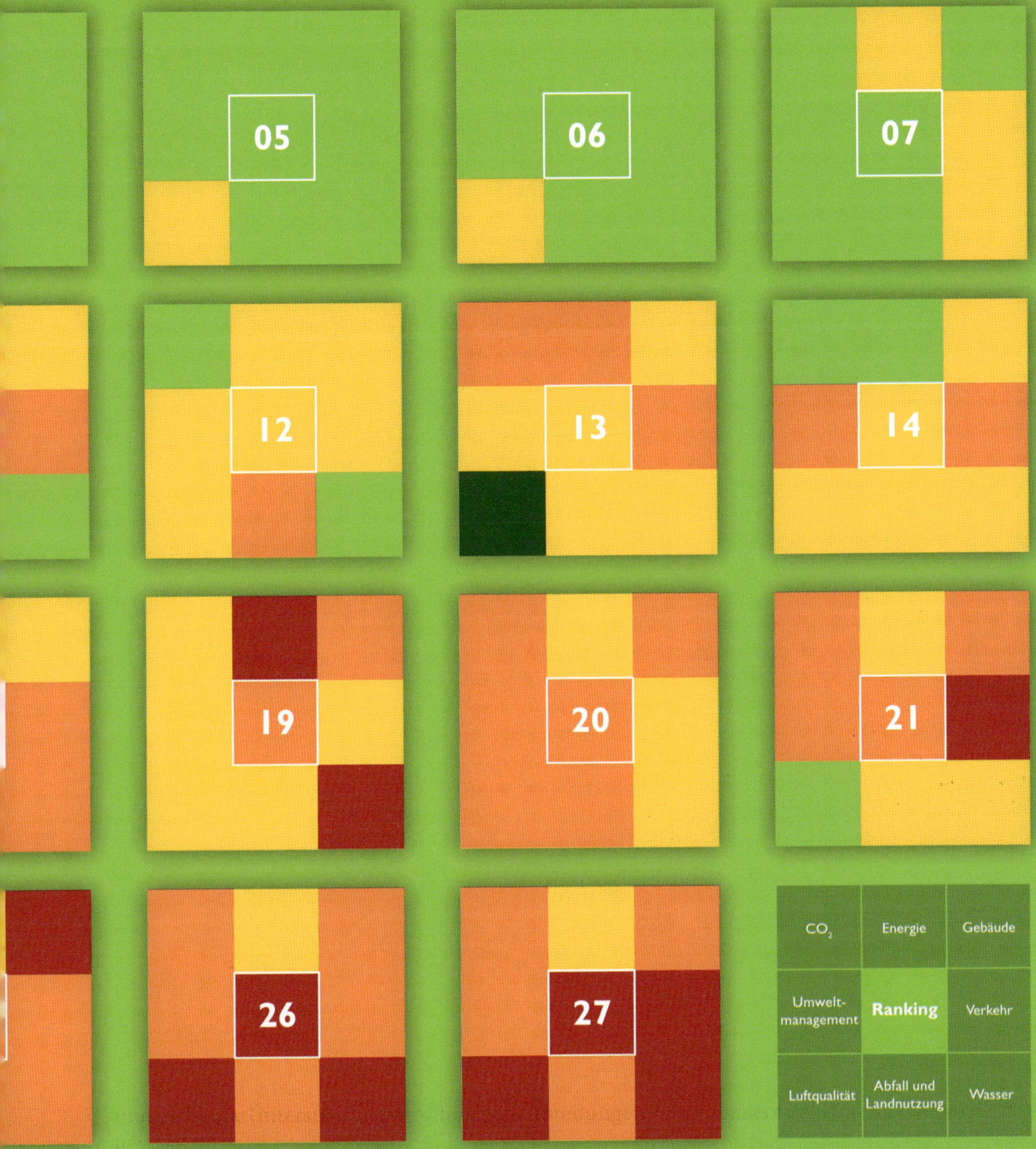

HEATMAP-RANKING

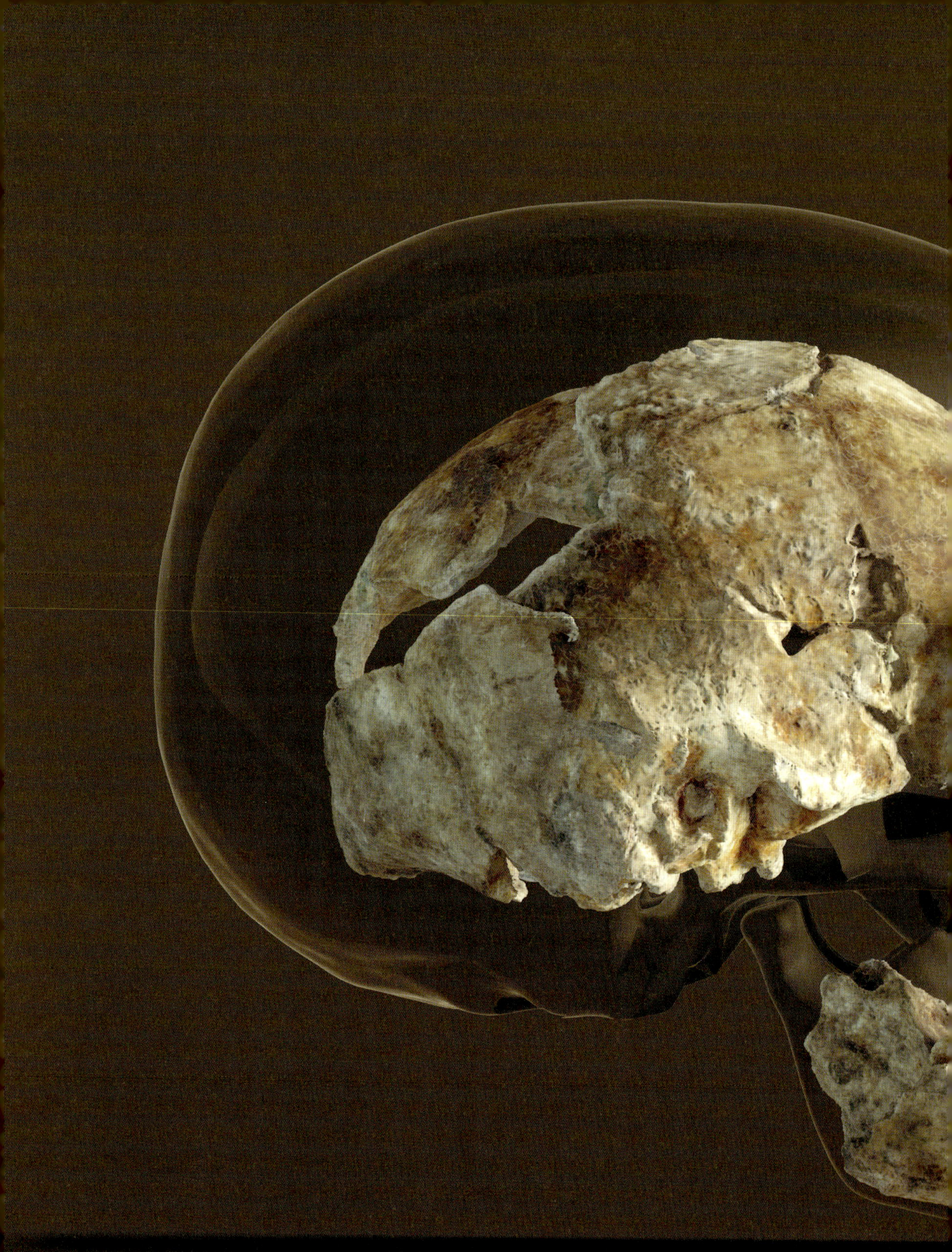

VERANSCHAULICHUNG

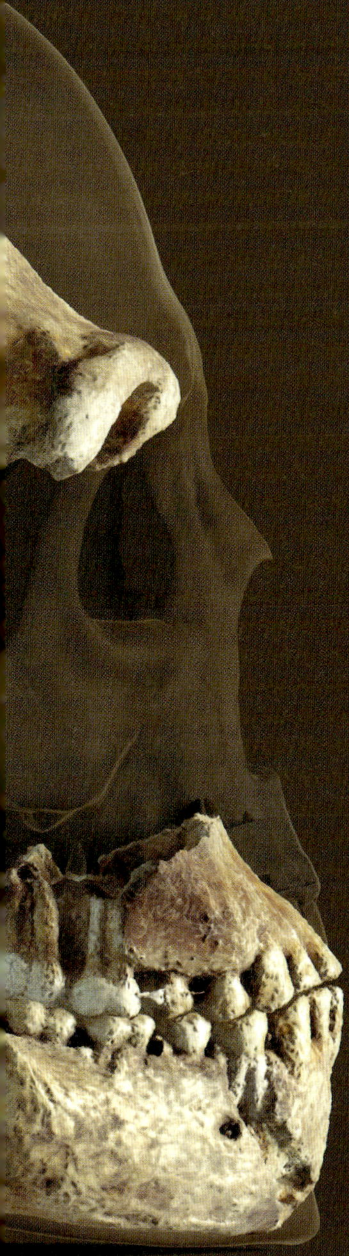

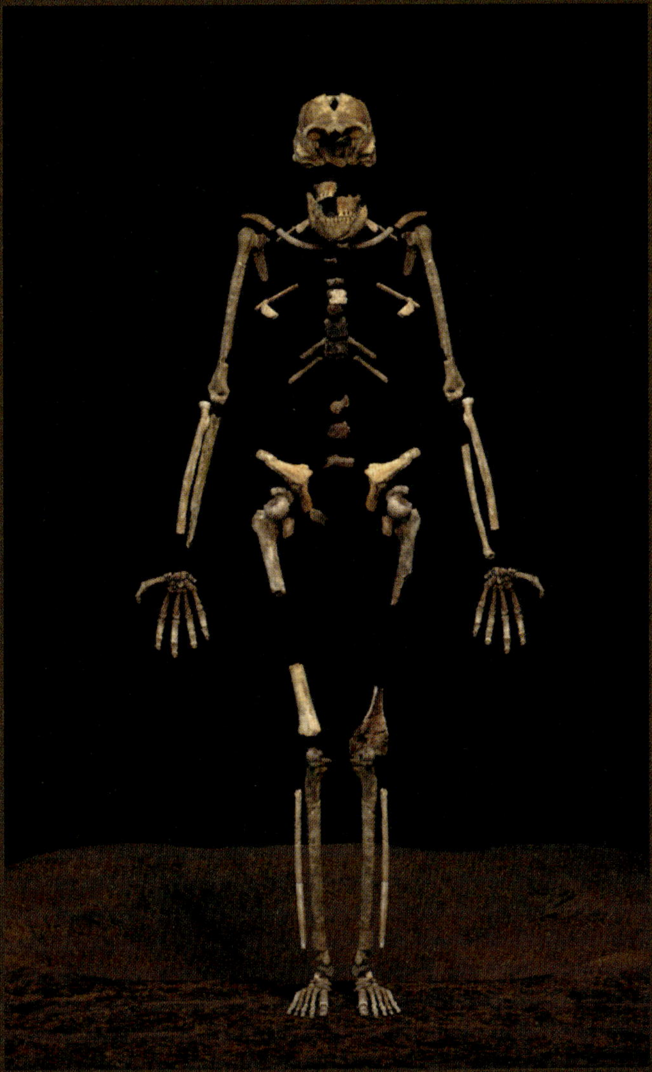

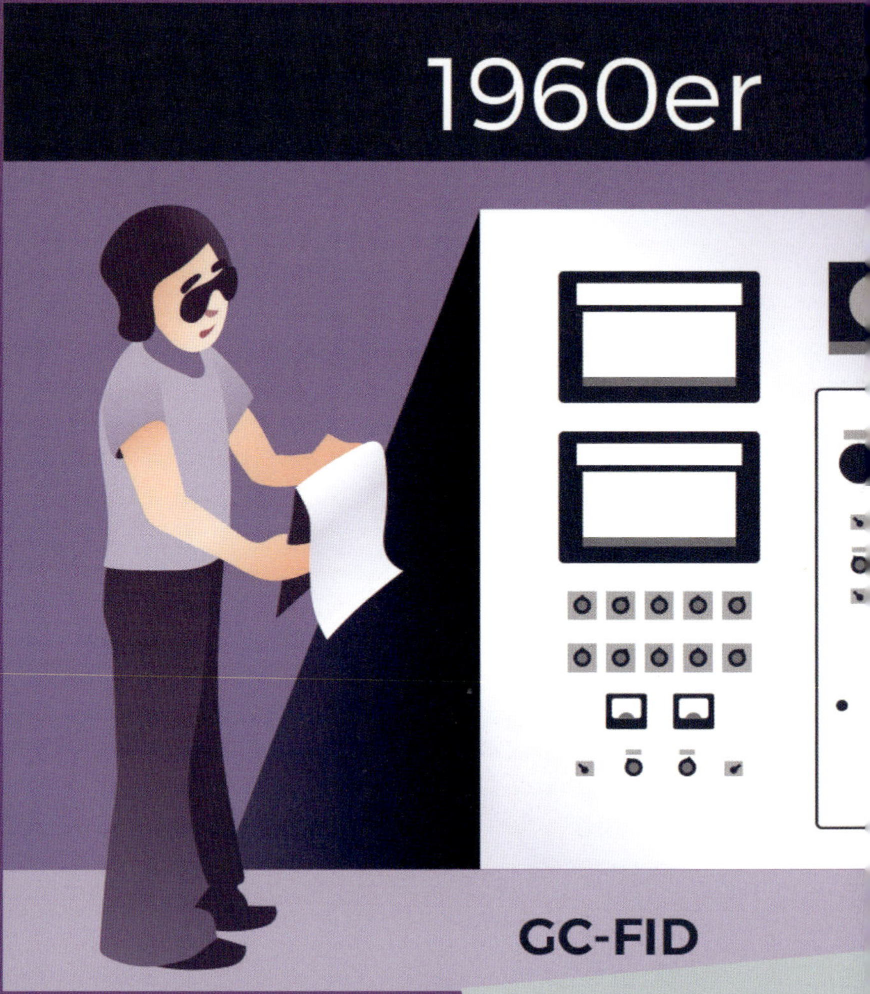
1960er
GC-FID

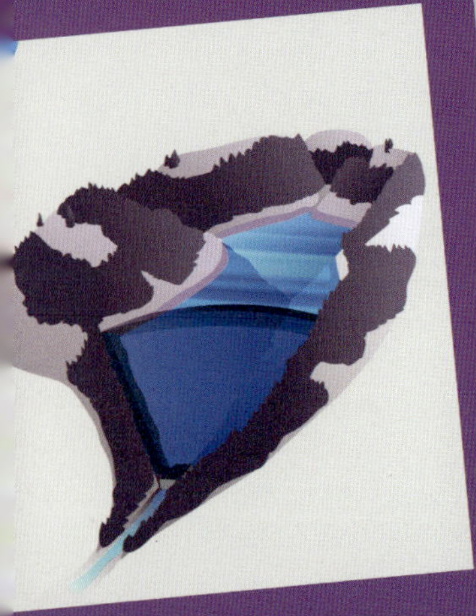

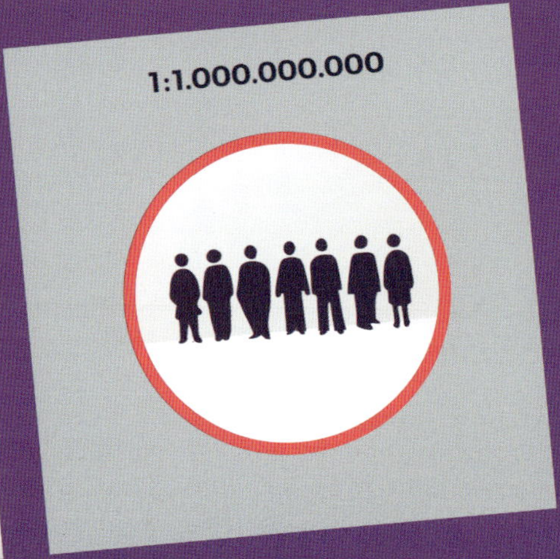
1:1.000.000.000

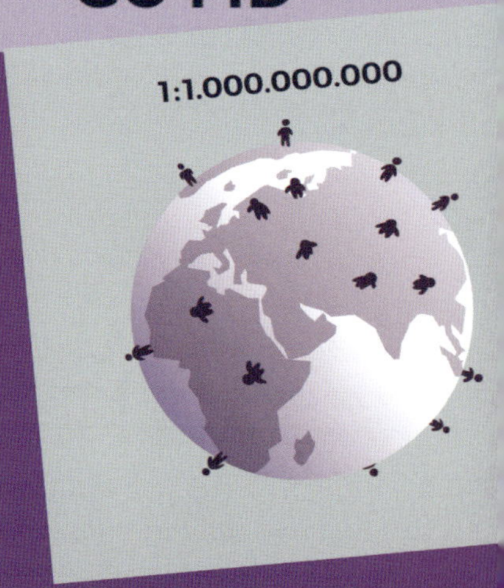
1:1.000.000.000

ERKLÄRFILM

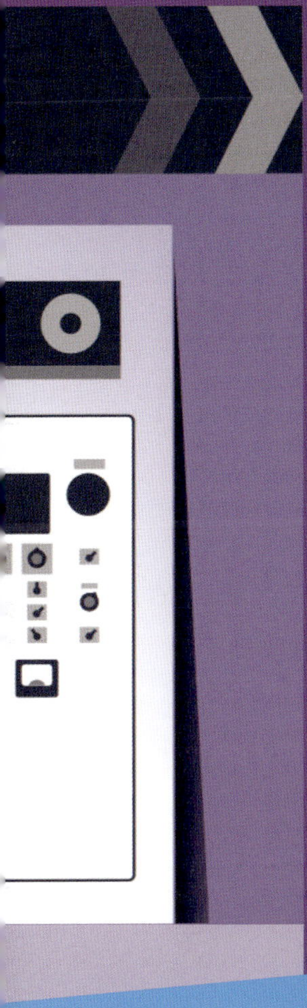

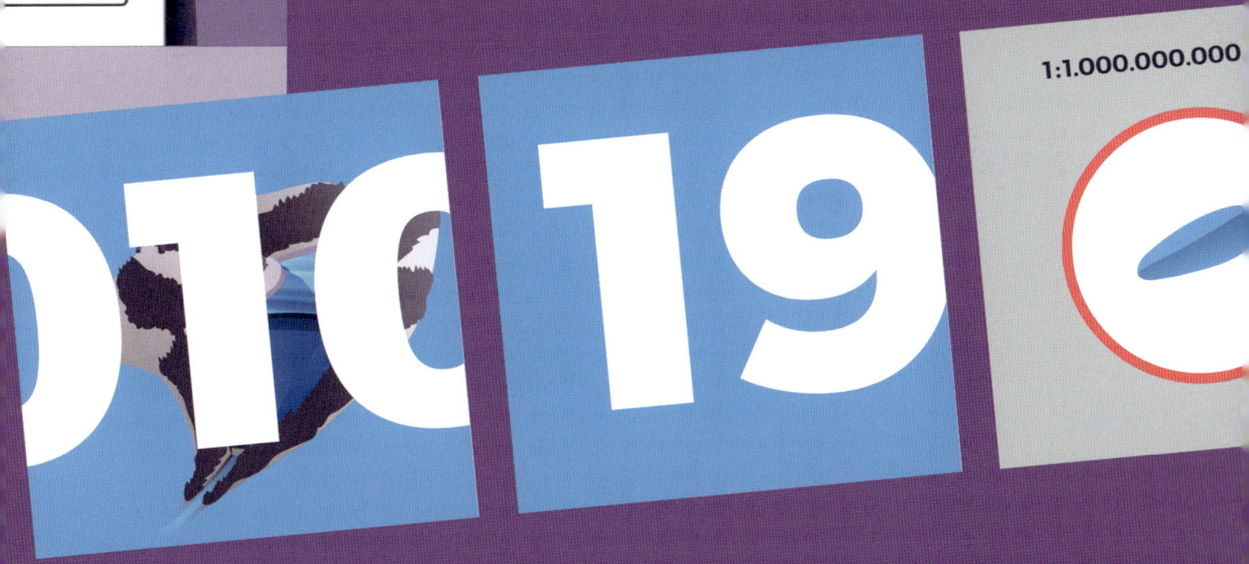

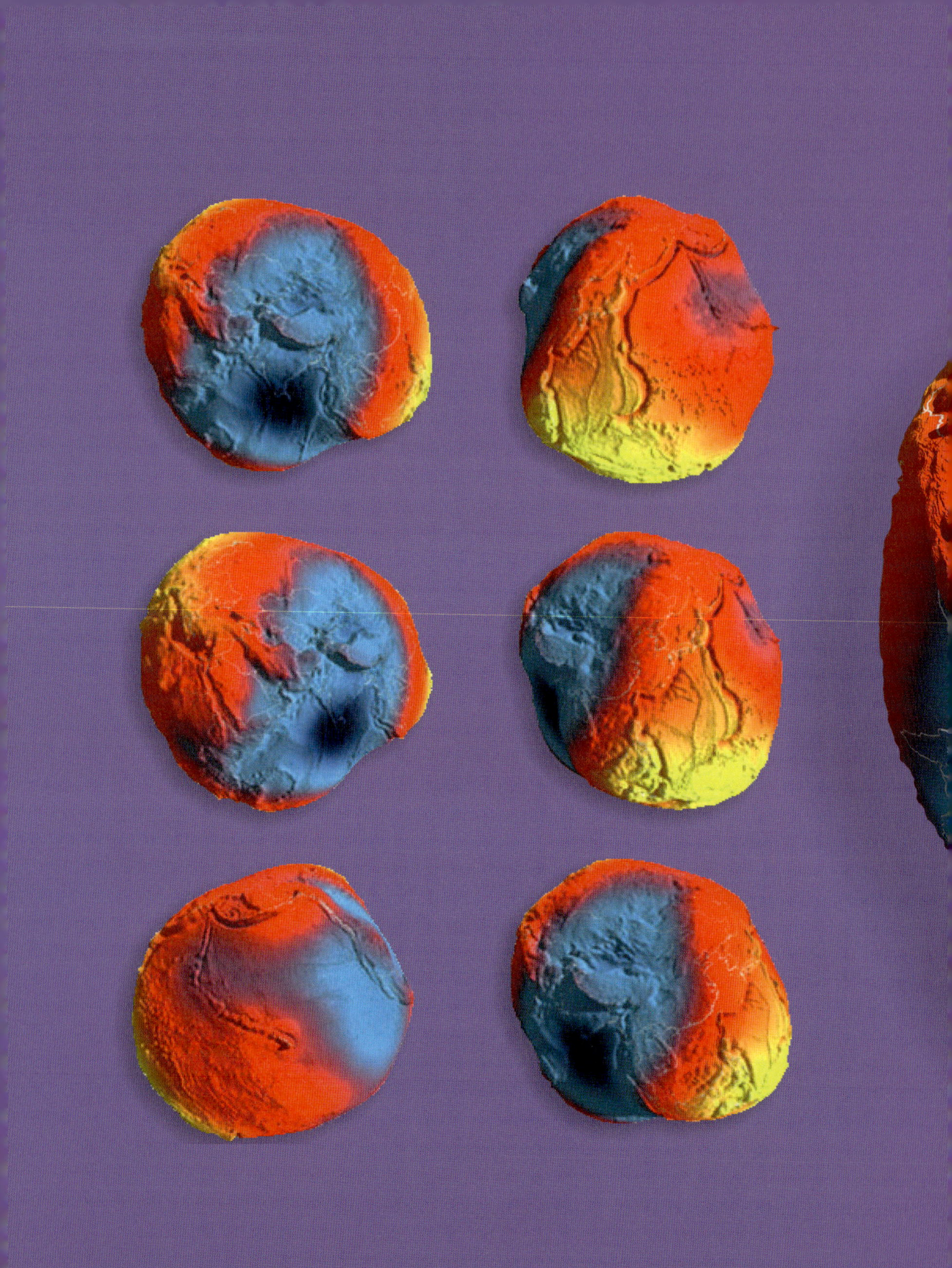

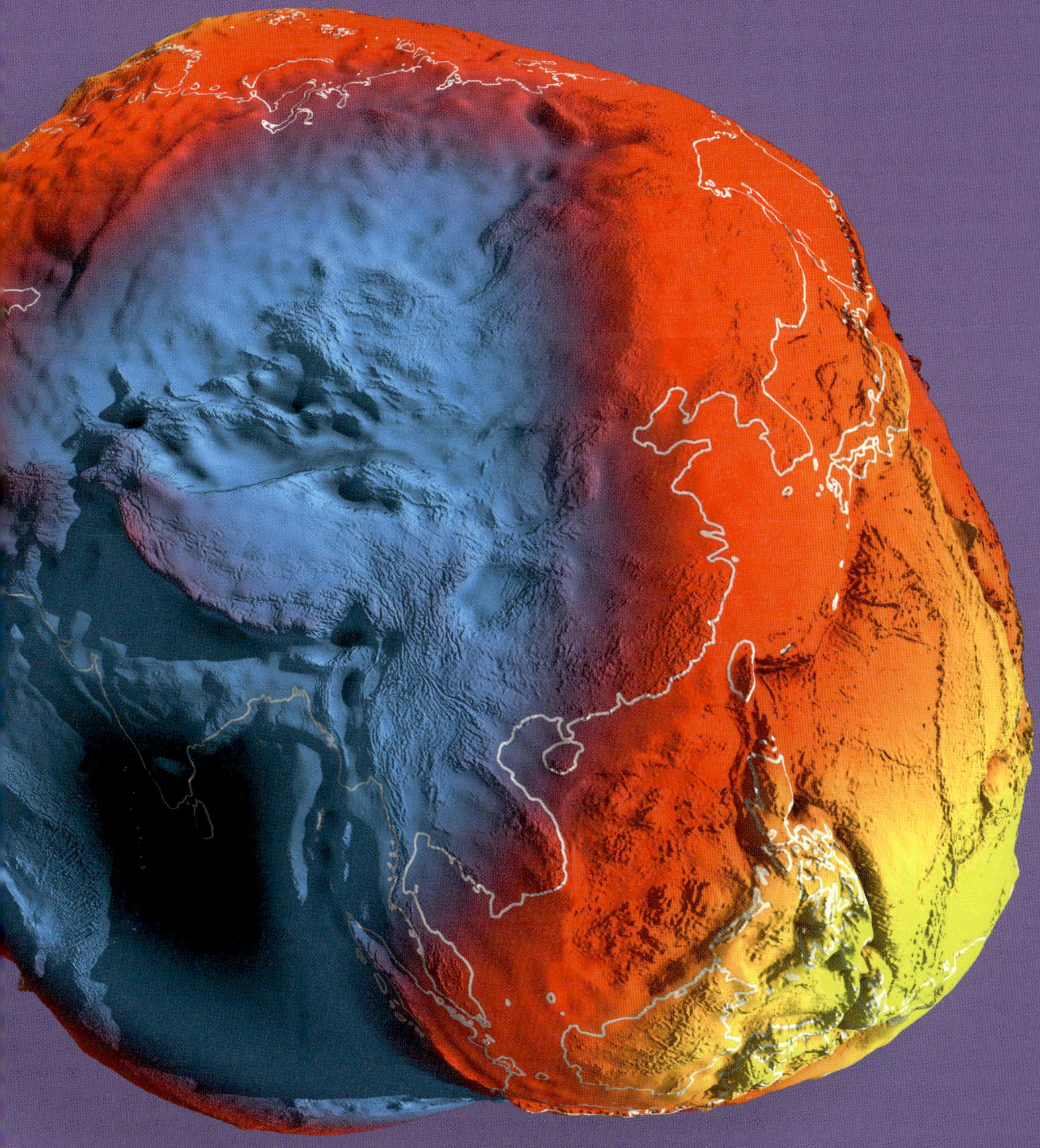

ILLUSTRATION (GEOID)

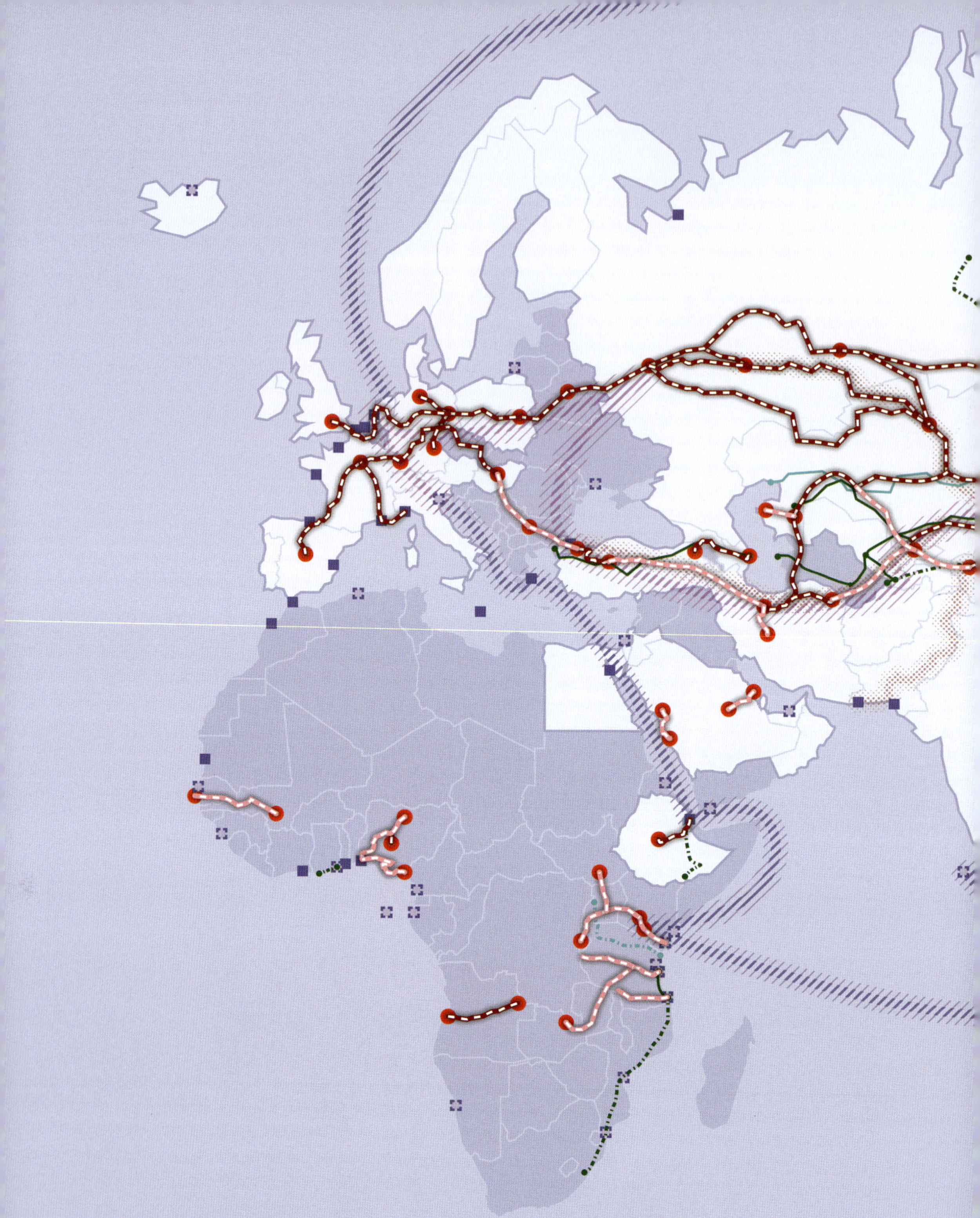

LOGISTIK-KARTE

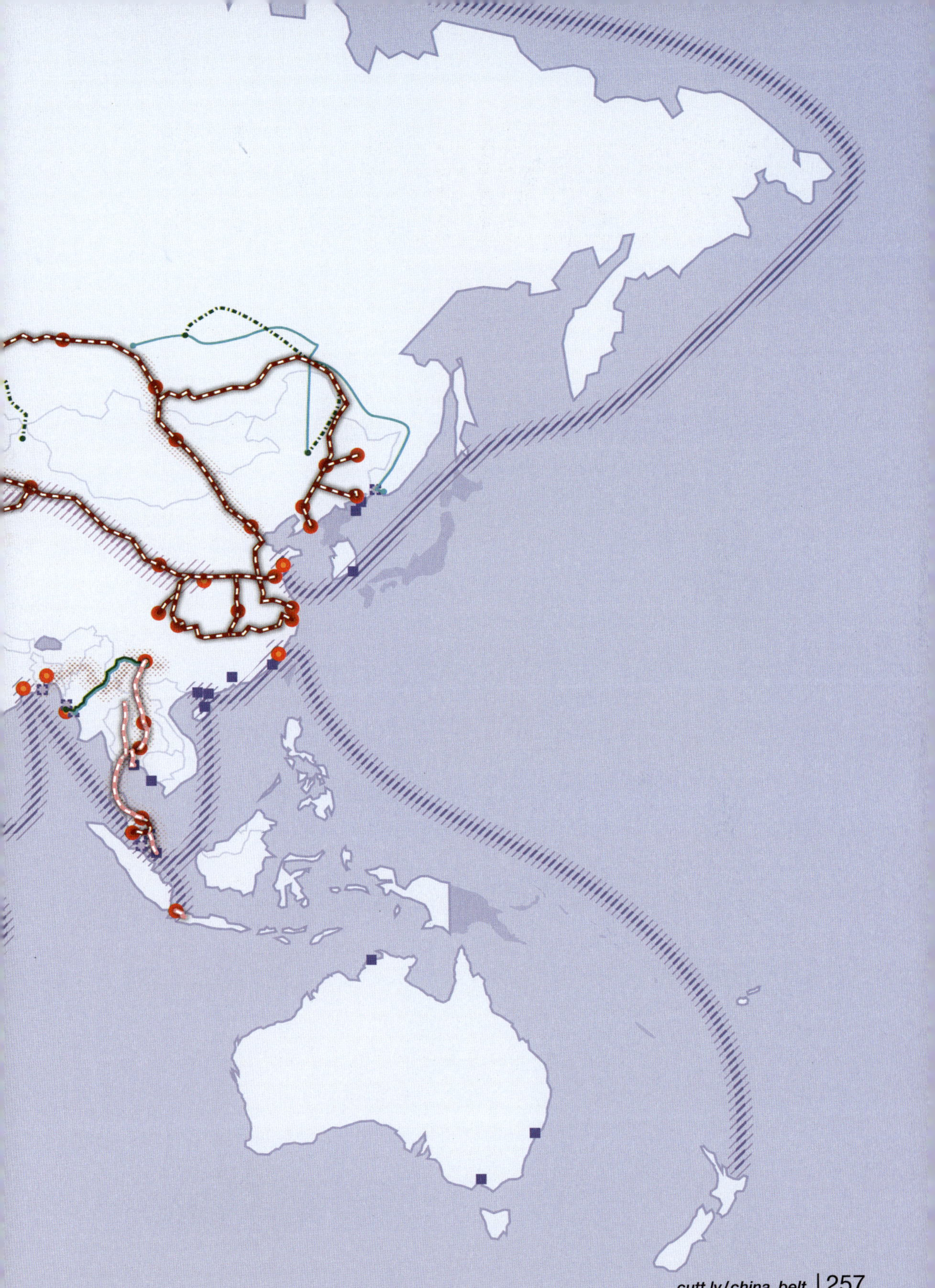

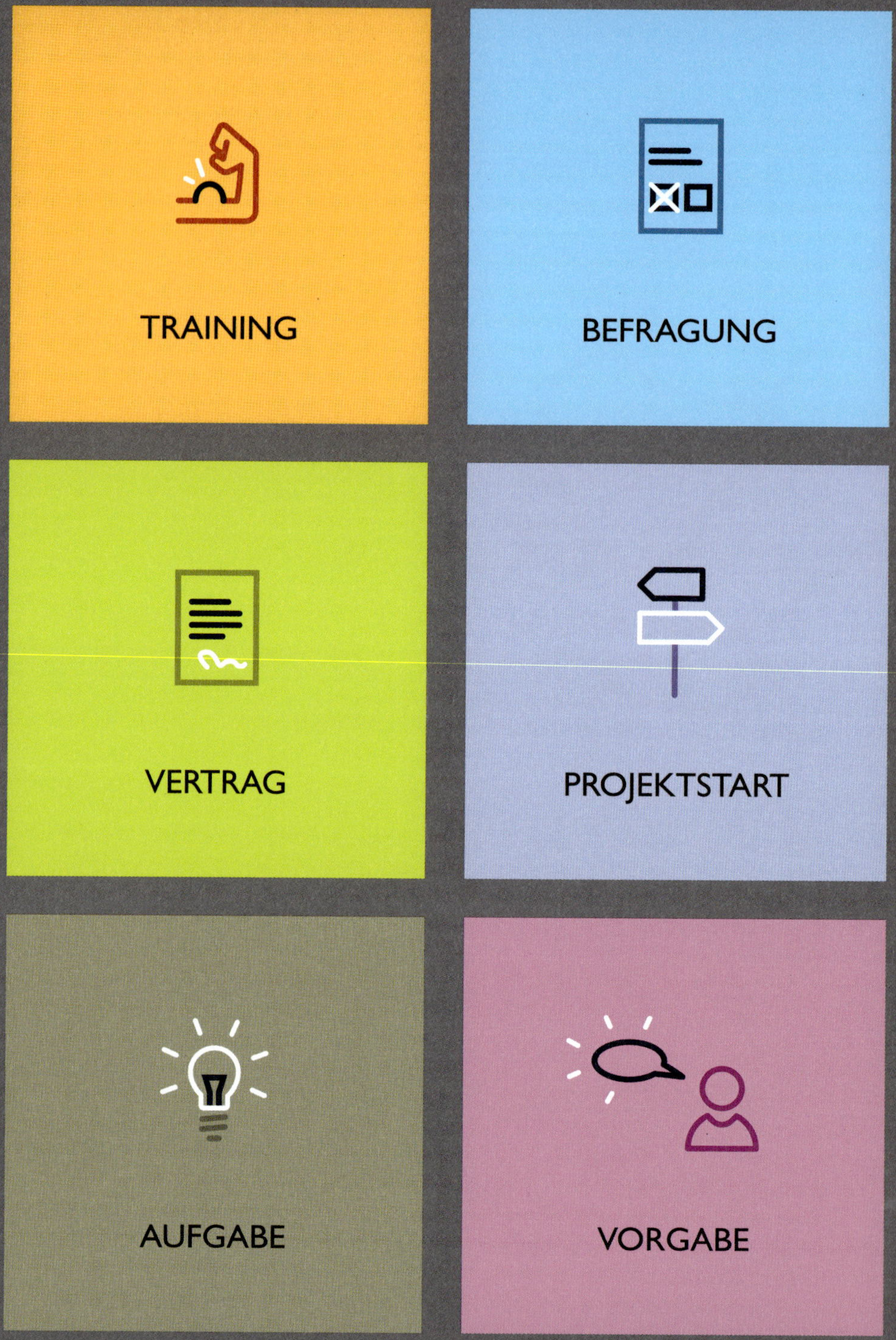
TRAINING
BEFRAGUNG
VERTRAG
PROJEKTSTART
AUFGABE
VORGABE

EINFÜHRUNG

ABGABE

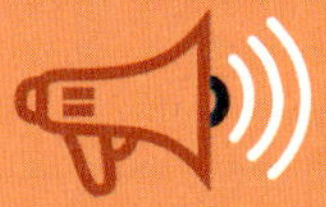

KOMMUNIKATION

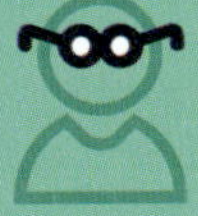

KENNTNISSE

DOKUMENTATION

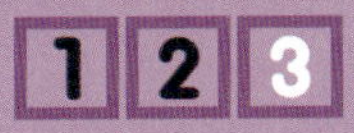

ENTSCHEIDUNG

PIKTOGRAMME

GRÖSSENVERGLEICH

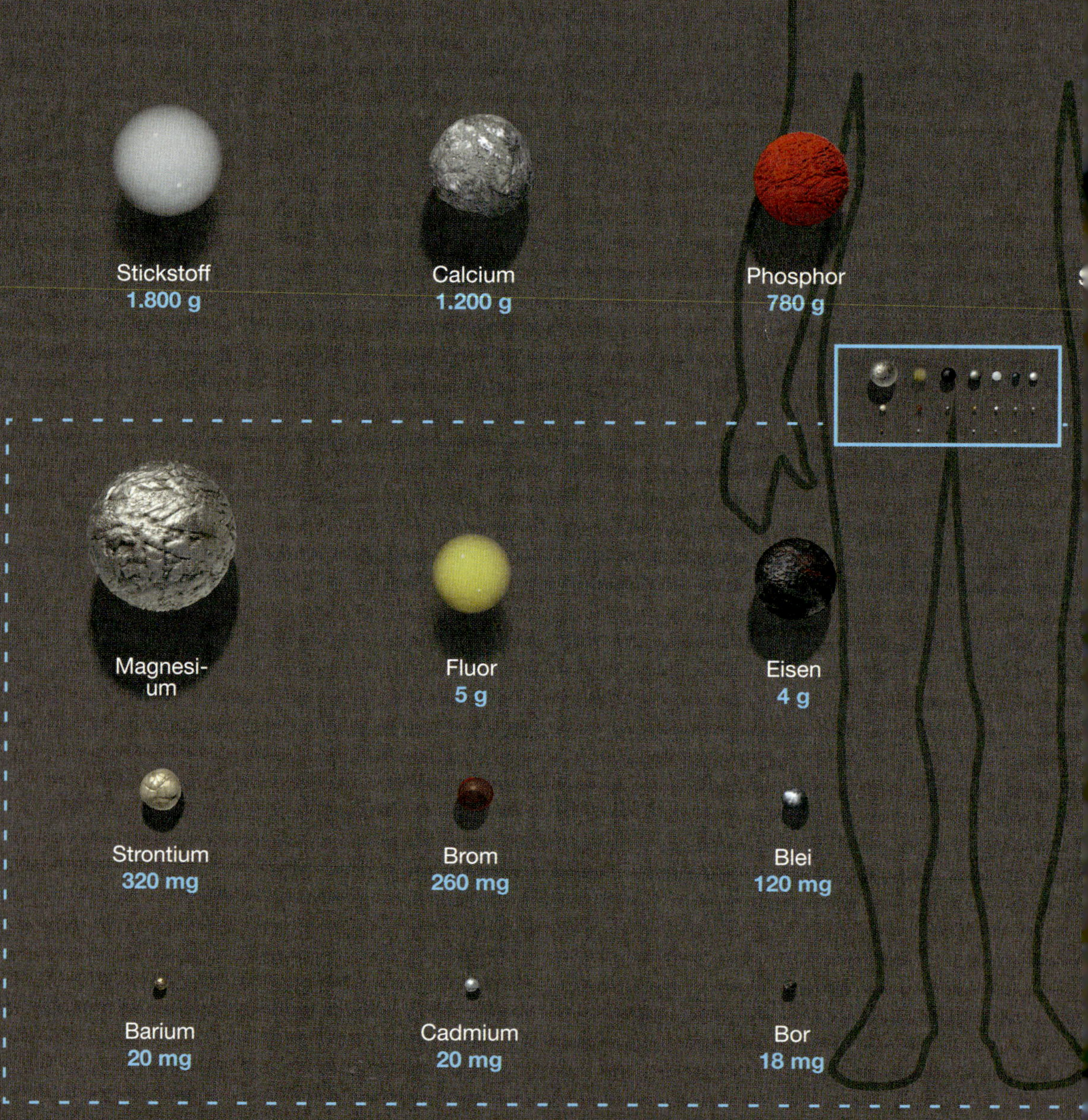

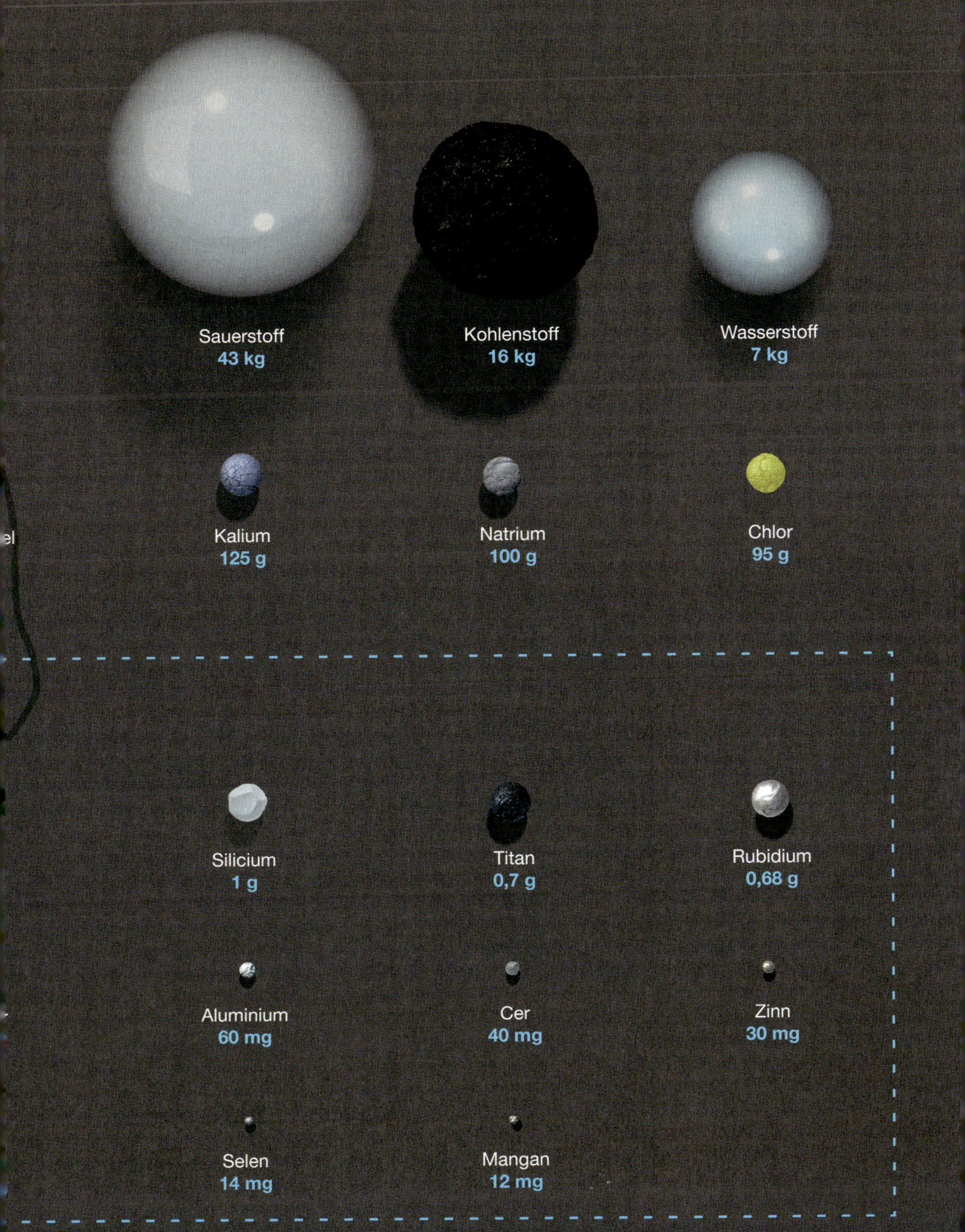
Sauerstoff
43 kg
Kohlenstoff
16 kg
Wasserstoff
7 kg
Kalium
125 g
Natrium
100 g
Chlor
95 g
Silicium
1 g
Titan
0,7 g
Rubidium
0,68 g
Aluminium
60 mg
Cer
40 mg
Zinn
30 mg
Selen
14 mg
Mangan
12 mg

REKONSTRUKTION

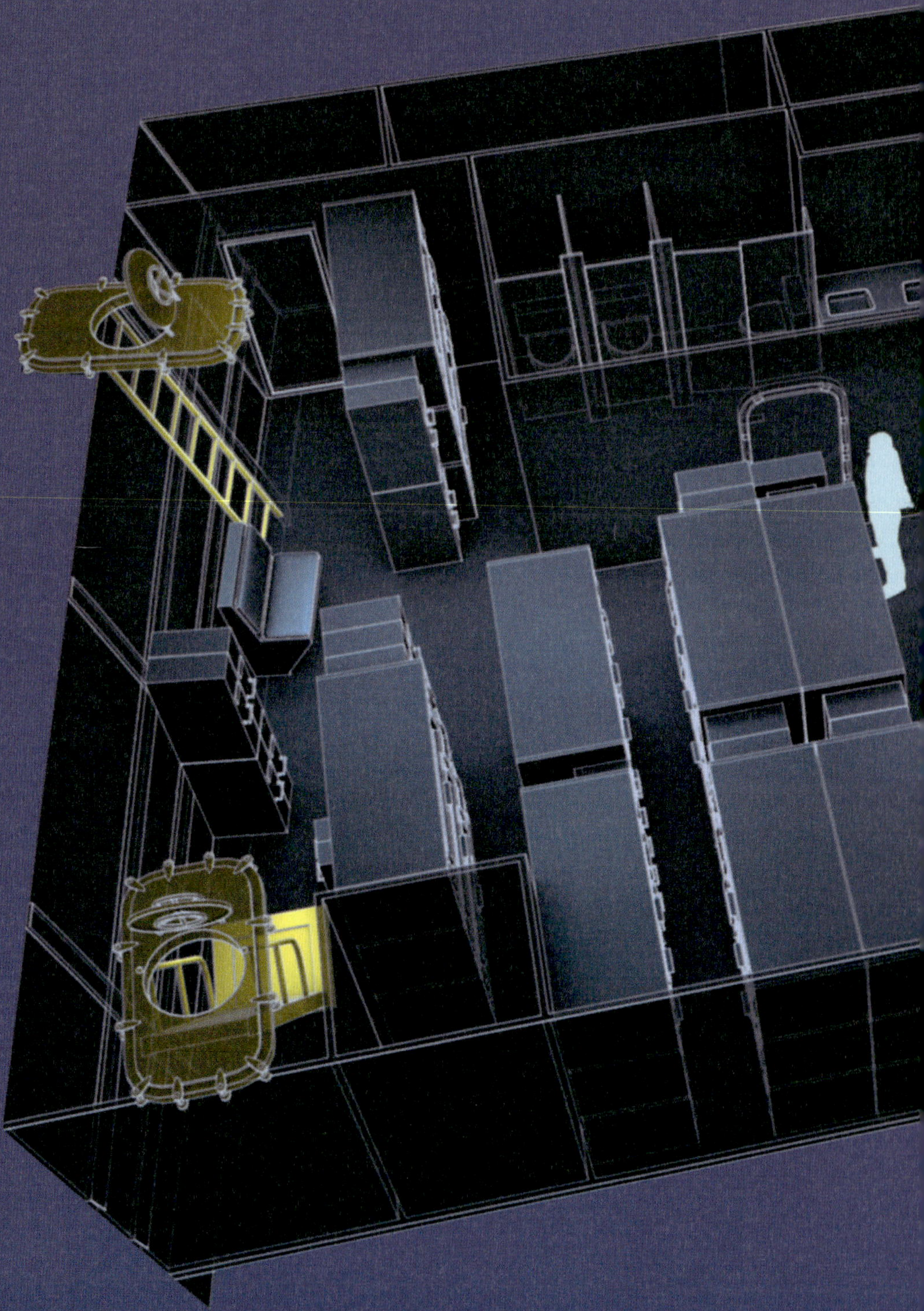

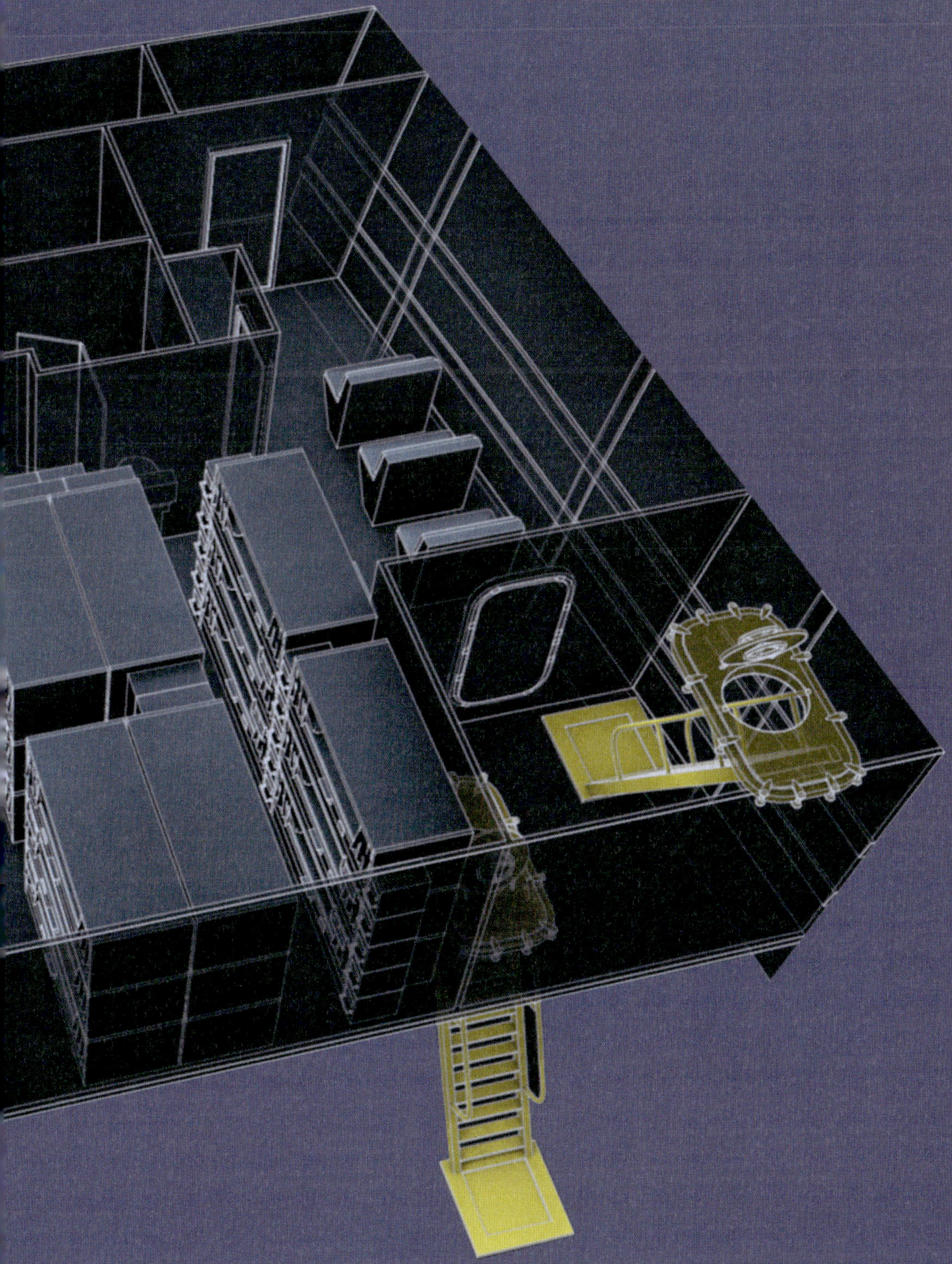

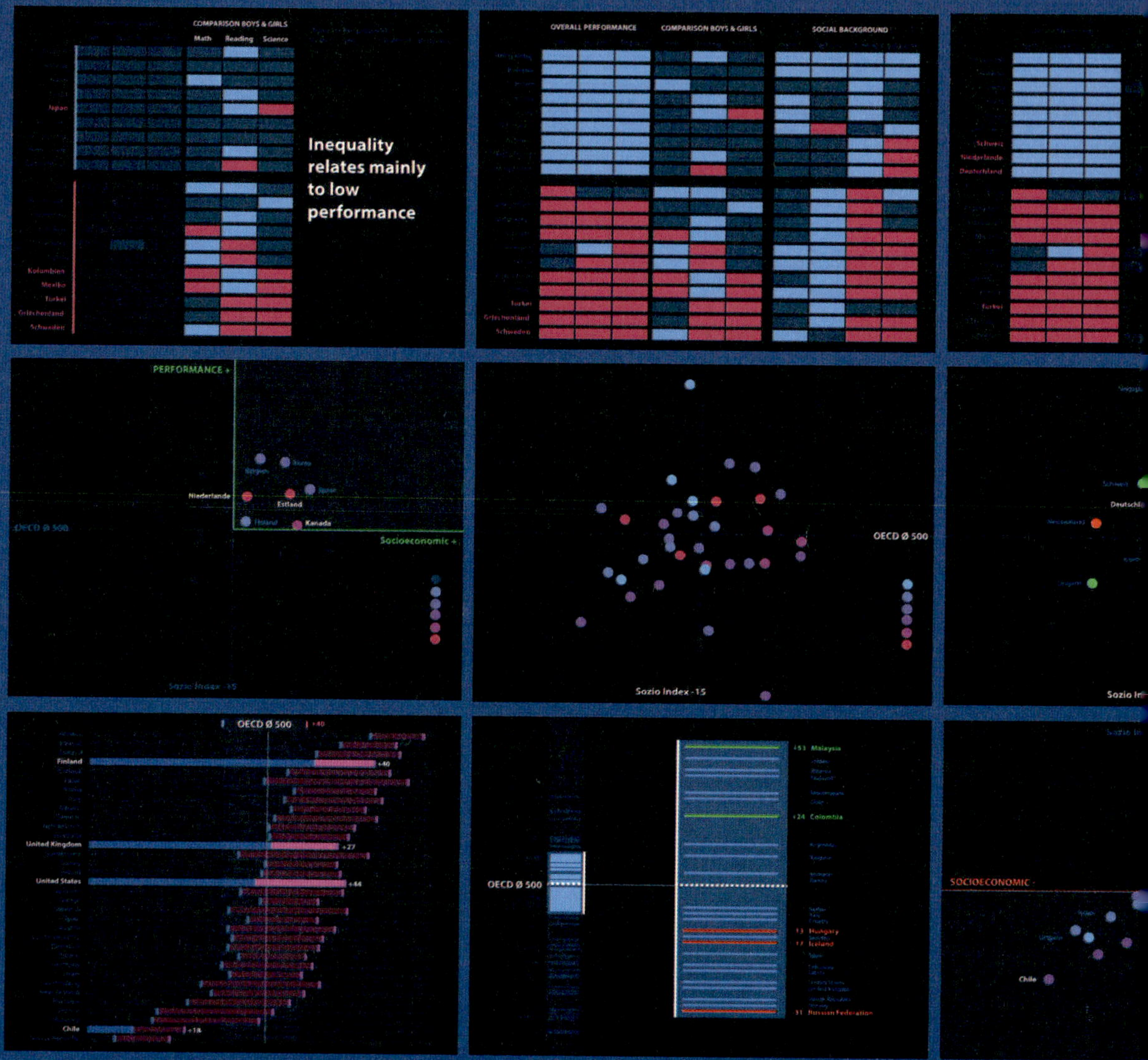

DATENVISUALISIERUNG

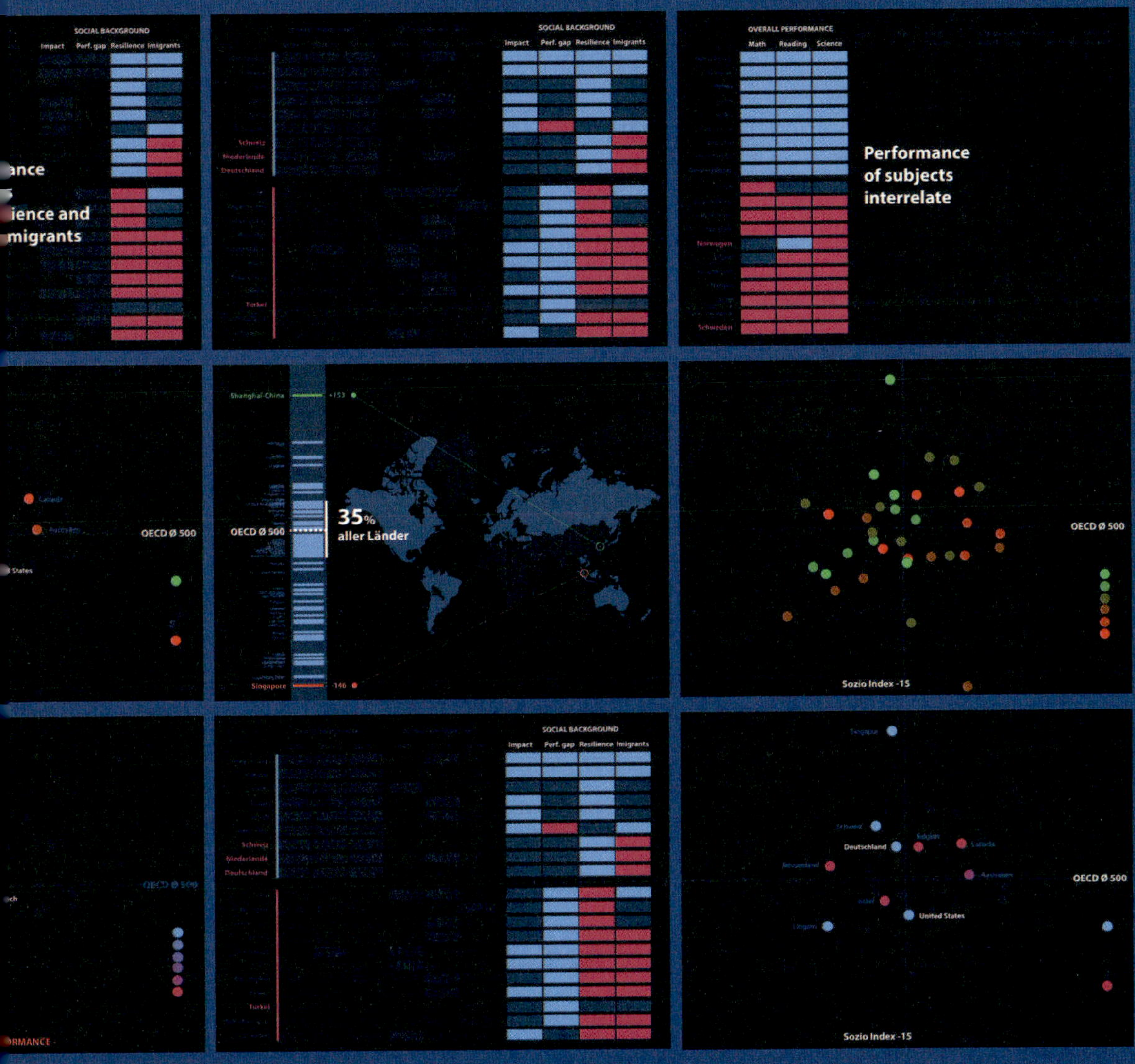
SOCIAL BACKGROUND
Impact Perf. gap Resilience Imigrants
ance
ience and
migrants
Schweiz
Niederlande
Deutschland
Türkei
OVERALL PERFORMANCE
Math Reading Science
Performance
of subjects
interrelate
Norwegen
Schweden
OECD Ø 500
Shanghai-China
+153
35%
aller Länder
Singapore
-146
Sozio Index -15
Deutschland
United States
ORMANCE

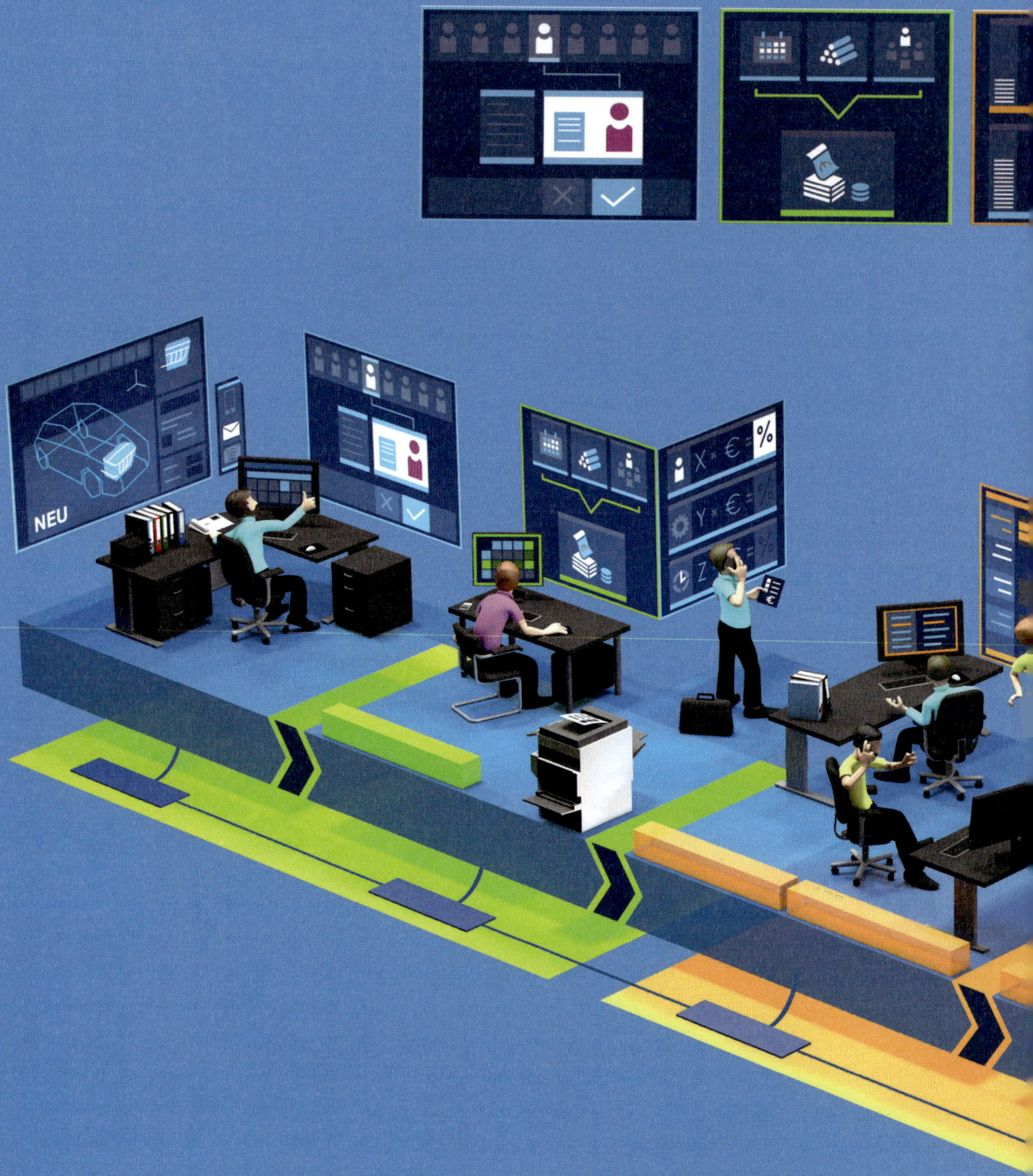

PROJEKT VISUALISIERUNG

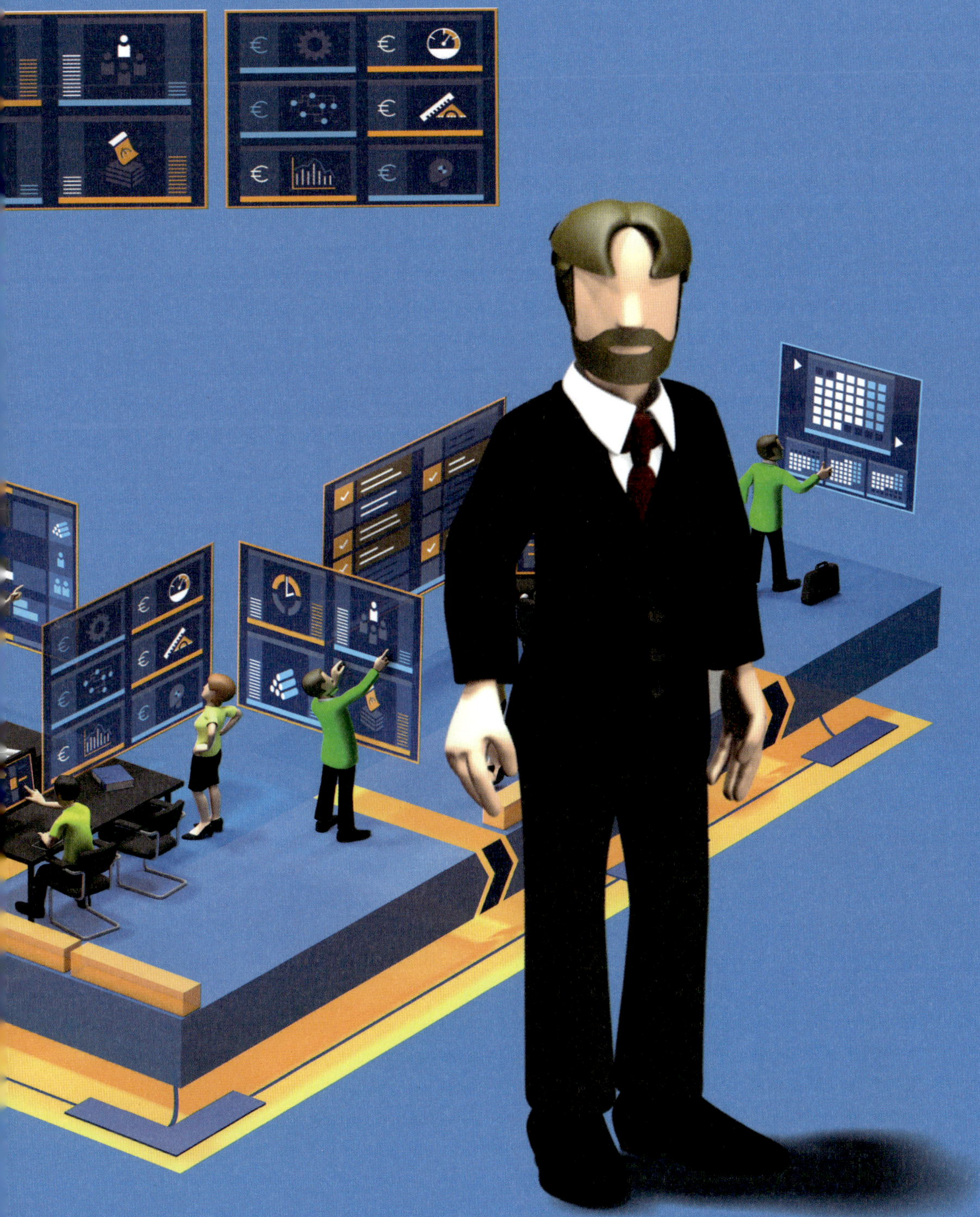

DIAGRAMM DESIGN SYSTEM

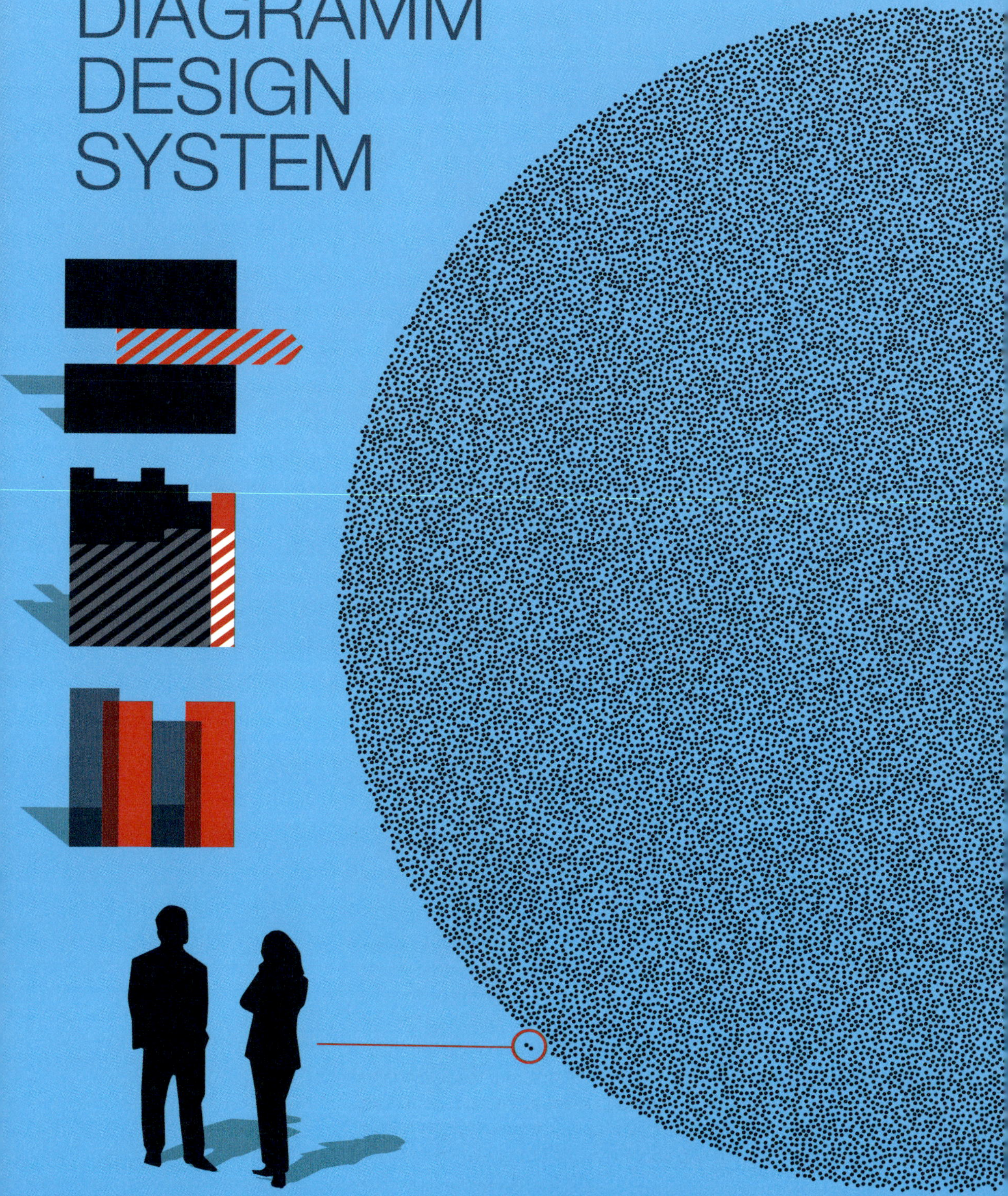

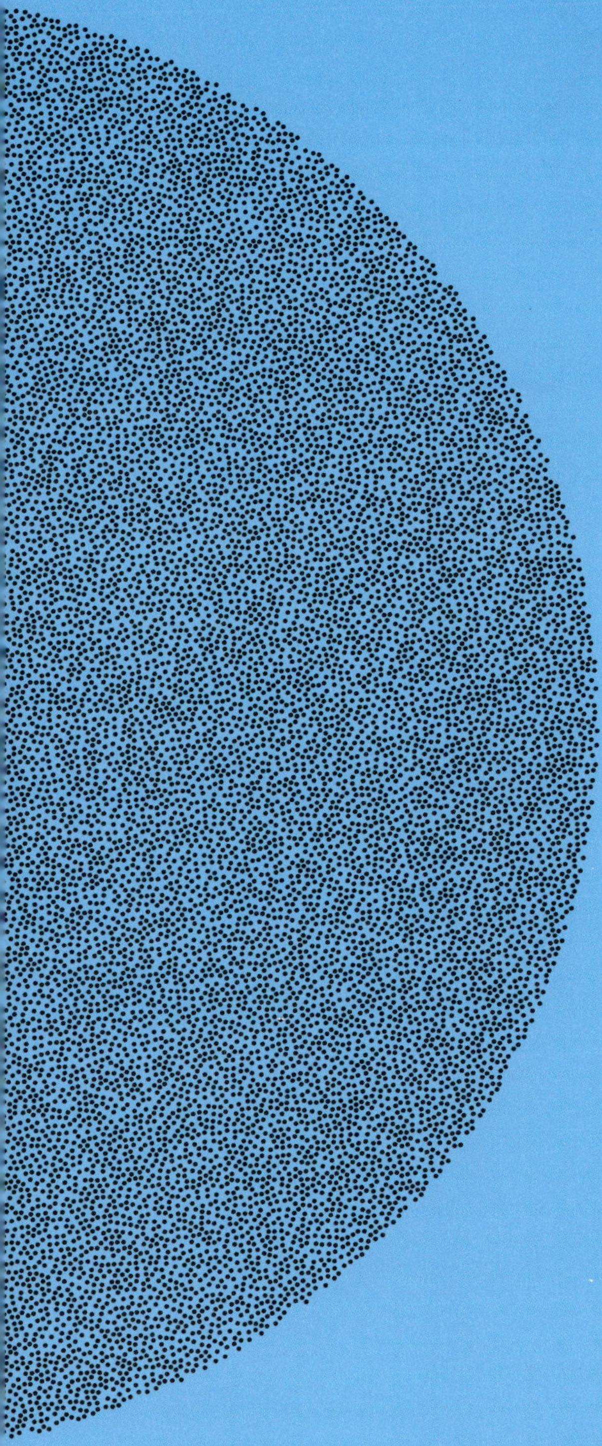

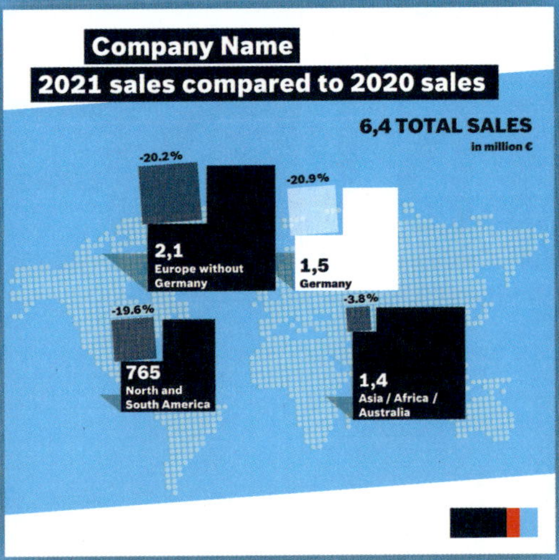
Company Name
2021 sales compared to 2020 sales
6,4 TOTAL SALES
in million €
-20.2%
2,1
Europe without Germany
-20.9%
1,5
Germany
-19.6%
765
North and South America
-3.8%
1,4
Asia / Africa / Australia

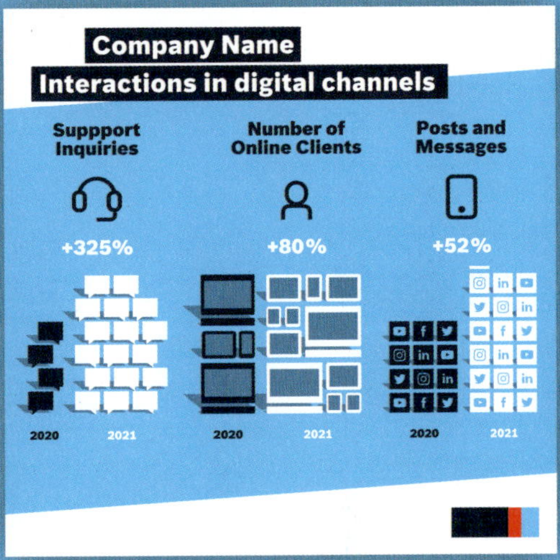
Company Name
Interactions in digital channels
Suppport Inquiries
+325%
2020
2021
Number of Online Clients
+80%
2020
2021
Posts and Messages
+52%
2020
2021

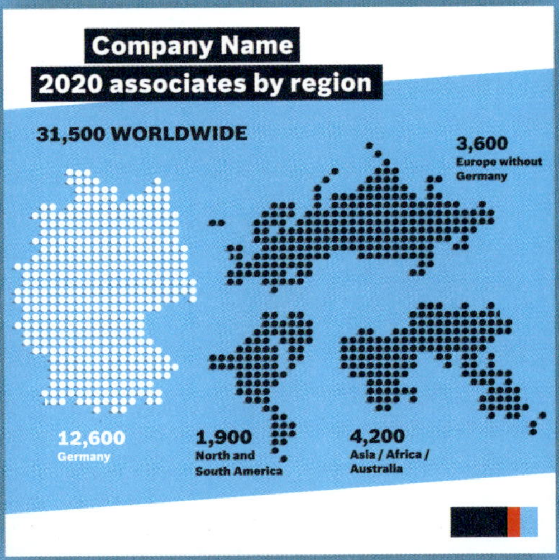
Company Name
2020 associates by region
31,500 WORLDWIDE
3,600
Europe without Germany
12,600
Germany
1,900
North and South America
4,200
Asia / Africa / Australia

INDEX

B

Beschriftung 40 46 56 152 156 160 164 168 186 208 212 220
- *Achsen* 56 156 158 186 210
- *Datenquellen* 56
- *Erstellungsdatum* 56
- *Farblegende* 196
- *Legende* 180 196 210
- *Nummern* 146 148
- *redundant* 56 186
- *Urheber* 56
- *zuordnen* 168
- *Zusätze* 94

Briefing
- *Beschnittzugabe* 32
- *Briefings* 26
- *Dateigrößen* 32
- *Farbprofil* 32
- *Format* 42
- *Formate* 32
- *Legende* 80
- *Schriften* 32
- *Zusatzelemente* 162

D

Daten 116 120 156 166 184
- *absolut* 120 134 136
- *abhängige* 124
- *Auswahl* 126
- *Bezug* 132
- *Datenabschnitt* 128
- *Datenquelle* 88
- *Durchschnitt* 130
- *indexieren* 132 134
- *Inflation* 136
- *Inflationsbereinigt* 136
- *Inkonsistent* 126
- *Korrelation* 86 132
- *Median* 130
- *Normalverteilung* 130
- *normiert* 132
- *Prävalenzfehler* 118
- *qualitativ* 160 200 216 218
- *quantitativ* 200
- *Relation* 132
- *relativ* 120 134
- *Repräsentativ* 138
- *richtig umgesetzt* 44
- *selektive* 138
- *unabhängige* 124

Diagramme
- *auswählen* 122
- *Diagrammflächen* 232
- *Diagrammformen* 112
  - *Balkendiagramm* 38 80 82 96 98 124 160 166 168 214
  - *Donuts* 80
  - *Flächendiagramm* 98 222
  - *Heatmap* 88 152 186 200
  - *Kartogramm* 140
  - *Kreisflächendiagramm* 98
  - *Liniendiagramm* 56 84 124 126 214
  - *Mengendiagramm* 96 166 222
  - *Netzdiagramm* 84
  - *Organigramm* 90 92
  - *Radialdiagramm* 84 220

Säulendiagramm *36* *82* *124* *160* *212* *214*
Schneckendiagramm *220*
Sonderformen *226*
Stammbaum *92*
Stapeldiagramm *210*
Streudiagramm *86*
Stufendiagramm *84*
Sunburst *220*
Tortendiagramm *56* *80* *208*
Treemap *224*
Voronoidiagramm *224*
Wasserfalldiagramm *112*
Flaggen 38
Logarithmische Skala 158
Plan 100
schrittweise Veränderungen 84
stetige Werte 84
Tag Cloud 240
Werteskala 196
Zusatzelemente 236

E

Erzählreihenfolge 92 152

F

Farbe 64 76 144 150 162 166 174 190
Auszeichnung 70 154 198
Bezug 202
Farbcode 64 88 94 110 146 182 200
Abstufung 160
Farblogik 198
Farbsemantik 198
Farbskala 194
Farbsysteme 54
Farbverlauf 88 180 196 200
Kontrast 50 64 76 94 202
polar 195
qualitativ 186
sequenziell 194

Flächen 66 68 154 194 236
Flächengröße 102 224
Flächenvergleich 228
Hintergrundfläche 238
Kreisfläche 228

G

Gestaltgesetze 52 54 144 150 164 168 202 206 228 236

Grundwissen 32 172 208

I

Illustration 38 40 50 52 76 176
Anschaulichkeit 76
Hauptillustration 76

Informationshierarchie
Farbcode 64
Gliederung 50
Hintergrundinformation 50
Textebene 50
visuelle Ebenen 48 50 68 150

INDEX

K

Karten 36 38 44 56 102 140 178 180 182 184 186 188 190 192 194 196
Choropleth-Karte 140 194 196
flächentreu 44
Kartenausschnitt 242
Locator 182
Pins 190
Projektionen 44 102 188
Gall-Peters 188
Goode 44 188
Mercator 44 102 140
Mollweide 188
Routen 192
Verzerrungen 44

Konzept 46
Aufbau 46
Aussage 122 146 150
Gesamtkomposition 48
Idee 36 44
Kontext 242
Metapher 36
Reihenfolge 94
Scribbles 28 32 62
Ideenscribble 34 42
Inhaltsscribble 34 42 46 48 108
Sinnlos 206
Textzeilen 42

L

Layout 46 48 56 62 66 68 70 72 76 108 110 146 186
Cluster 46
formale Struktur 46 50 52 146
Linien 52
Nummerierung 52 180
Pfeile 52
Raster 62
Spalten 52 62
Text 52
Zeilen 62
Zuordnung 52

Lesbarkeit 36 46 90 164 168 170 176 178 208 216 218 220 238

Lesefluss 70 80 148 160

Leseführung 110

Leserichtung 52 146 148 180

Linien 66 68 152 168 238

M

Manipulation 18 44 122 128 134 184 214
Beschneiden 156 214
Bezugsgröße 118
Darstellung 192
Dimensionen 164
dramatisch 122 178 184 192
Fehlerquote 138
irreführend 136 230
Prävalenzfehler 120

verfälschen 154 240
verzerrt 188 220 230 232

P

Pfeile 66 72 146 150

Piktogramme 74 88 90 96 162 172 174 176 222
Symbole 40 74 90 96 178
Symbolsprache 174

Prozessgrafik 108
Ablauf 148
Reihenfolge 70

R

Recherche 26 28 116
Ablage 28
Moodbilder 28 34

Rezeption 18 236
antizipieren 154
Denkfehler 144
Erfahrungswelt 104
erinnern 156 166 176
Erinnerung 152
Interpretation 40 56 122 154 166 202 214 230
Sehgewohnheiten 19
spekulieren 242
Sprachverarbeitung 22
Wertung 198
Wirkweisen 144

T

Tabelle 40 88 200 238

Typografie 60
Auszeichnungen 60
Detailtypographie 60
Kapitälchen 60
Lesetypografie 60
Schriftgröße 46 150
Schriftschnitt 56 60
Schrifttypen 60
Tabellenziffern 56
Titel 56
Versalien 60
Zahlenformat 170

V

Vergleich 104
3D-Vergleiche 234
Dimension 40
Flächenvergleich 184 188
Formen 82

Visualisierung 17 44 80 106 144 152 184
Datenvisualisierung 38
Fehlende 154

Vorbereitung
Ablagestruktur 28
Dateibenennung 30
Dokumentname 30
Dokumentnummer 30
Ordnerstruktur 30
Projektordner 30

INDEX

W

Wahrnehmung 17 19 22 52 124 132 144 162 168 202 232 238
Aufmerksamkeit 36 42 54 94 148
Auszeichnungen 90
Botschaft 122
Farbpsychologie 174
Gehirn 40 48 164 196 198 228 242
Sehgewohnheiten 48
überraschend 36
unterbewusst 48
visuell 38 40 46 88
visuelle Gliederung 50 152
Wahrnehmungsebene 150
Wahrnehmungsfeld 144
Wahrnehmungskanal 176
Widerspruch 154 156 170

Z

Zeit 210
Kalender 88
Zeitband 152
Zeitpunkt 40 84 134 192
Zeiträume 82 126
Zeitschritte 160
Zeitspanne 128
Zeitstrahl 40 92 152

LINKS

cutt.ly/nobelpreis	spiegel.de/wissenschaft/santiago-ramon-y-cajal-wie-ein-zeichner-zum-begruender-der-modernen-hirnforschung-wurde-a-3ffea4f9-9adc-4fcb-a966-2dc7077dee25

1

cutt.ly/banner_ohne_inhalt	systemcomic.com/2013/11/09/the-top-6-reasons-this-infographic-is-just-wrong-enough-to-sound-convincing/
cutt.ly/circle_wave	youtube.com/watch?v=8wHMaJ6AtNs
cutt.ly/handbuch_ejc	datajournalism.com/read/handbook/verification-3
cutt.ly/scarr_iraqs_toll	simonscarr.com/iraqs-bloody-toll
cutt.ly/scribbeln	landersmiller.com/portfolio/raw-data/
cutt.ly/karten_koepfe	blocks.roadtolarissa.com/vlandham/raw/9216751/index.html
cutt.ly/kartentransformation	jasondavies.com/maps/transition/
cutt.ly/true_size	arnofiva.github.io/world-sizes/
cutt.ly/datawrap_farbe	blog.datawrapper.de/category/color-in-data-vis/

2

cutt.ly/farbpalette	projects.susielu.com/viz-palette
cutt.ly/biber_netz	news-viz.com/portfolio4.html
cutt.ly/zeitenwende	patrickmoberg.com/november-4-2008/

3

cutt.ly/china_oil_export	5wgraphics.com/img/gallery/5w-sample-056-china-oil.jpg
cutt.ly/berlin_schnee	morgenpost.de/infografik/#/grafik/5fd4c541567a5c100e12dc88
cutt.ly/homan_square	theguardian.com/us-news/ng-interactive/2015/oct/19/homan-square-chicago-police-detainees
cutt.ly/us_tax_brackets	flowingdata.com/2010/04/27/tax-brackets-over-the-past-century/
cutt.ly/zeitstrahl	fragdenstaat.de/dossier/demo-hauptstadt-berlin/
cutt.ly/krankheitserreger	washingtonpost.com/wp-srv/special/health/how-ebola-spreads/
cutt.ly/mercator_verzerrung	mrgris.com/projects/merc-extreme/#a4739c9b@-4.64274,55.45253
cutt.ly/alle_luft	sciencephoto.com/media/159200/view/global-air-volume
cutt.ly/alles_wasser	sciencephoto.com/media/159199/view/global-water-volume

4

cutt.ly/statistik_visuell	seeing-theory.brown.edu/index.html
cutt.ly/gesichtserkennung	heise.de/-3961679
cutt.ly/kommentar_reichhart	heise.de/forum/p-31827050/
cutt.ly/grafik_geerk	docdroid.net/file/view/90ky3p0/gesichtserkennung-berlin-suedkreuz-din-a4.jpg

LINKS

4

cutt.ly/spiegel_wirksamkeit	spiegel.de/wissenschaft/mensch/medizinische-tests-und-statistik-denken-sie-immer-falsch-positiv-a-1087042.html
cutt.ly/warming_world	bloomberg.com/graphics/2015-whats-warming-the-world/
cutt.ly/indexieren	vega.github.io/editor/#/examples/vega/stock-index-chart
cutt.ly/meinungsumfragen	ixtract.de/infographic-lectures-part-7/
cutt.ly/poll_1	fivethirtyeight.com/features/our-election-forecast-didnt-say-what-i-thought-it-would/
cutt.ly/poll_2	huffpost.com/entry/carson-leading-national-poll_n_562f8c9de4b00aa54a4b27d5
cutt.ly/kartogramm_twsj	wsj.com/election/2020/general
cutt.ly/kartogramm_twp	washingtonpost.com/graphics/politics/2016-election/50-state-poll/

5

cutt.ly/hey_jude	loveallthis.tumblr.com/post/166124704
cutt.ly/zeitband	visual.ly/community/Infographics/entertainment/changing-sound-music
cutt.ly/visualisierung	behance.net/gallery/12956569/infographics/modules/110371491
cutt.ly/logarithmus_verstehen	blogs.lse.ac.uk/covid19/2020/05/19/the-public-doesnt-understand-logarithmic*
cutt.ly/balkenersatz	flowingdata.com/2008/07/22/shouldnt-you-be-using-firefox-by-now/
cutt.ly/ohne_worte	frankflothmann.com/BOOK
cutt.ly/5_seconds	h-57.com/life-in-5-seconds/
cutt.ly/nordkorea	interaktiv.morgenpost.de/nordkorea/
cutt.ly/spiegel_coronatote	spiegel.de/gesundheit/diagnose/100-000-corona-tote-in-deutschland-die-wir-verloren-haben-a-b33fcebc-28a4-4f28-912f-88abfba2be22
cutt.ly/radical_carto	radicalcartography.net/index.html?projectionref
cutt.ly/projektion_vgl	bl.ocks.org/syntagmatic/ba569633d51ebec6ec6e?utm_campaign=5.23+Formate
cutt.ly/projektionen_testen	worldmapcreator.com
cutt.ly/choropleth_farbe	gisgeography.com/choropleth-maps-data-classification/
cutt.ly/heatmaps	graphics.wsj.com/infectious-diseases-and-vaccines/

6

cutt.ly/torte_1	flowingdata.com/2008/09/19/pie-i-have-eaten-and-pie-i-have-not-eaten/
cutt.ly/torte_2	reddit.com/r/funny/comments/36kgt2/just_another_pie_chart/
cutt.ly/einnahmen_musik	graphics8.nytimes.com/images/2009/08/01/opinion/musicforweb2.gif
cutt.ly/datenmanipulation	baulinks.de/webplugin/2020/i/0426-pks.jpg
cutt.ly/polizei_archiv	web.archive.org/web/20210731225328/www.polizei-beratung.de/presse/infografiken/
cutt.ly/diamond_princess	bilder.bild.de/fotos-skaliert/coronavirus-an-bord-der-diamond-princess-infografik-68755460/51,w=1512,q=low,c=0.bild.gif
cutt.ly/olympia_london	pinterest.de/pin/593912888073085711/
cutt.ly/trimetrie_zeichnen	tug.org/pipermail/pstricks/attachments/20081213/3ecad8ee/attachment-0001.pdf
cutt.ly/technisch_perspektiv	ldti.de/pdf/die_passende_sichtweise.pdf

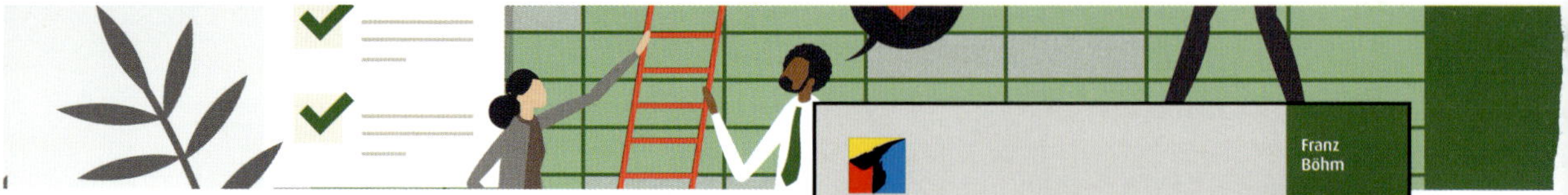

Franz Böhm

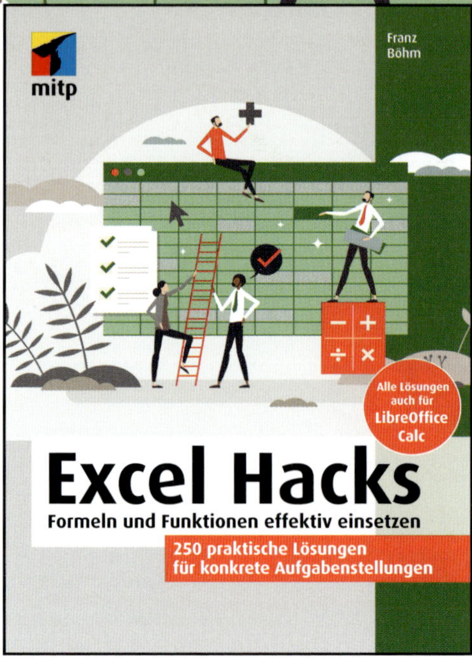

Excel Hacks

Formeln und Funktionen effektiv einsetzen

250 praktische Lösungen für konkrete Aufgabenstellungen

Alle Lösungen auch für LibreOffice Calc

Excel-Funktionen effektiv kombinieren, um alltägliche Aufgaben zu lösen

Von Datums- und Uhrzeitberechnungen über Umsatzermittlung und Statistik bis hin zu Datenbanken und bedingter Formatierung

Zum Download: Alle Lösungen als Tabellenkalkulation für den sofortigen Einsatz

Geeignet für Microsoft 365 sowie Excel 2019-2021 und Calc (LibreOffice)

Mit Microsoft Excel können Sie all Ihre Tabellenkalkulationsaufgaben lösen, doch Sie müssen wissen, welche Funktionen wie miteinander kombiniert werden, um die Software effektiv einzusetzen und alltägliche Aufgaben zu meistern.

Mit diesem Buch erhalten Sie 250 praktische Lösungen für gängige Aufgabenstellungen. Jede Lösung besteht aus einer kurzen Erläuterung der Aufgabe, einer leicht verständlichen Beschreibung des Lösungswegs sowie einer Liste aller verwendeten Funktionen mit Funktionssyntax, sodass Sie die Formeln leicht an Ihre Bedürfnisse anpassen oder als Anregung für eigene Lösungen zugrunde legen können.

Alle vorgestellten Formeln – sowie fünf umfangreiche Beispielanwendungen vom Urlaubskalender bis zum Haushaltsbuch – stehen sowohl im Format *.xlsx für Excel als auch im Format *.ods für Calc zum Download bereit und können sofort eingesetzt werden.

ISBN 978-3-7475-0610-3

Probekapitel und Infos erhalten Sie unter:
www.mitp.de/0610